本书得到国家自然科学基金面上项目（71572133 和

实际控制人财富集中度与
民营企业风险承担：
影响与作用机制

何 民 潘红波 著

中国财经出版传媒集团

经济科学出版社

Economic Science Press

图书在版编目（CIP）数据

实际控制人财富集中度与民营企业风险承担：影响与作用机制/
何民，潘红波著．—北京：经济科学出版社，2019.9
ISBN 978 - 7 - 5218 - 1010 - 3

Ⅰ. ①实…　Ⅱ. ①何…②潘…　Ⅲ. ①股权结构 - 关系 -
股份制 - 民营企业 - 风险管理 - 研究 - 中国　Ⅳ. ①F279. 245

中国版本图书馆 CIP 数据核字（2019）第 221473 号

责任编辑：刘　莎
责任校对：杨　海
责任印制：邱　天

实际控制人财富集中度与民营企业风险承担：影响与作用机制
何　民　潘红波　著
经济科学出版社出版、发行　新华书店经销
社址：北京市海淀区阜成路甲 28 号　邮编：100142
总编部电话：010 - 88191217　发行部电话：010 - 88191522
网址：www. esp. com. cn
电子邮件：esp@ esp. com. cn
天猫网店：经济科学出版社旗舰店
网址：http：//jjkxcbs. tmall. com
北京密兴印刷有限公司印装
710 × 1000　16 开　20. 25 印张　420000 字
2019 年 9 月第 1 版　2019 年 9 月第 1 次印刷
ISBN 978 - 7 - 5218 - 1010 - 3　定价：69. 00 元
（图书出现印装问题，本社负责调换。电话：010 - 88191510）
（版权所有　侵权必究　打击盗版　举报热线：010 - 88191661
QQ：2242791300　营销中心电话：010 - 88191537
电子邮箱：dbts@ esp. com. cn）

目　　录

第一章

引　言

第一节　选题的背景和意义

习近平总书记指出，目前我国经济处于"新常态"，是重要战略机遇期。经济新常态要求在找准经济增长点、实现经济结构对称态的基础上实现经济高质量发展。而企业风险承担有助于加快经济主体技术创新和资本积累的速度，最终带来经济的持续增长（Delong and Summers，1991；John et al.，2008）。作为社会经济持续增长的根本动力（Acemoglu and Zilibotti，1997），企业风险承担也成为理论界和实务界的重要话题。企业风险承担反映了企业投资决策的风险偏好，高风险偏好的企业会主动选择高风险、高收益的项目，充分利用投资机会进行价值创造，并促进企业实现更多的创新，增强企业的技术实力和竞争优势，从而提高企业的核心竞争力（李文贵和余明桂，2012）。因此，在"新常态"的经济背景下，深入研究企业风险承担的影响因素，对识别出改善资本配置和提高企业技术资本的有效途径并最终实现整体经济的持续增长具有重要的意义。

资本市场中活跃的民营企业是非公有制主体，在我国经济转型的过程中发挥了举足轻重的作用。民营经济在我国经济结构根本性转变的历史背景下飞速发展，并在企业治理中突出表现了"家长式"与"泛家族化"两种管理模式的分化（朱红军等，2007）。有调查显示，中小民营企业的管理和决策通常呈现"家长式管理模式"，这种情况下民营企业家个人决策的失误很大程度上导致了企业的失败。这一调查结果说明目前企业的经营管理情况和民营企业家的个人行为有不可分割的关系。民营企业家作为民营企业的灵魂，是企业发展必不可少的核心要素，而其中作为实际控制人的民营企业家更是民营企业中最终的决策者和控制者，直接决定企业动向，可谓是民营企业的掌舵人。

但是截至目前，大量学者都是从高管层面治理特征来研究企业风险承担的影响因素，忽略了中国上市公司股权高度集中情况下，实际控制人财富集中度对企业风险承担的影响。马科维茨的投资组合理论认为，分散化投资可以降低风险。所以，实际控制人的财富集中度对自身面临的风险有很大影响，因而实际控制人会进一步要求自己控制的企业调整风险去满足自己整体的风险要求。基于此，实际控制人财富集中度对企业风险承担理论上是有很大影响的，考察它们之间的关系对我国上市公司的发展和经济社会的整体发展具有重要意义。

因此，本书拟研究实际控制人财富集中度对民营企业风险承担的影响，并分析其作用机制：随着实际控制人财富集中度的提高，企业是否通过保守的投资行为、融资行为和现金管理行为，以对冲实际控制人的财富风险。具体来说，我们拟回答以下几个问题：第一，实际控制人财富集中度如何影响民营企业风险承担，以及在不同风险环境、政府扶持力度、机构投资者制衡程度和实际控制人个人特征情形下，实际控制人财富集中度对企业风险承担的影响是否存在显著差异？第二，实际控制人财富集中度是否通过影响企业投资决策来影响企业风险承担偏好，且这种作用机制在不同状况下是否有显著差异？第三，实际控制人财富集中度是否通过影响企业融资决策来影响企业风险承担偏好，且这种作用机制在不同状况下是否有显著差异？第四，实际控制人财富集中度是否通过影响企业现金管理策略来影响企业风险承担偏好，且这种作用机制在不同状况下是否有显著差异？

第二节　研究结构安排

从风险视角的代理理论出发，第一，本书将在回顾国内外研究现状的基础上，对实际控制人、企业风险承担、风险视角的企业投资、融资和现金管理策略予以比较详细的分析；第二，对本书涉及的相关理论进行总结，并列出了本书研究的理论分析框架；第三，实证检验了实际控制人财富集中度对民营企业风险承担的影响，以及在不同风险环境、政府扶持力度、机构投资者制衡程度和实际控制人个人特征情形下，实际控制人财富集中度对企业风险承担的影响是否存在显著差异，并进一步通过典型地区的研究来看改革开放在其中的作用；第四，实证检验了实际控制人财富集中度对企业投资敏感性的影响，以及在不同经济周期、机构投资者制衡和实际控制人学历水平情形下，实际控制人财富集中度对企业投资敏感性是否存在显著差异，探讨实际控制人财富集中度对企业风险承担的影响是否是通过影响企业投资来起作用的以及这种作用机制在不同状况下是否有差异；第五，实证检验了实际控制人财富集中度对企业融资的影响，以及在不同风险环境、机构投资者制衡、政府支持力度和实际控制人学历水平情形下，实际控制人财富集中度对企业融资是否存在显著差异，来探讨实际控制人财富集中度对企业风险承担的影响是否是通过影响企业融资来起作用的以及这种作用机制在不同状况下是否有差异；第六，实证检验了实际控制人财富集中度对企业现金偿债风险的影响，以及在产品市场竞争程度不同、高新技术行业与否、机构投资者制衡力度不同和实际控制人个人特征不同的情形下，实际控制人财富集中度对企业现金偿债风险是否存在显著差异，探讨实际控制人财富集中度对企业风险承担的影响是否是通过影响企业现金偿债风险来起作用的以及这种作用机制在不同状况下是否有差异。

本书的研究框架如图1−1所示：

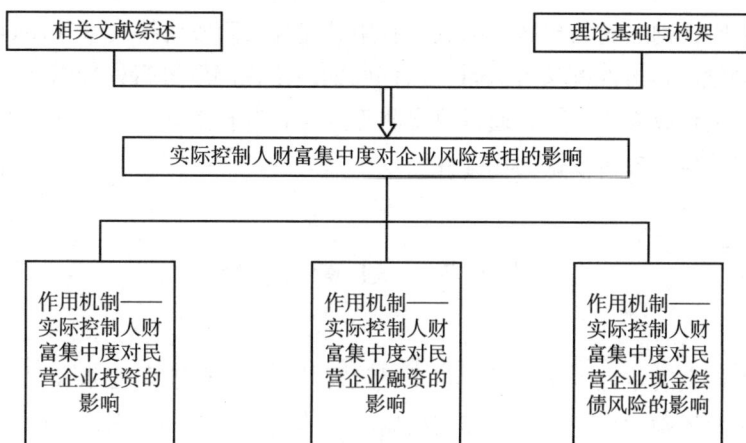

图1−1　本书的研究框架

第三节　研 究 方 法

在研究方法方面，本书将综合使用文献梳理与总结、相关理论分析和实证检验等研究方法。具体如下：

文献梳理与总结。本书将在广泛查阅国内外文献的基础上对实际控制人、企业风险承担、风险视角下的投资、融资和现金管理策略的相关研究内容进行系统的梳理、总结与分析，并将相关观点与本书研究的主题相关联。

相关理论分析。本书将对研究涉及的相关理论进行梳理分析，总结相关理论的内容与发展历程，具体以第二类代理问题下的风险分散效应为基础，进一步描述了风险视角下的经济周期理论、行业竞争理论、区域经济理论、规模经济理论、政府补助理论、机构投资者理论与行为经济学理论等，并在此之上构建本书关于实际控制人财富集中度与民营企业风险承担的理论分析框架。

实证检验。针对有关中国民营 A 股上市公司的相关数据，使用统计软件（STATA）对实际控制人财富集中度对企业风险承担的影响及对企业投资、融资、现金管理这三个作用机制等研究内容进行实证分析。实证分析的运用主要包括：第一，通过描述性统计方法描述相关解释变量、被解释变量和控制变量的主要特征；第二，通过相关性分析对相关变量的单变量相关性进行分析，初步分析解释变量与被解释变量之间的关系；第三，通过样本数据构建普通最小二乘法线性回归模型（OLS）和固定效应回归模型（FE）检验相关假设内容；第四，通过分组回归分析不同环境主效应之间的关系，必要时利用组间效应检验分析不同组别之间的差异；第五，利用赫克曼二阶段备择模型（Heckman 两阶段）和倾向得分匹配法（PSM）对回归的内生性问题进行处理以进一步检验相关效应是否成立；第六，通过改变测算方法、调整滚动期、调整样本等方式进行稳健性检验分析数据的稳健性。

第四节　创　新　之　处

本书研究的重点内容主要为基于风险视角背景下的实际控制人财富集中度与民营企业风险承担的关系和作用机制。总体而言，本书在理论方面主要的研究贡献体现在以下六个方面：

第一，提出基于风险视角的实际控制人与中小股东的代理问题，对代理理论进行了扩展和创新。现有研究主要从大股东与中小股东之间的代理问题使得大股东通过转移公司资产侵占了中小股东利益的角度进行考察（La Porta et al.，1999；Claessens et al.，2000；Faeeio and Lang，2002；冯根福，2004；Jiang et al.，2010；罗琦和王寅，2010；魏明海等，2013；窦欢和陆正飞，2017），这主要是对公司收益的侵占，即现有研究主要关注的是收益视角的代理问题。而本书将关注风险视角下的实际控制人与中小股东之间的代理问题，扩展与创新了代理问题的相关理论。

第二，对实际控制人特征的经济影响的相关研究进行了发展和创新。大量学者分析了实际控制人性别（马云飙等，2018）、居留权特征（张胜等，

2016)、类型（陈冬，2009；宋芳秀等，2010）等个人特征，政治关联（梁莱歆和冯延超，2010；潘克勤，2010；蔡庆丰等，2017）等关系网络以及控制结构（邓淑芳等，2006；邵帅和吕长江，2015；肖金利等，2018）对企业行为的影响及经济后果，但是缺少对实际控制人财富集中度的关注。本书从实际控制人财富集中度的角度，通过深入挖掘实际控制人的财富特征，研究了其对企业风险承担的影响，扩展了与实际控制人相关的研究领域。

第三，扩展和深化了企业风险承担的相关研究。已有研究从经济政策不确定性（刘志远等，2017）、金融生态环境（李媛媛等，2019）、政府补助（毛其淋和许家云，2016）等宏观因素和管理者特征（余明桂等，2013；张敏等，2015；张三保和张志学，2012）、产权性质（李文贵和余明桂，2012）、债务结构（夏子航等，2015；郭瑾等，2017）等微观因素研究了企业风险承担的影响因素。由于实际控制人财富集中度对其承担的风险有很强的影响，为了规避自身风险，实际控制人会通过控制企业的风险来降低自身的风险水平，所以本书从实际控制人财富集中度的视角研究了其对风险承担的影响，从实际控制人特征角度扩展了企业风险承担影响因素的相关研究。

第四，以中国民营上市公司为例，从实际控制人财富集中这一维度对企业投资的相关研究进行了发展和创新。现有研究主要从信息不对称、外部融资约束和管理者角度分析企业投资的影响因素（Myers and Majluf，1984；Fazzari et al.，1987；Baker et al.，2003；Aggarwal and Samwick，2006），本书从实际控制人财富集中这一角度补充了基于大股东视角的企业投资影响因素的相关研究。在中国上市公司股权集中这一大背景下，探讨实际控制人本身对企业投资的影响是文献研究本土化的重要体现。

第五，以中国民营上市公司为例，从实际控制人财富集中这一维度对企业融资的相关研究进行了发展和创新。虽然学界对企业融资已经形成了比较完备的理论系统，关于风险因素对企业融资的影响也有文献讨论，但这些文献较少聚焦管理层或股东个人层面的风险或风险偏好对企业融资的影响，更多地从外部宏观风险和公司特征风险出发，本书的研究能够对这一风险角度的研究做一定的补充。

第六，以中国民营上市公司为例，从实际控制人财富集中这一维度对企业现金管理策略的相关研究进行了发展和创新。研究风险视角下企业现金管理策略的现有文献对股东层面微观风险因素的考察只涉及了控股股东的道德风险（罗琦和胡志强，2011）、控制权转移风险（李长青等，2018）和股权集中度（黄冰冰和马元驹，2018），探索的深度和广度尚有进一步深化的可能。由控股股东可以进一步延伸到企业的实际控制人，从而考察实际控制人层面的风险因素与企业现金管理策略是否存在关联性，而且现有文献对股东层面风险因素的考察非常有限，尚未涉及股东的财富分布情况，因此，考察实际控制人财富集中度对企业现金管理策略的影响可以填补相关研究的空白，进一步丰富风险视角下的企业现金管理策略的相关文献。

第二章

文 献 综 述

第一节　企业实际控制人的文献回顾

一、实际控制人与代理问题

（一）第一类代理问题

实际控制人是指对公司能直接或者间接地进行控制的最终控制者，是取得了公司终极股东控制权的行为人。终极股东控制权，是指股权控制链条的最终控制者通过直接（个人直接持有该公司股份）和间接（通过其控股企业间接持有该公司股份）持有公司股份而对公司拥有的实际控制权（La Porta et al.，1999）。实际控制人利用股权等方式去控制公司，但是很少直接参与公司经营，而是通过聘用外部管理人员去管理公司，这导致了公司所有权与经营权的分离。由于作为代理人的管理者是存在机会主义的经济理性人，管理者可能为了私利侵害股东的利益（Jensen and Meckling，1976），由此形成第一类代理问题。从伯尔和米恩斯（Berle and Means，1932）提出第一类代理问题，即委托—代理关系及内部管理者的行为和激励问题以来，众多学者对这一问题进行了研究，下面我们将对实际控制人的第一类代理问题的现有文献进行梳理。

现有研究对股东—管理层之间代理冲突的影响因素进行了一系列研究，发现股权集中度（宋力和韩亮亮，2004；宋力和韩亮亮，2005；李明辉，2009）、股权制衡度（韩亮亮，2004）、股权性质（张兆国等，2005）、管理层持股（Jensen and Meckling，1976；Ang et al.，2000；Singh and Davidson，2003；李明辉，2009）、CEO 持股（Davidson et al.，2006）、外部董事比例（高雷和宋顺林，2007）、企业生命周期（侯巧铭等，2017）等都会对代理问题产生影响。不同企业由于存在不同的发展阶段、股权结构和监督与激励机制会产生不同程度的代理问题，由于管理者代理问题的存在，管理者出于自身私利、权利和认同意愿等会影响企业的经营。具体来说，管理者会通过直接占用公司资产的方式获取私利，有更高代理问题的企业往往表现为更高的管理费用率、更低的资产周转率（Ang et al.，2000）、超额的管理层薪酬以及较弱的薪酬契约（Morse et al.，2011）；管理者出于权利和掌控意愿，会通过各种途径扩大企业的规模来满足自己的控制欲，表现为企业会有更多的过度投资（Richardson，2006）、更多的并购及企业帝国构建行为等；管理者出于想要被认同的意愿，会在拥有更多熟悉的人的地区去从事业务，例如会更多地在管理者家乡创立子公司投资，即使这样的子公司盈利能力相对较差（曹春方等，2018）等。除了这些直接的影响企业经营的行为外，由于管理者自利行为的存在及股东为了降低代理问题对管理者监督和激励行为的存在，也会间接影响企业经营的其他更为广泛的方面。例如：由于管理者代理问题的存在，按照詹森（Jensen，1986）等提出的自由现金流假说，管理者会通过额外津贴、过度投资和在职消费等自利行为把企业的额外现金耗费掉，由此税收规避不会增加企业的现金持有价值（张兆国等，2015）；会计信息是监督管理者、降低代理问题产生的负面影响的重要手段，但是管理者去应对这一监督的行为会诱发更广泛的问题，陈玥和江轩宇（2017）研究发现会计信息可比性会诱发存在代理问题的管理层转向其他复杂而隐蔽的机会主义行为，提高审计难度从而增加审计收费；由于管理者代理问题的存在，对管理层的薪酬激励和股权激励等公司治理措施，虽然能促使管理者与股东利益趋同，一定程度上降低代理问题，但也可能激励管理者采取不当手段以达到自利目的，进而引发财务重述（高芳，2016）。综上所述，现有研究对影响管理者代理问题的因素及由管理者代理问题引发的一系列直接和间接的问题都进行了广泛的研究，那么哪些因素可以缓解管理者代理问题呢？

管理者代理问题作为企业的核心问题之一，一直以来都是学者们研究的热门话题，对于如何制约管理者的自利行为、缓解由于代理问题产生的不利影响，学者们进行了一系列的研究。通过对管理层直接施压，比如向管理层提交提案（Gillan and Stark，2000）、与管理层协商谈判（Shleifer and Vishny，1986；McCahery et al.，2016）、甚至通过更换管理层（Fama，1980；Jensen and Ruback，1983）等方式，大股东可以有效发挥公司治理作用，降低股东与经理人之间的代理成本（Grossman and Hart，1988）。除了直接施压外，通过不同的人员和机构加强对管理者的监督也是制约管理者自利行为的一种强有效的方法，具体包括：通过独立董事加强对管理者的监督，有研究显示独立董事与公司合适的地理距离（罗进辉等，2017）和独立董事高社会资本（高凤莲和王志强，2016）会改善其监督能力从而抑制股东与管理者之间的代理问题；通过媒体也可以对管理者进行监督，例如媒体披露不利于管理层的信息的能力能够对管理层有一定的威慑力；当然，股东的监督是最直接有效的，通过监督管理者，如果发现经理人进行有损企业价值的行为，股东可以选择"用脚投票"，卖出公司股票。由于股东的资源等优势，管理层为了减少这种重大变故引起的企业经营危机和自己的职业生涯危机，这种潜在的退出威胁，会约束经理人的自利行为，降低管理者代理问题（Admati and Pfleiderer，2009；Edmans，2009；Edmans and Manso，2010）。另外，国家和政府的干预也会抑制代理问题，比如贾凡胜等（2016）实证发现了财政部、国家税务总局和证监会联合颁布的《关于实施上市公司股息红利差别化个人所得税政策有关问题的通知》提高了企业的现金分红的预期水平，给投资者整体带来利益，从而缓解了高管与股东间的委托代理问题。

对于本书所关注的问题来说，约翰等（John et al.，2008）认为，管理者一般不能兼任，相当于其完全投资于自己工作的企业，因此他们会为了避免因投资失败而导致的个人财富损失、解聘风险及职业声誉损失，放弃风险较高但净现值为正的投资项目，选择保守性的投资策略，降低企业风险承担水平。由于管理者具有风险规避的动机，这与财富相对分散的股东所要求的权益最大化所应该承担的风险是不一致的，因此管理者和股东的风险偏好的不一致引发了风险的第一类代理问题。由上文可知，股东的监督和退出风险对降低管理者代理问题有重要的意义，而实际控制人作为企业最大的股东，其财富的集中使其更有能力和经历去监督管理者，缓解管理者与股东之间的代理问题，减少管理者对企业风险承担的负面影响，这与后文提到的"信息效应假说"是一致的。

（二）第二类代理问题

20 世纪末至 21 世纪初，学者们发现世界上大部分国家的企业股权非常集中（La Porta et al.，1999）。在股权集中的企业中，广大中小股东在公司重大决策等方面并不能和大股东形成对抗，使得大股东能够通过自己的控制权从自己的利益出发去控制企业的行为。由于大股东自利天性与机会主义行为，大股东可能为了自己的私利寻机掠夺广大中小股东的利益，于是产生了大股东和中小股东直接的利益冲突（冯根福，2004），由此形成第二类代理问题。一系列文章提出了第二类代理问题（La Porta et al.，2000），即控制性股东与中小股东之间的利益冲突和代理问题。20世纪90年代后期爆发的亚洲金融危机及由此掀起的第三次全球公司治理浪潮，促使公司治理问题的研究重心从第一类代理问题转向第二类代理问题（彭维刚，2011），冯根福（2004）指出对以股权相对集中或高度集中为主要特征的上市公司而言，引入第二类代理问题的双重委托代理理论比只考虑第一类代理问题的单委托代理理论要更合理，解释力更强。下面我们将对实际控制人的第二类代理问题的现有文献进行梳理。

余明桂等（2007）实证证明我国上市公司控股股东与小股东之间确实存在严重的代理问题。王甄和胡军（2016）也说明了在我国民营企业中相比较管理者的代理问题，大股东隧道效应更为严重。那么大股东是如何侵害小股东利益的呢？研究发现控股股东通过分离投票权与现金流量权使得自身只需要用较少的资金就可以控制较大规模的资产，两权分离使得控股股东可以利用较低的成本达到侵害小股东的目的（La Porta et al.，1999）。具体来说，大股东会通过直接占用公司资产来掠夺小股东利益，由于流动资产相对于固定资产来说更容易被侵占（Myers and Rajan，1998），所以大股东对流动资产有更大的偏好。罗琦和王寅（2010）从控股股东资产偏好的角度考察了其利益侵占方式，说明控股股东会通过投资不足和资产转移两步决策来侵占公司资产。另外，控股股东还会利用关联交易去转移公司资产、侵占小股东利益，这不仅通过列举一些典型的案例对控股股东利用关联交易掠夺小股东现象进行了验证（La Porta et al.，2000），而且叶银华等（2002）和余明桂和夏新平（2004）分别对中国台湾和中国内陆上市公司实证检验也发现了控股股东能够借助关联交易转移公司资源、侵占小股东利益。对于公司集团来说，大股东会利用公司集团通过占用关联资金来损害小股东利益（窦欢和陆正飞，2017），而且家族内关联大股东的持股和参与决策管理为家族股东侵占中小投资者利益提供了更强烈的动机和更大的操作空间（魏明海等，2013）。

控股股东通过直接占用资金和关联交易对中小股东的利益进行侵占，这种侵占行为对公司经营有怎样的影响呢？大股东对小股东利益侵占的代理问题会对公司经营产生不利影响，实证研究显示大股东代理问题不利于公司的盈余持续性（窦欢和陆正飞，2017），而且，由控股股东代理问题而形成的掏空动机损害了由企业多元化经营引起的盈余波动平稳效应（卢闯等，2011）。另外，被第二类代理问题左右的控股股东更倾向于拿中小股东的钱进行高风险的营销战略（唐跃军等，2012），这增加了企业的整体风险，不利于企业盈余的稳定性。除此之外，上文已经提到两权分离可以降低控股股东的侵占成本，两权分离度越大，对控股股东的控制权私利助长效应越强，从而会对企业价值存在侵蚀效应（文春晖和任国良，2015）。由此可见大股东代理问题会对企业盈余和企业价值产生负面影响，不利于企业的长远发展。

为了制约控股股东的自利行为、缓解由于代理问题产生的不利影响，学者们进行了一系列的研究。第一，股权结构，或者说其他股东对控股股东的制衡与监督是控股股东"为所欲为"的重要阻力。姜付秀等（2015）发现其他股东的退出威胁显著降低了控股股东的私利行为，提升了企业业绩；当存在其他大股东时，其他大股东能够抑制控股股东的掏空行为，并降低企业融资约束（姜付秀等，2017）；窦欢和陆正飞（2017）也发现机构投资者能够有效监督大股东，缓解代理问题带来的效率损失，发挥积极的治理作用；李姝等（2018）研究显示非控股股东参与决策能够抑制控股股东掏空行为，缓解代理问题并促进企业技术创新等。第二，除了直接与控股股东进行制衡的其他股东之外，由于大股东侵占中小股东利益的重要条件是其所拥有的信息优势，所以增加信息披露、缓解中小股东的信息劣势对控股股东进行利益掏空有制约效应。有研究说明公司透明度能够通过改善控股股东与中小股东之间的信息不对称问题缓解代理冲突（王克敏等，2009；洪金明等，2011）；高水平的媒体报道对有效降低大股东与中小股东之间的代理成本有显著的效果（罗进辉，2012）；会计稳健性能缓解企业内外部信息不对称引起的代理冲突，约束企业内部人通过关联并购谋取私利的机会主义行为（唐清泉和韩宏稳，2018）。公司透明度、媒体报道、会计稳健性都是通过增加信息披露，缓解中小股东的信息劣势来发挥抑制控股股东的作用的。第三，监督也是缓解大股东利益侵占的一大措施，独立董事与公司合适的地理距离（罗进辉等，2017）和独立董事社会关系网络等个人社会资本的丰富（高凤莲和王志强，2016）会改善其监督能力从而抑制大小股东之间的代理问题；审计作为一种外部治理机制在抑制大股东侵占中小股东利益，监督大股东行为中起着重要作用（王烨，2009；岳衡，2006；马建威和李伟，2013），增加审计行业专业性也能够发挥降低控股股东代理成本的作用（谢盛纹，2011）；银行对掏空行为的治理作用同独立审计一样提高了控股股东的掏空成本，因此能替代独立审计向市场传递积极的信号，降低控股股东的审计需求（余玉苗和王宇生，2011）。第四，政府在我国经济中发挥着重要的作用，通过制度约束与改革能够有效地缓解大股东代理问题。投资者保护水平通过缓解公司投资不足缓解了公司控股股东与中小股东之间的利益冲突（罗琦和王寅，2010）。股权分置改革前，上市公司最根本、最严重的代理冲突是流通股与非流通股的割裂导致的控制性个人或家族股东与外部股东的代理冲突（苏启林，2004），我国2005年开始的股权分置改革对代理问题有很强的缓解作用，姜英兵和于彬彬（2013）通过现金持有行为这个独特视角实证说明了股改能够缓解控股股东代理问题。第五，裴益政等（2005）指出现有公司治理机制的三个维度——市场、法律和组织机制，不足以提供第二类代理问题的解决方案，商业伦理治理已经成为公司治理机制不可或缺的维度，理论和案例均证明，商业伦理对民营上市公司治理的效果产生显著的影响。

综上所述，大股东与中小股东之间的代理问题使得大股东通过转移公司资产侵占了中小股东的利益，这主要是对公司收益的侵占，也是现有研究主要关注的方向。而本书将提出第二类代理问题的另一个方面——基于风险视角的第二类代理问题，具体关系见图2-1。收益和风险是相对应的，两者也是相伴而生的。从风险角度来看，中小股东由于财富较为分散，其自身承担的风险较低，所以希望其投资的企业适度承担风险以赚取较高的收益；而财富集中的大股东将其投资集中于较少的企业，有的甚至全部集中在一家企业，这使得大股东承担了较高的公司系统与非系统风险，尤其是没有分散掉的非系统风险使得大股东面临较大的财富风险，所以大股东希望企业较少风险项目来降低自己的财富风险，这种风险偏好的不一致，引发了基于风险视角的大股东和中小股东的代理问题。

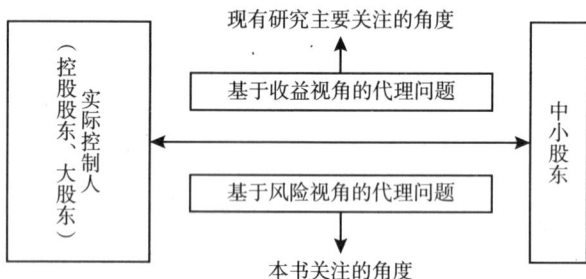

图2-1　基于收益和风险视角的第二类代理问题

二、实际控制人经历与能力

通过追溯上市公司的最终控股股东（实际控制人），并对其控制权进行剖析，形成一种新的产权与代理成本分析框架，这一理论可概括为"终极产权论"（吴清华和田高良，2008）。这是新治理理论和研究范式对传统治理模式的重要突破，关于"终极产权论"中实际控制人的代理问题已有众多学者进行了研究，但对实际控制人自身的经历和能力的研究还不是很多，相对而言，关于管理者经历和能力的文章较多，这里我们将通过类比管理者经历和能力的研究来说明实际控制人的经历和能力对其风险偏好的影响。

（一）经历

传统公司财务理论假设管理者是同质的，且他们均能够在不同情况下做出理性的决策。但是现实中，管理者存在巨大的异质性，这深刻影响着企业决策。一个人的认知基础的确从是他的经历（包括背景和训练）演化而来，不同的管理者经历对管理者风险偏好有着不同的影响。下面，我们将从管理者年龄、学历及专业背景、工作经验、从政、从军、国际化和大饥荒等方面的经历对其风险偏好影响的研究进行梳理。

关于管理者年龄。年长管理者基于体力、精力、学习能力和认知能力的下降使其拥有较差的适应能力，而且由于他们大部分处于职业和收入相对稳定的事业阶段导致其进取精神较差，因此他们倾向于规避风险和维持现状（Hambrick and Mason，1984；Taylor，1975；陈传明和孙俊华，2008；何霞和苏晓华，2012；Yim，2013），所以年龄大的管理者会采取较保守、风险较少的决策（姜付秀等，2009），例如：降低投资规模（李焰等，2011）、选择更趋谨慎投资扩张策略（葛永波等，2016）、不会轻易选择多元化战略（张建君和李宏伟，2007）等。

关于学历及专业背景。学历越高的管理者理性程度与认知能力也越高，越具有"综合复杂事物"的能力（Dollinger，1984），所以高管成员学历越高，越会选择合适的融资方式和投资规模，企业负债率越低，越不会做出过度投资的决策（姜付秀等，2009），而越倾向于选择多元化战略（张建君和李宏伟，2007），对公司的战略变化越有利（Wiersema and Bantel，1992）。因此，有高学历管理者的企业会计稳健性会更高（张兆国等，2011），对企业净利润和销售额也有正面调节作用（陈东，2015）。另外，学历越高的管理者对晋升的敏感性也越大（张兆国等，2013），希望通过晋升实现自己的价值。除了学历背景之外，管理者的专业背景对其行为也影响重大。葛永波等（2016）认为拥有经管专业背景的管理者管理与投资专业知识更加丰富，控制风险的能力及自信心更强，习惯于通过扩大投资增强企业竞争力，所以其投资扩张倾向更高，利用财务杠杆的倾向也较为明显。

关于工作经验。有研究显示，富有经验的管理者与无经验的管理者感知到的信息完全不同（Mezias and Starbuck，2003）。管理者任职时间越长，与银行等的关系更加密切，负债融资成本较低且更加容易、便利（葛永波等，2016）；管理者的财经类工作经历能够显著提高企业的投资规模和投资效率（李焰等，2011）；具有管理经历对企业的净利润、净资产和销售额均具有显著正向调节作用（陈东，2015）。但是就如学历背景一样，任期越长的管理者对晋升的敏感性也越大（张兆国等，2013），其希望通过晋升实现自己的价值。

关于从政经历。私营企业依赖于寻求一些替代性的非正式机制来支持其发展战略（Chang and Hong，2002），其中政治关联就是非常重要的替代性机制（胡旭阳和吴一平，2016），拥有政治关联背景的私营企业家能相对容易地得到发展所需资源，凭借自己的资源优势在战略选择时更倾向于投机性投资（陈东，2015）。

关于从军经历。心理学家通过实验和现场调查等方法系统研究了部队生活给人们带来的影响后，发现从军经历磨炼了人们的意志，特别是经历过战争的军人，常常表现出异于常人的心理素质，更能适应极端环境和意外事件，所以，从军经历管理者更加偏好风险，采取高风险和高杠杆的融资方式（赖黎等，2016）。

关于饥荒经历。童年或青少年时期经历过饥荒的管理者，由于自身经历过状况较为恶劣的情况，会更倾向于规避风险，选择更为保守的债务政策，并显著降低公司的负债水平，在债务期限结构上也更偏好于灵活的短期债务而避免长期负债（赵民伟和晏艳阳，2015）。

综上所述，不同管理者经历对其风险偏好有很大的影响，实际控制人也是如此。实际控制人的个人经历通过影响其风险偏好影响企业决策，后面我们会对不同实际控制人学历和工作经历对企业风险承担的影响进行进一步的探讨与检验。

（二）能力

管理者能力是企业拥有的重要人力资源。管理者能力对于保证企业目标的实现和管理效能的提高起着关键性的作用。有研究显示，管理者能力能够显著抑制企业成本粘性（张路等，2019）和企业投资的羊群行为（张敦力和江新峰，2015），而且管理者能力越强，企业支付的审计费用也越低（何威风和刘巍，2015）。所以，管理者能力能够为企业节省不必要的成本费用，减少无效率的投资行为，对企业绩效有一定的促进作用。另外，管理者能力越高，他们越可能根据企业内外部环境变化及时做出有效调整（张路等，2019），使企业实现更长远稳定的发展，企业的现行价值和未来价值也越大（段文奇和宣晓，2018）。

由此可以看出，管理者越有能力越有利于企业的发展，但是这是建立在管理者客观认识自己的能力的基础上的，当管理者不能客观评价自己的能力，过高或者过低估计能力时，都会对企业发展造成不利影响。众多学者对管理者过高估计能力——管理者过度自信做了研究。过度自信是一个心理学术语，指高估自身成功概率的心理偏差（Wolosin et al.，1973），包括过高估计，高估自身的能力、控制力和成功概率；过高定位，认为自己的水平高于他人；过高精确，高估自己对真实情形判断的精确程度（Miller and Ross，1975；Weinstein，1980；Alicke，1985）。上一小节中，我们回顾了管理者经历对其风险偏好的影响，除了风险偏好外，管理者经历对管理者心理状态也有很强的影响作用。有研究显示，管理者教育水平越高、任期越短、有财务相关工作经历时，越容易出现过度自信（何瑛和张大伟，2015）。那么管理者过度自信如何影响其行为，从而影响企业的决策和发展呢？第一，过度自信的管理者往往会高估自己的能力，认为自己能够对付出的成本有合理或更高的回报，从而导致公司较高的成本粘性（梁上坤，2015），不利于企业绩效的提升。第二，管理者过度自信会高估其所投项目未来现金流的生成能力，并低估项目的风险，提高企业对高风险高收益的投资项目的偏好，从而提高企业风险承担水平（余明桂等，2013），促进公司的投资倾向（Malmendier and Tate，2005），显著增加企业的总投资水平和内部扩张行为（姜付秀等，2009），投资的现金流敏感性也更高（郝颖等，2005），表明过度自信引起了过度投资（王霞等，2008），导致企业非效率投资（侯巧铭等，2017）。第三，过高估计投资决策在未来所产生的收益水平最终在并购中导致对目标企业的过度支付，从而产生高溢价（Hayward and Hambrick，1997；Malmendier and Tate，2008；潘爱玲等，2018）。另外，过度自信不仅给并购带来了直接的负面效应，还通过减弱其他因素的正面效应间接影响并购绩效。基于社会网络产生的信息优势管理者对并购绩效有正面影响，但是过度自信的管理者会因为控制幻觉而主观上降低搜集信息的意愿，因而在并购过程中忽视信息优势的价值，从而给企业的并购决策带来隐性损失（李善民等，2015）。第四，管理者的过度自信持续膨胀，会加剧其对资源配置的认知偏差，导致企业流动性风险失控（毕晓方等，2015），而且过度自信的管理者会导致企业采取激进的债务融资决策（余明桂等，2006），使企业保持更低的财务弹性（马春爱和易彩，2017）。当然，管理者过度自信除了会引发负面效应外，也有一定的正面效应。有研究显示，管理者过度自信是推动上市公司多元化战略的重要因素（周杰和薛有志，2011），而多元化战略可以通过分散行业风险降低企业的整体风险。另外，如果管理者学习能力与意愿较强，管理者过度自信行为与管理者学习行为共同作用会显著提高连续并购绩效（吴超鹏等，2008），为企业创造收益。

综上所述，如果管理者选择与自身背景和经验相关的自己擅长的领域，在自己的能力范围内行事时，能够更好地控制企业风险，做出有利于企业价值提升的决策；相反，当管理者超出自己的能力范围进行盲目决策，会增加企业的成本，做无效率的投资，降低并购绩效，导致企业财务风险，不利于企业的发展。对于实际控制人也一样，当实际控制人将其投资全部集中在一个企业时，其选择的一定是熟悉的领域，这样他更有能力去控制企业风险，提高企业的风险承担水平，这与之后提到的"信息效应假说"是一致的。

三、实际控制人控制结构

实际控制人控制结构指其控制上市公司的方式，即实际控制人控股的结构和层级，包括直接持股（较为简单的持股方式）和金字塔结构持股（较为复杂的持股方式）等。控制结构反映了实际控制人对上市公司的控制力，即其影响上市公司经营决策的能力，因此实际控制人的控制结构会对公司业绩、股价、融资等产生影响。关于直接持股方式，研究发现直接持股公司比金字塔结构公司具有更高的会计业绩与市场业绩（邵帅和吕长江，2015），单人持股家族企业也比多人持股家族企业的业绩更好（刘白璐和吕长江，2016），这是由于直接持股股权明晰，经营更具有长期性，并减少了关联交易的发生，更能够保护中小股东的利益，从而降低了大小股东之间的代理问题，改善了公司治理，提高了公司价值。另外，实际控制人夫妻共同持股作为家族企业常见的持股方式，能够通过影响控制人个人的风险偏好，影响公司的生产经营活动。肖金利等（2018）通过将婚姻和性别问题与公司财务行为结合，发现企业家的夫妻关系会影响企业风险承担水平，夫妻关系具有超出家庭范围的影响。

关于金字塔结构持股方式的研究较为丰富，全面揭示了其优缺点。金字塔持股结构通常建立在企业集团的层级控制中，形成了庞大的内部资本市场，所以在外部信贷紧张的环境下给企业带来了融资便利（Almeida and Wolfenzon，2006；谢军和黄志忠，2014），弥补了外部资金提供的不足，但是，企业越接近金字塔层级的顶层会因为要支撑整个内部资本市场的运作，资本支出和资产负债率越高、业绩和市场价值越差（Masulis et al.，2011）。那么，哪些企业会进入金字塔层级之中呢？基于双向选择的关系，公司的盈利较差、投资规模较大、难以获得外部融资的企业更容易被置于金字塔结构中。由此可见，金字塔结构能够为企业带来融资便利，并成为外部融资困难企业的不二选择，但是由于其加大了控制权与现金流权的分离，从而加剧了控股股东和中小股东之间的代理问题（La Porta et al.，1999），降低了企业自愿披露程度和公司财务信息透明度（刘启亮等，2008），为大股东掏空提供了便利（王明琳和周生春，2006）。有研究显示内部资本市场已经成为控股股东利益输送的渠道（邵军和刘志远，2007；张光荣和曾勇，2006；马金城和王磊，2009；刘星等，2010）。而且在控股股东非完全控股时，内部资本市场会由于资源的巨大转移摩擦存在效率不足的问题（杨棉之，2006）。除此之外，还有学者对内部资本市场的有效性（王峰娟和粟立钟，2013；邵军和刘志远，2007）、机制（左和平和龚志文，2011）等做了研究，并不断扩展，研究了金融危机冲击（马永强和陈欢；2013）、货币政策（刘星等；2013）等对内部资本市场运行的影响。综上所述，实际控制人控制结构的复杂程度能够对企业生产、经营、融资、信息披露等产生影响，因此选择合适的控制结构能够为企业发展增添动力。

如果说实际控制人控制结构是个人对某一公司或公司集团控制的纵向控制结构的话，那么实际控制人的财富集中度就是实际控制人对其财富管理从而形成的对众多企业进行投资的横向控制结构，具体关系见图2-2。纵向控制结构通过深化控制层级影响公司运作，那么横向控制结构又如何影响企业重大决策呢？这是本书主要思考和解释的问题。

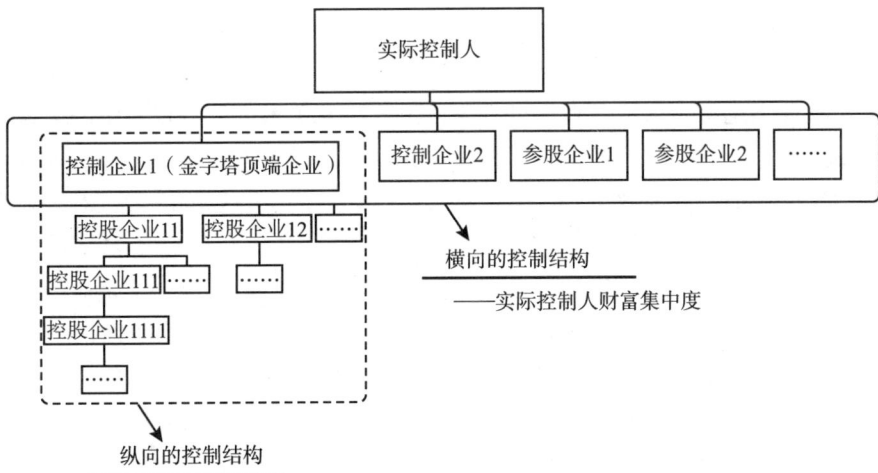

图2-2 实际控制人控股结构和财富集中度

以上文献对实际控制人的两类代理问题、经历与能力、控制结构进行了研究。但是，在股权高度集中下，实际控制人作为企业决策的真正"主宰者"，其横向控制结构——财富集中度是怎样影响两类代理问题的？又是如何在自己的经历和能力范围内行事的呢？已有研究没有给出相应的理论分析和经验证据。因此，本书拟以人民币普通股（A股）上市公司为样本，研究实际控制人财富集中度如何影响企业风险承担，对企业财富集中度的相关研究进行发展和创新。

第二节　企业风险承担的文献回顾

一、企业风险承担的影响因素

企业的风险偏好对企业以及整个经济社会的发展都起到至关重要的作用。企业风险承担水平越高，企业的投资回报率越高，意味着企业拥有更好的财务绩效和长期竞争优势（Low，2009；李文贵和余明桂，2012）。目前，财务、会计等领域的学者们对企业风险承担的影响因素进行了广泛的研究，下面我们将从宏观环境与政府干预和微观的企业管理者、债务结构、股权结构等几个方面对这些文献进行简要分析。

（一）宏观环境与政府干预

宏观环境是指个人或企业所处并与之发生相互关系的社会现实中的大群体的特征与变化，具体包括政治、经济、文化、社会、生态文明等方面。在和平时期，经济环境与政府政策作为整个社会风险环境的主要影响因素，对企业自身投资风险的选择有很强的影响作用。刘志远等（2017）研究了经济政策不确定性对企业风险承担的影响，发现经济政策不确定性显著提升了企业的风险承担，这是因为经济政策不确定性有着"机遇预期效应"，即由于政府变更政策期间会产生诸多投资机会，而企业投资决策实际上是等待新信息的价值与递延投资的成本之间权衡的结果（Bernanke，1983），所以企业会自愿进行高风险高收益的投资以期获得长远发展。李媛媛等（2019）发现金融生态环境对企业风险承担有抑制作用，这是由于金融生态环境的改善使公司即使不投资高风险的项目也会具有较好的业绩，因此管理层缺乏高风险投资的动力。刘行等（2016）研究了由房价波动所带来的抵押资产价值变化对企业风险承担水平的影响，发现管理层为了规避风险，会将抵押资产价值增加所带来的资源投入到那些风险较小但短期内可以获得高额利润的行业（如房地产行业），从而会降低企业的风险承担水平。除了经济环境外，李等（Li et al.，2013）研究发现文化中的个人主义显著提升企业的风险承担水平，但强调规避不确定性及和谐的文化会抑制企业的风险承担水平。而债权人的法律保护也会显著降低企业的风险承担水平（Acharya et al.，2011）。

（二）微观企业因素

1. 管理者

管理者作为企业经营管理的决策者影响着企业的投资选择。下面我们将从管理者个人特征和管理层激励与监督两个方面对企业风险承担的影响进行阐述。

首先是管理者个人特征。根据高层梯队理论，管理者之间是异质的，公司决策与管理者异质性密切相关。管理者的个人特征会影响其风险偏好从而影响企业风险承担。已有研究从管理者的性别、年龄、教育背景、心理特征、经历、社会网络等视角研究了管理者个人特征对企业风险偏好的影响。在性别方面，已有文献发现，女性高管相对更为保守，会选择较低的企业风险承担水平（Faccio et al.，2016）。在年龄方面，研究表明年龄大的管理者倾向于采取较保守、风险较少的决策（姜付秀等，2009），也会对企业选择风险性高的投资项目加以限制（吕文栋等，2015）。在教育背景方面，高学历的人更愿意承担风险（Wiersema and Bantel，1992）。在心理特征方面，余明桂等（2013）研究发现管理者过度自信与企业风险承担水平显著正相关，管理者过度自信在企业投资决策中的作用并不完全是消极的。在经历方面，在经济萧条时期初次就业的管理者会更加保守，企业风险承担水平更低（Schoar and Zuo，2017）；饥荒的经历使得管理者的安全感更低，对风险的防范意识更强，风险承担水平更低（赵民伟和晏艳阳，2015）；具有参军经历的管理者的风险承担水平更高（Malmendier et al.，2011）。在社会网络方面，张敏等（2015）发现董事长和总经理社会网络通过债务融资和研发水平的提升会有助于提升企业的风险承担水平，即社会网络越丰富，企业负债越高，研发投入增长越快，企业风险承担水平也越高。

其次是管理层激励与监督。管理者和股东的代理理论认为，管理者的个人财富和人力资本集中于所在的企业，而没有进行分散化投资，由此导致管理者较低的风险承担水平（John et al.，2008），最终不利于股东财富最大化（Jensen and Meckling，1976；詹雷和王瑶瑶，2013）。所以股东要通过激励与监督来使管理者的利益与股东趋于一致，降低这种不利影响。李小荣和张瑞君（2014）研究了高管股权激励对企业风险承担的影响，发现企业代理成本越高，风险承担水平越低，支持代理成本假说，即认为高管持股可以降低代理冲突，提高公司风险承担水平，当高管持股比例超过某一临界点时，壕沟效应出现，降低风险承担水平。余明桂等（2013）研究表明，与国有企业相比，民营企业对管理者的监督机制和激励机制，导致民营化能够显著提升企业的风险承担水平。约翰等（2008）研究表明，更好的投资者保护能减弱管理者追求个人私利的可能性，抑制管理者的风险厌恶倾向，使企业提高可承担的风险水平。媒体通过调查和传播两种途径对公司发挥"监督者"角色，给企业带来"市场压力"，导致管理层短视，放弃高收益、高风险的创新项目（杨道广等，2017）。另外，除了直接的激励与监督外，企业还可以通过保险的方式，降低管理者的财富风险，胡国柳和胡珺（2017）研究发现董事高管责任保险对管理者财产风险存在"兜底"效应，有助于缓解管理者的风险规避等代理冲突，从而增加企业风险承担。

2. 企业债务结构特征

企业资本结构中具有负债成分会导致债权人与股东（管理者）之间发生委托代理问题，但是债权人没有权利去参与企业经营，从而股东（管理者）基于实现财富转移的动机，会通过投资高风险项目侵占债权人利益（陈德球等，2013），因此银行贷款会提高企业风险承担水平（郭瑾等，2017）。当银行业竞争加剧时，企业的融资约束会降低，从而提高企业风险承担水平（严楷等，2019）。以上在债权人权利和对企业的影响力较低时，当债权人权利更强时，他可以通过对企业施压等方式，导致企业有更大的倾向参与多元化并购，减少企业的风险承担（Acharya et al.，2011）。另外，对于企业集团的债务而言，夏子航等（2015）认为母子公司的债务分布可以通过约束过度投资和缓和投资不足两个路径影响合并整体的风险承担水平。

3. 企业股权结构特征

关于股权性质，已有文献发现，国有企业的风险承担水平显著低于民营企业和外资企业（李文贵和余明桂，2012），国有企业民营化能够促进企业在投资决策中承担更多的风险，提高企业风险承担水平（余明桂等，2013）。关于纵向股权结构的复杂程度，苏坤（2016）研究了国有金字塔层级对公司风险承担的影响，表明国有金字塔层级的延长降低了政府干预程度，有助于提高企业决策权和经营活力，提升国有企业风险承担水平。关于横向大股东持股的分散性，大股东持股的分散化程度越高，其在企业的财富风险暴露水平越低，企业越可能承担更多的风险性投资项目（Faccio et al.，2011；潘红波和余明桂，2014）。

二、风险承担的经济后果

企业风险承担如何影响绩效一直以来都受到学者们的广泛关注，但关于企业风险承担的经济后果的研究结果不一。

一方面，许多学者认为企业风险承担具有积极的价值创造效应。这主要因为：第一，企业风险承担源于企业对风险较大但净现值（NPV）为正的项目的投资，体现了企业对投资机会的充分利用，因此更高的风险承担水平通常表现为企业资本性支出更高、现金持有水平更低，改善了民营企业的资本配置效率（王栋和吴德胜，2016）；第二，高风险承担的项目很多都是创新项目，所以高风险承担的企业往往有更高的创新积极性和更多的研发（R&D）投入，提升了企业的竞争优势；第三，风险承担水平越高，企业越倾向于进行资产投资，扩大企业规模，进而增加收入水平，实证显示企业风险承担水平与企业的资产增长率和销售收入增长率均显著正相关（John et al.，2008）。

但另一方面，较高的风险承担水平也可能增加企业的经营风险和财务风险，从而不利于企业价值的提升。高企业风险承担意味着更少放弃风险性的投资项目，从而会增加企业在未来经营过程中的不确定性，使企业的绩效呈现出较大的波动（Wright et al.，1995；Wright et al.，1996），所以当企业本身业绩低于平均水平的企业时，风险承担不利于企业绩效的提升（Fiegenbaum and Thomas，1988）。

综上所述，企业只有根据自身的经营状况选择合适的风险水平才能实现绩效的增长。董保宝（2014）关于新企业的研究验证了这一观点，通过将样本集中在新企业中，发现新企业冒适度的风险时会有较佳的绩效，规避风险和过度承担风险都会导致绩效的降低，即风险平衡将是新企业的最佳选择，而要确保风险承担的效果显著，确保企业绩效的有效提升，新企业必须提升并完善其创业能力。

以上分析表明，现有文献主要从宏观环境与政府干预和微观的企业管理者、债务结构、股权结构等角度研究企业风险承担的影响因素，并研究了风险承担的正面与负面效应，相关研究非常丰富，但鲜有文献从实际控制人财富集中度的视角研究企业风险承担。因此，本书拟以人民币普通股（A股）上市公司为样本，研究实际控制人财富集中度是否会降低企业的风险承担水平，以对企业风险承担影响因素的相关研究进行发展和创新。

第三节　风险视角下的企业投资文献回顾

关于企业投资的相关研究大多从风险视角出发，有效的投资活动能够使资产得到有效运用，提高企业在市场上的综合竞争力。而非效率投资则会使得企业资源配置效率下降，降低企业的竞争力从而增加企业面临的风险水平。因此，学术界大多基于风险视角，从企业流动性风险、杠杆风险、经营风险、破产风险等一系列角度出发，对企业投资理论、影响企业投资的各种因素以及非效率投资等方面进行深入研究。

一、企业投资理论的相关研究

（一）新古典投资理论

1. 价值无关理论

新古典投资理论主要从微观层面考察企业的投资行为，而在这之前的投资理论都是基于宏观视角来研究投资总量。莫迪利亚尼和米勒（Modigliani and Miller）提出的 MM 理论（即价值无关论）建立在完美资本市场、参与者自由套利、没有所得税等一系列假设之下，其认为企业资本结构不会对企业价值造成影响，从而对企业未来的投资现金流也不会产生任何影响。之后莫迪利亚尼和米勒放宽了前提假设，在考虑所得税和负债利息之后，研究发现负债利息可以降低企业所得税税额，即利息抵税效应，因此 MM 理论修正为"有税 MM 理论"，其主要结论认为当企业为了满足投资需求的所有融资来源于负债时，企业价值达到最大。后续研究在此基础上又引入破产成本、代理成本、财务困境成本等因负债较高造成的损失后，发展成为"权衡理论"，该理论明确提出了公司的最佳资本结构是平衡利息抵税效应带来的利益以及债权资本比例上升引发的财务困境成本的资本结构。

2. 边际分析法

凯恩斯在《就业、利率和货币通论》中首次提出了资本边际率的定义，他认为当企业内部收益率（资本边际率）大于实际利率，则投资可行；反之，投资不可行。众多学者在此基础上提出了一系列企业投资模型，比如克拉克（Clark，1917）提出的加速投资模型、哈罗德（Harold，1939）提出的投资—

产出模型、考伊克（Koyck，1954）提出的弹性加速模型等，但是上述模型并不能完全模拟真实的现实环境。直到 20 世纪 60 年代初，乔根森（Jogenson，1963）以厂商长期利润最大化为目标，运用边际分析方法研究企业投资行为，建立了企业最优资本存量模型。他认为企业投资决策主要受生产要素价格和产出水平的影响，企业投资决策取决于单位资本的边际收益与边际成本的大小，如果前者等于后者时，企业投资可以实现收益最大化。但是，乔根森的投资模型过于依赖过去和现在的信息，无法反映未来价格变动、利率变动对其的影响。

3. 托宾 Q 投资理论

托宾（Tobin，1969）将金融市场与企业的投资行为联系起来，认为股票的市场价格可以充分反映企业内外部信息，由此他将 Q 值定义为企业的市场价值与资本重置成本之比，若 Q 值大于 1，说明当前股票市场对企业的估价大于资本的重置成本，购置新的资本可以提高企业的市场价值，即以较少的投资成本获得更大的价值增量，那么企业将会增加投资；相反，若 Q 值小于 1，说明当前股票市场对企业的股价低于资本的重置成本，购置新的资本并不能获得更大的价值增量，那么企业会减少投资。该理论弥补了乔根森投资理论的不足，考虑了预期因素的影响，因此托宾 Q 值在早期被学者广泛应用于企业投资效率的研究中，但是随着经济周期性波动中金融因素对企业的影响，该理论对企业投资需求的解释引发了许多争议。

（二）现代投资理论

1. 优序融资理论

现代投资理论在新古典投资理论的基础上更加贴近现实，放宽了新古典投资理论适用的约束条件。优序融资理论就是以不完全信息为基础，并且考虑交易成本的存在，提出了企业融资的次序选择。该理论认为如果公司采用外部融资方式会释放坏消息从而引起公司价值的下降，而内部融资基本不传递信号，所以公司应当首先考虑内部融资的方式。同时当公司必须从外部获得融资时，如果选择股权融资会让外部投资者认为公司对未来收益没有把握，相反如果选择债务融资给外部投资者传递的信号是公司预期业绩好、确定性高，因此在考虑到外部投资者的逆向选择时，在外部融资方式中公司应当优先考虑债权融资。在优序融资理论下，企业的投资决策受限于自身的自由现金流，融资约束成为影响企业投资的主要因素。

2. 代理问题下的投资理论

简森和梅克琳（Jensen and Meckling，1976）提出了代理理论。当公司经营权和所有权分离时，经营者和所有者由于自身追求的利益不一致会造成决策分歧。具体来说，经营者有强烈的欲望构建自己的"商业帝国"谋取个人私利从而导致过度投资行为（姜付秀等，2009）；同时经营者也有可能出于职业声誉的考虑偏向风险规避从而导致投资不足（Ross，1973；Brito and John，2002）。对企业的风险承担和收益分配也使得股东和债权人之间存在代理问题，当公司陷入财务困境时，股东更希望去投资风险高收益大的项目，这样如果成功股东获得全部剩余收益，如果失败债权人承担主要损失，风险从股东向债权人转移而财富从债权人向股东转移，这种情况下公司会过度投资（Miller and Fama，1972）；同时当公司面临破产危险时，股东可能放弃净现值为正的项目，因为即使投资成功，大部分收益将由债权人获得，股东无法获得项目的剩余收益，股东追加投资相当于给债权人送去财富，这种情况下公司会投资不足（Myers，1977）。股权集中下大股东与小股东利益的不一致也会使大股东出现侵占小股东利益的行为（李增泉等，2004；姜国华等，2005），比如通过担保、关联方交易等方式对外输送利益造成企业内部现金流的短缺从而形成投资不足。

3. 信息不对称下的投资理论

梅耶斯和麦基里夫（Myers and Majluf，1984）提出，企业选择融资方式的过程中存在投资不足和过度投资问题的现象，主要是内部决策者和外部投资者在关于企业投资机会之间的信息不对称造成的。具体来说在这种理论下，外部投资人由于不能获得公司的全部消息而出于信息劣势，他们只能根据片面信息判断投资项目是否可行，这样经营者就会因为没有足够的资金而放弃一些净现值大于 0 的项目从而产生投资不足；同时由于信息的不对称，股票市场可能会存在对企业价值的高估，此时经营者可以利用被高估的股票价格去弥补投资可能造成的损失，所以经营者的投资决策更加激进，使得净现值小于 0 的项目也被投资从而产生过度投资。一系列研究认为信息披露有利于缓解企业信息不对称程度从而降低企业融资约束（郭桂花等，2014；卢太平和张东旭，2014；王琨等，2016）。张金鑫和王逸（2013）的研究发现作为会计信息质量特征之一的会计稳健性对于降低融资约束具有重要意义。朱凯和陈信元（2009）认为被出具非标准审计意见的公司面临更大的融资约束。因此，解决信息不对称的举措都能够有效提高企业的投资效率，减少投资不足和投资过度的现象。

二、企业投资行为的相关研究

企业投资的最终目的是实现资源的最优配置以提升企业价值。在一个完美无摩擦的资本市场中，资本的流动最终会使得所有项目的边际收益相等（Modigliani and Miller，1959）。然而由于信息不对称和代理问题的存在，现实资本市场通常是不完美的，其中存在各种风险因素使得资本流动偏离完美假设下的状态，例如税收、交易成本、投资者情绪等。因此关于企业投资的绝大多数国内外文献都是围绕影响企业投资行为因素所展开的研究，本节主要从影响企业投资行为的外部风险因素、影响企业投资行为的内部风险因素这两方面来对文献进行整理归纳。

（一）影响企业投资行为的外部风险因素

考虑到企业投资机会所带来的融资需求，学者们在讨论影响企业投资行为的外部因素时主要从企业进行外部融资时所面临的融资约束角度出发。他们认为当公司比较容易筹措资金时，管理者将拥有更多的资源配置自主权进行投资活动。而当公司面临较大的融资约束时，管理者没有足够的资金使得企业投资达到最优水平。因此影响企业融资的外部风险因素一定程度上决定了企业的投资行为。

1. 信息不对称

梅耶斯和麦基里夫（1958）指出由于信息不对称的存在，外部投资者认为自身不能够完全获得企业的内部信息从而担心自己的利益受到损害，最终会降低购买证券的价格，这样便加大了企业外部融资的成本。早期有研究依据信息不对称理论提出了融资约束假说，实证检验了信息成本不同的企业之间存在的融资约束差异（Fazzari et al.，1988），支持了信息不对称会加剧企业融资约束从而减少投资这一结论。在此基础上，国内外研究进一步通过构建信息不对称和投资水平的指标来研究二者之间的关系，屈文洲等（2011）适用信息不对称指标 PIN 值实证检验了其与企业投资支出的关系，研究发现信息不对称水平越高，公司的投资支出越低。张纯和吕韦（2007）认为处理信息不对称的最佳路径是主动披露信息，同时企业融资约束也与市场关注度存在相关性。何贤杰等人（2012）的研究表明，披露社会责任报告的公司的融资约束程度与未披露的公司相比明显较低。关于这一系列研究均有力说明企业信息不对称水平导致的风险显著影响了企业获得外部融资的难易程度，从而影响了企业投资行为。

2. 信用评级

我国明文规定企业发行债券要向认可的债券评信机构申请信用等级。信用评级可以帮助外部投资者识别垃圾债券和高质量债券，从理论分析出发，对于信用评级较低的债券，绝大多数属于风险厌恶的投资者会拒绝购买此类债券，最终使得公司无法按照预期资金量或是资本成本来获得债权融资满足投资需求。而对于信用评级较高的债券会受到投资者的一致好评，会降低企业债权融资的难度顺利获得资金来进行投资。因此，企业会考虑到外部信用评级风险对自身融资造成的影响。从实证分析出发，王雄元和张春强（2013）以银行间债券市场发行的中期票据为样本，检验了信用评级与债务融资成本的关系，结果显示信用评级越高，中期票据融资成本越低。韩升勋等（Han et al.，2013）详细分析了信用评级与债券收益率的关系，证明了信用评级对债券价格存在影响。因此，信用评级成为影响企业通过债权融资满足投资需求的一项关键风险因素。

3. 外部环境带来的系统风险

企业并不是孤立存在的，任何一家企业都无法脱离宏观经济环境以及社会法治环境来生存。外部环境直接影响到企业的系统风险，从而影响到企业投资决策。宏观经济学告诉我们，当经济处于低迷期，应当采取扩张性货币政策，而经济过热时采取紧缩性货币政策。宏观经济的波动导致货币政策的变化，使得货币供给水平、银行利率水平发生变动从而改变企业融资成本。韩东平和张鹏（2015）的研究表明在宽松的货币政策下，民营企业会因为其易于获得更多信贷资金以扩张投资而导致投资效率下降。王义中和宋敏（2014）详细阐述了宏观经济不确定性影响公司投资的三种作用机制，进一步解释了宏观经济环境对企业投资的影响渠道。一系列研究法律与金融的文献强调了外部法律制度对资本市场的重要性，其中包括对企业投资的影响。陈德球和李思飞（2012）从投资机会和融资约束的视角分析了地方政府治理水平越高，企业投资规模越大，投资效率越高。潘红波和陈世来（2017）探讨了《劳动合同法》对企业投资的影响，研究发现《劳动合同法》的实施显著降低了民营企业的投资水平，对中国区域经济增长产生负面影响。外部环境的变化会带来企业融资约束和投资机会的变化，从而显著影响到企业投资行为。

4. 投资者情绪

基于投资者非理性行为的公司金融理论和实证研究均表明，市场上投资者的非理性情绪导致的价格偏误会影响企业实际投资决策。贝克（Baker et al.，2003）提出市场上的错误定价通过股权融资渠道来影响企业股权融资水平从而影响企业的投资决策。波克和萨皮恩扎（Polk and Sapienza，2008）认为企业投资决策存在迎合投资者情绪的表现，关注股票价格的经理人会迎合投资者情绪来扩大或缩小投资总量。国外有文献通过经验数据证明了迎合渠道存在的合理性（Chang et al.，2005）。国内也有学者研究证明了我国上市公司投资决策存在明显的迎合趋势（张戈和王美今，2007；潘敏和朱迪星，2010）。张庆和朱迪星（2014）进一步研究表明企业迎合投资行为会受到管理层持股的抑制。花贵如等（2010）通过研究分析，得出了投资者情绪与企业过度投资显著正相关，而与投资不足显著负相关的结论。行为金融理论以及经验数据均表明企业投资决策会受到投资者情绪这一风险的影响，企业会有明显的迎合投资行为。

5. 政治关系

我国的政府、银行、企业之间的关系具有独特性，国有企业和非国有企业在社会经济地位上存在明显的差异。相对于民营企业，国有企业面临的预算软约束问题较严重（朱红军等，2006），这说明国有企业由于自身所拥有的政治关系在政府补助、银行信贷等方面具有先天性优势，国有企业更容易获得资金开展投资。罗党论和甄丽明（2008）实证检验了民营企业的政治关系对减轻融资约束的作用，研究发现有政治关系的民营企业其外部融资时所受的融资约束更少，同时越是在金融发展水平低的地区，民营企业的政治关系对其融资的帮助越明显。杜兴强等（2011）手工搜集了国有上市公司关键高管的政治联系数据，发现政治联系显著增加了国有上市公司过度投资的概率。政治联系逐渐成为企业贷款融资的一项有利因素，对企业投资存在重要的影响。企业会高度重视政治关系，避免失去这一有利融资保障。因此，政治关系的流失也是影响企业投资的一大影响因素。

（二）影响企业投资行为的内部因素

1. 企业生命周期

企业生命周期理论认为，企业的形成与发展过程可以分为初创期、成长期、成熟期、复兴期和衰退期五个阶段（Miller，1984）。不同阶段的生产经营方式、资金需求量、投资机会等特征各有不同，面临的风险因素也显著不同，必然会影响公司所面临的融资约束和投资需求。例如，对于初创期的企业来说，公司发展潜力大，存在许多净现值为正的投资机会，但是由于外部融资难度巨大往往会导致出现投资不足现象；而对于成熟期的企业来说，公司品牌知名度大、市场地位稳固等融资优势会带来大量的自由现金流，但是其自身成长性下降，很可能出现管理者过度投资甚至是投资净现值为负的项目的现象。李云鹤等（2011）从企业发展进程的动态层面考察上市公司投资效率的动态演变，发现我国上市公司过度投资随生命周期呈先降后升的趋势变化。曹崇延等（2013）基于中国制造业上市公司的数据发现不同生命周期阶段的企业所拥有的自由现金流不同，从而导致发生过度投资概率不同，其中成熟期和衰退期的企业更可能发生过度投资行为。而侯巧铭等（2017）的研究则从管理者行为角度解释了不同生命周期的非效率投资。

2. 股权结构

中国上市公司股权结构有着区别于其他国家企业的特点，尤其是占据较大比重的国有股权，对公司治理产生了独特的影响，因此股权结构是研究我国公司治理和资本市场发展的一个重要话题，不同的股权控制结构如股权集中度、不同股权性质如国有股和非国有股、不同的股权参与者如机构投资者等都是学者们研究公司金融需要重点考虑的因素。饶育蕾和汪玉英（2006）以非金融性 A 股公司为样本研究了大股东对公司投资的影响，发现了大股东持股比例是造成过度投资的重要因素。还有部分学者研究股权集中度与创新投入的关系，结果表明股权集中有利于提高公司的创新投入，但是一定的股权制衡很有必要，控股股东的持股比例与公司创新投入之间存在倒 "U" 型关系（文芳，2008；任海云，2010）。王化成和胡国柳（2005）研究了股权结构与企业投资多元化的关系，结果表明第一大股东持股比例与企业投资多元化水平显著负相关。大量国外研究表明发展机构投资者是解决信息不对称和代理问题的重要手段，同时，国内有学者从融资约束和股权制衡角度出发研究了机构投资者对企业投资的影响。从融资约束角度来看，实证结果表明机构投资者的参与能降低民营企业面临的融资约束从而提高其负债融资能力（张纯和吕伟，2007），进而提高企业投资水平；从股权制衡角度来看，现有文献表明当机构投资者持股比例较高时，其更有动力和能力参与公司决策从而约束大股东自利行为（Bushee，1998；石美娟和童卫华，2009），进而提高企业投资效率。

3. 内部控制风险

一系列关于内部控制的政策规范表明强化企业内部控制是提高公司治理水平的重要渠道，例如美国的《萨班斯—奥克斯利法案》（Sarbanes – Oxley Act）、我国颁布的《企业内部控制基本规范》。当公司具有良好的内部控制体系时，其出具的财务报告质量更高，可以显著降低信息不对称水平（Doyle et al.，2007），投资者通过高质量的财务报告，可以增加对企业的经营状况和未来盈利能力的了解程度，这样可以尽量避免因逆向选择导致的融资成本过高进而出现投资不足的现象。同时良好的内部控制还能够减轻代理问题，一是能抑制管理者凌驾于内部控制之上的现象，约束管理者因自利行为导致的非效率投资，二是能控制关联交易，避免控股股东的利益输送所导致的内部现金短缺引起的投资不足。李万福等（2011）通过构建企业内部控制衡量指标，实证得出了内部控制促进企业投资效率的结论。因此，内部控制是否有效是影响企业投资效率的重要风险因素。

4. 管理者行为

所有权和经营权分离带来的股东、经理利益的不一致，导致经理的决策与股东价值最大化目标不一致是学术界定义的第一类代理问题，因此从管理者出发研究代理冲突是必要的。在企业投资方面，杰森（Jesen，1986）认为经理投资某一项目是能够获得一定的潜在私人收益的，但这种收益通常也伴随着一定的潜在私人成本（Aggarwal and Samwick，2006）。因此，出于自利角度经理在决定是否投资项目时是以私人收益是否大于私人成本为标准而不是项目净现值是否大于0，这样就很可能导致经理放弃对股东来说能够增加财富的项目或者投资对股东来说风险收益不对等的项目，进而造成投资的非效率。商业帝国假说认为，企业规模越大，管理者从中获取的私人收益越多，并且能带给管理者更高的社会地位，因此管理者会倾向于扩张所在企业的规模从而导致过度投资（Stulz，1990；Malmendier and Tate，2005；姜付秀等，2009）。还有学者认为管理者为了自己在行业内的职业信誉会偏向风险厌恶，更加担心项目的失败从而搁置一些对公司未来发展很重要的投资项目从而造成投资不足（Ross，1973；Brito and John，2002）。综上，管理者行为是影响企业投资行为的关键风险因素，其具体影响程度与管理者个人背景特征、性格特征、权力大小等因素相关（王霞等，2008；李焰等，2011；张兆国等，2013；王茂林等，2014）。

5. 大股东行为

我国上市公司股权结构较为集中，大股东与中小股东之间的利益冲突是学术界定义的第二类代理问题。大股东"掏空"理论认为大股东通过控制权以担保、借贷、关联方交易等方式占用上市公司的资金进行利益输送侵占小股东的合法权益（李增泉等，2004；姜国华等，2005），这会使得公司自由现金流减少，从而削减公司的投资资金并产生投资不足的情况。另外，大股东可能会因为自身财富集中在一家上市公司无法分散非系统风险而倾向于风险规避，而中小股东可能不止投资一家上市公司从而能够分散非系统风险，因此大股东出于风险规避会拒绝或是搁浅一些净现值大于零的项目，最终导致投资不足。另一种情形则是大股东会以高于市场水平的价格收购自身的其他资产，或者是投资于能够产生协同效应的投资项目，由此导致上市公司投资了大量净现值小于零的项目产生过度投资（Johnson et al.，2000；饶育蕾和汪玉英，2006）。大股东行为可能导致的掏空现象或是自利行为都会成为影响企业投资的风险因素。

三、企业投资效率的相关研究

上一节集中阐述了影响企业投资行为的各种风险因素，其主要围绕融资约束、信息不对称和代理问题所展开。在这一系列影响因素的背后，最终导致的便是企业投资偏离最优资本存量，也就是常说的非效率投资。那么，非效率投资具体是如何定义、如何计量、如何形成的便是本节文献回顾的主要内容。

（一）非效率投资的定义

学术界对非效率投资的判断标准主要以最优资本存量以及投资准则为主。最优资本存量是乔根森（1963）提出的概念，即企业利润最大时点的资本存量。他认为企业应该投资的份额是实际未达到最优资本存量的部分，这类投资会提升企业价值。杰文斯（Jevons，1871）引进数学方法和边际原则，通过量化边际收益和边际成本数理分析后得出只有企业资本存量向最优资本存量趋近的投资才是有效率的，否则便是非效率投资。关于投资准则，莫迪利亚尼和米勒（1958）提出三个参考标准：（1）投资收益率不得低于资本成本；（2）边际收益大于边际成本；（3）投资项目的净现值大于 0。简森和梅克琳（1976）以投资项目的净现值为投资标准，将企业投资净现值小于零的投资项目视作投资过度，将企业放弃净现值大于零的投资项目视作投资不足，并将二者统称为非效率投资。

（二）非效率投资的计量

1. 托宾 Q 值法

在完美市场假说条件下，企业会对所有投资收益率大于或等于资本成本的项目进行投资。根据托宾提出的 Q 值理论，可以计算出当边际收益等于边际成本的最优边际托宾 Q 值，从而得到公司边际托宾 Q 值与最优边际托宾 Q 值之间的差异，即边际投资效率（谢佩洪和汪春霞，2017）。公式如下：

$$\text{Marginal Tobin's Q} = R/I$$

其中，R 表示企业的投资收益率，I 表示企业的资本成本。

2. 非正常投资法

蒂特曼等（Titman et al.）将企业非正常投资定义为当年投资与企业前三年投资的平均值的比值减去 1，计算出的数值越大，说明当年投资远超出企业平均投资水平，企业出现过度投资的概率更大；计算出的数值越小，说明当年投资远低于企业平均投资水平，企业出现投资不足的概率更大。公式如下：

$$CI_t = \frac{CE_t}{(CE_{t-1} + CE_{t-2} + CE_{t-3})/3} - 1$$

其中，CE 定义为企业资本支出除以主营业务收入。

3. 行业中位数法

霍瓦基米安和蒂特曼（Hovakimian and Titman，2006）以行业的平均资本支出作为基准，计算上市公司该年度与相对应的行业资本支出平均数值之间的差异作为投资效率。如果上市公司该年度资本支出大于行业平均水平，说明可能出现过度投资；如果上市公司该年度资本支出小于行业平均水平，说明可能出现投资不足。具体与行业平均水平的差额大小可以粗略视为过度投资和投资不足的程度大小。公式如下：

$$CI = I_{公司} - I_{行业平均}$$

其中，I 定义为企业资本支出。

4. 理查森（Richardson）残差度量模型

2006 年，理查森提出了预期投资的残差度量模型，他根据企业自身特征如投资机会、现金流、规模等一系列影响企业投资水平的因素构建多元回归模型，并通过回归模型估计出企业的预期投资水平，利用企业实际投资水平来计算回归模型的残差，最后以残差的符号来判断企业是否发生投资过度和投资不足，同时以残差绝对值的大小来度量企业投资过度和投资不足的程度。回归模型如下：

$$Inv_t = \alpha_0 + \alpha_1 Growth + \alpha_2 Lev + \alpha_3 Cash + \alpha_4 Age + \alpha_5 Size$$
$$+ \alpha_6 Ret + \alpha_7 Inv_{t-1} + \sum Ind + \sum Year + \varepsilon$$

其中，理查森将企业总投资区分为维持性投资和新增投资，Inv_t 表示企业当期总投资减去维持性投资后的新增投资，Growth 为企业期初投资机会，用企业价值除以权益市场价值来表示，Lev、Cash、Age、Size、Ret 分别表示企业期初的资产负债率、现金存量、年龄、规模和个股回报率，Inv_{t-1} 为滞后一期的因变量。该模型在企业非效率投资研究中应用十分广泛。

5. 投资—现金流敏感性模型（简称 FHP 模型）

该模型是由法扎利（Fazzari）、哈伯德（Hubbard）、彼德森（Petersen）于 1987 年共同提出，该模型使用美国样本公司数据，以股利支付率代表公司融资约束程度，同时控制以托宾 Q 值度量的企业投资机会进行分组检验。结果发现，企业融资约束程度与投资—现金流敏感性正相关。这说明当企业的融资约束程度很低时，企业表现为较强的投资—现金流敏感性，企业容易发生投资过度；当企业融资约束程度很高时，企业表现为较低的投资—现金流敏感性，企业容易发生投资不足。具体模型如下：

$$(I/K) = f(X/K) + g(CF/K) + \varepsilon$$

其中，I 定义为资本投资，K 为公司期初资产存量，X 为以托宾 Q 值表示的投资机会，CF 表示企业内部现金流，f 和 g 分别表示投资机会和企业内部现金流的函数。但是该模型的结论受到了多方面的质疑，其中包括托宾 Q 值的衡量偏误（Erickson and Whited，2005）、投资—现金流敏感性是否能作为判断融资约束存在的依据（何金耿和丁加华，2001；连玉君和程建，2007）。

6. 现金流与投资机会交乘项判断模型

沃格特（Vogt，1994）构造了一个检验企业融资约束与投资现金流敏感性之间关系的新模型，并且加入了内部现金流和投资机会的交互效应，通过该交乘项系数的符号判断企业是否发生投资过度和投资不足。新模型公式如下：

$$(I/K)_{it} = \beta_0 + \beta_1 (CF/K)_{it} + \beta_2 (Dcash/K)_{it} + \beta_3 (Sales/K)_{it}$$
$$+ \beta_4 Q_{it-1} + \beta_5 (CF/K)_{it} \times Q_{it-1} + \varepsilon_{it}$$

其中，I 定义为公司的资本投资，K 为公司期初资产存量，CF 为公司内部现金流，Dcash 定义为现金股利变动额，Sales 为本期营业收入，Q 为投资机会。在此回归模型中，如果交乘项的系数 β_5 显著为负，说明企业投资过度；反之，如果交乘项 β_5 显著为正，说明企业投资不足。但是这个模型只能对非效率投资进行判断，并不能对非效率投资的程度进行量化。

（三）企业非效率投资的成因

企业非效率投资的成因与影响企业投资行为的内外部因素息息相关，对于上文所提及的影响因素在此不做赘述，这里仅对上文未提及的因素进行回顾整理。

1. 股东与债权人的代理问题

米勒和法玛（Miller and Fama，1972）于 1972 年首次研究了股东与债权人间的代理冲突对投资决策的影响。他们认为股东与债权人在对待风险的态度有所不同，债权人偏好收益确定的项目，这样项目失败的概率低，收回本金和利息的可能性较大；而股东却偏好收益不确定性大的项目，这样项目成功后他们所获得的全部剩余收益更大，因此可能导致公司投资于净现值小于零的项目造成投资过度。同时当公司面临破产危险时，股东可能放弃净现值为正的项目，因为即使投资成功，大部分收益将由债权人获得，股东无法获得项目的剩余收益，股东不愿意为项目筹措资金，这种情况下公司会投资不足（Myers，

1977）。国内学者同样发现负债比例与企业投资规模之间具有负相关关系，同时这种负相关关系会受到负债类型、负债来源、投资项目风险、企业盈利状况的影响（童盼和陆正飞，2005；伍利娜和陆正飞，2005；黄乾富和沈红波，2009）。

2. 外部盈利压力

研究表明分析师的盈余预测对投资者的期望将产生很大的影响，没有达到分析师盈利预测的企业通常伴随着股价下跌、管理者离职等负面影响（Farrell and Whidbee，2003；Mishina et al.，2010）。王菁和程博（2014）认为管理者在面对外部盈利压力时，会更加关注于企业当前的业绩从而减少、延迟或取消投资计划，进而造成企业投资不足。王玉和王建忠（2016）在此基础上考虑公司的规模效应，研究表明分析师关注通过缓解小公司的融资约束，增加了过度投资，同时分析师关注通过减少大公司的代理成本，减少了过度投资。陈婧等（2018）从人力资本出发，考察分析师跟踪对企业劳动投资效率的影响，发现分析师跟踪能够显著改善企业劳动投资效率。综上来看，企业可能会面临真实业绩低于外部分析师的盈利预测这一风险，从而影响企业的投资决策。

3. 企业战略

企业战略不同意味着企业目标、经营模式与组织结构等方面会有所不同。迈尔斯等（Miles et al.，1978）依据企业产品和市场的更新速度将企业战略分为防御型、进攻型和观望型。防御型企业倾向于稳定价格、提高产品和服务质量来保护其核心竞争优势，进攻型企业则倾向于通过开发新产品，力争成为行业领头羊，观望型企业则介于两者之间（Bentley et al.，2013）。王化成等（2016）以上市公司为研究样本，通过构建企业战略的度量指标，检验了企业战略对过度投资的影响，结果表明企业战略对过度投资存在显著影响，同时相比于防御型企业，进攻型企业战略与过度投资呈显著正相关。

从已有的关于企业投资方面的文献来看，国内外学者主要从融资约束、信息不对称以及委托代理冲突对企业投资行为以及非效率投资进行相关研究，一步步放宽对完美资本市场的假设条件，加入各种可能存在的风险，并且从企业内部到企业外部，从静态视角到动态视角，从产权性质到战略规划，创造更多适合现实资本市场以及企业个体的理论与模型，丰富了企业投资的理论和实证研究。但是从实际控制人财富集中角度去阐述其与企业投资之间关系的文献还比较少，研究难题在于实际控制人财富集中度数据难以获得，本书通过手动整理实际控制人财富集中的数据研究其对企业投资的影响可以补充拓展关于代理问题与企业投资的相关研究。

第四节 风险视角下的企业融资文献回顾

一、国内外关于企业融资的研究简述

（一）企业融资理论综述

最优资本结构是企业融资问题中举足轻重且经典的一个角度，在这一视角下，学者们已经展开了广泛的研究。在已有的文献研究中，资本结构理论占比最大；而从企业不同发展阶段出发进行动态研究的企业成长周期理论，也从另一角度完善了对企业融资问题的研究。

1. 资本结构理论

依据获得资金的方式差别，一般认为企业可以通过权益和债务两种方式进行融资。权益资本和债务资本的成本、风险、税收等都各不相同，因而企业在对融资途径进行抉择时应当考虑各自对风险的承担能力、对成本收益的要求等，最终产生最优的资本结构，最大化企业价值。资本结构理论正是为了探讨企业最优资本结构，从而对权益融资、债务融资对企业价值的作用进行的研究。

（1）早期资本结构理论

杜兰特（Durand，1952）等提出的净收入理论、净营运收益理论和折衷理论构成了早期的资本结构理论。净收入理论的观点中，企业的债务和权益成本是不变的，企业价值在债务融资比重大时更高，因为此时企业总体融资成本小。净营运收益理论的观点中，资本结构并不会导致企业价值的变化，因为在债务融资比重大时，债务资本的风险也更大，此时企业股东希望获得的回报率更高，导致权益资本成本增加，债务资本的优点在这种情况下被抵消，最终达到一个平衡。折衷理论的看法处于以上两种理论之间，认为企业的债务、权益和整体资本成本都与资本结构有关。债务资本比重的增加会增加低成本资金的比重，同时也增加了权益资本成本。债务资本比重的增加降低资本成本的效应在一定范围内超过增加权益资本成本的效应，增加到一定程度后，权益资本成本的增加更大，在临界点处即是企业的最优资本结构。

（2）现代资本结构理论

早期资本结构理论在实践中不能很好地解决问题，其以经验为基础，采用理论分析的方法，而现代资本结构理论的提出，标志着资本结构理论的"定量化"。

莫迪利亚尼和米勒（Modigliani and Miller，1959）提出了资本结构无关论（MM定理），这一定理是现代资本结构理论的代表。理论采用了严密的数学推导，证明了企业的价值与资本结构没有关系，前提是满足特定的假设。但是这些特定的假设非常严格，在现实的市场环境下基本无法实现，例如在交易中没有交易成本、企业不用承担税负等。基于这种情况，莫迪利亚尼和米勒（1963）将税收因素包含进资本结构无关论（MM定理）中，考虑税收的资本结构无关论（MM定理）认为，企业价值随着债务资本的比重增加而增加，因为负债具有节税效应。考虑个人所得税的结果发现和不考虑个人所得税的资本结构无关论（MM定理）无本质不同，原因是个人所得税会抵消负债的节税效应，但并不会全部消除节税效应的影响。罗比切克（Robichek，1966）和克劳斯（Kraus，1973）等学者以资本结构无关论（MM定理）为核心，将原假设条件逐渐放宽并加入模型，提出了权衡理论。在权衡理论中，破产成本和破产风险是重要的因素，企业负债有节税效应，同时也会使风险提高，过多采用负债融资会使企业存在破产风险和破产成本。因此，债务融资的效应具有两面性，一方面带来对企业有利的节税效应，另一方面又使得破产风险和破产成本增加，一定范围内增加负债，其节税效应的好处超过破产的危害，但超过这一范围后，反而由于破产成本的不断增加导致企业价值更低，在临界点的位置就是企业最优资本结构，企业价值在这一点达到最大。

（3）新资本结构理论

对企业融资结构的讨论在信息不对称理论发展的背景下进入了新资本结构理论阶段，公司治理问题成为学者研究的热点因素，具体来讲包括激励机制、委托代理、信息传递等因素。

代理成本理论与激励模型主要研究经理人行为这一因素的影响。詹森和梅克林（Jensen and Meckling，1976）提出将委托代理成本分为股权代理成本和债权代理成本的代理成本理论。以委托代理的契约关系为基础，他们认为由于企业外部股权和经营者共同享有经营利润，经营者在无法获取全部利润的情况下也不会有足够的动力为企业贡献全部精力和做出完全有利于企业的决策，相反地，他们有动机使用企业资源自我消费，这就导致了股权代理成本存在。在债权融资比重比较高的情况下，经营者通常倾向于更多进行高风险项目，从而将可能的失败损失转移到高比重的债权人身上，高收益则由股东分享，债权代理成本由此存在。经营者的这种行为能够被债权人预期并使得企业被要求更高的债务成本。代理成本理论认为企业最优资本结构应当在权衡股权和债权的代理成本中寻求，当这两种成本的总和最小时，企业就达到了最优资本结构。

罗斯（Ross，1977）提出了信息不对称理论与信息传递模型，这一模型中关于未来收益和投资风险的所有信息并不能平等地被经营者和投资者获取，具体来说经营者能够完全获取信息而投资者只能通过企业财务指标间接进行判断，这种观点有别于资本结构无关论（MM定理）中的假设。企业的资产负债率对于投资者来说就是重要的财务指标，由于只有状况好的企业能够承担更高的破产风险，采取更激进的融资方式，所以资产负债率高给投资者传递的是积极的企业面貌，投资者愿意要求更低的资本成本，企业价值在这种情况下也更高。梅叶斯和梅吉拉夫（Myers and Majluf，1984）以此为基础考虑逆向选择因素并提出了优序融资理论。他们认为逆向选择使得只有股价被高估时企业才希望发行股票，因此发行股票是一种向投资者传递负面信息的行为，一旦企业发行股票，股价往往也出现下跌。在优序融资理论中，企业融资结构形成于为新的投资项目进行融资的过程，为了支持新投资项目而发行股票进行融资是不划算的，企业融资总是优先选择内部资金，其次选择低风险债券，最后才会采用股票融资。

控制权模型由阿金和博尔顿（Aghion and Bolton，1992）以不完全契约关系为基础提出，他们在这一模型中关注了企业剩余控制权的分配问题，实现了最优分配就实现了最优资本结构。他们认为在选择融资方式时应当考虑控制权的发挥效率，具体来讲，控制权分配给谁是最有效的就应该采取相应的融资方式，给投资者是有效的则发行有投票权的普通股，给企业家是有效的则选择无投票权的股票。控制权模型中企业有最优的资本结构，若企业达到最优资本结构时面临破产清算，企业的控制权可以由债权人接收。哈里斯和拉维夫（Harris and Raviv，1991）、斯达尔兹（Stulz，1990）等考虑了企业兼并的影响，将最优资本结构和控制权分配的决策具体到经理人、股东收益最大化方面。

2. 企业成长周期理论

考虑企业的动态发展，韦斯顿和布里汉姆（Weston and Brigham，1970）提出了企业金融成长周期理论，在这一理论中企业一般经历初期、成熟期和衰退期三个发展阶段。此后，韦斯顿和布里汉姆（1978）又将企业发展阶段增加为创立期、成长阶段Ⅰ、成长阶段Ⅱ、成长阶段Ⅲ、成熟期和衰退期。该模型认为，在创立期，创业者自有资金构成了企业主要的资金源。在成长阶段Ⅰ，企业自身经营形成的留存利润加入了资本构成，企业也开始使用商业借贷的方式融资，另外还有融资租赁等方式，但存货过多导致流动性差等弊端易出现。在成长阶段Ⅱ，企业借助金融机构的力量，吸纳长期投资，但资金的需求还是不能完全得到满足。在成长阶段Ⅲ，企业实力逐渐增强，通过发行证券在市场中获取更多资本，这一做法也使得企业面临控制权逐步不再集中的问题。在成熟期，企业的融资手段并无变化，但是投资回报变得平稳。当企业进入衰退期，其投资回报在外部资金源撤离后逐步降低。

（二）企业融资决策要素综述

以资本结构无关论（MM 定理）为核心的资本结构理论是关于企业融资研究的主流理论。然而，资本结构理论侧重于探讨怎样的资本结构能够达到最大化的价值，而较少关注资本结构到底由哪些因素决定。在这一背景下，以资本结构无关论（MM 定理）为基础，但目的是研究资本结构的影响和决定因素的学派开始形成，这一学派也创新性地用实证手段验证各种因素在实践中的适用性。由于我国资本市场起步较晚，21 世纪之前，我国在资本结构方面研究较少，但 21 世纪以来我国资本市场快速发展，有关资本结构影响因素的实证研究也蓬勃发展。

国外学者对资本结构决定因素的研究已经比较完备，费希尔（Fischer，1989）、陈（Chen，1991）、利兰（Leland，1998）、格雷厄姆和哈维（Graham and Harvey，2001）等学者研究了外部宏观因素如利率和通货膨胀的作用，发现利率会影响企业资本结构且通货膨胀更具体地会增加企业的负债在资本中的占比。布拉德利等（Bradley et al.，1984）关注宏观行业因素对企业资本结构决定的作用，他们的研究发现处于相同行业的企业在杠杆比率上通常形成相对稳定的等级，认为行业这一因素导致了有大概 27.5% 的公司资本结构发生改变。除了对外部宏观因素的研究外，企业本身的因素更加被广泛关注，这些因素涵盖公司规模、成长性、资产担保价值、盈利能力、非债务性避税规模等方面。对公司规模大小因素的研究，不同文献观点各不相同。蒂姆坦和韦塞尔斯（Timtan and Wessels，1988）等认为企业规模与资产负债率是负相关的。梅叶斯（1977）发现公司资产负债率与其成长性呈现负相关关系，与蒂姆坦和韦塞尔斯（1988）等的结论相同。布拉德利（1984）的研究发现公司非债务性避税规模与资产负债率正相关。

资本结构理论在逐渐发展成熟的过程中也得到了除美国外其他资本市场的注意，拉詹和辛盖尔斯（Rajan and Zingales，1995）使用 G7 集团国家（美国、意大利、德国、日本、加拿大、法国、英国）数据为样本进行研究，发现在美国影响资本结构决策的因素在其他国家亦呈现相关性。

在我国，随着资本市场的发展，学者们也在资本结构决策影响因素方面展开了许多实证研究，这些因素大部分是企业特征，另外也囊括了企业行为、治理以及行业等宏观外部因素。关于企业自身因素，陆正飞和辛宇（1998）使用我国1996年机械及运输设备行业上市公司样本展开研究，发现企业盈利能力越低，财务杠杆越高，而企业规模大小、发展能力和资产担保价值等因素与财务杠杆并不相关。肖作平和吴世农（2002）针对深交所上市公司进行研究，发现财务杠杆和企业规模及企业资产担保价值呈正向关系，和成长性、非债务性避税规模、产生内部资源的能力等则是负相关的。胡国柳和黄景贵（2006）的实证研究发现财务杠杆和企业资产担保价值、规模、成长性正相关，和非债务性税收规模和盈利能力负相关。从以上文献研究中可以发现针对同一因素的结论却各不相同，文忠桥（2006）为了解释这种差异，使用上市公司截面数据验证了影响上市公司资本结构的因素是变化的而非稳定的，对已有研究的矛盾结果做出了合理的解释。其他因素方面，肖作平和吴世农（2002）研究了公司治理方面的因素，认为国有股股本与财务杠杆正相关，经理人占董事会比例与长期负债率负相关。屈耀辉（2006）、肖泽忠和邹宏（2008）研究了我国上市公司的股权融资偏好现象，前者发现我国上市公司由于存在股权融资偏好，债务融资较少，企业资本结构转换和调整耗时长，另外本期调整时间与上期反向变化，如同钟摆现象的情况，是一种纠正倾向；后者研究了控股股东持有的不同类型股权对股权融资偏好的影响，包括国有股、法人股、外资股等，认为国有股越多的企业不一定越偏好股权融资，这与已有的文献结论不同。

二、风险视角的企业融资相关文献

（一）宏观及外部风险因素与企业融资

宏观经济和外部环境是企业赖以生存的大背景，其变化必然会对企业经营各方面产生重大影响，其中就包括企业的融资行为。各种错综复杂的因素共同导致了宏观经济环境的变化，学者们对宏观经济环境的认识和探讨多以货币政策、经济周期等为切入点。影响企业融资决策及融资成本的外部风险因素在大量文献中被证实存在。经济周期这一因素对企业融资的影响说法不一，国外学者研究发现，企业的资产负债率和宏观经济表现出逆周期性的变化。科费希尔（Fischer，1989）、陈（Chen，1991）、利兰（Leland，1998）、格雷厄姆和哈维（Graham and Harvey，2001）等学者研究了外部宏观因素如利率和通货膨胀的作用，发现利率会影响企业资本结构且通货膨胀更具体地会增加企业的负债在资本中的占比。布拉德利等（1984）关注宏观行业因素对企业资本结构决定的作用，他们的研究发现处于相同行业的企业在杠杆比率上通常形成相对稳定的等级，认为有大概27.5%的公司资本结构改变是由行业因素引起的。蒋琰（2009）认为公司治理作为监督制衡机制，能够有效降低外部投资者信息风险，促使融资成本的降低，这一结果表明公司治理帮助投资者减少信息不对称和逆向选择问题。龚强等（2014）认为在高新技术行业中，企业必须通过创新研发保证发展，这时技术风险和市场风险均较大，这种情况下金融市场更能够为企业融资提供有力的支持；而企业所处产业的技术和产品比较成熟时，风险较低，资金回报稳健，此时企业通过银行进行融资则更加有效。周楷唐等（2017）研究了高管学术经历对企业债务融资成本的影响，发现高管学术经历对债务融资成本的降低效应在小事务所审计的、分析师跟踪人数较少的公司中更为突出，说明高管学术经历通过降低信息风险和债务代理风险两个途径来影响债务融资成本。

（二）微观风险因素与企业融资

除了对外部宏观因素的研究外，企业本身的特征更加被广泛关注，学者们对影响企业融资的微观影响因素展开了广泛的研究，这些因素包括企业财务风险、经营风险、管理层和股东个人风险及风险偏好、破产风险等。对公司规模大小因素的研究，不同文献观点各不相同。蒂姆坦和韦塞尔斯（1988）等认为企业规模与资产负债率是负相关的。迈尔斯（1977）发现公司资产负债率与其成长性呈现负相关关系，与蒂姆坦和韦塞尔斯（1988）等的结论相同。布拉德利（1984）的研究发现公司非债务性避税规模与资产负债率正相关。

国内方面，关于财务风险及违约风险，吴超鹏等（2012）研究风险投资机构对上市公司投融资行为的影响机制和作用效果，认为风险投资机构在企业经营中扮演了监督者的角色，一方面给资本市场正面的信号，另一方面通过对企业资金情况的观察控制减少了企业的财务风险，这样一来外部债权人更有意愿投入资本，从而企业更容易获得债务融资。刘星和陈西婵（2018）认为证监会处罚公告释放的"坏消息"具有风险预警的作用，可能导致违规公司银行债务融资下降。企业财务状况不佳并不是导致银行债务融资下降的主要原因，主要原因是银行认为被处罚企业的信息成本与违约风险增加。在企业自身的信用风险和经营风险方面，陆正飞和叶康涛（2004）的研究发现股票 β 系数是股票成本的决定因素之一，同时财务杠杆、企业规模大小、账面价值与市值之比等因素也影响企业股权成本。经营风险等指标不是影响股权成本的主要因素。张一林等（2016）认为技术创新型企业融资存在两种风险——企业的信用风险和创新的不确定性，在缺少抵押且不确定性高的创新企业中银行难以实施其监督举措，无法削弱企业的信用风险，银行获得的回报与承担的风险不平衡，导致银行缺乏为创新企业融资的动机，而企业创新的资金需求和股权投资者追求高回报、承担高风险的激励相一致，创新企业通过股权融资往往更易获得资金。王竹泉等（2017）以 2007～2013 年的 A 股上市公司为对象考察经营风险对营运资金融资决策的影响，发现随着经营风险的上升，企业在运营中更难以利用营业活动自发融资，面临着更高的营运资金融资缺口。陈超和饶育蕾（2003）通过实证研究探讨了中国上市公司财务杠杆与盈利性、成长性、非债务税避、公司规模、税率、道德风险等变量之间的相关性，并做出了解释。罗琦和胡志强（2011）以 2003～2009 年沪深两市非金融类 A 股上市公司为研究对象，验证了公司控股股东会在可能损害中小股东利益的情况下选择在其自身利益增加时发行股票。市场能够预期到控股股东的这种道德风险，于是会对公司融资行为加以控制。林钟高和丁茂桓（2017）的研究发现，内部控制缺陷增加了企业的风险不确定性，增加债务融资成本，而内部控制缺陷改善则使企业债务融资成本减少。赖黎等（2016）以 2007～2014 年中国 A 股上市公司为研究样本，实证检验了军队背景高管的融资偏好，结果表明，军队背景高管偏好高风险，决策更为激进，具体表现为其所在企业的债务水平更高、债务期限结构更短。在法律相关的风险方面，陆正飞和叶康涛（2004）从融资成本、破产风险、负债能力约束、代理成本和控制权等因素多角度考察了我国上市公司融资行为的影响因素。研究未发现企业破产风险和成长性指标对企业融资决策有影响。王彦超等（2016）基于 2003～2013 年中国债务诉讼案件的分析，控制了财务困境和公司特征变量后，结果显示企业的潜在诉讼风险在债务融资成本高时增加，且在诉讼执行成本高的区域这种正向关系更显著。

正如前文所述，学术界在企业融资方面的研究已比较完善，结论包含了资本结构的决定因素和基于企业价值最大化目标的最优资本结构等。

杜兰特最早提出的融资理论在企业融资的研究中开了先河，资本结构无关论（MM 定理）则是企业融资理论体系的中心。最优资本结构的确定和资本结构决定因素的研究都以资本结构无关论（MM 定理）为基础。资本结构无关论（MM 定理）经典而影响广泛，主要原因正在于其严格的前提假设，这些前提假设是后来者研究的宝贵方向和思路，我们从这些文献中可以发现随着资本结构无关论（MM 定理）严苛的假设条件逐步放开，融资结构理论也不断创新和发展。

企业基础数据的可得和资本结构理论的不断完善促使资本结构决定因素学派出现和发展。这一学派既研究和探索资本结构决定因素，也通过实证研究对资本结构理论在实践中的普适性进行验证。宏观因素、行业因素以及公司特征因素、不同经济和制度环境的国家对比和在新兴市场的情况均是主要的研究范畴。我国学者对公司特征因素研究较多，另外股权融资偏好和企业控制权性质是我国文献的研究特色。

从早期的纯理论研究到随着资本结构理论日益成熟以及企业数据可获取而发展的实证研究，关于企业融资决策因素的讨论涵盖了方方面面，这其中不乏从风险视角这一具体角度进行探讨的文献。我国学者针对我国特殊的制度环境和经济条件进行研究，这部分的文献主要集中于微观因素，如公司特征因素。在公司特征因素的影响研究中，不同时间、空间样本所得到的研究结果各不相同，这表面是研究样本导致的差异，实际还涉及不同学者的研究方法差异，更深层次的还反映了企业经营管理的复杂多变。环境、制度不同，我们所研究的因素发挥作用的程度本身就可能发生改变，甚至导致完全相反的结论，这种情况使得研究变得错综复杂而又充满挑战。而当我们研究的视角回到中国资本市场，关注中国资本市场特有的情况，也会得到启发式的结论，实际控制人这一概念就是这样特殊又重要的存在。目前，我国学者还没有聚焦实际控制人财富集中度对我国民营企业融资的影响，这无论对于实际控制人这一课题还是企业融资问题都是有待发掘的部分，本书就将从风险视角出发，探究实际控制人财富集中度对民营企业融资的影响及机制。

第五节　风险视角下的企业现金管理策略文献回顾

一、企业现金管理策略的相关理论文献回顾

现金是企业的血液，因其极高的流动性在企业资产中占有举足轻重的地位。现金管理是企业财务管理活动的一项基本内容，也是企业进行风险管理的重要手段之一，企业可以通过调整其现金储备灵活有效地应对面临的各种风险因素。截至目前，已有大量文献从不同的理论角度对企业的现金管理策略进行了研究。

（一）动机理论

凯恩斯在1936年提出了持有货币的三大动机分别是交易性动机、预防性

动机和投机性动机，较为全面地解释了企业保持一定数量现金储备的原因。在企业的日常经营过程中，为了应对各类支出，经常会发生非现金资产和现金资产之间的转换（比如出售非现金资产以换取急需资金等），这种转换不可避免地会产生相应的交易成本，企业为了规避这种成本而持有更多现金的动机就是交易性动机；企业面临的融资约束和潜在投资机会具有很大的不确定性，企业为了规避未来的资金短缺成本或者抓住未来潜在的投资机会而持有更多现金的动机就是预防性动机；非企业自身原因（比如物价、利率或者汇率突然大幅变动等）的投机机会产生时，如果企业持充足的现金便可以利用宏观环境运行的不稳定获得丰厚的投机报酬，这种动机便是投机性动机。为了避免过多交易成本的产生，企业往往会持有一定的现金以满足日常经营所需（Baumol，1952；Tobin，1958）。鲍莫尔（Baumol，1952）和莫尔兹（Meltzer，1963）发现，企业的现金持有水平会因为交易成本的增加而上升，而且穆里根（Mulligan，1997）研究发现，相比小企业，大企业往往持有较低水平的现金储备，这说明交易成本对现金储备的影响具有规模效应，公司规模越大，交易成本对企业现金储备的影响反而越小。欧普乐等（Opler et al.，1999）基于对美国企业的考察验证了预防性动机的效应，具体研究发现，高成长性和高未来现金流风险与企业的现金持有水平正相关，规模较大、信用等级较高且外部融资容易的公司一般持有更少的现金，而经营风险较大、潜在投资机会较多的小规模企业往往持有更多的现金。阿查里亚等（Acharya et al.，2007）研究发现面临较大融资约束的企业可以通过持有更多现金以防止收益下降从而实现对未来投资机会的套期保值。

（二）权衡理论

权衡理论认为，企业持有现金一方面可以预防未来潜在的风险，并及时应对未来不确定的交易机会和投资机会，给企业带来更高的收益；另一方面又存在管理成本和机会成本，且在代理问题严重的情况下很可能成为高管谋取私利的工具，从而损害股东的利益。因此，企业在决定现金管理策略时，要对现金持有的收益与成本进行比较权衡，从而选择最优的现金持有量。凯恩斯在1936年提出如果企业需要现金时能够很容易获得，则不需要保持一定的现金持有量，但是这种情况并没有存在的现实基础，因此企业需要保持一定的现金持有量，企业持有现金会给企业带来收益，并进一步提出了现金持有的交易动机、预防动机和投机动机。米勒和奥尔（Miller and Orr，1966）研究发现现金短缺引起的成本会促使企业持有更多的流动性资产。欧普乐等（1999）和哈福德（Harford，1999）进一步通过实证研究表明企业确实存在目标现金持有量，但是他们的研究属于静态权衡理论，而现实的不完全市场会使企业在向目标现金持有量调整时很难立刻实现，这个过程往往需要一定的时间。后来，奥兹坎和奥兹坎（Ozkan and Ozkan，2004）、韩和邱（Han and Qiu，2007）分别以英国企业和美国企业为样本进一步研究发现了企业现金持有量的动态调整行为。

（三）融资优序理论（啄食理论）

融资优序理论认为信息不对称的存在导致了资本市场的摩擦，在这种情况下，外部融资的成本往往高于内部融资，因此企业最优的融资策略应该是"先内后外"，优先选择内部留存收益进行融资。现金作为企业保留盈余和投资需求之间的"缓冲器"，持有量的变化很大程度上在于留存收益的变化，更多的是一种被动式的现金持有。梅尔斯和迈基里夫（Myers and Majluf，1984）对融资优序理论做了最初的阐述，他认为，由于信息不对称的存在，外部投资者往往拥有比管理者更少的公司资产价值信息，这样很容易导致公司的股票价值被市场错误估计，从而使得公司在进行外部融资时面临更多的障碍和更高的成本。巴斯金（Baskin，1989）通过实证检验进一步支持了融资优序理论，他指出，传统的静态均衡理论忽略了信息不对称问题的影响，在解释公司行为时说服力不够强，而融资优序理论不仅是对交易成本和税收成本的理性反映，更是一种信号均衡。程建伟和周伟贤（2007）基于我国 2000～2005 年沪深两市 A 股上市公司的数据研究了上市公司现金持有比率的决定因素，在对权衡理论和啄食理论的比较中，最终的实证结论更多地支持了啄食理论。

（四）代理理论

委托代理问题主要存在于股东和管理者之间以及大股东和小股东之间，股东和管理者之间的利益冲突是由于所有权和控制权的分离，大股东和小股东之间的利益冲突则是由于决策权和收益权的分离。在代理问题严重的企业，高额现金持有是管理者侵害股东利益、大股东侵害小股东利益的典型表现形式之一。管理者有很强的动机持有大量现金，因为充足的现金储备可以更容易地满足管理者建立企业帝国和追求自身利益的目标（Jensen，1986；Opler et al.，1999）。在此基础上，奥兹坎和奥兹坎（2004）研究发现，较高的现金持有量也是管理者避免由于外部融资而不得不接受外部投资者监督的重要途径，因为持有充足的现金可以减少企业进行外部融资的需要。除此以外，法乔和朗（Faccio and Lang，2002）研究发现当大股东获得公司大部分控制权时，会有更强的动机使企业持有更多的现金，以便从中获取私人利益。费雷拉和维莱拉（Ferreira and Vilela，2004）进一步研究发现了同样的结论，在产权保护比较弱的国家，企业的现金持有水平往往更高，这一现象反映出了在产权保护较弱的国家存在着较高的委托代理问题。

二、风险视角的企业现金管理策略文献回顾

（一）企业所处风险环境与企业现金管理策略

企业所处环境中存在着各种各样的外部风险因素，比如经济形势的低迷、经济政策的不确定性、政治环境的不稳定性、法律制度的不完备性、融资约束、产品市场竞争中的掠夺风险、供应链环节的客户流失风险等。这些外部风险都是企业所无法控制的，因此，企业往往会通过调整其自身财务行为，比如实行更加保守的现金管理策略等，以应对外部环境的风险，从而实现相对稳定的发展，顺利度过风险期。

1. 宏观环境风险

宏观环境风险是指能够对企业生产经营活动产生影响的经济、政治、文化、社会、生态等一系列要素中潜在的风险。在宏观环境中存在的风险因素非常多，本章将从企业面临的经济形势、制度环境以及融资环境三个方面对现有文献进行梳理。

（1）经济形势。经济形势向好时期，企业面临的外部风险较小，而当经济形势低迷时期，企业将面临各个方面的阻碍和难以预期的波动，外部风险明显上升。阿尔梅达等（Almeida et al.，2004）研究发现企业的现金持有水平会随着经济周期的变化而波动，当外部宏观经济形势整体向好时，企业一般会减少其现金持有量，而当外部宏观经济形势对企业产生负面冲击时，企业则会增加其现金持有量。江龙和刘笑松（2011）以中国第十轮经济周期为研究背景，检验了宏观经济形势对企业现金持有的影响，得出了与阿尔梅达等（2004）一致的结论，即企业在经济衰退期往往比经济繁荣期持有更高的现金储备。王义中和袁珺（2017）也研究了宏观经济风险与公司现金持有水平之间的关系，结果表明宏观经济风险确实会显著提高上市公司的现金持有水平。

（2）制度环境。在中国特色社会主义市场经济中，制度环境对企业经营

管理的导向作用非常明显。政策的不确定性是企业面临的基本外部风险之一，企业需要时刻紧密关注相关政策的出台和变化，按照政策导向行事，才能趋利除弊。王红建等（2014）考察了经济政策的不确定性与企业现金持有水平之间的关系，结果发现经济政策的不确定性与企业现金持有水平显著正相关，即经济政策的不确定性越高，企业持有的现金越多。张光利等（2017）也通过实证研究发现了经济政策的不确定性会影响企业的现金持有，在经济政策不确定性增强的时期，企业会明显提高其现金持有量。法律的出台也会影响到企业的现金管理策略，崔等（Cui et al.，2018）研究了就业保护与企业现金持有量的关系，结果发现，中国的劳动合同法制定后，就业保护增加了劳动力调整成本，从而增加了劳动密集型企业的财务困境预期成本，因此，中国劳动密集型企业的现金持有量大幅增加以降低财务困境的风险。姜彭等（2015）、邓思依（2018）研究了政治不确定性对企业现金持有的影响，得出了一致的结论，即政治不确定性对企业现金持有水平存在显著的正向影响。

（3）融资环境。理论上在完美的资本市场中，企业的内部融资和外部融资可以完全相互替代，但是由于信息不对称和代理成本的存在，现实世界中并不存在真正意义上的完美资本市场，企业所面临的外部融资成本往往要高于内部融资成本，因而产生了融资约束问题。信息不对称越严重和代理问题越严重的企业往往面对越严重的融资约束，其面临的外部融资风险也越高。王彦超（2009）通过构建融资约束的分析框架研究发现，相对于融资无约束的企业，面临较高融资约束的企业所需资金主要靠内部现金流补给，融资约束不仅会影响企业的现金持有政策，而且能够降低企业持有现金的代理成本。连玉君等（2010）进一步从静态和动态两个角度对同一问题进行了考察，结果发现，面临较高融资约束的企业往往表现出更高的现金—现金流敏感度，而且会实施更加积极的流动性管理政策。吴昊旻和杨兴全（2009）、韩忠雪和周婷婷（2011）相继考察了在企业面临融资约束的情况下，产品市场竞争对现金管理策略的影响，结果表明，在一定条件下，企业面临的融资约束会明显放大相应风险因素对企业现金持有的影响。

2. 中观环境风险

中观环境风险主要是指企业所处行业的风险，不同行业的特征不同，竞争态势不同，面临的风险因素也不完全相同。在产品市场竞争中，由于所处的竞争地位不同，很多企业可能面临缺乏定价能力和进入壁垒等不利的竞争状况，从而面临着被其他实力雄厚的竞争者掠夺和威胁的风险。为了应对来自外部竞争者的掠夺风险，企业可能会实行保守的现金管理策略。豪斯哈尔特等（Haushalter et al.，2007）研究了产品市场竞争对企业现金持有的影响，结果发现企业在产品竞争市场中面临的掠夺风险与现金持有水平显著正相关，面临的掠夺风险越高，企业持有的现金越多。周婷婷和韩忠雪（2010）基于高管变更的调节效应对同一问题进行了考察，研究发现，相对于产品市场竞争中的治理效应，掠夺风险对企业现金持有的影响占主导地位。陈志斌和王诗雨（2015）进一步从行业竞争程度和企业竞争地位双重视角进行考察，在验证了行业竞争程度与现金流风险的负向关系这一基本结论的基础上，发现竞争地位较低的企业面临的现金流风险受到行业竞争程度的影响尤为明显。

3. 微观环境风险

微观环境风险是指企业所处的具体环境中存在的与企业直接相关的风险，如客户风险、供应商风险、竞争对手风险等。微观环境风险会对企业行为产生直接的影响。客户作为供应链的重要组成部分，是企业的重要利益相关者之一，对企业的经营决策和财务行为有着十分重要的影响。企业的客户集中度以及关系交易的比例决定了企业对客户的依赖程度，同时也表明了企业所面临的客户流失风险的大小。如果企业的客户集中度很高，关系交易占交易总额的比例也很高，一旦出现客户流失的情况，企业将面临巨大的动荡和风险。伊茨科维茨（Itzkowitz，2013）研究发现如果一个客户占供应商销售额的比例很大，那么该客户的流失很可能会削弱供应商的财务状况。为了规避客户流失带来的风险，这种关系中的供应商往往比不在重要关系中的供应商保持更高的现金持有水平。此外，供应商的现金持有水平与其客户关系的重要性会成比例增加。张志宏和陈峻（2015）也基于客户集中度研究了客户流失风险与企业现金持有的关系，发现客户集中度越高的企业往往倾向于保持更高的现金持有水平来应对客户流失风险。赵秀云和鲍群（2015）进一步基于关系交易研究了客户流失风险对企业现金持有的影响，结果发现，面临关系交易越多的企业有更强的动机保持更高的现金持有水平以应对客户流失风险。

（二）企业自身风险因素与企业现金管理策略

企业在日常经营过程中本身内部就存在各种各样的风险，比如财务风险、高管层面的风险以及股东层面的风险等，这些内部风险都会对企业的现金管理策略产生不同程度的影响。

1. 财务风险

企业财务风险是指企业在各项财务管理活动中所面临的财务状况的不确定性，即企业由于受到各种难以预料的潜在因素或者不可控因素的影响而蒙受损失的可能性，比如现金流风险、偿债风险、信用风险等。企业的财务风险是客观存在的，不可能完全消除，只能采取措施将相关财务风险尽可能控制在安全水平内。在财务风险方面，顾乃康和孙进军（2009）考察了企业的现金流风险对现金持有水平的影响，结果发现企业的现金流风险对现金持有水平具有显著的正向影响。王星懿和方霞（2010）基于制造业上市公司研究了财务风险对企业现金持有水平的影响，结果发现企业的资产负债率与现金持有呈现显著"U"型关系，企业的财务状况 Z 值、流动比率、速动比率以及利息保障倍数都与现金持有呈现正向关系。

2. 高管层面风险

高管梯队理论认为高管作为公司的决策层，其个性特征诸如性别、年龄、学历、任职年限、婚姻状况等会影响高管的价值观念和认知模式（Hambrick and Mason，1984），进而影响到企业的风险倾向和行为决策，导致公司财务行为差异（Barber and Odean，2001；何威风和刘启亮，2010）。除此以外，高管的早期生活经历也会对其心理和行为产生潜移默化的影响，进而影响企业风险偏好和财务行为。刘和莫尔（Liu and Mauer，2011）研究了 CEO 薪酬的风险激励与公司现金持有量之间的关系，结果发现，管理者会通过承担风险更高的项目来适当应对薪酬风险激励，与此同时会增加现金持有量，以减少由于风险激励补偿更大而给公司带来的未分散的风险。周泽将和修宗峰（2015）则发现女性高管增加了企业的现金持有水平，这种作用在宏观经济环境较好时会有所减弱。赖黎等（2016）发现有从军经历的管理者更加风险偏好，而其所在公司的现金持有水平也较低。刘元秀等（2016）研究了现任管理者的职业困境经历如何影响公司现金持有水平，结果发现，经历过现金流危机、高融资约束的管理者，其所在公司的现金持有水平较低。郑培培和陈少华（2018）基于行为金融学理论，从管理者非理性视角，考察了管理者过度自信对企业现金持有水平的影响，结果发现管理者过度自信与现金持有水平显著正相关，进一步检验发现，管理者过度自信对现金持有水平的影响在融资约束高的企业、成长性高的企业和非国有企业中更加明显。

3. 股东层面风险

控股股东是企业背后真正的决策者，对企业的财务行为起着重要作用。尤其在民营企业控股股东对企业财务决策的影响更为显著。两权分离导致控股股东的决策权超过了现金流权，同时也带来了控股股东和中小股东之间的利益冲突。罗琦和胡志强（2011）基于控股股东的道德风险研究发现控股股东的道德风险会引起企业的融资约束，在控股股东利益侵占动机将强的情况下，企业会有较强的现金－现金流敏感度，但此时企业持有现金的价值较低。李长青等（2018）基于控股股东的控制权转移风险研究了控股股东的股权质押比例与现金持有水平的关系，结果发现两者呈现"U"型关系，当控股股东的股权质押比例低于临界值时，企业的现金持有水平降低，当控股股东的股权质押比例高于临界值时，企业为了规避控制权转移风险，现金持有水平升高。黄冰冰和马元驹（2018）深入研究了股权集中度与企业现金持有水平之间的关系，结果发现，股权集中度与企业现金持有水平之间呈现倒"U"型关系，而大股东占款是股权集中度影响企业现金持有水平的中介变量。

（三）综合风险因素与企业现金管理策略

企业的现金管理策略不仅受到宏观经济形势的低迷、经济政策的不确定性、融资约束、产品市场竞争中的掠夺风险、供应链环节的客户流失风险等企业所处风险环境的影响，还受到财务风险、高管层面的风险以及股东层面的风险等企业自身风险因素的影响，而且企业的现金管理策略的选择不是由某个单一的风险因素所决定，而是受到内外部各种风险因素的综合影响。因此，有学者认为仅考虑单一风险因素对企业现金管理策略的影响存在一定的局限性，并开始尝试将多种风险因素结合起来，创设一个新的综合性变量来考察综合风险因素对企业现金管理策略的影响。刘博研和韩立岩（2010）认为企业的经营活动和决策行为是由宏观经济因素和企业治理水平共同作用所决定的，因此他们构建了一个新的公司内外部治理机制的综合性指标体系，提出了公司治理指数，采用系统广义矩估计方法，系统地研究了公司综合治理水平与不确定性和企业现金管理策略的关系。结果发现，企业的综合治理水平与现金持有水平呈现显著的负向关系。

除了风险视角以外，还有大量文献从融资优序理论和代理理论等视角对企业的现金管理策略进行了研究，但是由于本章主要关注的是风险视角下的企业现金管理策略，此处便不再赘述。纵观目前风险视角下的企业现金管理策略的相关文献，不管是企业所处风险环境方面，还是企业自身风险因素方面，都已经相对比较丰富完备，在此基础上甚至有学者已经开始尝试设置新的综合性风险指标来考察多种风险因素的综合影响。但是风险往往是非常隐蔽的，有些潜在的风险因素可能是已有文献尚未发现的，而且随着时代的快速发展企业的经营模式也在不断更新，可能会面临新的风险因素的挑战，因此我们不能止步于已有文献的发现和成果，仍应该饱含热情地探索尚未发现的风险因素。基于此，本书注意到现有文献对股东层面微观风险因素的考察只涉及到了控股股东的道德风险（罗琦和胡志强，2011）、控制权转移风险（李长青等，2018）和股权集中度（黄冰冰和马元驹，2018），探索的深度和广度尚有进一步深化的可能。由控股股东可以进一步延伸到企业的实际控制人，从而考察实际控制人层面的风险因素与企业现金管理策略是否存在关联性，而且现有文献对股东层面风险因素的考察非常有限，尚未涉及股东的财富分布情况，因此，本书拟以A股民营上市公司为样本，研究实际控制人财富集中度对企业现金偿债风险的影响，进一步丰富和发展风险视角下企业现金管理策略的相关研究。

第三章

基本理论和分析框架

第一节　基本理论

现代公司制度以完善的公司法人制度为基础，以有限责任制度为保证，以公司制企业为主要形式，以产权清晰、权责明确、政企分开、管理科学为条件，极大地提高了生产效率，促进了经济水平的发展。然而，这一两权分离和所有权分散的形式在实际运作中也必然产生代理问题，主要归结为由于所有权与经营权分离所引起的所有者与公司管理层之间的第一类代理问题和由于代表控制权的股份之间的差异所引起的大股东与中小股东之间的第二类代理问题。

一、实际控制人与第一类代理问题

所有权与经营权分离是现代公司的显著特征。随着市场经济的迅猛发展，企业规模日益扩大，经营发展的需要使得企业对管理者的能力与素质要求也越来越高，瞬息万变的市场环境考验着每一个经营者。此时，具有现代企业经营管理理念的企业所有者将选择聘请专门的职业经理人进行企业日常经营管理，而自身从具体的日常事务中解脱，专注于企业未来发展战略方面的思考与谋划。所有权与经营权的分离从总体上来说有利于充分发挥所有者与经营者各自的专业特长，提高整个企业的运营效率，在良好的机制配合下达到最优的结果。但这种两权分离的形式在企业实际运营中也必然会带来某种程度的负面效应，即产生第一类代理问题。

第一类代理问题是代理成本理论中的经典研究问题。1932 年，伯利（Burley）和米恩斯（Means）在《现代公司与私有产权》一书中首次公开探讨代理成本。书中讨论了两权分离所引起的问题——"所有权与经营权分离导致所有者和管理者的利益可能并不一致，也经常不相一致，以前对管理层权力进行约束的许多制约机制在两权分离后已经不复存在了"。此时，股东获得的收益与监督管理的成本可能不匹配，甚至不及所投入的监督管理成本，在股份较为分散和集体一致行动成本很高的情况下这种现象更加突出。伯利和米恩斯的观点对经济学界产生了广泛而深远的影响，因为经营决策所带来的财富所有权并不是属于自己，公司的管理者基于自己个人利益的考虑很可能做出损害公司长久利益或股东利益但是有利于自身的行为决策，或者出现过高的在职消费，自我放松并降低工作强度，对公司创新研发的积极性不高，除非技术升级或新产品的开发能够有利于自身利益。直到 1976 年简森（Jensen）和梅克林（Meckling）在《企业理论：管理行为、代理成本和所有权结构》中才正式提出公司代理问题，文章一经发表便被广泛引用，对整个经济学界产生了重要而深远的影响。在文中，作者将代理成本定义为三个方面：委托人的监督管理成本、代理人的保证成本、由于代理人行为决策与符合委托人利益的行为决策存在不一致而使委托人遭受各项损失的成本，代理成本便是这三项成本之和。

　　代理成本是现代股份制公司的必然产物，所有权和经营权的分离使得在目标不一致的情况下所有者与管理者出现利益冲突，公司的所有者即股东以实现自身财富最大化为目标，希望企业的经营决策有利于自身利益，但由于管理者本身不是公司所有者，或拥有较少的所有权，促进股东财富最大化的行为决策不一定符合管理者的需要，因此，管理者往往出于自身利益考量对公司进行管理，由此导致了代理成本的产生。同时由于所有者并不直接参与企业的日常经营管理，信息上的不对称也使得管理者具有从事自利行为的空间，代理问题便伴随现代股份公司普遍存在。代理理论是现代公司治理研究领域中的理论基础和分析框架，其重点聚焦于在信息不对称的情况下，解决所有者与管理者之间利益目标不一致时的代理成本和激励问题。

（一）信息不对称理论

　　根据《辞海》的定义，现代科学中的"信息"应该为通信系统传输和处理的对象，一般指事件或资料数据，其量值取决于事件的不确定性，接收端越无法预估事件所含内容和意义，信息量就越大。信息作为一种普遍联系的形式广泛存在于所有通信和控制系统中，人们获取信息并对它进行识别、处理、利用等，充分发挥信息价值，帮助自己认识和改造世界。1928 年，哈特莱（Hartley）发表《信息传输》一文，将"信息"一词最早引入学术界。到 20 世纪 40 年代，信息的奠基人香农（Shannon）在《通信的数学理论》一文中对"信息"进行了明确的定义，认为"信息是用来消除随机不确定性的东西"，这便成为对"信息"的经典性定义，并被人们广泛引用。此后，众多研究者从这一定义出发，基于自身的研究领域对"信息"进行了不同的定义。另一关于"信息"的经典定义是由控制论创始人维纳（Wiener，1948）做出的，他认为"信息是人们在适应外部世界，并且将这种外部适应反作用于外部世界的过程中同外部世界进行互相交换的内容和名称"。经济管理学家则认为"信息是提供决策的有效数据"。

在经济学研究领域中，信息扮演着重要的角色，经济学家们认为信息是有价值的，可以帮助人们做出更加科学准确的决策。古典经济学中的理论均是建立在拥有完全充分的信息的基础上，市场上的每一个决策主体都知晓所有关于市场的信息内容，他们在完全确定的情况下做出最优决策，认为市场会在一只无形的"看不见的手"的作用下自发达到供给和需求的平衡，从而完成资源的有效配置。然而，无论是微观中个体的最优决策还是宏观上市场整体达到有效的资源配置，完全充分且对称的信息是必不可少的前提条件，只有在这种情况下，生产者与消费者才能做出科学正确的决策。但是在现实条件下，即使市场充分发达，拥有完全充分对称信息的强式有效市场也不存在，市场上不同主体之间拥有的信息往往是不完全不充分也不对称的。这一前提条件在现实生活中的不成立破坏了古典经济学在丰富复杂的现实世界中存在的基础，古典经济学成熟之后，这一严苛条件便逐渐引起了学者们的质疑。

20 世纪 70 年代，信息不对称理论正式产生，美国经济学家阿克洛夫（Akerlof，1978）在其发表的经典论文《柠檬市场：质量的不确定性和市场机制》一文中指出：市场上的信息并不是完全充分和对称的，买方和卖方得到的信息通常不是完全相同而是有差异的，卖方拥有的信息往往比买方更多，他以二手车市场为例对信息不对称下的"逆向选择"问题进行了分析，认为在二手车交易市场上，相对于买方而言，卖方通常具有更多的关于交易车辆质量的信息，为了成功出售次品，卖方往往故意隐瞒相关车辆的负面信息，从而在买卖双方之间产生了信息不对称问题。因此，当二手车市场上存在质量不同的二手车按相同价格出售时，买方通常采取压低价格的方式以规避信息不对称带来的风险。由此导致劣币驱逐良币，拥有质量好的二手车的车主将不愿意以低价出售，市场上充斥着越来越多的质量差的二手车，并促使买方更进一步压低二手车交易价格，最终导致交易萎缩和市场失效，这就是阿克洛夫提出的"柠檬市场"模型和逆向选择理论的基本观点。而后，学术界逐渐开始系统研究信息不对称的相关问题。迈克尔（Michael，1972）对劳动力市场进行了分析，他认为为了避免市场上由于信息不对称的存在而导致逆向选择，拥有更多信息的一方（应聘者）应通过一定的方式途径向信息不完全不充分的一方（用人单位）发出市场信号，充分展现自身的优势或其他不同的特点，如学历、工作经历等，并提出了"市场信号理论"来解决劳动力市场的信息不对称与市场失灵的问题。而格罗斯曼和斯蒂格利茨（Grossman and Stiglitz，1976）则在金融市场研究时引入信息不对称理论，分别对保险市场和信贷市场进行了信息不对称问题的研究分析，并提出了"信息甄别模型"以解决金融市场的逆向选择问题。阿克洛夫、迈克尔、斯蒂格利茨三位经济学家分别从不同的市场和领域对信息不对称问题进行了研究，为信息不对称理论奠定了理论基础，在信息经济学研究领域作出了重要贡献，因此共同获得了 2001 年的诺贝尔经济学奖。

通常，信息不对称的具体情形表现为以下四类：一是信息来源方面的不对称，指市场买卖双方获取信息的来源不同，能够直接从源头获取最原始信息的一方在市场上通常处于信息优势地位；二是信息时间获取上的不对称，指市场上的买卖双方存在获取信息时间上的差异，能够较早获得信息的一方通常可以及时调整交易策略与行为，使得较晚获取信息的一方在交易时处于劣势地位；三是信息含量的不对称，信息量越大，能够消除的不确定性通常也就越多，越有利于调整行为决策，使得获取较多数量信息的一方相对于较少数量信息的一方更具有优势；四是信息质量方面的不对称，指信息内容对市场交易的有用性方面的差异，拥有高质量信息的一方能够充分发挥信息价值，使得自己在整个交易行为中处于优势地位。

另外，从信息不对称相对于合约发生的时间先后来看，可分为在合约之前发生的事前信息不对称与合约之后发生的事后信息不对称。经济学中的经济人或理性人假设每一个从事经济活动的人都是利己的，所采取的经济行为都是力图以自己最小经济代价去获得最大的经济利益。因此，在自由市场经济中，信息不对称通常会导致"逆向原则"与"道德风险"两类结果，进而使资源配置不能有效进行，导致市场运行失效。其中，逆向选择源于事前的信息不对称，是指签订合约之前，处于优势地位的一方通过故意隐瞒比另一方掌握的更多的关于交易的信息以获取额外的收益，从而导致市场机制扭曲，不能有效配置资源。逆向选择在资本市场上的负面效应主要表现为：第一，拥有更少信息处于不利地位的一方往往感到自身利益被侵害，会被迫离开资本市场，从而导致市场萎缩。第二，在同一市场上，信息不对称使得买方不能准确区分高质量与低质量商品，"劣币驱逐良币"促使高质量商品越来越少，而低质量商品逐渐充斥市场。第三，公司的管理者出于自身利益考量，故意隐瞒不利于公司的坏消息，使得投资者无法淘汰低水平管理者，降低了经理人市场运作的有效性，导致整个市场管理者的平均水平下降。逆向选择带来的三个负面效应危害了整个资本市场的有效运作，降低了资源配置的效率，从而可能最终造成市场的萎缩与消亡。道德风险源于事后的信息不对称，是指在合约签订之后，由于一方不能了解另一方真实的状况，信息不对称的情况下使得掌握更多信息的一方存在从自身利益出发实施利己主义行为的动机与机会，从而损害对方的利益。道德风险在资本市场上的负面效应主要表现为两方面：一方面是在投资者无法了解公司真实经营状况并实施有效监督时，管理者可能侵占自身利益的风险会促使投资者更加谨慎投资，甚至撤回投资。另一方面是由于企业薪酬契约主要以会计信息为基础，管理者如果从自身利益出发就具有故意隐瞒或者操纵会计信息的动机，且由于信息不对称，管理者也具有操纵的空间和能力，从而导致整个资本市场会计信息质量下降，有效运行机制受阻。

无论是逆向选择还是道德风险皆是信息不对称的产物，在第一类代理问题中，与股东利益的不完全一致使得管理层具有从事提高在职消费、怠于工作、不以股东收益为考量的投资等自利行为的动机，而管理层参与企业日常经营管理，具有完全的信息优势，股东由于未参与企业的日常经营管理具有的信息上的劣势使得其不能有效掌握企业的所有信息，这种信息不对称的存在又使得管理层具有从事以上自利行为的空间，进而导致代理问题的出现，产生代理成本。

为减少代理问题带来的损失，企业的所有者一般会采取加强监督、激励管理者等多种方式。通常而言，机构投资者和大股东的存在使得中小股东出现"搭便车"现象，拥有较少份额的小股东有动机放弃监督权并希望其他股东进行监督。而由于大股东对企业所有权占有较大份额，大股东能够从他的监督行为中得到较大份额的收益，会更有动机去主动实施监督。当大股东实施更多监督时，其与管理层之间的信息不对称程度逐渐降低，导致管理层从事自利行为的空间被压缩。大股东的存在以及其对管理层的加强监督能够在一定程度上阻止管理层置股东的利益不顾而为所欲为，从而降低代理成本。

（二）激励理论

经济学中的"激励"一词源于拉丁词 moticate，通常指诱引、驱动的意思（波特等，2006），简单而言，激发人的动机的心理过程便是"激励"（单凤儒，2000）。需求和动机在整个过程中的作用是国内外的学者们在对激励含义进行界定时重点关注和强调的内容。因此，关于激励问题研究的关键就是对需求和动机的研究，而激励的最终目的都是为了激发、引导、保持和归化组织成员的行为，以有效地实现组织及其成员个人目标。激励是所有关于组织的理论中的一个重要课题，无论是管理学家法约尔提出管理五大职能"计划、组织、指挥、协调、控制"中的"指挥""协调"还是罗宾斯提出的管理四大职能"计划、组织、领导、控制"中的"领导"都包含了激励。现代公司制企业中的激励问题本质上源于委托代理关系，而委托代理关系又是现代公司的显著性特征。因此，激励问题也成为现代公司治理领域研究的基本问题。

激励问题从 20 世纪以来逐渐获得越来越多的重视，专家学者们致力于从不同的角度和场景对激励问题进行分析，也获得了大量的研究成果。从本质上而言，激励理论是非对称信息博弈论在经济学上的应用与发展，是关于信息不对称条件下交易关系和契约安排的理论。目前，关于激励理论的研究与应用发展很快，进步迅速，形成了比较健全的系统性理论框架，并广泛应用于社会科学方面（刘兵和张世英，1999）。1996 年，对激励理论做出开创性贡献的莫里斯（Mirrlees）还获得了诺贝尔经济学奖。

激励问题最早出现在关于劳动分工与交易方面，亚当·斯密（Adam Smith）在《国富论》一书中对该问题进行了首次探讨，斯密认为劳动者与雇主之间关于工资的讨论本质上是一种合同契约的安排，两者之间的利益并不完全一致，激励能够帮助劳动者朝着雇主的目标进行工作。但是长期以来，管理者们并没有对有关激励的思想投入足够的重视，直到 20 世纪 20 年代，当泰勒通过实验提出科学管理的理论，学术界和实务界才开始关注到有关激励的思想与理论。自 20 世纪提出以来，激励论理论不断发展演变，学术研究上大体经历了三个阶段：（1）从仅仅关注"经济人"物质方面的需要到满足"社会人"的多种需要。从起初的泰勒（F. W. Taylor）科学管理理论到道格拉斯·麦格雷戈（Donglas McGregor）、斯金纳（B. F. Skinner）、梅奥（G. E. Mayo）直至马斯洛（A. G. Maslow）的"需要层次论"，这一特点得到体现；（2）从激励条件泛化到激励因素逐步明晰。这从赫茨伯格（F. Herzberg）的"双因素论"到麦克利兰（D. C. McCelland）的"成就动机理论"可以看到关于激励条件的认识，学术界呈现出逐渐明晰化的趋势；（3）从注重研究激励的方式到开始探索激励的过程。自马斯洛与赫茨伯格对人的需要的研究开始到 20 世纪 60 年代中期，关于激励理论的研究一直侧重于激励的内容，此后，研究方向逐渐转向探索激励过程，先后提出了弗鲁姆（V. H. Vroom）的"期望理论"、洛克（E. A. Looke）和休斯（C. L. Huse）的"目标设置理论"以及波特（L. W. Porter）和劳勒（E. E. Lawler）提出的"综合激励模式"等（李平叶，2008）。

学术界关于激励理论的研究从最开始的仅仅关注物质方面的激励到逐渐关注到精神层面等多种需要，从对激励表现形式上的研究到对激励过程的研究，从对激励影响因素模糊的认识到从多方面探讨影响激励的因素（吴云，

1996）。这些激励理论按照形成时间以及侧重点的不同，可以分为行为主义理论、内容型激励理论、过程型激励理论以及综合型理论四大类等。

1. 行为主义激励理论

早在 20 世纪 20 年代就已产生，其核心是通过设计适当形式的奖励，以一定的行为规范和惩罚性措施来激发、引导、保持和规范组织成员的行为，以有效地实现组织及其个人目标。行为主义激励理论按照其发展演变的过程分为行为主义激励理论、新行为主义激励理论以及激励强化理论三个阶段。总体而言，所有的行为主义激励论都认为人的神经会在外界事物的刺激下做出反应从而促使人会做出某种需要的行为。虽然人的主观因素对激励的影响在当时也已经开始研究，但从行为主义激励理论本质上而言，其仍然还是认为可以通过特定的刺激手段引导人的行为。

2. 内容激励理论

又称需要理论或多因素激励理论，是关于如何通过激励满足人的心理需要而形成的基础理论，其重点研究了激发动机的诱因等具体内容。主要包括马斯洛（A. Maslow）的需求层次理论、赫茨伯格（Hemberg）的"激励—保健"双因素理论、麦克莱兰（McClelland）的成就需要理论与奥德弗（Alderfer）的生存、相互关系、成长三核心需要理论（ERG 理论）等（马晶，2006）。总体而言，内容激励理论认为人的需要是多样的，且这些需要之间存在着高低层次的不同，需要得到的满足从低层次逐渐延伸到高层次，但这些理论都没有把"个人需要的满足"同"组织目标的达到"相联系起来。

3. 过程激励理论

过程型激励理论的关注点集中在人的动机的产生和行为的目的上，人从动机产生到采取行动的心理过程是其重点研究探讨内容。它的任务是要找出对人的目标行为产生重要影响的关键因素，通过激励施加特定的影响，使人满足自身需要的行为同满足组织需要的行为相联系。过程激励理论主要包括弗鲁姆（Vroom）的期望理论、亚当斯（Adams）的公平激励理论、斯金纳（Skinner）的强化理论等。过程激励理论的研究表明，按照人们的行为动机以及目标选择，将个人的需要与组织的工作目标相结合，可以充分发挥个人的积极性与能动性（马晶，2006）。

4. 综合激励理论

主要综合以上三类激励理论，对内外部各项激励因素进行综合考虑，对激励全过程进行系统描述。美国的波特（Baud）和劳勒（Lawler）以罗伯特·豪斯（Robert House）的激励力量理论为基础提出了期望论模型，认为激励力量的大小由诸多变化的激励因素共同决定，主要包括工作者对成功完成该项任务的预期、完成该项任务可以得到的报酬以及自我对完成该项任务的认知与评价等（张经远，2006）。综合激励理论表明，对人的激励力量大小产生影响的因素是多方面的，充分发挥内在激励可以更有效地完成任务目标。

总而言之，以上这些激励理论都希望能够通过激励对人的行为产生影响，进而准确预测行为的结果。无论哪一种激励理论均是为了激发人的内在需求与动机，引导人的行为使之达到特定目的。在第一类代理问题中，股东与管理层之间"委托—代理"关系的存在使得两者之间利益并不完全一致，由此产生代理问题，不利于股东财富最大化目标的实现。为减少代理问题带来的损失，企业的所有者一般会采取加强监督、激励管理者等多种方式，过往的许多案例显示激励行之有效，如绩效工资制、给予管理层一定的股权激励等，推动管理者的目标与股东的目标更加一致，减少管理层实施自利行为的动机，加大管理层实施自利行为的成本，促使管理者更有动机实施有利于股东的经营决策，阻止管理层置股东的利益不顾而为所欲为，从而降低代理成本。

二、实际控制人与第二类代理问题

股权分散时，众多中小股东无法有效监督制约管理层，当股权相对集中在少数股东时，虽然所有者与管理者之间的代理问题能够借助大股东的监督约束而有所缓解，但大股东与众多中小股东之间的代理问题则可能更加突出。对公司拥有控制权的大股东可能从个人利益出发，利用其控制地位从事有损于外部股东利益却能够惠及自身的行为。这种由大股东与中小股东之间的利益冲突所引发的代理问题称为第二类代理问题。从斯密于1776年在《国富论》中提出股权分散的概念，到伯利和米恩斯于1932年在《现代公司与私有财产》一书中进一步提出"所有权与控制权相分离"，股权分散的设计深入人心并普遍存在于现代企业制度下的公众公司。随后，股权分散下两权分离的第一类代理问题成为公司治理领域的经典研究命题（郑志刚，2004；郑志刚和孙娟娟，2009）。但是从20世纪80年代中期开始，经济学界逐渐认识到资本市场上的公司股权结构并不是完全按照设计下的充分的股权分散的形式存在，与之相反，公司股权较为集中不够分散的现象在现实经济生活中普遍存在。许多跨国研究也表明，除英美等少数市场经济充分发达的国家以外，大多数的国家股权结构并不符合高度分散的原则，尤其是在新兴市场国家，股权集中的现象普遍存在，这些相对集中的股权形式及与之相伴的第二类代理问题也逐渐成为研究的重点（Claessens et al.，2000）。

现代公司集中的股权制度是第二类代理问题产生的基础，从实质上而言，第二类代理问题就是控股股东与其他少数股东在公司日常经营管理中产生的委托代理问题。在该问题中，少数股东虽然也是公司股份的所有者，但由于股权不集中不参与公司日常经营管理而成为委托人，而控股股东则因为股权相对集中能够对公司战略决策施加影响力，因此在参与公司经营管理时便成为广大中小股东的代理人。基于此，第二类代理问题实际上会产生控股股东侵占其他少数股东利益和中小股东"搭便车"两种现象。由于中小股东普遍持股较少且股权不集中，因此其对公司经营决策没有实际影响力，更缺少对公司的监督制约能力，作为股份持有者其可以享受公司绩效提高带来收益而不用付出任何成本。此时，持有多数股权的控股股东可以通过其投票权表达自身的意志，行使其强大的决策权，从而控制公司的战略决策，而中小股东股权投资分散，自身承担较低的风险，在单个企业中，由于股权比例份额少没有决策权，也被迫承担控股股东决策所产生的风险。所以中小股东的"搭便车"现象既是享受控股股东经营决策的收益，也是承担控股股东经营决策风险的结果。

同时，与中小股东相比，控股股东因其集中的股权以及较多时间精力参与公司经营管理，因此其既具有侵占少数股东利益的动机又具有相应的能力，且控股股东在利用其控制决策权对企业进行经营管理的同时，能够获取的收益远比其股权成本和监督管理成本的和多得多，甚至可以依靠其控制权而获取某些不合法收益。从现有企业的情况来看，控股股东对中小股东的利益侵占甚至隐秘掏空上市企业的事件屡见不鲜，而中小股东出于风险分散考虑，投资较为多元，在单个企业中"搭便车"并未对公司利益造成显著的影响。因此，第二类代理问题实际上对应着控股股东的隧道效应和中小股东的风险分散效应问题。

（一）隧道效应

在 20 世纪 80 年代关于公司控制权溢价的研究中衍生出了隧道效应，到 20 世纪 90 年代，人们开始研究新兴市场国家的公司治理结构时发现了与英美高度分散的股权结构迥然不同的金字塔股权结构和交叉持股现象。实际上，即使市场经济充分发达，股权高度分散的形式也并不常见，控股股东普遍存在于公司股权结构中，因此相对集中的股权结构的存在，使得大股东与外部中小股东的利益冲突逐渐突出，成为研究公司治理领域不可回避的问题，而隧道效应研究正是基于控股股东与外部中小股东之间的代理问题发展而来（刘俏和陆洲，2004）。

约翰逊（Johnson）、拉·波尔塔（La Porta）、洛佩兹·德·塞拉恩斯

（Lopez-de-Silanes）和什莱夫（Shleifer）于2000年首次将实际控制人用隐蔽方式转移公司财产和利润以获取私人收益的行为称为"隧道效应"，得到了众多学者的关注，文中对"隧道效应"的界定为：基于金字塔式的股权结构，实际控制人通过股票回购、资产转移、转移定价等方式将公司的资金转移到自己手中，从而侵害少数股东的利益。可见隧道效应描述的正是控股股东从自身利益出发侵害少数股东权益，利用对公司的控制权进行自利行为。随后，他们进一步按照实际控制人是否转移资产将隧道行为分为两大类。一类是，实际控制人通过诈骗等非法转移手段或者有利于自己的资产销售、贷款担保等自我交易方式转移公司财富。另一类是，实际控制人通过稀释性股份发行、冻结少数股份等方式提高自己股权比例，而不需要转移任何资产。阿塔那索夫（Atanasov et al.，2006）等对上述两类行为进行了归纳总结，称前一类隧道行为为经营性隧道行为，后一类隧道行为为融资性隧道行为。相比较而言，融资性隧道行为比经营性隧道行为更可能侵害中小股东权益，并损害企业的利益，因为融资性隧道行为主要影响当前的资本存量，而经营性隧道行为主要影响当前的资本流量。当信息不对称严重、投资者保护法律环境也不完善时，控股股东在金字塔式控股结构中对中小股东利益的侵占会更加严重。约翰逊等在解释"隧道效应"时，也特别指出了实际控制人实施隧道效应时金字塔结构所发挥的重要作用。在金字塔结构情形下，利益输送行为的最终受益者是位于金字塔顶端的实际控制人。

探究实际控制人的隧道行为及其后果是学术界研究隧道效应的重要关注点，已有大量的研究实证检验了这一点。然而，在现实经济运作中，实际控制人往往通过很隐蔽的方式实施隧道行为，通常在研究中很难找到发生了隧道行为的直接证据，因此，学者们在研究实际控制人的隧道行为及其后果时主要通过比较间接的方式来进行衡量与评价。目前，学者们主要从两个视角来间接检验隧道效应，一个是主要利用不同代理变量来表示实际控制人与中小股东之间的代理冲突，另一个是从投资者法律保护角度展开。实际控制人与中小股东代理冲突的代理变量通常包括现金流权、控制权、超额控制权和控制权增强机制四种，由于理论研究的缺乏和不一致，代理变量角度得到的研究结论并不相同，出现了多种结果。而投资者法律保护通过直接或间接的方式影响实际控制人实施隧道行为，约束实际控制人在公司体系中的现金流权与超额控制权等，降低存在隧道行为的可能性，进而有效保护中小股东的权益。

隧道效应归根到底源于大股东与中小股东之间的利益不一致，是大股东利用自己的控制权以牺牲中小股东利益为代价从事的自利行为，隧道效应的程度受公司治理结构、会计准则的约束和投资者保护的监管等诸多因素影响。因与本书重点研究内容相关性较小，不在此进行具体阐述。

（二）风险分散效应

风险关注不确定性问题，是由不确定性因素而造成的损失。由于经济主体的投资行为是以未来不确定性为导向的，因此经济主体在实物投资和金融投资活动中均会面临不同程度的风险。从不同的视角研究风险会得到不同标准的关于风险的分类。众多专家学者基于资产组合理论研究风险问题，按照风险是否可以通过资产组合有效降低分为可分散风险与不可分散风险，也即非系统风险与系统风险。

系统风险又称不可分散风险、市场风险等，由能够影响整个市场资产风险的那部分因素组成，市场上所有资产都会受其影响且不能通过资产组合来对冲或者分散掉。这些因素包括政策风险、经济波动风险、利率风险、购买力风险等。某种系统风险因素的恶化会导致市场上所有资产价格的下跌，从而给投资者的利益造成损失。一般引起系统风险的因素主要在企业外部，不为企业所有者与投资者控制，其造成的影响一般波及面大，对市场的冲击比较明显。从整体上看，系统风险的主要特征为三个方面：（1）引起的因素都相同。如政策变动、购买力变化、利率波动、经济周期、贸易摩擦等经济因素，战争冲突、政权更迭、政党轮换等政治因素，体制变革、所有制改造等社会因素等；（2）所有投资者都受影响。因为系统风险波及面广、影响大，会涉及到整个市场的所有资产，因此无论投资者持有何种资产组合都会受到影响，只是程度上的差异；（3）通过分散投资无法规避。由于系统风险是政治、经济或社会整个系统性环境因素的变动，会影响整个市场上的所有资产，因此不能通过资产组合来对冲或者分散掉这部分风险。

非系统风险又称可分散风险、市场风险等，是指单个资产价格同资产本身的经营管理状况密切相关。非系统风险是由特殊因素引起的，是某一企业或行业特有的风险，只影响某些特定资产的收益，与市场上的其他资产之间没有直接的相关关系，投资者可以通过资产组合进行分散投资来对冲分散掉这种风险。从市场整体角度看，非系统风险与整个资本市场不存在系统性的全面联系，波及面一般较小，只影响某个特定的行业或资的收益。非系统风险主要有主要特征有三个方面：（1）由特殊因素引起。导致非系统风险的原因一般是单一特殊的因素，不影响整个资本市场，不具有全面系统性；（2）只影响特定资产。由于只是特定行业或企业的单一特殊因素，因此不会影响其他无关资产，只会影响特定的相关资产；（3）通过分散投资可以规避。由于非系统风险一般是行业内或企业内部的某些个别特殊因素引起，故资产所有者和控制者对非系统风险是可控的，通过分散投资改变资产组合就可以起到规避或降低风险的作用。

"风险分散效应"即表现为通过分散化投资和资产之间互保分散非系统性风险的现象，其发展于20世纪70年代，凯夫斯（Caves，1989）和斯蒂文斯（Stevens，1992）是其代表人物，他们以马科维茨的证券组合理论为基础，认为可以通过多元化投资的形式达到分散风险的结果。凯夫斯认为可以通过横向对外投资使产品多元化，以此改变产品结构的单一性，降低由市场不确定带来的风险，还可以通过纵向对外投资稳固产业链，确保整个供应链健康可持续，避免上游供应商不稳定或产品缺陷带来的风险。斯蒂文斯认为企业和个人在分散风险上具有相同的原则，均希望在获得一定收益的情况下追求风险的最小化。但同时，个人投资者与企业对投资标的的选择一般是不相同的，个人投资者主要选择金融资产等进行投资，而企业则倾向于对工厂、设备等不动产进行投资。

投资组合管理的意义主要是选取多种投资标的，采用科学的投资方法，平衡投资的风险和收益，在保证预期收益的情况下，尽量降低投资风险，或在风险确定的条件下，尽可能地提高投资的收益，规避投资过程中的随意性问题。从投资组合理论出发，分散化投资认为通过投资多个资产组成的投资组合而不是仅仅将资本集中于某一项资产可以使资产之间互相对冲风险，单项资产在投资组合中都只占较小比例，其风险恶化并不会影响其他资产，还可能被组合中的其他资产收益所对冲，这样能够最大限度减少损失，有效降低资产组合的风险。资产组合的整体风险不由某项资产的风险单独决定，而是与各项资产之间的相关性有关，如果组成资产组合的各项资产之间相关性越小，或者说各项资产之间关系越反向，则资产组合的整体风险就越小。投资者可以通过选择相互之间相关性较小或者具有反向相关关系的资产来组成资产组合，在分散化投资有效地将资产组合的总风险降低的同时不会必然地影响其预期收益率。同时，分散化投资后的资产之间可以起到互保效应的结果，资产组合中的各项资产之间可以互相支持，通过转移风险或共担风险的形式降低资产面临的风险，减少关系资产的损失，保护资产的价值，从而对所有人财富起到保护作用。

目前，关于风险分散效应的研究多集中于证券投资与企业多元化经营领域。一方面，夏普（Sharpe，1964）提出，资产组合收益率由系统和非系统两部分组成。一般用单项资产收益率和市场整体收益率的协方差来衡量收益率系统变化部分，而与市场整体无关的单项资产自身特质引起的变化则为收益率非系统变化部分。投资组合中资产种类数量的增加可以不断降低整体收益率的非系统变化部分，因此通过投资分散化的资产组合对投资者来说是一种有效降低非系统风险的途径。以此为基础，大量的关于证券投资的风险分散研究围绕投资组合风险测度、投资组合风险分散的机制、投资组合风险分散的影响因素或约束因素等展开。另一方面，企业多元化经营则从业务水平多元化、垂直多元化、并购多元化、技术多元化等角度研究与风险分散的关系。但与证券多元化不同的是，企业多元化经营并不总是提高风险分散水平，各种经营风险的存在甚至可能会提高企业的风险水平，业务多元化程度、相关或非相关业务多元化、纵向或横向多元化等都会对企业风险分散产生重要影响。除此之外，风险分散效应结合投资组合理论还广泛应用于保险、养老基金、外汇、家庭资产配置、情绪投资等领域。

总而言之，风险分散效应已成为当前投资领域的一个重要法则，资产所有者致力于通过投资组合分散非系统性风险，降低财产损失的可能性。然而，对于基于现代公司制度建立的企业而言，大股东与中小股东之间天生面临着不同的风险，中小股东容易进行分散化投资，而大股东财富较为集中于所控制的公司部分，在中小股东享受"搭便车"的收益时，大股东面临着较大的风险。同样，当企业非系统性风险上升时，也不同程度影响着大股东和中小股东，对于持有较大所有权份额的大股东而言，非系统性风险的上升对其较为集中的财富影响更大，而对于中小股东而言，其投资可以更加多元化，通过多种投资组合分散非系统性风险。

第二节　基于风险效应视角的相关理论

一、经济周期理论

（一）经济周期

经济周期又称为商业周期，也称为经济景气循环，是指经济扩张与经济紧缩周期性的轮流出现、往复更迭的经济运行现象。不同学者给出了不同的定义，米切尔（Mitchell）在 1927 年《经济周期问题及其背景》一书中将经济周期定义为"经济变量水平的扩张和收缩的系列"；萨缪尔森（Samuelson）则在1939 年将经济周期解释为国民收入及经济活动的波动；而米切尔（Metchell）

和伯恩斯（Burns）在 1946 年《衡量经济周期》一书中对经济周期的定义为"基本按商业企业来组织活动的国家整体经济运行中所出现的一种波动"。

经济周期按照不同的标准有不同的划分方式，按照持续时间的长短可以分为 40~60 年的长周期——康德拉耶夫周期、15~25 年的中长周期——库兹涅兹周期、8~10 年的中短周期——朱格拉周期以及 3~5 年的短周期——基钦周期等，按照经济景气是繁荣还是萧条的指标可以分为景气期和衰退期，按照从景气指标的变化方向可以分为从谷到峰的经济扩张期与从峰到谷的经济收缩期。而四阶段划分法是对经济周期最经典的，也是当前学术界运用最多的划分方法，分为繁荣、衰退、萧条和复苏四个阶段。繁荣阶段是经济处于高涨的时期，经济活动高于正常水平，投资消费等持续增加，市场普遍对经济形势看好。衰退阶段是经济从繁荣到萧条的过渡阶段，这时经济开始从顶峰下滑，经济活动开始急剧下降，不断向经济谷底发展。萧条阶段是衰退阶段的发展结果，其经济活动水平远低于长期经济活动的平均水平，市场对未来经济形势持悲观态度，萧条时期的最低点成为谷底。复苏阶段是经济从萧条到繁荣的过渡时期，这一阶段经济从谷底上升，经济活动水平开始增加，市场开始对未来充满希望。

经济周期理论是对经济周期现象的归纳总结与认知解释，经过 20 世纪至今的研究，经济周期理论已经取得了长足的发展，分别有传统经济周期理论、凯恩斯理论和后凯恩斯理论、理性预期周期理论、实际周期理论等。对于经济增长的风险，不同的经济周期理论从不同角度进行研究解释。凯恩斯经济周期理论认为投资者的非理性心理因素造成了经济波动；货币经济周期理论与新古典宏观经济周期理论认为无预期的货币政策所形成的需求因素的变动造成了短期经济波动；真实经济周期理论从供给角度考虑，认为就业水平、技术进步等供给因素的变动造成了经济波动；新凯恩斯主义经济周期理论则认为工资制度产生的工资刚性、价格机制产生的价格黏性、行业竞争状况等制度性因素造成了短期经济波动。

（二）经济周期与风险

风险按照是否可以分散分为系统风险与非系统风险，系统风险衡量的是影响整个市场的风险因素，而作为反映宏观经济形势整体走向的经济周期便是影响系统风险的重要因素之一。从系统风险的时间维度，即顺周期问题的角度出发，市场主体在不同时期对风险呈现出不同的倾向性，在经济形势向好时普遍呈现出偏好风险的状态，而在经济形势转差时又普遍呈现厌恶风险的状态，经济周期通过系统风险深刻影响着资本市场（Holderness et al.，1999）。

按照凯恩斯经济周期理论，当经济处于繁荣周期的后期阶段，市场上不断涌现的资本会使投资效益不断下降，而需要的可用资本的不断减少会推动商品供给价格不断上升，资本边际效率不断下降，由于信息的不对称，企业受经济繁荣假象影响仍然增加投资，致使资本配置完全错位，导致市场整体系统风险不断增加；当市场出现供需完全不匹配，经济周期逐步迈入恐慌阶段时，企业大量减少投资、解雇员工，致使商品总供给不断减少、失业水平不断上升，此时在市场弥漫的悲观情绪作用下，企业的投资与生产进一步萎缩，商品大量积压，社会出现失业潮，经济周期转入萧条阶段。随着经济萧条阶段的持续，企业先前积压的商品存货逐渐出清，市场需求回暖，受益于之前大量闲置资本的存在，此时商品重置成本下降，而边际收益不断回升，企业投资开始逐渐增加，各项生产逐步恢复、失业水平逐渐下降，市场整体系统风险下降，经济周期开始转向复苏阶段。

由上述分析可以看到，系统风险水平随着经济周期的变化而变化。当经济形势向好时，商品的价格上升，各领域投资增加，消费积极增长，不同的经济结构之间互相拉动，企业面临的整体系统风险较小。而当经济形势处于低迷时期，资产价格在政府改变任何一个政策或者市场未预料到的一个企业的倒闭情形下都有可能停止上涨，且可能在面临市场上大量的降价销售时而快速下跌，这种扰动很容易从局部牵动整个系统，导致投资者纷纷抛售资产，由于系统性风险的溢出和传染特质，使之更像是一种恐慌，企业将面临各个方面的阻碍和难以预期的波动。

二、行业竞争理论

（一）行业竞争

行业竞争指的是在市场经济中同一个行业的经济主体之间出于保护自身利益获得更多市场资源以求增加自身实力的目的而互相排斥对方相同的经济行为的现象。经济主体出于自身利益考量以及担心被行业内其他经济主体排挤从而丧失经济利益是产生行业竞争的两个内部动因。虽然不同行业面临的竞争压力不尽相同，但各行各业的竞争都有利于提升资源配置的效率，最终促进经济发展。按照竞争激烈程度可以分为两种市场：完全竞争市场和不完全竞争市场。完全竞争市场不受任何外力干扰，企业在完全竞争市场下难以获得超额利润；

后者是指有外力干扰的市场，根据外力大小又可以进一步细分为完全垄断市场、垄断竞争市场和寡头垄断市场。

关于行业竞争的理论方面的研究，主要集中在破产清算威胁假说、充分信息假说与掠夺效应假说等方面。破产清算威胁假说认为，处于高度竞争行业的公司面临着被驱逐出市场的危险，破产清算的后果将是对经理人的终极威胁，竞争强度的加大增强了公司被破产清算的概率，使得公司经理只能通过不断努力地工作来应对竞争高度激烈的市场，同时更加谨慎投资，努力减少破产风险，降低了代理冲突。破产清算的威胁也推动公司全面深化改革，努力创新突破，实现高质量发展；充分信息假说认为，信息不对称的情况在充分竞争的市场上可以得到比较有效的改善，处于竞争激烈市场上的投资者会更加清楚地了解公司的真实经营状况，从而更加客观地评价管理层的管理水平与努力程度。从某种意义上来说，公司的投资者和股东都可以借助市场竞争，通过对公司与竞争对手之间的绩效比较来衡量公司的业绩表现，这减少了股东的监督制约成本，客观上也降低了代理冲突，而且当市场竞争程度越激烈，参与竞争的企业越多，由于信息不对称引起的负面效应也会越少；而掠夺效应假说则认为，竞争激烈的产品市场给企业带来了经营风险，企业更容易受到来自竞争对手的掠夺，同时由于资本市场的不完善性，弱势企业更可能受到强势企业的价格战等一系列进攻性行为的掠夺，最终被市场清出（韩忠雪和周婷婷，2011）。

（二）行业竞争与风险

行业竞争作为一种市场竞争机制和公司治理外部制约机制，深刻影响着公司的经营风险。行业竞争越激烈，不确定性越大，企业面临着被其他竞争者所掠夺和威胁的风险也越大，导致行业内所有企业只能保持最低的利润水平和较大的经营风险。

从破产清算威胁假说角度看，处于高度竞争行业的公司面临着巨大的经营风险，若公司决策出现失误，如对净现值为负的项目进行了投资致使经营业绩下滑利益受损，则公司将可能面临着破产清算的危险，因此，为了避免出现公司被逐出市场或者管理者失去公司管理控制权的现象，公司经理人将会致力于通过努力工作同时避免对高风险项目进行投资来应对竞争激烈的市场，并努力提高公司经营管理水平，促进公司经营绩效的提升。竞争激烈条件下公司破产清算威胁的始终存在会激励管理层减少懈怠，调整经营策略，努力减少破产风险，进行项目投资时更加注重平衡风险—收益关系，保持经营稳定。

从充分信息假说角度看，市场竞争促进了信息的公开与流通，减少了信息不对称，股东和投资者还可以借助市场竞争通过比较公司与竞争对手的绩效来评价公司的经营业绩状况，以此减少监督成本。当参与市场竞争的企业数量越多，信息不对称的情况得到改善的程度就越大，公司业绩水平反映的管理层的管理能力与努力程度也就越真实越相关，由于管理者的管理水平与努力程度都充分公开，所以可以做到更有效地监督与激励管理层，推动公司不断改革创新，从而减少企业内部风险（陈信元等，2014）。

而从掠夺效应假说角度看，无论是由竞争激烈程度决定的非排斥性竞争行为，还是企业竞争地位（或者说是垄断地位）决定的掠夺性定价和其他非价格垄断行为都会使企业面临很大的不确定性。掠夺效应认为信息披露会给处于竞争激烈市场中的公司带来无法预期的负面效应，因此当公司处于这一竞争激烈的市场中时更偏向选择披露较少的信息，确保自身相关经营状况不被竞争对手完全掌握，以规避被竞争对手掠夺的风险，同时为了迷惑对手也可能会故意选择公开一些非有效信息，在盈余管理方面更加激进，从而达到限制有用信息流向潜在竞争对手的目的（周夏飞和周强龙，2014；陈志斌和王诗雨，2015；曾伟强等，2016）。因此，掠夺效应也深刻影响着公司日常经营的方方面面，进而影响公司的战略布局和经营决策。

三、区域经济理论

（一）区域经济

区域经济，也称地区经济、地缘经济。从字面意思理解，是指在一定区域内经济发展的内部因素与外部条件相互作用而产生的生产综合体，反映出了不同地区内经济发展的客观规律以及内涵和外延的相互关系。《决策科学辞典》中对"区域经济"的定义为某个行政区域的国民经济。它的形成是劳动地域分工的结果。在长期的社会经济活动中，由于历史、地理、政治、经济以及宗教等因素的作用，一些在经济等方面联系比较频繁的居民区逐渐形成了各具特色的经济区。区域经济是国民经济的缩影，具有综合性和区域性的特点。

区域经济学是经济学与地理学交叉而形成的应用经济学，揭示了区域与经济相互作用的规律。区域经济学理论发展演变形成了不同的理论派别，主要聚焦于区域内资源配置的重点、如何进行布局以及选择何种资源配置方式等核心问题。目前国内外学术界有关区域经济的研究大体可划分为两类：一类是有关区域经济增长的研究；另一类则是有关区域经济发展的研究。区域经济增长主要是指一个国家或地区生产的产品和劳务总量的不断增加，即以货币形式表示的国民生产总值的不断增加的过程。而区域经济发展，则是指在自然条件、社会经济条件和技术经济政策等因素相互作用下，地区经济结构的不断升级、经济效率的不断提高以及制度的演进等过程。

基于本书需要，我们重点围绕区域经济发展理论中的区域市场化内容展开论述。国家计委市场与价格研究所课题组（1996）较早界定了市场化的含义，认为中国的市场化问题主要涉及资源配置方式的转变，也即由传统的政府行政干预向市场自主调节转化的过程。其后，学者们围绕资源配置方式的变更过程这一主题对市场化进行了各有差异的定义。樊纲等（2003）指出，市场化具有特殊的时代特色与地域特色，指代的是计划经济体制向市场经济体制转变的全部过程，涵盖了所有参与主体行为的转变过程。这一超出传统资源配置方式范畴，涵盖了各个参与主体行为的转变过程与互动过程的定义被学界广泛认可。在此基础上，我们认为区域市场化即为各个区域的市场化进程或市场化程度。

我国各地区之间基本制度环境尽管总体而言都是相同的，但各个省域的市场化进程由于分权式的组织、渐进式的改革以及行政区划之间的割裂而各具差异。具体来看，各个省域在政府与市场的关系、非国有经济的发展、产品市场的发育程度、要素市场的发育程度、市场中介组织的发育程度和维护市场的法律制度环境等方面仍然多多少少存在着差异，因此在截面上展现出不同的市场化程度，而这些差异也会通过区域经济的发展随着时间的变化得到改善。

（二）区域经济与风险

区域经济衡量了地区经济发展水平，区域经济的发展体现在地区经济结构的不断升级、经济效率的不断提高以及制度的不断演进等方面。地区之间的市场化程度、法律法规的健全程度、市场中介机构的活跃度等都影响着产品市场要素的流通与资源配置，从而对企业的战略布局和经营决策产生重要影响。

市场化程度是经济发展的重要影响因素，区域市场化即为各个区域的市场化进程或市场化程度，反映了各地金融发展水平和资本自由流动程度，深刻影响着区域经济发展水平。市场化进程中市场的深度化和广度化等变化，不仅会带来宏观经济层面的变化，而且会落实到区域经济层面上，最终还会影响到具体的微观层面，从而深刻影响企业的经营行为和战略决策等。

从市场效率角度看，当一个地区市场化程度较高时，区域内市场经济充分发达，资源配置有效进行，市场对价格信号、新产品信息传递更加真实灵敏，能够及时地反映行业的供求关系，交易价格所反映的价值信息也越接近于价值本身，有利于产品要素的流通，而当市场化程度较低时，行政干预、行政性垄断等措施会对资源形成扭曲，价格机制不能很好地发挥作用，各类资源要素交易较少，不能体现真实的价值，导致资源配置不能有效完成，企业面临的经营风险就会较大。

从企业投融资角度看，市场化程度越高的地区，越能为企业提供良好的融资环境，有利于企业快速调整资本结构、缓解债务压力、抓住投资机会，而市场化程度越低的地区，信息不对称直接影响资源的优化配置，增加了企业投资风险的同时，还会导致市场上交易双方之间容易出现"不公平"交易，从而"劣币驱逐良币"，最终使得所有企业的外部融资成本都会升高，导致融资约束现象在企业中更加普遍存在。

从产权保护角度看，市场化程度的提高也意味着较好的知识产权保护和创新支持政策，创新成功带来的丰厚回报和竞争压力则促使企业家坚持不懈地提高创新绩效，使得优化高技术产业资源配置的同时，促进了技术进步；而市场化程度较低时，产权保护意识和制度都较差，创新成果的保护面临不确定性，降低了企业的研发投资力度以及致力于创新的信心和动力（陈凌和吴炳德，2014）。

四、规模经济理论

（一）规模经济

规模经济是指在技术条件不变的前提下随着企业各种投入要素的增加企业生产规模的扩大所导致的单位产品成本的下降。通常表现为产品的平均成本随着一定范围内产量的增加而不断下降的现象。当产品产量处于一定范围内，总体的固定成本基本保持不变，且会不断分摊到新增加的产品上，从而使总成本不断下降。劳动者也会按照最佳经济效益原则自然地对社会生产力因素进行组合，包括对生产的规模进行选择和控制，以此来增加产量和降低成本。从本质上而言，规模经济就是寻找生产力规模上的最佳生产规模。

企业规模经济通常表现在扩大生产规模上，通过合理配置生产要素，实现规模经济，从而达到最佳的经济效益。企业可以通过对自身规模的分析研究确定生产力配置下的最佳的经济规模，然后使生产经营活动按照确定好的这个经济规模进行，从而达到最高的经济效益。

规模经济理论作为产业集聚理论的分支，是区位经济理论在集聚经济效益论证中的发展。规模经济理论也是西方微观经济学的基础理论，企业的规模经济可以使其比竞争对手获得更大的成本优势，进而也成为影响市场进入门槛的决定因素之一。马歇尔（Marshall）对规模经济形成的途径有着较为经典的阐述：其一，依靠个别企业对资源的合理、充分而有效的利用、组织和经营效率的提高，逐渐形成了"内部规模经济"；其二，依靠多个企业之间合理的分工与联合、地区布局等而形成了"外部规模经济"。马歇尔更进一步就规模经济报酬的变化发展规律进行了研究，发现企业规模经济并不是一成不变的，而是富有规律性的逐渐变化，当企业生产规模不断扩大时，规模经济效益表现为规模报酬递增、规模报酬不变和规模报酬递减三种形式。除此之外，马歇尔还提出了由于企业"大规模"而最终导致的市场垄断问题，而且这种垄断还会对市场的价格机制产生影响。

（二）规模经济与风险

企业规模大小是企业自身资源聚集程度的反映，影响着企业的规模经济、风险承担和融资渠道等方面。一般来说，企业结合劳动的技术特点、资源环境禀赋、组织分工体系、社会需求等相关条件来探讨如何配比联结劳动过程中的诸多要素，借此利用规模经济带来的最小成本达到最佳的收益。

从内部自身角度看，企业规模越大，其生产成本越低，用于自身发展的资源越多，意味着更强的抗风险能力。马歇尔认为企业规模扩大的意义是多方面的，不仅仅是量的扩大，还意味着拥有了更多专业化设备和生产能力，在组织生产时可以使劳动分工变得更为细致，从而提高生产效率，降低生产成本。熊彼特（Schumpeter）在"创新假说"中认为小企业在完全竞争市场上进行创新无异于自杀，技术的创新主要来源于大企业，只有足够大的企业才在各方面具有充足的资源，才能为创新活动提供基本保障条件（孙晓华和王昀，2014）。因此企业规模扩张通过影响企业创新活动，包括研发倾向和研发能力，进而作用于生产率水平。相比于小企业而言，大企业才能更容易通过劳动分工以更加专业化的水平实现规模经济，从而提高生产效率，有效降低各项成本开支；同时，大企业拥有的资源要素较多，有充足的资金可以用来采购先进技术设备，并有能力承担从事技术创新活动带来的各项风险，进而有利于企业不断进行改革创新，提高生产率水平，创造更好的业绩（姚洋和章奇，2001）。

从外部环境角度看，企业会因为自身拥有的资源多寡而产生不同的行为，企业规模越大越有更多的资源应对外部环境变化，降低不确定性带来的风险。

企业规模是描绘企业资源多寡的一个重要指标，企业自身资源的充足与否与企业规模联系密切，它决定了企业是否可以按照自身意愿主动进行行为选择，而不是完全对制度被动服从。规模较大的企业因为拥有更多的资源禀赋，所以在面临外部环境变化时是否采取行动、如何进行决策方面拥有更多的自主空间。规模较小的企业则拥有更少的资源，因此相比较而言更依赖于环境，各方面也更容易被环境所影响（姚晶晶等，2015）。同时，由于规模较大的企业一般都属于资本密集型，且它们信息公开程度也更大，监管成本较低，金融机构更容易对它们进行监管，因此它们所受融资约束更小，能更容易地以较低的融资成本在金融市场上获得融资。而且因为它们一般投资规模比较大，能够为当地提供更多的 GDP 和税收收入，所以地方政府也更倾向于向它们提供各种公共服务，而中小企业则不具备这些特点，这类企业一般都属于劳动密集型，信息公开程度远不如大企业，监管成本较高，金融机构不容易对它们进行监管，于是它们受到的融资约束也比较大，要以很高的融资成本才能在金融市场上获得融资，同时由于中小企业的影响力有限，给当地经济社会带来的各种效应远没有大企业明显，所以地方政府在提供公共服务方面也不太注重倾向于它们（李永友，2010；王文甫等，2014）。

五、政府补助理论

（一）政府补助

《企业会计准则第 16 号——政府补助》将"政府补助"定义为企业从政府无偿取得货币性资产或非货币性资产。可知政府补助即政府无偿向企业输入的经济资源。政府补助作为政府财政支出的重要组成部分发挥着重要的调控作用，企业收到当地政府的财政补助的现象在世界各地普遍存在。政府通常会与企业这一市场上的微观经济主体之间建立比较密切的相关关系，出于完成自身政治经济目标的目的有很大的动机去扶持当地企业更好更快的发展。我国各级政府的各类补助种类繁杂，覆盖面广，已经对我国的经济社会发展和资本市场的上市公司产生了深远的影响。

政府补助形式有很多种，有财政拨款、财政贴息、税收返还以及无偿划拨非货币性资产等。从政府补助意图的角度来看，包含研发补助、创业补助以及上市补助等。按补助给企业的环节划分，可以分为生产补助、流通补助、投资补助和研发补助等。按补助的企业对象的规模大小划分，可以分为包括产业研发补助、技改补助、产业发展扶持基金等针对大企业的补助与包括中小企业发展专项资金补助、中小企业财政扶持补助、中小企业贴息及担保费补助等专门针对中小企业的补助。

政府补助理论最开始于 20 世纪 20 年代由庇古在他的著作《福利经济学》首先提出，其尝试寻找一种利用政府干预在非完全竞争的市场中实现帕累托效率的途径，并试图以此为依据推动政府制定相应的政策。此后，学术界对政府补助理论的研究开始逐步深入，由最开始的只聚焦于宏观经济层面的研究讨论，逐渐关注到作为微观经济主体的企业层面的效应影响等。政府补助理论随着世界经济的成长以及各国体制机制的不同而不断地发展演变，其在市场经济发展过程中的主要作用体现在：调节市场供需关系实现市场均衡、增加公共产品提高社会福利、减少外部影响改进市场失灵、优化资源配置推动经济发展等方面。

（二）政府补助与风险

政府出于增加就业、支持产业发展、鼓励研究与开发等动机会对企业提供补助，而对于企业而言，政府补助是企业收到的额外的经济资源，在同一市场体系中，政府补助经常发挥重要作用，增加获得补助的企业的资本，激发企业的研究创新，提高企业的风险承担水平等，帮助企业融资、保壳甚至是扭亏为盈。

从短期角度看，政府补助扮演着救急的"扶持之手"的角色，通过对亏损企业进行巨额补助，缓解其资金需求，减轻其当年的亏损额，来帮助其应对短期风险度过经营危机（王红建，2015）。政府补助还可以发挥"风险缓冲"的作用，以"分摊投入成本"的形式，使企业相应地更有能力去承担一些净现值为正的风险投资项目，提高企业风险承担水平，从而影响企业对预期收益和预期现金流充满不确定性的投资项目的选择情况。

从长期角度看，政府补助可以发挥风险补偿作用，促进企业的创新投入，最终推动经济的转型升级。企业的创新投资周期长，研发投入成本大，风险高，而在国家的创新政策指引下，政府会向企业提供一定的政府补助，降低企业研发投入结果不确定性带来的风险，从某种程度上看，收到政府补助的企业相对于未收到政府补助的企业或收到政府补助之前而言，可以被认为增加了一部分特定的冗余资源，企业拥有更多的资源禀赋则有可能源源不断地进行技术研发与创新研究，以此来支持企业实现不断的改革突破（吴剑峰和杨震宁，2014；李健等，2016）。有研究表明，政府补助还可能在一定程度上对企业家的信心和情绪产生影响，决策者在收到政府补助之后往往比之前拥有更多的安全感和自信心，而企业决策者心理特征的变化也会进一步影响投资风险的选择，从而影响企业的战略布局与经营决策。

但是，政府补助也不是越多越好，过高的政府补助会使企业对这一资源不能正确有效地利用，使得整体配置效率偏低（毛其淋和许家云，2016）。相关研究也表明只有适度的补助才有益于企业的长期发展，过高的政府补助带来的超额利润可能会促使企业进入下一轮"寻补助"的企业寻租过程，直接弱化企业的风险偏好，使企业缺乏承担风险性投资项目，降低了企业风险承担水平；过高的政府补助也可能会使企业产生"补助依赖"现象，降低对企业生存的实际激励效果，提高了企业退出市场的风险率；过高的政府补助还可能会弱化企业的研发激励，企业从中获得的超额利润会弱化企业通过研发投入进而改善生产效率的方式来获取超额利润的动力，从而不利于企业的长期发展。

六、机构投资者理论

（一）机构投资者

2000 年由经济科学出版社出版的《新帕尔格雷夫货币金融大辞典》中将"机构投资者"解释为西方国家管理长期储蓄的专业化的金融机构。从不同的研究角度出发，机构投资者的定义也各不相同，但从总体上结合本质而言可以发现机构投资者具有以受托管理资金从事专业化理财和分散式投资的共同特点。

按照不同的标准划分，机构投资者的类型也不同。通常而言，狭义的机构投资者主要包括各种证券、基金、保险、投资管理从业公司，而广义机构投资者则在此之外还包括由个人捐款发起的基金会、社会福利组织等。从交易行为角度，又可将机构投资者分为短暂型机构投资者、准指数型机构投资者和专注型机构投资者或压力敏感型机构投资者与压力抵制型机构投资者。而按照证监会的最新标准，机构投资者一般划分为一般机构投资者、公募基金、基金专户、QFII、RQFII、证券公司自营、证券公司集合理财、社会保障基金、企业年金、保险机构、信托机构和其他专业机构等。

在我国资本市场迅速发展过程中，机构投资者也不断成长起来，已经成为资本市场中不可或缺的主力军，在资本市场中逐渐发挥着越来越大的影响力。作为我国资本市场上重要的投资者之一，机构投资者既改变了资本市场的投资者结构，又改变了资本的供求结构。它们既可能对资本市场产生冲击，又可能增加资本市场的广度和深度。机构投资者的存在在英美等成熟资本市场中公司治理改革方面已经成为一项重大创新，在一定程度上取代公司控制权市场成为一种相当重要的外部治理机制。机构投资者在资金筹集、信息获取、专业素养等方面具备其他投资者不具备的优势，其参与资本市场运作，专业能力得以发挥，并逐步由"用脚投票"的方式发泄对公司的不满转向直接参与公司监督治理的行为，必然会对公司产生重要影响。

（二）机构投资者与风险

机构投资者相对于个人投资者而言在资金充裕程度、信息获取能力和专业投资水平上都具有很大的优势，其可以弥补公司内部治理体系的不足和内部治理结构的缺陷，且其具备足够动力和能力对公司实行监督约束。在理论上，机构投资者的这种外部监督约束可以有效改善信息不对称的情况并降低代理成本，减少盈余管理的可能性，约束管理层利润操纵的效果，提高企业的会计稳健性，规避由于信息不对称的情况以及代理问题的存在而导致损失的风险（李争光等，2015）。机构投资者一般持股比例比较大，由此获得的在股东大会上的投票权也相对集中，其可以通过行使投票权来实现对公司管理和业绩的监督，当机构投资者持股比例越高时，其相对于公司的整体谈判能力也越强，基于信息效应与自身关系网络的存在会使其有更强的能力和意愿去促进公司投资决策效率的提高，并在适当的时候对管理层行为予以纠正和实施影响，降低公司的经营风险，进而提升公司价值以获得相应的切身收益（唐松莲等，2015）。

机构投资者具备"用脚投票"退出市场的能力，但在较大持股比例的情形下，被动地退出市场容易造成流动性损失，这推动机构投资者更加主动地承担受托责任，转变自身角色定位，通过更加积极有效的监督来减少自身损失，从而获得更多的收益。总而言之，机构投资者在保持外部独立性的情况下可以充分发挥机构治理的作用，通过提出议案、集体诉讼、收购威胁等手段与方式主动参与公司治理，有效弥补公司内部治理的不足或直接代替公司内部治理，既解决小股东治理激励不足的问题，又可以弥补大股东内部控制的缺陷。当然，机构投资者治理也并不是仅仅限定于单一机构投资者治理，在持有公司较少股份份额的情形下，同一公司的机构投资者股东们可以联合起来，通过行使集体投票权等方式加强合作，对公司进行共同监督，提高公司的治理效率。机构投资者积极参与公司治理可以在一定程度上纠正管理层的错误决策，并且及时遏制管理层带有个人功利性的短视行为，提高管理层的风险承担水平，增加公司的信息透明度，使股东财富最大化的经营目标得以长期坚持，提高了公司的市场价值。

七、行为经济学理论

（一）行为经济学

行为经济学是指在心理学的基础上研究经济行为和经济现象的经济学分支学科，主要探讨人们的行为偏差及其对经济决策和市场运行的影响。所谓的偏差是相对于基准而言，而基准则是传统主流经济学所遵循的"人是理性的"的前提假设。从现实生活看，因时间和精力有限，人们的理性并不是无限的。因此，行为经济学研究内容关注作为有限理性的人，在何时以及何种情况下会做出偏离理性的行为，而这种偏离又会如何影响人们的经济决策等。

传统经济学以完全理性人的假设为基础，认为人只是在不断地接收、识别、处理信息，然后进行经济决策，且认为人在做任何决策时信息都是完全充分的，都拥有与决策有关的所有信息，并且能够根据自己的理性做出最优的决策。换句话说，传统经济学认为在经济决策中人的心理因素只是内生变量，并不会系统性的影响经济决策。但是，随着现代市场经济的发展，经济活动的复杂性显著提升，传统经济学基于完全理性建立的很多模型对于现实经济生活中许多现象的解释无能为力，人的很多非理性的经济行为得不到有效解释。为了能够适应经济活动复杂性的需要，突破现有经济学模型的局限性，更加科学准确地解释现实经济生活中的现象，行为经济学将认知心理学的基本原理引入经济学中，基于有限理性的假设，在构建经济模型时纳入心理因素，研究人的经济行为在心理因素的作用下表现出的特征与规律。

行为经济学作为经济学的分支学科，其对经济行为和经济现象进行研究时主动结合了心理学的思想和方法，它的主要观点包括以下几点：（1）行为经济学以实际的心理特征为研究基础，而不是仅仅关注于抽象的行为假定；（2）人的心理特征并不是完全理性的，其决策过程依赖固定的程序，在有限理性的作用下关注损益的平衡，并且存在框架依赖效应；（3）偏好这一内生变量产生于决策者的决策过程中，且不是固定不变的，不但在前后可能出现完全逆转，还有可能在不同的时间表现出不相同的特点；（4）如果决策模式和经济行为仅仅以有限理性和内生性偏好为基础，则很容易在现实经济生活中破坏市场有效性，造成市场失灵，并使得需要重新考虑和设计各种经济政策。

（二）行为经济学与风险

行为经济学研究人的经济行为背后的心理学因素。事实上，一个人的个人特征和人生经历都会长久地影响他的偏好和认知，从而影响他的行为决策和行为结果，进而影响总体的社会结果。

高阶理论以人的有限理性为前提，认为高管的个人特征如性别、年龄、教育背景等会对企业的战略选择、组织绩效等产生影响。如心理学、社会学以及实验经济学的大量研究表明，相比男性，女性风险规避程度更高，在企业经营决策中更加谨慎（李小荣和刘行，2012）；年龄决定着个体的阅历、观念、意愿与社交关系，年轻的高管创新意识较强烈且更偏好风险，倾向于采取比较激进大胆的创新战略与风险策略，而年龄较大的高管则更加谨慎，倾向于采取远离风险比较保守的决策战略；而教育背景则决定了高管们的视野与能力，影响高管们在做经济决策时的自信心水平，从而影响了公司的战略决策与风险承担水平等。

当一个人长期生活在某种特定的环境当中，这种社会环境的特质特点以及基于这种环境的社会结构和在这种环境中特定的社会经历决定了他的文化心理模型，进而对他今后的行为模式产生影响。人生早期的成长经历对人格特征有着潜移默化的作用，所处的社会环境与个人的成长经历可能形成了某种人格上的特征，而且由于这种特征是在年幼时期形成的，所以形成之后往往难以改变（江静琳等，2018）。如早年时期的自然灾难或者经济困难经历往往会给个人留下深刻的印象，增加个人对环境变化以及对未来不确定性的心理恐惧，影响其面临选择时的情绪和考虑问题的思维方式，进而通过改变其对风险的认知影响决策方式和行为偏好（沈维涛和幸晓雨，2014）。城乡不同的成长环境会导致对新鲜事物敏感度不同以及求新求变意识的不同，从而导致对风险的态度差异等。工作经历所形成的个性特征与背景经验对个人的思想行为产生重要影响，如有参军经历人员，部队生活形成的风险偏好将继续影响他们的行为容易表现出偏好风险和激进的行事方式，相信自己能够处理高压力、高风险的情况（赖黎等，2016）。有财务经历的 CEO 则会凭借较高的财务专业素养与财务相关的投融资活动中积累的丰富经验，尽量避免高估高风险项目的价值，低估低风险项目的价值，从而避免过度投资或投资不足等不合理投资问题，减少公司投资风险（姜付秀等，2018）。

代理问题是现代企业制度的鲜明特征，也是公司治理领域的经典研究问题，是研究公司治理的基础理论。目前关于第二类代理问题的研究多集中于大股东侵占问题，较少从风险视角研究大股东治理特征对企业的影响。不同于英美国家高度分散的股权结构，中国资本市场股权高度集中现象非常普遍，在此情况下，大股东与中小股东面临不同的财富风险水平，拥有企业终极控制权的实际控制人必将通过调整企业风险承担对冲自身财富风险。此外，作为现代市场环境下经营主体的企业，宏微观环境、内外部因素变化带来的不确定性均会影响其面临的风险，从而影响企业做出经营决策，本书将对此进行一一探究。

第三节　实际控制人财富集中度与民营企业风险承担的理论分析框架

本书的理论分析框架主要围绕实际控制人财富集中度对民营企业风险承担的影响以及作用机制展开。从实际控制人与企业及企业管理层之间的相互作用关系入手，研究实际控制人财富集中度如何通过投资、融资、现金管理政策等影响企业的风险承担水平以对冲自身财富风险。

首先，从整体框架上看，作为对民营企业拥有最终控制权的实际控制人，其个人理念与偏好对企业有着重要影响，财富集中度代表着实际控制人财富分散的程度，也即意味着实际控制人财富的风险分散水平，更高的财富集中度意味着更高的财富风险，对风险容忍度的下降会影响其风险承担的能力和意愿，进而影响其所控制的企业的风险承担水平。

从理论基础上看，一方面，实际控制人拥有企业的实际控制权但又不参与企业的日常经营使其与企业管理层之间存在着天然的第一类代理问题；另一方面，实际控制人虽然拥有企业最大的股份但又不是唯一的股东使其与中小股东之间存在着天然的第二类代理问题。第一类代理问题的产生是基于信息不对称的情况，与实际控制人的利益不一致使得管理层有动机与能力进行自利行为，而实际控制人可以通过监督与激励降低第一类代理成本。第二类代理问题的产生是基于股东之间股权份额的差异，使得中小股东没有意愿也没有能力去参与公司监督治理，实际控制人则可能利用拥有的控制权实施不利于中小股东利益的隧道效应。本书则主要以风险分散理论为基础，从风险角度看，实际控制人与中小股东之间存在着完全不同的风险水平，实际控制人财富高度集中在所控制的企业时中小股东却分散投资，当企业非系统风险上升时，实际控制人和中小股东面临着完全不同的影响，财富较为集中的实际控制人面临着更高的风险影响，而中小股东则可以通过更加多元化的投资组合分散掉这部分风险。

从作用机制上看，实际控制人财富集中度主要通过作用于企业的投资、融资、现金持有水平等方面影响企业的风险承担水平。较高的财富集中度导致实际控制人面临更高的财富风险，对风险的容忍度的降低会影响其各项经营决策。从投资角度看，实际控制人的财富集中度会直接影响其对投资机会的敏感度和对投资失败的容忍度，从而会影响投资对外部需求冲击的反应，进而影响企业对外投资的意愿与机会；从融资角度看，实际控制人的财富集中度会影响企业的融资策略，采取不同风险水平的融资组合以应对企业财务风险，从而影响了企业的融资约束状况；从现金持有角度看，实际控制人财富集中度也会影响企业的现金管理策略，使其持有更多或更少的现金以应对可能出现的财务风险，从而影响了现金的其他可能用途。此外，本书还结合内外部环境，基于宏观经济形势、行业竞争、市场化水平、企业规模、机构投资者、政府补助、实际控制人个人特征等因素探讨实际控制人财富集中度对民营企业风险承担水平的影响。

第四章

实际控制人财富集中度对民营
企业风险承担的影响研究

第一节　问题的引入

一、背景

习近平总书记指出，目前我国经济处于"新常态"，是重要战略机遇期。经济新常态要求在找准经济增长点、实现经济结构对称态的基础上实现经济高速可持续发展。而企业风险承担作为社会经济持续增长的根本动力（Acemoglu and Zilibotti，1997）也成为理论界和实务界的重要话题。企业风险承担反映了企业投资决策的风险偏好，高风险偏好的企业会主动选择高风险、高收益的项目，充分利用投资机会进行价值创造，并促进企业实现更多的创新，增强企业的技术实力和竞争优势，从而提高企业的核心竞争力（李文贵和余明桂，2012）。因此，在"新常态"的经济背景下，深入研究风险承担的影响因素，对识别出改善资本配置的有效途径并最终实现经济的持续增长具有重要的现实意义。

目前已有大量学者从经济政策不确定性（刘志远等，2017）、金融生态环境（李媛媛等，2019）、政府补贴（毛其淋和许家云，2016）等宏观因素和管理者特征（余明桂等，2013；张敏等，2015；张三保和张志学，2012）、产权性质（李文贵和余明桂，2012）、债务结构（夏子航等，2015；郭瑾等，2017）等微观因素研究了企业风险承担的影响因素，但是却忽略了实际控制人特征对企业风险承担的影响。我国股权高度集中，在 2009～2017 年的全部 A 股公司中第一大股东股权比例平均达到了 35.27%，前五大股东持股比例平均达到了 53.81%，且超过 75% 的企业前五大股东持股比例超过 40%。在这样股权高度集中的企业中，实际控制人才是企业重大决策的真正决定者。马克维茨的投资组合理论认为，分散化投资可以降低风险。所以，实际控制人的财富集中度对自身面临的风险有很大影响，因而实际控制人会进一步要求自己控制的企业调整风险去满足自己整体的风险要求。基于此，实际控制人财富集中度对企业风险承担理论上是有很大影响的，考察他们的关系对我国上市公司的发展和经济社会的整体发展具有重要意义。

二、研究内容

为了探究实际控制人财富集中度与企业风险承担的关系，本章将通过实证检验回答以下几个具体问题：第一，实际控制人财富集中度是否会影响企业风险承担水平？第二，如果这种效应存在，那么不同时期、地区、行业、类别的企业是否会有显著差异？第三，基于"成本补贴效应"，政府补助是否能对实际控制人选择的风险承担水平产生影响？第四，机构投资者是否能够制衡实际控制人的行为，促进企业选择更合理的风险承担水平呢？第五，实际控制人的个人特征对其风险选择又有什么影响呢？

为了回答以上问题，我们以 2009~2017 年的人民币普通股（A 股）上市公司为样本进行了实证检验。结果发现，实际控制人财富集中度越高，企业风险承担越低，而且这种效应在经济低迷、地区市场化程度小、产品行业竞争大、高新技术行业、公司规模小、期初绩效低等风险更大的环境下更显著。这表明，实际控制人会通过适度控制企业风险来平衡自身集中化投资所承担的高风险，而且外部环境风险越大，这种平衡越重要。进一步检验发现，这种效应在政府补助低、机构投资者持股比例小的情况下更为显著，这说明政府补助可以通过"分摊投入成本"的方式"缓冲"选择高风险项目给实际控制人带来的财富风险，提高企业的风险承担；机构投资者的持股比例较高时，可以更有效地约束实际控制人通过减少高风险高收益的项目选择来降低自身财富风险的自利行为，从而削弱高实际控制人财富集中度对企业风险承担的负面影响，即缓冲效应和制衡效应能够发挥作用。另外，实际控制人的个人特征通过影响其风险偏好能够影响其对企业风险承担水平的选择。学历越高的管理者的认知能力越高，会更以积极的心态去接受高风险项目，缓解财富集中度对风险承担的负面影响；兼任董事长的实际控制人基于其更强的控制能力，更有能力使企业选择与自己偏好一致的行为，减少高风险项目投资、降低企业风险承担水平来降低自己的财富风险，导致更严重的大股东与中小股东之间的代理问题，从而提高实际控制人财富集中度对企业风险承担的负面影响。

在替换了变量衡量方式、控制了相关变量和可能存在的内生性问题后，本章的研究结果仍然成立。

三、研究意义

（一）理论意义

本章的研究在以下两个方面扩展和深化了相关文献：

第一，对实际控制人特征的经济影响进行了发展和创新。大量学者分析了实际控制人性别（马云飙等，2018）、居留权特征（张胜等，2016）、类型（陈冬，2009；宋芳秀等，2010）等个人特征，政治关联（梁莱歆和冯延超，2010；潘克勤，2010；蔡庆丰等，2017）等关系网络以及控制结构（邓淑芳等，2006；邵帅和昌长江，2015；肖金利等，2018）对企业行为的影响及经济后果，但是缺少对实际控制人财富集中度的关注。本章从实际控制人财富集中度的角度，通过深入挖掘实际控制人的财富特征，研究了其对企业风险承担的影响，扩展了对实际控制人的研究领域。

第二，扩展和深化了企业风险承担的相关研究。已有研究从经济政策不确定性（刘志远等，2017）、金融生态环境（李媛媛等，2019）、政府补贴（毛其淋和许家云，2016）等宏观因素和管理者特征（余明桂等，2013；张敏等，2015；张三保和张志学，2012）、产权性质（李文贵和余明桂，2012）、债务结构（夏子航等，2015；郭瑾等，2017）等微观因素研究了企业风险承担的影响因素。由于实际控制人财富集中度对其承担的风险有很强的影响，为了规避自身风险，实际控制人会通过控制企业的风险来降低自身的风险水平，所以本章从实际控制人财富集中度的视角研究了其对企业风险承担的影响，从实际控制人特征角度扩展了对企业风险承担影响因素的相关研究。

（二）现实意义

第一，为实际控制人控制自身风险提供了一个新的角度。实际控制人在财富集中时降低企业风险承担来降低自身风险的行为对企业长期发展是不利的，所以实际控制人可以换一个角度，通过多元化投资分散其自身风险来降低由于自己追求私利造成的对企业投资策略的影响。但是这是建立在实际控制人以企业发展为前提之下的，如果实际控制人为了获取控制权，他更倾向于降低企业风险承担来平衡自身的财务风险，而不会为了企业的发展牺牲自己的控制权。

第二，为评估企业风险承担能力提供了新的视角。本文研究显示实际控制人财富集中度越高，企业风险承担越低。而且不同风险环境、不同政府支持力度、不同机构投资者持股比例、不同实际控制人特征的情况下，财富集中度对企业风险承担的影响也是不一样的。所以通过在不同环境下查看企业的实际控制人的财富集中程度，可以对企业风险承担的水平有一定的认识，为评估企业风险承担能力提供了新的视角。

四、本章的框架

本章主要回答实际控制人财富集中度与企业风险承担的关系这一问题。为了回答这一问题，首先，对这一问题研究的背景、内容和意义进行了简要阐述，引出这一问题。然后，结合国内外相关文献，理论上分析了两者的关系，并对不同风险环境、不同政府支持力度、不同机构投资者比例、不同实际控制人特征的情况下两者的关系进行了理论上的梳理，提出假设。其次，通过实证检验的方法对以上分析进行了验证。最后，分析结果，得出结论。本章具体的框架构造如图 4 - 1 所示。

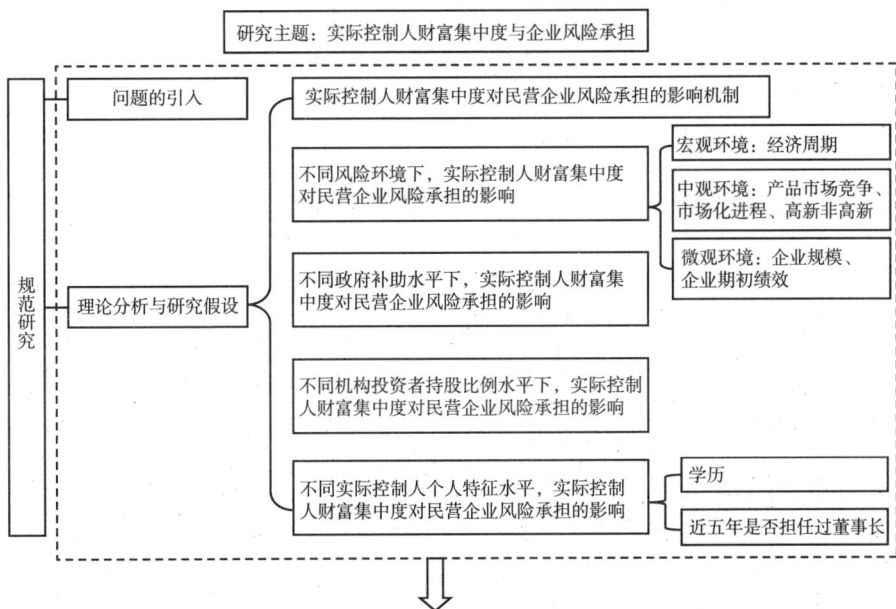

```
                        ┌──────────┐
                        │  研究设计  │
                        └──────────┘
                             │
                             ▼
┌─────────────────────────────────────────────────────────────────────┐
│  ┌────────┐    ┌────────┐         ┌────────┐         ┌────────┐      │
│  │        │───▶│ 样本筛选 │────────▶│ 模型构建 │────────▶│ 变量定义 │      │
│  │        │    └────────┘         └────────┘         └────────┘      │
│  │        │                                                          │
│  │        │              ┌────────────────────────────┐             │
│  │        │          ┌──▶│实际控制人财富集中度与民营企业风险承担│             │
│  │        │          │   └────────────────────────────┘             │
│  │  实     │          │                                  ┌──────────────────┐
│  │  证     │          │   ┌────────────────────────────┐ │宏观环境：经济周期     │
│  │  研     │          ├──▶│不同风险环境下，实际控制人财富集中度与│─│                  │
│  │  究     │          │   │民营企业风险承担              │ ├──────────────────┤
│  │        │ ┌──────┐ │   └────────────────────────────┘ │中观环境：产品市场竞争、│
│  │        │─│实证结果│─┤                                  │市场化进程、高新非高新 │
│  │        │ └──────┘ │   ┌────────────────────────────┐ ├──────────────────┤
│  │        │          ├──▶│不同政府补助水平下，实际控制人财富集中│ │微观环境：企业规模、   │
│  │        │          │   │度与民营企业风险承担            │ │企业期初绩效        │
│  │        │          │   └────────────────────────────┘ └──────────────────┘
│  │        │          │   ┌────────────────────────────┐
│  │        │          ├──▶│不同机构投资者持股水平下，实际控制人财│
│  │        │          │   │富集中度与民营企业风险承担        │
│  │        │          │   └────────────────────────────┘
│  │        │          │   ┌────────────────────────────┐ ┌──────────────────┐
│  │        │          │   │不同实际控制人个人特征水平下，实际控制│ │学历               │
│  │        │          └──▶│人财富集中度与民营企业风险承担     │─├──────────────────┤
│  │        │              └────────────────────────────┘ │近五年是否担任过董事长 │
│  └─────────────────────────────────────────────────────┘ └──────────────────┘
└─────────────────────────────────────────────────────────────────────┘
                             │
                             ▼
                   ┌──────────────────┐
                   │ 结论、启示和研究局限性 │
                   └──────────────────┘
```

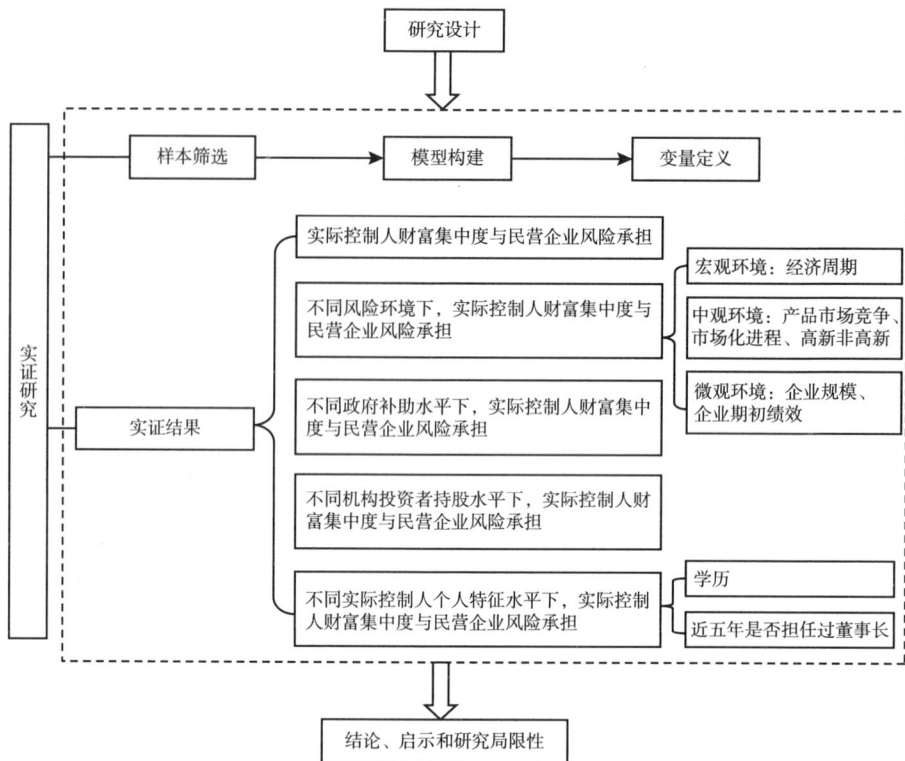

图 4 – 1　本章框架构造

第二节　理论分析与研究假设

一、实际控制人财富集中度与民营企业风险承担

从理论上来说，实际控制人财富集中度对企业风险承担的作用存在以下两方面的效应：

"风险分散效应"（第二类代理问题）认为，较低的实际控制人财富集中度可以从"分散化投资"和"保险效应"两方面降低其财富风险，提高实际控制人对企业高风险投资的容忍度，从而增加企业风险承担。一方面，从"分散化投资"角度来看，基于马科维茨的投资组合理论，较高的财富集中度使实际控制人面临更高的财富风险（Markovitz，1959），从而削弱了其风险承担的能力和意愿（John et al.，2008；Faccio et al.，2011）。而企业风险承担是企业愿意承担高风险的倾向，是企业投资风险较大、净现值为正的项目的意愿和能力。企业风险承担的高低影响着企业的重大投资决策，当企业存在大股东和小股东的代理问题时，由于小股东本身财富风险是相对分散的，希望企业适度承担风险来赚取超额收益，但实际控制人财富集中度高，会为了平衡自己财富集中所引起的高非系统风险利用自己的控制权去操纵企业决策，侵害小股东的利益，加剧了实际控制人和中小股东的代理问题。因此，实际控制人财富越集中，对企业投资的风险容忍度越低，导致其更有动机通过抑制企业投资高风险项目来降低自己的财富风险。另一方面，从"保险效应"的角度来看，当实际控制人持有多个上市公司的股权时，不同的企业可以通过互相支持的方式实现风险分担，从而形成互保效应（Jia et al.，2013，潘红波等，2014）。这降低了实际控制人面临的财富风险，从而提升了其对企业风险承担的容忍度。相反，当实际控制人的财富集中在一家企业时，保险效应的缺失会导致企业经营具有更大的波动性（Khanna and Yafeh，2005），从而使实际控制人面临更高的财富风险，并通过控制企业的投资决策降低企业风险承担来平衡自己面临的风险。因此，"互保效应"认为，财富集中会降低实际控制人风险承担的能力和意愿，降低其对高风险投资的容忍度，进而不利于企业风险承担。基于"分散化投资"和"保险效应"，我们提出假设1A。

假设1A：在其他条件一定的情况下，实际控制人财富集中度会抑制企业风险承担。

"信息效应假说"认为，较高的财富集中度使实际控制人更有"能力"和"精力"充分获取并分析企业内外部信息，这种情况下，实际控制人能够更好地监督管理者，降低股东与管理者之间的代理问题，使得企业更多地按照实际控制人的意愿行事，而实际控制人在信息充足时更容易出于企业价值提升的考虑支持企业风险承担。从"能力"来看，巴菲特在1996年致股东的信中提出了"能力圈"的概念。他认为，投资者应该充分了解自己"能力圈"的边界，在自己"能力圈"的范围内评估和选择被投资企业。当实际控制人财富集中度较高时，其更倾向于选择与自身背景和经验相关的自己擅长的领域（Shleifer and Vishny，1990），导致实际控制人更有能力准确把握被投资企业内外部的相关信息，做出有利于企业价值提升的决策，并更好地控制企业投资的风险。相反，当实际控制人因"傲慢""过度自信""追求权利"等原因进行超出自己"能力圈"范围的盲目投资时，可能会因为能力限制无法做出准确的判断决策，从而不利于企业的长期价值（Berger and Ofek，1995；Aggarwal and Samwick，2003）。从"精力"来看，实际控制人用于获取分析企业相关信息的精力是有限的，当实际控制人的财富分散在多家企业时，精力的分散会导致其获取信息的效率降低，信息的数量和质量大打折扣（Harris et al.，1982；Wulf，2002），这会导致实际控制人无法做出准确决策，对企业风险承担产生负面影响。相反，当实际控制人财富集中度较高时，对企业信息的充分了解（Edmans，2009；李青原等，2017）一方面有助于实际控制人监督管理者，由于管理者具有风险规避的动机，他们为了避免因投资失败而导致的个人财富损失、解聘风险及职业声誉损失，可能会放弃风险较高但净现值为正的投资项目，从而选择保守性的投资策略，这无疑会损害企业的长期价值（John et al.，2008），而实际控制人对其监督加强会降低管理者自利行为为企业风险承担的负面影响；另一方面充分了解信息有助于实际控制人控制企业投资风险，进而促进企业投资高风险项目，提升企业风险承担。基于"信息效应假说"，我们提出假设1B。

假设1B：在其他条件一定的情况下，实际控制人财富集中度会促进企业风险承担。

二、企业所处风险环境对实际控制人财富集中度与民营企业风险承担关系的影响

在"风险分散效应"假说下，外部环境风险较大时，相对于外部分散化股东来说，实际控制人财富集中度高的将面对更大的财富风险，更可能为了平衡自己集中投资所承担的非系统风险，去减少高风险项目投资，降低企业风险承担。下面我们将从宏观的经济周期，中观的产品市场竞争、市场化程度、高新与非高新行业和微观的企业规模、期初绩效这几个方面对企业所处风险环境对实际控制人财富集中度与民营企业风险承担的影响作出分析。

（一）宏观环境——经济周期

经济周期是指经济运行中周期性出现的经济扩张与经济紧缩交替更迭、循环往复的一种现象。根据阶段的数量可以将经济周期阶段划分为衰退、谷底、扩张和顶峰四个阶段或上升（繁荣）和下降（衰退）两个阶段。目前关于经济周期阶段的衡量主要是通过GDP增长率来划分的（刘树成，2009；李远鹏，2009；江龙和刘笑松，2011）。当宏观经济处于上升期（繁荣期），经济前景较好，意味着较高的GDP增长率；而当宏观经济处于下降期（衰退期），则意味着经济前景较差，GDP增长率较低。

根据2013年中欧国际工商学院对中外企业的1 214位高管进行问卷调查，发现46%的本土企业将"宏观经济调整"作为其经营管理的主要顾虑，而这一

项在外企的比例也达到了 37% （范悦安等，2013）。特别是 2008 年世界金融危机的爆发及其迅速蔓延，致使中国经济经历了从 2007 年达 14.16%（修正后）的高速增长降至 2008 年 9.63%（修正后）的剧烈震荡，给我国实体经济造成巨大冲击的同时，也致使许多企业开始将宏观经济周期作为企业经营的重大考虑因素。

当经济步入衰退期，经济低迷，即 GDP 增速慢时，商业银行往往会收缩信贷规模并提高资金成本，由此上市公司较难获得银行信贷支持（江龙等，2013），从而降低了企业的负债融资（吴华强等，2015），增大了企业经营的不确定性，公司为应对外部宏观冲击的不利影响，出于预防性动机考虑，往往会调整分配政策（包括税收支出）（Chay and Suh，2009），增加现金持有量（Opler et al.，1999；江龙和刘笑松，2011），维持或加大财务弹性以应对外部环境变化产生的风险（陈冬等，2016）。综上所述，企业会通过调整利润分配政策、增加现金持有量、加大财务弹性以应对宏观经济低迷时的风险。那么在实际控制人财富集中度较高时，由于宏观经济低迷增加了企业经营环境的不确定性，从而增大了企业的经营风险，相对于宏观经济繁荣时，实际控制人更倾向于减少高风险项目投资、降低企业风险承担水平来降低自己的财富风险。据此，我们提出假设 2。

假设 2：实际控制人财富集中度对企业风险承担的负面影响主要集中在宏观环境风险较大的情况下，即在 GDP 增速慢的情况下显著。

（二）中观环境

1. 产品市场竞争

产品市场竞争作为一种市场竞争机制和公司治理外部制约机制，能够对企业战略决策与企业价值产生重要影响。通常而言，行业集中度可以反映出该行业内的竞争强度，行业集中度越低，竞争越激烈。随着经济全球化的持续发展和贸易壁垒的不断降低，行业集中度越来越低，产品市场竞争日益激烈。产品市场竞争激烈通常表现为行业竞争者数量较多且势均力敌，市场增长率较低，但企业的生产能力远远超过市场需求，企业被迫采取价格战或营销战进行竞争（徐虹等，2015），而且公司可能面临缺乏定价能力、投资不足等不利的市场竞争状况，面临着被其他竞争者所掠夺和威胁的风险，导致行业内所有企业只能保持最低的利润水平和较大的经营风险。研究显示，激烈的产品市场竞争不仅会减少企业的现金流和企业营业利润（Maksimovic and Titman，1991），还会使企业在将来面临更高的流动性风险（Hou and Robinson，2006），导致企业损失和破产的可能性增大，增加企业的经营风险（Irvine and Pontiff，2008；邢立全和陈汉文，2013）。

面对利润低和风险高的不利状况，企业会采取一系列措施增加自己的竞争力以应对竞争的风险，包括：增加企业内部控制质量（张传财和陈汉文，2017），提高公司现金持有水平（韩忠雪和周婷婷，2011），降低集团内部转移以增强产品的价格优势（张永冀等，2014），加快资本结构的调整速度（黄继承和姜付秀，2015），购买优质资产乃至并购竞争对手，扩大规模，降低成本，促进市场份额增长，增强企业进行横向并购的动机（徐虹等，2015）。但是也有企业因此走上"歧途"。有研究显示，在激烈的产品市场竞争压力之下，产品市场竞争对公司违规行为具有"诱发"效果，即公司所处行业的产品市场竞争程度越高，则公司的违规倾向越高（滕飞等，2016）。那么，在实际控制人财富集中度较高时，由于激烈的产品市场竞争增加了企业的经营风险，相对于竞争程度较低时，实际控制人更倾向于通过减少高风险项目投资、降低企业风险承担水平来降低自己的财富风险。据此，我们提出假设3。

假设3：实际控制人财富集中度对企业风险承担的负面影响主要集中在产品市场竞争较大的情况下，即回归在产品市场竞争大的情况下显著。

2. 市场化程度

我国改革开放的历程实际上是政府放松对经济的管制（Shleifer，2005）、逐步建立市场经济体制的历程。尽管我国的市场化改革取得了举世瞩目的成功，但市场化程度存在着明显的地域差异（樊纲等，2011）。在市场化程度较低的地区，"市场失灵"的程度较高，企业面临的风险较大，市场很难发挥其应有的作用。原因在于：第一，缺乏健全的法律制度和有效的知识产权保护措施；第二，产品价格由市场决定的程度较低，价格机制传递的关于未来需求的信息具有较大不确定性；第三，政府干预较多，资源配置依据市场规则不能实现效益最大化和效率最优化（孙早等，2014）；第四，市场最为关键的优势在于信息的自由流动，市场化程度低的地区，不能够通过信息自由流动，使企业观察到价格信号机制所反映的、行业发展真正的市场潜力与机会，提高了企业所面临的信息成本，降低了对企业盈余管理的约束（刘永泽等，2013），降低了信息的真实性和透明性，企业会面临较高的风险。

在市场化程度较低的地区，政府实施战略性新兴产业政策变得更有必要（逯东和朱丽，2018），市场化改革也能通过扩大市场潜力对经济增长率的正影响，从而促进长期增长（吕朝凤和朱丹丹，2016）。那么除了政府的措施和彻底改变地区市场化程度来降低市场化的负面效应外，企业、个人面对较低的市场化水平时会如何反应呢？在实际控制人财富集中度较高时，由于较低的市场化程度增加了企业面临的风险，相对于市场化程度较高的地区，实际控制人更倾向于减少高风险项目投资、降低企业风险承担水平来降低自己的财富风险。据此，我们提出假设4。

假设4：实际控制人财富集中度对企业风险承担的负面影响主要集中在市场化程度较低的情况下，即回归在市场化程度较低的情况下显著。

3. 行业（高新技术行业和非高新技术行业）

高新技术行业是指以高新技术为基础，从事一种或多种高新技术及其产品的研究、开发、生产和技术服务的企业集合，它们往往面临着高风险，这是由于：高新技术行业作为知识、技术密集型行业，无形资产特别是知识产权是企业研究与开发的重点，并且是为企业带来持续盈利的关键要素（崔也光和赵迎，2013），自主研发能力的强弱很大程度上决定了企业是否能够在这个需要面对国内外多重竞争的时代持续地发展并获得成功。但是研发创新本身是高风险的，这决定了高新技术行业是高风险的。而且由于市场失灵和创新的溢出效应，在缺乏良好的法律保护的情况下，高科技行业面临尤为严重的被侵占风险（王兰芳和胡悦，2017），这进一步增加了高新技术行业的风险水平。那么在高新技术行业中，实际控制人财富集中度与企业风险承担有怎样的影响呢？在实际控制人财富集中度较高时，由于高新技术行业的企业面临着更多的风险，相对于非高新技术行业来说，实际控制人更倾向于通过减少高风险项目投资、降低企业风险承担水平来降低自己的财富风险。据此，我们提出假设5。

假设5：实际控制人财富集中度对企业风险承担的负面影响主要集中在高新技术行业，即回归在高新技术行业中显著。

（三）微观环境

1. 企业规模

企业规模是描绘企业资源多寡的一个重要指标，反映了劳动力、生产资料和产品在企业内的集中程度，它决定了企业是否可以按照自身意愿主动进行行为选择，而不是完全对制度进行被动服从（Schiffer and Weder，2001）。企业规模大小影响着企业面临的风险。大型企业在规模经济、风险分担和融资渠道等方面具有比较优势，所以自身风险较低。而小企业产品、项目单一，贷款成本高，信息不对称的问题较为严重，对其监管成本也较高，面临着更大的市场风险和不确定性，而且规模较小的企业因为更加依赖外部环境，所以更容易受到其他企业的影响（姚晶晶等，2015）。

而银行业结构的"信息利用和风险分散效应"也显示，大企业的风险通常较小，信息较为透明，在危机时期，银行出于安全性考虑，也会将有限的资金发放给大企业（谭之博和赵岳，2013），而企业规模较小时，银行融资会更少（谭之博和赵岳，2012）。除了银行会因为风险对不同规模的企业采取不同的贷款行为外，实际控制人是否会因为规模引发的风险问题而采取不同的行为呢？在实际控制人财富集中度较高时，由于小规模企业面临着更多的风险，相对于大规模企业来说，实际控制人更倾向于通过减少高风险项目投资、降低企业风险承担水平来降低自己的财富风险。据此，我们提出假设6。

假设6：实际控制人财富集中度对企业风险承担的负面影响主要集中在小规模企业中，即回归在企业规模较小时显著。

2. 企业期初绩效

企业经营绩效是指一定经营期间的企业经营效益和经营者业绩，反映了企业的盈利能力，也是上市公司考核的重要指标和现行退市制度衡量公司是否退市的重要标准。所以企业绩效较低时，企业可能面临着特殊处理、退市，甚至破产的风险。

1998年3月16日，中国证监会发布了《关于上市公司状况异常期间的股票特别处理方式的通知》，要求证券交易所对"状况异常"的上市公司实行股票交易的特别处理，即ST。2003年5月8日起沪深交易所正式实施退市风险警示制度（即*ST制度）。2012年4月20日，深圳证券交易所发布实施《关于完善创业板退市制度的方案》及《深圳证券交易所创业板股票上市规则》。2012年4月29日和6月28日，上海证券交易所和深圳证券交易所分别发布《关于完善上海证券交易所上市公司退市制度的方案》和《关于改进和完善深圳证券交易所主板、中小企业板上市公司退市制度的方案》，并修订相应的《股票上市规则》。而以上提到的"状况异常"中的其中一种重要情况就是上市公司经审计的两个连续的会计年度内净利润均为负数（亏损）；依据新退市制度，公司近两年净利润连续为负或近一年净资产为负，或营业收入少于1 000万元，或被出具无法表示或否定审计意见等，公司将被实施退市风险警示（*ST）。由此可见，企业绩效是上市公司特殊处理、退市的重要标准。而当企业绩效持续较差时，企业可能面临破产风险，而破产的成本是巨大的，不仅包括法律、会计和其他专业服务的费用、债务和组织重组等直接成本，还包括因销售减少、投入品成本增加、关键员工流失等原因造成的利润下降等间接成本。有研究显示，企业破产之前三年的直接成本相当于公司价值的4% ~ 10%（Altman，1984），但是间接成本是很难估量的（Haugen and Senbet，1988；Andrade and Kaplan，1998），所以至今为止的研究不可避免会低估破产成本（张志强和肖淑芳，2009）。

目前已有很多学者对上市公司为避免退市会实施的盈余管理进行了大量研究。肖成民和吕长江（2011）发现上市公司有很强的规避"损失性"的退市监管的动机，并因此会实施盈余管理行为。蔡春等（2012）通过对A股被特别处理公司进行研究，发现濒死企业为了改善其状况会实施应计盈余管理和真实盈余管理。谢柳芳等（2013）利用创业板的退市制度完善的自然实验，发现退市制度出台前，公司主要实施应计盈余管理；退市制度出台后，公司的真实盈余管理显著增加，应计盈余管理显著减少。许文静等（2018）发现2012年退市制度变革没有显著影响公司应计盈余管理行为，但显著抑制了其真实盈余管理行为，说明退市新规对真实盈余管理的治理效应显著。企业除了会为了避免退市实施盈余管理外，退市监管的压力也能够使企业通过业绩提升、更低的企业代理成本、更好的信息透明度，以及更好的外部治理监督来降低企业股价崩盘风险，最终有利于提高市场定价效率和企业价值（林乐和郑登津，2016）。

绩效低导致的特殊处理、退市风险不仅增加了企业盈余管理的动机，而且增加了企业丢失"壳资源"的风险。我国公司的上市采用行政审批核准制，这种独特的资本市场制度设计，使得上市公司的"壳"成为一种稀缺资源，然而退市制度的存在又使得陷入财务困境的上市公司面临丧失"壳"资源的风险。绩效低可能引起的巨大的保"壳"压力和破产风险使得低绩效企业的风险更大。所以在实际控制人财富集中度较高时，由于低期初绩效的企业面临着更多的风险，相对于高绩效的企业来说，实际控制人更倾向于通过减少高风险项目投资、降低企业风险承担水平来降低自己的财富风险。据此，我们提出假设7。

假设7：实际控制人财富集中度对企业风险承担的负面影响主要集中在企业期初绩效较低的情况下，即回归在企业期初绩效低的情况下显著。

三、实际控制人财富集中度、政府补助与民营企业风险承担——缓冲效应（保险效应理论）

政府在我国资本市场中发挥着重要的作用，政府通过产业政策等对鼓励行业进行支持，并以政府补助等形式开展。研究发现，增加政府补贴有利于提升企业的风险承担水平（赵建春和许家云，2015）。那么，"风险分散效应"假设占主导时，政府补助是否影响实际控制人财富集中度对企业风险承担的作用机制呢？我们认为，政府补助通过"分摊投入成本"的方式分散了企业的风险，从而提高了实际控制人的高风险投资容忍度，削弱了较高的财富集中度对企业风险承担的负向影响。从现有政策来看，政府补助主要从两方面发挥"分摊投入成本"的作用：一方面，从对高风险投资—创新的直接资源支持来看，由于高风险承担水平的企业通常有更多的研发投入和更高的创新积极性，创新是政府补助的重要标准之一，为了强化创新驱动发展战略的实施，建设创新型国家，我国政府大力投入研发，加快推动科技创新平台的发展，支持企业创新。政府补助直接为企业创新提供物质支持（Tether，2002），发挥了政府支持的"安全垫"作用，通过减少创新对企业资源的占用减轻了企业高风险投资的负担。另一方面，从对高风险投资的间接资源引导作用来看，政府补助引导社会资源，间接为企业提供支持。政府补助通过发挥"信号传递作用"，向银行等资源平台传递"支持性行业""政府隐性担保"等积极的信号，对资源起到了引导作用，使得企业更加容易从中获取人才、资金、技术等方面的支持（Lerner，2000；Kleer，2010；郭玥，2018）。基于上述原因，我们认为政府补助通过"分摊投入成本"的方式分散了企业的高风险投资的风险，对高风险投资给实际控制人带来的财富风险起到了"缓冲"作用，从而提高了实际控制人对企业投资的高风险容忍度，削弱了实际控制人财富集中度对企业风险承担的负面影响。基于政府补助的积极作用，我们提出假设8。

假设8：实际控制人财富集中度对企业风险承担的负面影响主要集中在政府补助较低的情况下。

四、实际控制人财富集中度、机构投资者与民营企业风险承担——制衡效应（股权结构理论）

2018年修订后的《上市公司治理准则》中提出，要鼓励机构投资者依法合规地参与公司治理。那么当"风险分散效应"假设占主导时，机构投资者持股如何影响实际控制人财富集中度对企业风险承担的作用机制呢？现有文献认为，当机构投资者持股比例较高时，其更有"动力"和"能力"在企业中发挥"治理效应"，从而约束实际控制人的自利行为（Bushee，1998），降低大股东与中小股东之间的代理问题，提升企业价值（Strickland et al.，1996；石美娟和童卫华，2009）。从动力来看：不同于集中投资的大股东，机构投资者一般都是分散化的投资者（史永东和王瑾乐，2014）。基于马科维茨的投资组合理论，分散化投资降低了机构投资者的财富风险，提高了其对企业风险承担的容忍度，所以机构投资者更愿意企业适度投资于高风险高收益的项目来获取更高的超额收益。因此，持股比例较高的机构投资者有动力对企业风险承担进行监督，从而对实际控制人因风险厌恶产生的自利行为起到约束制衡作用。从能力来看：机构投资者具有信息优势，其信息收集和信息分析能力强于一般投资者。这一方面提高了机构投资者对实际控制人进行直接监督的效率和质量；另一方面，机构投资者也可以通过向其他投资者传递有效信息的方式间接约束实际控制人（Chidambaran and John，1998；石美娟和童卫华，2009）。基于上述两点原因，我们认为，当机构投资者持股比例较高时，其发挥"监督作用"的"动力"和"能力"更强，更能有效制衡实际控制人因风险厌恶产生的自利行为，从而弱化实际控制人财富集中度对企业风险承担的负面影响。基于机构投资者的"治理效应"，我们提出假设9。

假设9：实际控制人财富集中度对企业风险承担的负面影响主要集中在机构投资者持股比例较低的情况下。

五、实际控制人个人特征、财富集中度与民营企业风险承担（行为经济学理论）

（一）学历

实际控制人的学历水平通过影响实际控制人的风险偏好作用于公司风险承担水平。那么当"风险分散效应"假设占主导时，实际控制人学历如何影响实际控制人财富集中度对企业风险承担的作用机制呢？有研究显示，学历越高的管理者理性程度与认知能力越高，对新事物的接受能力越高，越具有"综合复杂事物"的能力（Dollinger，1984）。同理，从"意愿"和"能力"角度来看，学历高的实际控制人更愿意投资高风险项目且有能力控制企业的风险，从而提高企业的风险承担水平。从"意愿"来看，实际控制人的学历水平越高，他们越会以更开放的心态接受新事物（Dollinger，1984），因而更可能引入风险投资，愿意去从事更多的风险投资项目。实际控制人通过影响企业重大投资决策来增加企业对于高风险项目的容忍度，从而提高企业风险承担水平。从"能力"来看，学历越高的实际控制人由于具备更丰富的投资知识与技巧，更倾向于多元化投资战略，其财富集中度越低；而且学历高的实际控制人综合能力更强，更有能力去从事高风险投资，并控制企业的整体风险（张建君和李宏伟，2007；张兆国等，2011）。因此，学历水平高的实际控制人从事高风险投资项目的"意愿"和"能力"更强，使得学历能够抑制实际控制人财富集中度对企业风险承担的负面影响。据此，我们提出假设10。

假设10：实际控制人财富集中度对企业风险承担的负面影响主要集中在学历低的情况下。

（二）实际控制人是否兼任董事长

当实际控制人同时兼任公司董事长时，实际控制人对企业经营的控制权会大大加强。那么当"风险分散效应"假设占主导时，实际控制人兼任董事长如何影响实际控制人财富集中度对企业风险承担的作用机制呢？兼任董事长的实际控制人更有"能力"去控制企业，从而方便了实际控制人侵占中小股东利益，加剧了实际控制人与中小股东之间的代理问题。在转型经济中，虽然大股东普遍存在（Claessens et al.，2000），但伴随着尚未发育完善的制度环境，大股东可能会为了追求控制权私有收益而加强对上市公司的控制（Chen et al.，2012；Claessens et al.，2000；La Porta et al.，2000），从而大股东兼任高管可能是大股东控制上市公司、获取控制权收益的一种手段。现有研究已经从收益及资产侵占角度说明了兼任高管对第二类代理问题的影响。郑杲娉等（2014）研究发现在新兴市场中，兼任高管加强了控股股东对公司的控制，方便了大股东侵占中小股东利益，最终不利于公司价值的提升。韩金红和支皓（2018）也发现第一大股东持股比例越高，大股东通过兼任高管协助进行资金占用的动机也越强，"掏空"效应也越发明显。而从风险角度来说，由于兼任董事长的实际控制人可以直接控制上市公司的"执行层面"，也就是说其更有"能力"去控制企业决策（Claessens et al.，2002），这使得企业会按照实际控制人的偏好去行事，增大了实际控制人与中小股东之间的代理问题。所以兼任董事长的实际控制人基于其更强的控制能力，会使企业选择与自己偏好一致的行为，从而提高实际控制人财富集中度对企业风险承担的负面影响。因此在实际控制人财富集中度较高时，兼任董事长的实际控制人基于其强大的控制力，更有能力通过减少高风险项目投资、降低企业风险承担水平来降低自己的财富风险，导致更严重的大股东与中小股东之间的代理问题。据此，我们提出假设11。

假设11：实际控制人财富集中度对企业风险承担的负面影响主要集中在兼任董事长的实际控制人的情况下。

第三节　研究设计

一、样本选择与数据来源

为了避免股权分置改革与会计准则重大修订的影响，本节以2009～2017年为样本区间，选取A股民营上市公司为初选样本。考虑到金融行业的特殊性，本节剔除了金融类的上市公司。为了减少极端值对研究结果的影响，本节对所有连续变量在上下1%水平进行缩尾处理（Winsorize）。最后剔除数据不全的年度样本，得到1 970家上市公司9 545个年度样本的非平衡面板观测点。

本节所使用的数据包括实际控制人财富集中度数据、企业风险承担数据、宏中微观环境数据和企业特征数据，其中，实际控制人财富集中度数据是根据国泰安（CSMAR）股东数据库，经过手工搜集匹配后以赫芬达尔指数、收入熵指数、虚拟化处理和简单的数量统计为依据计算整理所得；企业风险承担数据是根据国泰安财务报表及附注数据库和股票市场数据库的数据进行系统的分析整理而成；环境数据中的市场化指数来源于樊纲和王小鲁（2018）编制的我国各个省、自治区或直辖市的市场化指数；其他数据均来源于国泰安数据库和万德（Wind）数据库。

二、变量定义与模型构建

（一）主要变量的界定与衡量

1. 实际控制人财富集中度

实际控制人财富集中度是指企业实际控制人的财富投资在少数企业中的程度，越集中说明该实际控制人的投资越不分散。马科维茨的投资组合理论认为，分散化投资可以在不改变收益的情况下降低风险。所以实际控制人财富集中度越大，其自身承担的风险水平越高，从而会影响其行为。目前的研究对于如何定义实际控制人财富集中度还没有一致的标准，这里我们参考已有研究（Faccio et al.，2011）的做法，采用赫芬达尔指数（HHIControl）、收入熵指数（EIControl）、是否进行分散化投资哑变量（Div）和投资企业的个数（NUMControl）对实际控制人财富集中度进行衡量。是否进行分散化投资哑变量和投资企业的个数略显简易，只反映了实际控制人投资所涉及的企业数，但具有直观的优点；赫芬达尔指数和收入熵指数都是连续的变量，可以更为精确地度量实际控制人财富集中的程度，反映了实际控制人财富投资的企业数和企业分布。具体来说：

赫芬达尔指数（HHIControl）：$HHIControl = \sum_{i=1}^{N} P_i^2$

其中，P_i 为实际控制人对公司 i 的投资额占其总对外投资额的比重，N 为实际控制人投资涉足企业的数目。HHIControl 指数越大，表示实际控制人的财富集中度越高，为实际控制人财富集中度的正向指标。当实际控制人财富完全集中时，该指数为 1；实际控制人财富越分散，该指数越接近于 0。HHIControl 指数比简单的投资企业数更准确地衡量了实际控制人的财富集中程度。例如，A、B 分别为两个企业的实际控制人，他们都跨两个企业进行投资，其中 A 实际控制人两个企业的投资比为 80∶20，B 实际控制人为 50∶50，A、B 的 HHI-Control 指数分别为 0.68 和 0.5，A 实际控制人的财富集中度水平高于 B，而仅仅以投资数来衡量企业的多元化程度并没有反映出这种差别。

收入熵指数（EIControl）：EIControl $= \sum_{i=1}^{N} P_i \times \ln(1/P_i)$

其中，P_i 为实际控制人对公司 i 的投资额占其总对外投资额的比重，N 为实际控制人投资涉足企业的数目。EIControl 指数越大，表示实际控制人的财富集中度越低，为实际控制人财富集中度的反向指标。当实际控制人财富完全集中时，该指数为 0。与 HHIControl 指数一样，EIControl 指数也较为准确地反映了实际控制人的财富集中化程度。

是否进行分散化投资哑变量（Div）：实际控制人控股与参股的公司个数等于 1，表示实际控制人的全部对外投资均集中在其实际控制的企业中，实际控制人没有进行分散化投资，这时 Div 取值为 0；实际控制人控股与参股的公司个数大于 1，表示实际控制人的对外投资并非全部集中在其实际控制的企业中，实际控制人进行了分散化投资，这时 Div 取值为 1。Div 越大，表示实际控制人的财富集中度越低。

投资企业的个数（NUMControl）：实际控制人控股与参股的公司个数和的自然对数，NUMControl 越大，表示实际控制人的财富集中度越低。

2. 企业风险承担

作为一个营利性组织，企业追求高收益是其天性，但在追求高收益的同时必须承担相应的风险（Acemoglu and Zilibotti，1997）。作为一个自负盈亏的法人组织，企业又必须规避可能的破产危机，防止承担过多风险。因此，企业必须仔细权衡规避风险和追求收益的轻重，承担合理的风险水平（郭瑾等，2017）。为实现企业价值和股东财富的最大化的经营和决策目标，企业会投资于 NPV 为正且包含一定风险性的项目，企业对于高风险项目的选择即反映了企业的风险承担水平（杨瑞龙等，2017），更高的风险承担水平意味着管理者更少放弃高风险但预期净现值大于 0 的投资项目。也有学者将风险承担表述为企业在投资决策中对预期收益水平和预期收益波动程度的选择（Boubakri et al.，2013；Faccio et al.，2016）。虽然存在不同的表述，但是我们可以看出企业风险承担反映的是企业的风险偏好（刘志远等，2017），表示企业对高风险项目的厌恶程度，当企业承担风险后反映到财务上就是收益的波动，所以可以用企业对预期收益波动的选择来衡量企业对高风险项目选择的意愿。风险承担较低的企业即为风险规避的企业，它们厌恶风险，不会投资高风险高收益的项目，因此预期未来收益较为平稳；风险承担较高的企业即为风险偏好的企业，它们乐意投资高风险高收益的项目，因此预期未来收益波动性较大。众多学者对企业风险承担进行了研究，参考已有研究我们采用企业盈利波动性（John et al.，2008；Faccio et al.，2011；李文贵和余明桂，2012；Boubakri et al.，2013；夏子航等，2015；朱卫东和许赛，2016；杨瑞龙等，2017；刘志远等，2017）、盈余极差（刘行等，2016）和股票回报波动性（Coles et al.，2006；Low，2009；Li et al.，2013；解维敏和唐清泉，2013；张敏等，2015）对企业风险承担进行衡量。具体来说：

企业盈利波动性（ROA_sd_houT）：$ROA\_sd\_houT = \sqrt{\dfrac{1}{T-1}\sum_{t=1}^{T}\left(X - \dfrac{1}{T}\sum_{t=1}^{T}X\right)^2}$。

其中，X 为经行业调整过的 ROA，ROA 为息税前利润（EBIT）与当年末资产总额的比率，经行业调整是指将 ROA 减去该年度企业所在行业的 ROA 平均值。T 为一个观测时段，参考已有研究 T 分别取三、四、五年，具体指以（t，t+2）、（t，t+3）、（t，t+4）的滚动方式对 t 时期的 ROA 波动性进行衡量。企业盈利波动性（ROA_sd_houT）越大，说明企业的风险承担水平越高。

盈余极差（ROA_jc_houT）：$ROA\_jc\_houT = \max(X) - \mathrm{Min}(X)$

其中，X 为经行业调整过的 ROA，T 为一个观测时段，确定方法同上。盈余极差（ROA_jc_houT）越大，说明企业的风险承担水平越高。

股票回报波动性（RiskT _ year _ houT）：$RiskT\_year\_houT =$
$$\sqrt{\dfrac{1}{T-1}\sum_{t=1}^{T}\left(X - \dfrac{1}{T}\sum_{t=1}^{T}X\right)^2}$$

其中，RiskT_year_houT 为年度股票回报的波动性，计算 RiskT_year_houT 时 X 为经行业调整过的股票回报率，为将股票收益率减去该年度企业所在行业的股票回报率平均值；T 为一个观测时段，参考已有研究 T 取五年，具体指以（t，t+4）的滚动方式对 t 时期的股票收益率波动性进行衡量。股票回报波动性（RiskT_year_houT）越大，说明企业的风险承担水平越高。

（二）模型构建与其他变量定义

为了检验假设 1A 和 1B，我们将待检验的回归模型设定为：

$$ROA\_sd\_houT = \alpha + \beta_1 HHIControl + \beta_2 Control + \varepsilon \tag{1}$$

其中，ROA_sd_houT 是被解释变量，表示公司风险承担水平；HHIControl 为解释变量，表示实际控制人财富集中度，具体的计算方法见第（一）小节。第（一）小节中提到的其他解释变量和被解释变量的衡量方法将在稳健性检验中使用。Control 为控制变量，借鉴已有研究（李文贵和余明桂，2012；张敏等，2015；杨瑞龙等，2017），本节对企业规模（Size）、资产负债率（Lev）、期初绩效（ROA）、现金流量（Cash）、托宾 Q 值（Q）、上市年龄（Age）、所有权集中度（Ownership）、新增债务融资（ND）、资本性支出（Cap）、固定资产比率（PPE）、独立董事（Indratio）、股权激励（Hold）、贷款期限（Maturity）进行了控制，具体变量定义见表 4 - 1。

表 4 - 1 变量定义表

变量性质		变量名称	变量定义
被解释变量	企业风险承担	ROA_sd_hou5	五年期企业盈利波动性，以（t，t + 4）的滚动方式计算的经行业调整的 ROA 的标准差
		ROA_sd_hou4	四年期企业盈利波动性，以（t，t + 3）的滚动方式计算的经行业调整的 ROA 的标准差
		ROA_sd_hou3	三年期企业盈利波动性，以（t，t + 2）的滚动方式计算的经行业调整的 ROA 的标准差
解释变量	实际控制人财富集中度	HHIControl	实际控制人控股与参股所有上市公司的投资额占其总对外投资额比例的平方和
控制变量		Size	企业规模，总资产的自然对数
		Lev	资产负债率，负债/总资产
		ROA	总资产收益率，为息税前利润（EBIT）除以总资产
		Cash	经营活动现金流量除以总资产
		Q	托宾 Q 值，计算方法为总市值（债务账面价值 + 股权的市值）除以总资产的账面价值
		Age	上市年龄，1 + 上市年限后的自然对数
		Ownership	所有权集中度，前 5 大股东持股比例之和
		ND	新增债务融资，（当前负债 - 上期负债）/上期末资产
		Cap	资本性支出，企业购建固定资产、无形资产和其他长期资产所支付现金 +1 的自然对数
		PPE	固定资产比率，它等于期末固定资产与总资产的比值
		Indratio	独立董事比例，它等于独立董事人数与董事会总人数的比值
		Hold	股权激励，采用哑变量表示，如有高管持股取值为 1，否则为 0
		Maturity	贷款期限，年末短期借款与借款总额的比率
		Year	年度虚拟变量
		Ind	证监会 2001 年的行业分类代码；其中制造业按二级代码分类外，其余行业按一级代码分类

续表

变量性质		变量名称	变量定义
分组变量	宏观风险环境	GDP	经济周期，用 GDP 增速来衡量
	中观风险环境	HHI5	产品市场竞争，用赫芬达尔－赫希曼指数按年度计算的行业竞争程度
		FG	市场化程度，2018 版书籍中的樊纲指数，由于数据只到 2016 年，所以 2017 年的数值按前三年的均值计算
		hy_gaoxin	根据李丹蒙和夏立军（2008），我们将制造业和信息技术业视为高新技术产业，否则为非高新技术产业
	微观风险环境	Size	与行业年度中值的比较确定大规模和小规模企业
		ROA	期初绩效与行业年度中值的比较确定高期初绩效和低期初绩效企业
	政府的缓冲	Subsidy	政府补助，政府补助金额占营业利润的比重
	机构投资者的制衡	INI_Holder	机构投资者持股比例
	实际控制人个人特征	Education	实际控制人学历水平，本科及以上为高学历，其他为低学历
		Experience	实际控制人近五年是否担任过董事长
稳健性检验	企业风险承担的替代变量	ROA_jc_hou5	企业风险承担，以（t，t+4）的滚动方式计算的经行业调整的 ROA 的极差
		ROA_jc_hou4	企业风险承担，以（t，t+3）的滚动方式计算的经行业调整的 ROA 的极差
		ROA_jc_hou3	企业风险承担，以（t，t+2）的滚动方式计算的经行业调整的 ROA 的极差
		RiskT_gpyear_hou5	企业风险承担，以（t，t+4）的滚动方式计算的经行业调整的年度股票回报率的标准差
	实际控制人财富集中度的替代变量	EIControl	求出实际控制人控股与参股所有上市公司的投资额占其总对外投资额的比例，对该比例与其倒数取自然对数的乘积求和
		Div	实际控制人控股与参股的公司个数等于1，Div 取值为0，否则取值为1
		NUMControl	实际控制人控股与参股的公司个数和的自然对数

三、描述性统计

表4-2列出了主要变量的描述性统计特征。其中的数据显示，企业盈余波动（ROA_sd_houT）随着观测时段的增长均值在增大，方差在减小，这说明随着观测时段的增长，企业盈余波动更多地被反映在了衡量指标中，但是由于滚动重合的时段增加，波动性的差异减小，即方差减小，但是无论观测周期是多少，其方差都超过了0.42，是相对较大的，所以研究其影响因素是很有必要的。是否进行分散化投资哑变量（Div）的均值为0.132，表示13.2%的实际控制人进行了分散化投资，HHIControl、EIControl和NUM-Control也说明超过75%的实际控制人财富是完全集中在一个公司中的，这对实际控制人行为有很大的影响，进而会影响企业经营，所以研究实际控制人财富集中对企业风险承担的影响对理解和改善企业的运作有重要的意义。这也说明，在我国民营上市公司中，绝大部分的实际控制人没有进行分散化投资，财富集中在一家上市公司。其可能的经济后果是，民营上市公司实际控制人面临较高的财富风险，不符合马科维茨的分散投资理论，这可能降低实际控制人的高风险项目容忍度，进而不利于企业风险承担水平的提升。企业规模（Size）、托宾Q值（Q）的标准差分别为1.128、2.995，说明企业规模和企业成长性均存在差异。股权集中度（Ownership）的均值为0.533，说明前五大股东的平均持股超过了50%，我国股权高度集中，在这样的情况下，大股东和中小股东的代理问题占主导地位，这与后面实证的结论是一致的。

表4-2 　　　　　　　　　　主要变量的描述性统计特征

变量	样本量	均值	标准差	最小值	四分之一分位数	中位数	四分之三分位数	最大值
ROA_sd_hou5	5 567	0.073	0.421	0.001	0.019	0.031	0.062	21.435
ROA_sd_hou4	6 841	0.066	0.425	0.001	0.016	0.027	0.053	23.944
ROA_sd_hou3	8 275	0.058	0.444	0.000	0.013	0.023	0.044	27.597
HHIControl	9 545	0.952	0.140	0.225	1.000	1.000	1.000	1.000
EIControl	9 545	0.079	0.234	0.000	0.000	0.000	0.000	1.629

变量	样本量	均值	标准差	最小值	四分之一分位数	中位数	四分之三分位数	最大值
Div	10 153	0.132	0.338	0.000	0.000	0.000	0.000	1.000
NUMControl	10 153	0.117	0.324	0.000	0.000	0.000	0.000	2.398
Size	10 153	21.846	1.128	19.317	21.049	21.739	22.527	25.201
Lev	101 53	0.409	0.204	0.047	0.243	0.400	0.559	0.884
ROA	10 153	0.062	0.058	−0.149	0.031	0.057	0.089	0.242
Cash	10 153	0.041	0.078	−0.208	0.000	0.042	0.087	0.251
Q	9 985	2.995	2.185	0.968	1.622	2.302	3.537	13.887
Age	9 988	1.938	0.900	0.000	1.386	2.079	2.708	3.332
Ownership	10 153	0.533	0.166	0.178	0.408	0.535	0.658	0.910
ND	9 373	0.105	0.239	−0.301	−0.008	0.053	0.155	1.533
Cap	10 153	18.310	1.728	12.423	17.433	18.471	19.406	22.052
PPE	10 153	0.205	0.143	0.002	0.093	0.180	0.294	0.612
Indratio	10 139	0.374	0.052	0.333	0.333	0.333	0.429	0.571
Hold	10 153	0.734	0.442	0.000	0.000	1.000	1.000	1.000
Maturity	10 153	0.628	0.406	0.000	0.166	0.815	1.000	1.000

四、相关性分析

表4－3列出了主要变量的相关性分析矩阵。其中的数据显示，企业盈余波动（ROA_sd_houT）不同观测时段之间的相关系数均为0.98以上，说明不同衡量方法的企业盈余波动具有一致性。企业盈余波动（ROA_sd_houT）与实际控制人财富集中度（HHIControl）在单变量上均在5%的水平上负显著，这说明了实际控制人财富集中度与企业风险承担呈负相关，初步验证了假设1A。

表4-3　主要变量的相关性分析矩阵

	ROA_sd_hou5	ROA_sd_hou4	ROA_sd_hou3	HHIControl	Size	Lev	ROA	Cash	Q	Age	Ownership	ND	Cap	PPE	Indratio	Hold	Maturity
ROA_sd_hou5	1																
ROA_sd_hou4	0.990***	1															
ROA_sd_hou3	0.982***	0.987***	1														
HHIControl	-0.030**	-0.026**	-0.026**	1													
Size	-0.077***	-0.070***	-0.059***	-0.136***	1												
Lev	0.003	0	-0.001	-0.127***	0.420***	1											
ROA	-0.055***	-0.049***	-0.046***	0.042***	0.004	-0.235***	1										
Cash	-0.040***	-0.042***	-0.041***	-0.020*	-0.002	-0.165***	0.372***	1									
Q	0.068***	0.068***	0.054***	0.065***	-0.458***	-0.284***	0.178***	0.093***	1								
Age	0.037***	0.032**	0.031***	-0.214***	0.273***	0.395***	-0.159***	-0.007	-0.074***	1							
Ownership	-0.055***	-0.052***	-0.047***	0.093***	0.066***	-0.144***	0.246***	0.080***	0.014	-0.481***	1						
ND	-0.036**	-0.033**	-0.022*	-0.007	0.223***	0.248***	0.027	-0.108***	-0.059***	0.040***	0.148***	1					
Cap	-0.057***	-0.051***	-0.045***	-0.037***	0.597***	0.101***	0.139***	0.144***	-0.343***	-0.102***	0.163***	0.130***	1				
PPE	-0.009	-0.01	-0.015	-0.021*	-0.022**	0.01	-0.065***	0.235***	-0.098***	0.030***	-0.053***	-0.123***	0.302***	1			
Indratio	0.012	0.01	0.012	0.021**	-0.019**	-0.025**	-0.029***	-0.038***	0.081***	0.019*	0.021**	-0.001	-0.037***	-0.038***	1		
Hold	-0.046***	-0.044***	-0.039***	0.056***	0.087***	-0.105***	0.070***	0.045***	-0.016	-0.199***	-0.011	-0.006	0.167***	-0.031***	-0.007	1	
Maturity	0.02	0.015	0.016	-0.030***	0.021**	0.181***	-0.102***	-0.084***	-0.153***	0	-0.094***	0.005	0.122***	0.146***	-0.037***	0.033***	1

注：***、**和*分别表示1%、5%、10%的显著性水平。

第四节 实证检验结果与分析

一、实际控制人财富集中度与民营企业风险承担

表4-4列出了实际控制人财富集中度是否会影响民营企业风险承担的检验结果。第（1）、（2）、（3）列报告了实际控制人财富集中度与民营企业风险承担的OLS回归结果，五年期、四年期、三年期的企业风险承担与实际控制人财富集中度分别在5%、10%和10%的水平上显著负相关。第（4）、（5）、（6）列报告了实际控制人财富集中度与民营企业风险承担的固定效应回归结果，五年期、四年期、三年期的企业风险承担与实际控制人财富集中度分别在1%、1%和5%的水平上显著负相关。上述结果表明，在我国民营上市公司中，实际控制人的财富集中度与企业风险承担负相关，财富集中度越高，企业风险承担越小，这支持了假设1A，即财富集中会降低企业对高风险项目的容忍度，进而不利于企业风险承担的提升。

表4-4 实际控制人财富集中度与民营企业风险承担

	OLS 回归			固定效应回归		
	（1） ROA_sd_hou5	（2） ROA_sd_hou4	（3） ROA_sd_hou3	（4） ROA_sd_hou5	（5） ROA_sd_hou4	（6） ROA_sd_hou3
HHIControl	-0.106 ** （-2.04）	-0.0888 * （-1.89）	-0.0870 * （-1.95）	-0.384 *** （-3.81）	-0.224 *** （-2.85）	-0.165 ** （-2.46）
Size	-0.0210 * （-1.66）	-0.0185 （-1.62）	-0.0164 （-1.49）	-0.0401 * （-1.75）	-0.0322 * （-1.72）	-0.0207 （-1.27）
Lev	-0.00619 （-0.13）	-0.00715 （-0.17）	-0.0263 （-0.64）	-0.151 ** （-2.02）	-0.136 ** （-2.22）	-0.131 ** （-2.50）
ROA	-0.439 *** （-2.91）	-0.384 *** （-2.76）	-0.383 *** （-2.88）	0.215 （1.48）	0.126 （0.99）	-0.00723 （-0.06）
Cash	-0.179 * （-1.83）	-0.198 ** （-2.17）	-0.168 * （-1.88）	-0.041 （-0.51）	-0.0435 （-0.60）	-0.0422 （-0.61）

续表

	OLS 回归			固定效应回归		
	(1) ROA_sd_hou5	(2) ROA_sd_hou4	(3) ROA_sd_hou3	(4) ROA_sd_hou5	(5) ROA_sd_hou4	(6) ROA_sd_hou3
Q	0.0271 *** (5.10)	0.0245 *** (5.19)	0.0195 *** (4.87)	0.0190 *** (3.02)	0.0156 *** (2.99)	0.0101 *** (2.61)
Age	0.00706 (0.52)	0.00746 (0.60)	0.0145 (1.23)	0.00392 (0.12)	0.00853 (0.31)	0.0108 (0.43)
Ownership	− 0.132 ** (− 2.37)	− 0.118 ** (− 2.35)	− 0.100 ** (− 2.11)	− 0.206 * (− 1.91)	− 0.183 ** (− 2.11)	− 0.130 * (− 1.77)
ND	− 0.0322 (− 1.11)	− 0.0396 (− 1.50)	− 0.0234 (− 0.99)	0.0255 (1.05)	0.0212 (1.01)	0.0175 (0.95)
Cap	0.0102 (1.54)	0.0109 * (1.82)	0.0101 * (1.78)	0.00268 (0.39)	0.00493 (0.85)	0.00578 (1.09)
PPE	− 0.133 ** (− 2.23)	− 0.123 ** (− 2.24)	− 0.137 ** (− 2.57)	− 0.217 ** (− 2.33)	− 0.168 ** (− 2.18)	− 0.171 ** (− 2.51)
Indratio	0.122 (0.88)	0.0844 (0.66)	0.0869 (0.71)	0.31 (1.60)	0.16 (0.99)	0.123 (0.84)
Hold	− 0.0257 (− 1.61)	− 0.0255 * (− 1.72)	− 0.0205 (− 1.42)	− 0.0764 *** (− 3.48)	− 0.0647 *** (− 3.47)	− 0.0497 *** (− 2.93)
Maturity	0.0243 (1.25)	0.0225 (1.27)	0.0252 (1.49)	0.0129 (0.60)	0.0147 (0.80)	0.0194 (1.15)
_cons	0.422 * (1.86)	0.336 (1.62)	0.303 (1.51)	1.308 *** (2.93)	0.943 ** (2.55)	0.611 * (1.90)
年度固定效应	Y	Y	Y	Y	Y	Y
行业固定效应	Y	Y	Y	Y	Y	Y
N	4 356	5 358	6 438	4 356	5 358	6 438
adj. R − sq	0.045	0.033	0.024	0.024	0.02	0.015

注：回归中还包括年度、行业，限于篇幅的考虑，没有列出。***、** 和 * 分别表示1%、5%、10%的显著性水平，括号中的数字为 t 值。

二、企业所处风险环境对实际控制人财富集中度与民营企业风险承担关系的影响

（一）宏观环境——经济周期

上述检验结果表明，民营企业风险承担与实际控制人财富集中度显著负相关，财富集中会降低实际控制人对高风险投资的容忍度，实际控制人会通过降低企业风险承担来降低自己的财富风险。在这一结论的基础上，我们进一步考虑外部风险环境的变化对这种作用机制的影响，首先是宏观经济环境，我们用国民生产总值（GDP）增速进行了分组，将国民生产总值（GDP）增速按年度排序，将年度分为经济繁荣期和经济衰退期重复表4-4的检验。表4-5列出了分组后的检验结果，其中第（1）、（2）、（3）列报告了国民生产总值（GDP）增速大，即经济繁荣期时，实际控制人财富集中度对民营企业风险承担的影响。结果显示，当经济处于繁荣期时，实际控制人财富集中度对五年期、四年期和三年期度量的企业风险承担的影响均不显著。第（4）、（5）、（6）列报告了国民生产总值（GDP）增速小，即经济衰退期时，实际控制人财富集中度对民营企业风险承担的影响。结果显示，当经济处于衰退期时，实际控制人财富集中度对五年期和四年期度量的企业风险承担的影响分别在1%、10%水平上负显著，对于三年期度量的企业风险承担在单尾检验中也是在10%的水平上显著为负的。这些检验结果表明，在国民生产总值（GDP）增速小，即经济衰退期时，实际控制人财富集中会抑制企业风险承担，这支持了假设2，即宏观经济低迷增加了企业经营环境的不确定性，从而增大了企业的经营风险，相对于宏观经济繁荣时，实际控制人更倾向于通过减少高风险项目投资、降低企业风险承担水平来降低自己的财富风险。

表4-5　　　实际控制人财富集中度、经济周期与民营企业风险承担

	经济繁荣期-GDP 增速大			经济衰退期-GDP 增速小		
	（1） ROA_sd_hou5	（2） ROA_sd_hou4	（3） ROA_sd_hou3	（4） ROA_sd_hou5	（5） ROA_sd_hou4	（6） ROA_sd_hou3
HHIControl	0.00832 （0.76）	0.0121 （0.51）	0.0364 （0.71）	− 0.566 *** （− 2.97）	− 0.215 * （− 1.85）	− 0.129 （− 1.47）

续表

	经济繁荣期 - GDP 增速大			经济衰退期 - GDP 增速小		
	(1) ROA_sd_hou5	(2) ROA_sd_hou4	(3) ROA_sd_hou3	(4) ROA_sd_hou5	(5) ROA_sd_hou4	(6) ROA_sd_hou3
Size	- 0. 000881 (- 0. 34)	- 0. 00588 (- 1. 04)	- 0. 0199 (- 1. 63)	- 0. 00207 (- 0. 05)	- 0. 0308 (- 1. 06)	- 0. 0129 (- 0. 58)
Lev	0. 00942 (1. 13)	0. 0118 (0. 64)	0. 0268 (0. 68)	- 0. 432 *** (- 2. 99)	- 0. 277 *** (- 2. 88)	- 0. 229 *** (- 3. 22)
ROA	0. 0116 (0. 80)	0. 0342 (1. 08)	0. 0488 (0. 71)	0. 406 (1. 35)	0. 263 (1. 27)	0. 0397 (0. 25)
Cash	- 0. 00929 (- 1. 27)	0. 0252 (1. 57)	0. 0239 (0. 69)	- 0. 00374 (- 0. 02)	- 0. 0393 (- 0. 32)	- 0. 0377 (- 0. 37)
Q	- 0. 00078 (- 1. 32)	- 0. 000503 (- 0. 39)	0. 00328 (1. 17)	0. 0689 *** (4. 50)	0. 0303 *** (3. 42)	0. 0125 ** (2. 47)
Age	- 0. 00205 (- 0. 44)	0. 00532 (0. 52)	0. 0286 (1. 31)	0. 00446 (0. 07)	0. 00476 (0. 10)	0. 00532 (0. 14)
Ownership	- 0. 0243 * (- 1. 83)	0. 00159 (0. 05)	0. 0461 (0. 74)	- 0. 361 * (- 1. 81)	- 0. 230 * (- 1. 76)	- 0. 139 (- 1. 41)
ND	0. 00177 (0. 75)	- 0. 000262 (- 0. 05)	- 0. 00554 (- 0. 50)	0. 0436 (0. 77)	0. 025 (0. 70)	0. 0299 (1. 14)
Cap	- 0. 000682 (- 0. 96)	0. 000982 (0. 63)	0. 00930 *** (2. 78)	- 0. 0283 ** (- 1. 98)	- 0. 0124 (- 1. 31)	- 0. 00896 (- 1. 21)
PPE	0. 0125 (1. 24)	0. 0153 (0. 69)	- 0. 00891 (- 0. 19)	- 0. 329 * (- 1. 75)	- 0. 183 (- 1. 51)	- 0. 185 ** (- 1. 98)
Indratio	0. 0395 * (1. 84)	0. 0285 (0. 61)	0. 085 (0. 84)	0. 577 (1. 48)	0. 26 (1. 04)	0. 116 (0. 59)
Hold	0. 00384 * (1. 68)	0. 0106 ** (2. 11)	0. 0108 (1. 00)	- 0. 111 ** (- 2. 56)	- 0. 0822 *** (- 2. 80)	- 0. 0576 ** (- 2. 44)
Maturity	- 0. 00117 (- 0. 52)	- 0. 00622 (- 1. 27)	- 0. 0292 *** (- 2. 76)	0. 0343 (0. 75)	0. 0187 (0. 63)	0. 0296 (1. 27)

续表

	经济繁荣期 – GDP 增速大			经济衰退期 – GDP 增速小		
	（1） ROA_sd_hou5	（2） ROA_sd_hou4	（3） ROA_sd_hou3	（4） ROA_sd_hou5	（5） ROA_sd_hou4	（6） ROA_sd_hou3
_cons	0.0958 * （1.85）	0.143 （1.26）	0.19 （0.77）	1.273 （1.52）	1.249 ** （2.19）	0.728 * （1.65）
年度固定效应	Y	Y	Y	Y	Y	Y
行业固定效应	Y	Y	Y	Y	Y	Y
N	1 934	1 935	1 937	2 422	3 423	4 501
adj. R – sq	0.0197	0.0355	0.0802	0.0549	0.0309	0.0172

注：回归中还包括年度、行业，限于篇幅的考虑，没有列出。 ***、** 和 * 分别表示 1%、5%、10% 的显著性水平，括号中的数字为 t 值。

（二）中观环境

1. 产品市场竞争

接着是中观产品市场竞争环境，我们用赫芬达尔 – 赫希曼指数进行了分组，按年度将计算的产品市场竞争的赫芬达尔 – 赫希曼指数进行排序，将每个年度内的各个行业分为产品市场竞争大和产品市场竞争小的重复表 4 – 4 的检验。表 4 – 6 列出了分组后的检验结果，其中第（1）（2）（3）列报告了产品市场竞争大时，实际控制人财富集中度对民营企业风险承担的影响。结果显示，当处于产品市场竞争大的行业时，实际控制人财富集中度对五年期、四年期和三年期度量的企业风险承担的影响分别在 1%、5% 和 5% 水平上负显著。第（4）（5）（6）列报告了处于产品市场竞争小的行业时，实际控制人财富集中度对民营企业风险承担的影响。结果显示，当处于产品市场竞争小的行业时，实际控制人财富集中度对五年期和四年期度量的企业风险承担均不显著。这些检验结果表明，在产品市场竞争大时，实际控制人财富集中会抑制企业风险承担，这支持了假设 3，即在实际控制人财富集中度较高时，由于激烈的产品市场竞争增加了企业的经营风险，相对于竞争状况较低时，实际控制人更倾向于通过减少高风险项目投资、降低企业风险承担水平来降低自己的财富风险。

表4-6　　实际控制人财富集中度、产品市场竞争与民营企业风险承担

	产品市场竞争大			产品市场竞争小		
	(1) ROA_sd_hou5	(2) ROA_sd_hou4	(3) ROA_sd_hou3	(4) ROA_sd_hou5	(5) ROA_sd_hou4	(6) ROA_sd_hou3
HHIControl	-0.648*** (-3.49)	-0.366** (-2.56)	-0.289** (-2.37)	-0.0128 (-0.30)	-0.0345 (-0.80)	-0.0246 (-0.59)
Size	-0.107** (-2.04)	-0.0736* (-1.74)	-0.0584 (-1.60)	-0.0227*** (-2.84)	-0.0215** (-2.54)	-0.01 (-1.18)
Lev	-0.331** (-2.15)	-0.271** (-2.21)	-0.221** (-2.10)	0.0242 (0.86)	-0.0407 (-1.34)	-0.0904*** (-3.05)
ROA	0.442 (1.49)	0.322 (1.24)	0.277 (1.18)	0.0784 (1.46)	0.00154 (0.03)	-0.271*** (-4.25)
Cash	-0.124 (-0.71)	-0.073 (-0.48)	-0.0561 (-0.40)	-0.00583 (-0.20)	-0.0357 (-1.06)	-0.0433 (-1.17)
Q	0.0553*** (3.97)	0.0427*** (3.67)	0.0265*** (3.19)	-0.00478** (-2.10)	0.000167 (0.07)	-0.000596 (-0.29)
Age	0.0132 (0.20)	0.0187 (0.34)	0.0246 (0.49)	-0.00324 (-0.25)	0.0064 (0.46)	0.0117 (0.79)
Ownership	-0.577** (-2.52)	-0.424** (-2.36)	-0.359** (-2.37)	-0.0257 (-0.64)	-0.0474 (-1.14)	-0.00208 (-0.05)
ND	0.0477 (0.83)	0.0357 (0.75)	0.0309 (0.76)	0.00732 (0.86)	0.0112 (1.18)	0.0128 (1.32)
Cap	0.0098 (0.68)	0.00579 (0.49)	0.00509 (0.47)	0.000348 (0.14)	0.00566** (2.02)	0.00871*** (2.99)
PPE	-0.477** (-2.49)	-0.369** (-2.35)	-0.315** (-2.28)	-0.0341 (-0.98)	-0.0828** (-2.19)	-0.125*** (-3.23)
Indratio	0.861** (2.09)	0.607* (1.82)	0.537* (1.76)	-0.0156 (-0.22)	-0.126 (-1.63)	-0.114 (-1.42)

续表

	产品市场竞争大			产品市场竞争小		
	（1）ROA_sd_hou5	（2）ROA_sd_hou4	（3）ROA_sd_hou3	（4）ROA_sd_hou5	（5）ROA_sd_hou4	（6）ROA_sd_hou3
Hold	-0.147 *** (-3.26)	-0.128 *** (-3.38)	-0.112 *** (-3.29)	-0.0106 (-1.27)	-0.00575 (-0.63)	0.00655 (0.68)
Maturity	0.0249 (0.54)	0.0304 (0.81)	0.0204 (0.62)	-0.00105 (-0.13)	0.00427 (0.48)	0.0266 *** (2.79)
_cons	2.920 *** (2.80)	1.930 ** (2.27)	1.526 ** (2.09)	0.581 *** (3.75)	0.542 *** (3.31)	0.224 (1.35)
年度固定效应	Y	Y	Y	Y	Y	Y
行业固定效应	Y	Y	Y	Y	Y	Y
N	2 296	2 935	3 552	2 060	2 423	2 886
adj. R - sq	0.0528	0.0384	0.0287	0.0186	0.0317	0.0477

注：回归中还包括年度、行业，限于篇幅的考虑，没有列出。 *** 、 ** 和 * 分别表示1% 、5% 、10% 的显著性水平，括号中的数字为 t 值。

2. 市场化程度

关于中观的地区市场化程度环境，我们用樊纲指数进行了分组，按年度将地区的樊纲指数进行排序，将每个年度内的各个地区分为市场化程度高和市场化程度低的然后重复表4-4的检验。表4-7列出了分组后的检验结果，其中第（1）（2）（3）列报告了市场化程度高时，实际控制人财富集中度对民营企业风险承担的影响。结果显示，当处于市场化程度高的地区时，实际控制人财富集中度对五年期、四年期和三年期度量的企业风险承担的影响均不显著。第（4）（5）（6）列报告了处于产品市场竞争小的行业时，实际控制人财富集中度对民营企业风险承担的影响。结果显示，当处于市场化程度低的地区时，实际控制人财富集中度对五年期、四年期、三年期度量的企业风险承担均在1%的水平上负显著。这些检验结果表明，在市场化程度低时，实际控制人财富集中会抑制企业风险承担，这支持了假设4，即在实际控制人财富集中度较高时，由于较低的市场化程度增加了企业面临的风险，相对于市场化程度较高的地区，实际控制人更倾向于通过减少高风险项目投资、降低企业风险承担水平来降低自己的财富风险。

表 4 - 7　　　实际控制人财富集中度、市场化程度与民营企业风险承担

	市场化程度高			市场化程度低		
	(1) ROA_sd_hou5	(2) ROA_sd_hou4	(3) ROA_sd_hou3	(4) ROA_sd_hou5	(5) ROA_sd_hou4	(6) ROA_sd_hou3
HHIControl	-0.0508 (-1.45)	0.0186 (0.53)	-0.0202 (-0.61)	-0.822*** (-3.86)	-0.555*** (-3.38)	-0.369*** (-2.66)
Size	-0.0303*** (-3.11)	-0.0241** (-2.51)	-0.0128 (-1.39)	-0.0367 (-0.87)	-0.0288 (-0.80)	-0.0249 (-0.79)
Lev	0.0520* (1.69)	-0.00461 (-0.15)	-0.0147 (-0.49)	-0.318** (-2.26)	-0.241** (-2.03)	-0.210** (-2.09)
ROA	0.203*** (3.39)	0.0124 (0.20)	-0.123* (-1.91)	0.237 (0.89)	0.233 (0.97)	0.12 (0.54)
Cash	-0.0453 (-1.41)	-0.0306 (-0.88)	-0.0274 (-0.75)	-0.0748 (-0.48)	-0.0796 (-0.56)	-0.0983 (-0.73)
Q	-0.00281 (-1.10)	0.00108 (0.42)	0.00687*** (3.35)	0.0353*** (2.98)	0.0288*** (2.83)	0.0138* (1.81)
Age	0.0152 (1.26)	0.0260** (2.07)	0.0377*** (2.98)	0.0118 (0.16)	0.00303 (0.05)	-0.0103 (-0.19)
Ownership	0.013 (0.28)	-0.00123 (-0.03)	0.0349 (0.86)	-0.367* (-1.88)	-0.335** (-2.07)	-0.266* (-1.92)
ND	-0.00263 (-0.25)	0.00907 (0.83)	0.00135 (0.13)	0.0519 (1.19)	0.0364 (0.95)	0.0308 (0.93)
Cap	0.00148 (0.51)	0.00702** (2.37)	0.00795*** (2.71)	0.00297 (0.24)	0.00223 (0.20)	0.00257 (0.26)
PPE	-0.026 (-0.68)	-0.0376 (-0.99)	-0.103*** (-2.76)	-0.411** (-2.37)	-0.330** (-2.25)	-0.267** (-2.08)
Indratio	-0.0422 (-0.55)	-0.136* (-1.70)	-0.112 (-1.45)	0.61 (1.64)	0.374 (1.19)	0.366 (1.27)
Hold	-0.00199 (-0.22)	-0.00448 (-0.48)	0.0118 (1.28)	-0.135*** (-3.34)	-0.116*** (-3.29)	-0.0985*** (-3.07)
Maturity	-0.00344 (-0.41)	-0.000181 (-0.02)	-0.00414 (-0.48)	0.0307 (0.72)	0.0373 (1.00)	0.0435 (1.29)
_cons	0.704*** (3.66)	0.433** (2.25)	0.186 (1.02)	1.683** (2.03)	1.281* (1.81)	0.986 (1.60)

续表

	市场化程度高			市场化程度低		
	（1） ROA_sd_hou5	（2） ROA_sd_hou4	（3） ROA_sd_hou3	（4） ROA_sd_hou5	（5） ROA_sd_hou4	（6） ROA_sd_hou3
年度固定效应	Y	Y	Y	Y	Y	Y
行业固定效应	Y	Y	Y	Y	Y	Y
N	2 115	2 621	3 177	2 241	2 737	3 261
adj. R – sq	0.0167	0.0195	0.0331	0.0428	0.0335	0.0227

注：回归中还包括年度、行业，限于篇幅的考虑，没有列出。***、**和*分别表示1%、5%、10%的显著性水平，括号中的数字为 t 值。

3. 行业（高新技术行业和非高新技术行业）

关于中观的是否高新技术行业，参考李丹蒙和夏立军（2008）的做法，我们将制造业和信息技术业视为高新技术产业，否则为非高新技术产业，分组之后重复表4－4的检验。表4－8列出了分组后的检验结果，其中第（1）（2）（3）列报告了高新技术行业中，实际控制人财富集中度对民营企业风险承担的影响。结果显示，当处于高新技术行业时，实际控制人财富集中度与五年期、四年期和三年期度量的企业风险承担均在1%的显著性水平下负相关。第（4）（5）（6）列报告了处于非高新技术行业时，实际控制人财富集中度对民营企业风险承担的影响。结果显示，当处于非高新技术行业时，实际控制人财富集中度对五年期、四年期、三年期度量的企业风险承担均不显著。这些检验结果表明，在高新技术行业中，实际控制人财富集中会抑制企业风险承担，这支持了假设5，即在实际控制人财富集中度较高时，由于高新技术行业的企业面临着更多的风险，相对于非高新技术行业来说，实际控制人更倾向于通过减少高风险项目投资、降低企业风险承担水平来降低自己的财富风险。

表4－8　实际控制人财富集中度、是否高新技术行业与民营企业风险承担

	高新技术行业			非高新技术行业		
	（1） ROA_sd_hou5	（2） ROA_sd_hou4	（3） ROA_sd_hou3	（4） ROA_sd_hou5	（5） ROA_sd_hou4	（6） ROA_sd_hou3
HHIControl	− 0.677 *** （− 4.28）	− 0.471 *** （− 3.77）	− 0.293 *** （− 2.97）	− 0.0415 （− 0.88）	0.0255 （0.56）	0.0134 （0.28）
Size	− 0.0784 ** （− 2.24）	− 0.0625 ** （− 2.22）	− 0.0395 * （− 1.65）	− 0.00656 （− 0.56）	− 0.00499 （− 0.41）	− 0.000761 （− 0.06）

续表

	高新技术行业			非高新技术行业		
	(1) ROA_sd_hou5	(2) ROA_sd_hou4	(3) ROA_sd_hou3	(4) ROA_sd_hou5	(5) ROA_sd_hou4	(6) ROA_sd_hou3
Lev	−0.289*** (−2.71)	−0.235*** (−2.68)	−0.212*** (−2.85)	0.0608 (1.43)	0.0353 (0.81)	0.0111 (0.26)
ROA	0.424** (2.00)	0.263 (1.43)	0.109 (0.65)	−0.0181 (−0.24)	−0.0162 (−0.19)	−0.101 (−1.13)
Cash	−0.0604 (−0.49)	−0.0742 (−0.68)	−0.108 (−1.05)	0.0178 (0.45)	−0.0406 (−0.89)	0.0166 (0.34)
Q	0.0236*** (2.73)	0.0211*** (2.97)	0.0135** (2.57)	−0.00651* (−1.67)	−0.00412 (−1.01)	−0.00146 (−0.44)
Age	−0.0215 (−0.47)	−0.0176 (−0.46)	−0.0125 (−0.37)	−0.00994 (−0.48)	0.0214 (0.98)	0.0353 (1.55)
Ownership	−0.318** (−2.03)	−0.264** (−2.15)	−0.201* (−1.94)	−0.0375 (−0.66)	−0.0516 (−0.86)	−0.029 (−0.51)
ND	0.0488 (1.26)	0.0344 (1.05)	0.0367 (1.28)	−0.00759 (−0.67)	−0.00402 (−0.33)	−0.00624 (−0.50)
Cap	0.00254 (0.24)	0.00447 (0.50)	0.00523 (0.66)	−0.00267 (−0.81)	−0.00158 (−0.44)	0.00125 (0.33)
PPE	−0.285** (−2.16)	−0.220** (−2.03)	−0.203** (−2.14)	−0.0147 (−0.28)	−0.0286 (−0.53)	−0.0977* (−1.77)
Indratio	0.475* (1.77)	0.306 (1.39)	0.264 (1.33)	−0.218* (−1.92)	−0.271** (−2.24)	−0.256** (−2.07)
Hold	−0.115*** (−3.61)	−0.0830*** (−3.10)	−0.0648*** (−2.69)	−0.00541 (−0.47)	−0.0286** (−2.31)	−0.0178 (−1.38)
Maturity	0.0226 (0.77)	0.0177 (0.72)	0.0262 (1.18)	−0.0264** (−2.01)	−0.00021 (−0.01)	−0.00836 (−0.55)
_cons	2.461*** (3.59)	1.871*** (3.36)	1.164** (2.46)	0.482** (2.11)	0.276 (1.15)	0.133 (0.56)
年度固定效应	Y	Y	Y	Y	Y	Y
行业固定效应	Y	Y	Y	Y	Y	Y
N	3 113	3 854	4 667	1 243	1 504	1 771
adj. R−sq	0.0415	0.0299	0.0193	0.0535	0.0644	0.074

注：回归中还包括年度、行业，限于篇幅的考虑，没有列出。***、**和*分别表示1%、5%、10%的显著性水平，括号中的数字为t值。

(三) 微观环境

1. 企业规模

关于微观的企业规模,我们用总资产的自然对数进行了分组,分别在高于行业年度中位数和低于行业年度中位数两组中重复表4-4的检验。表4-9列出了分组后的检验结果,其中第 (1) (2) (3) 列报告了大规模企业中,实际控制人财富集中度对民营企业风险承担的影响。结果显示,当处于大规模企业时,实际控制人财富集中度与五年期、四年期和三年期度量的企业风险承担均不显著。第 (4) (5) (6) 列报告了处于小规模企业时,实际控制人财富集中度对民营企业风险承担的影响。结果显示,当处于小规模企业时,实际控制人财富集中度对五年期、四年期、三年期度量的企业风险承担分别在1%、1%和10%的水平上负显著。这些检验结果表明,在小规模企业中,实际控制人财富集中会抑制企业风险承担,这支持了假设6,即在实际控制人财富集中度较高时,由于小规模企业面临着更多的风险,相对于大规模企业来说,实际控制人更倾向于通过减少高风险项目投资、降低企业风险承担水平来降低自己的财富风险。

表4-9　实际控制人财富集中度、企业规模与民营企业风险承担

	企业规模大			企业规模小		
	(1) ROA_sd_hou5	(2) ROA_sd_hou4	(3) ROA_sd_hou3	(4) ROA_sd_hou5	(5) ROA_sd_hou4	(6) ROA_sd_hou3
HHIControl	− 0.0238 (− 1.19)	− 0.00972 (− 0.44)	− 0.0181 (− 0.78)	− 0.995 *** (− 3.67)	− 0.569 *** (− 2.74)	− 0.304 * (− 1.77)
Size	− 0.00739 (− 1.55)	0.00304 (0.58)	− 0.00104 (− 0.19)	− 0.237 *** (− 3.35)	− 0.180 *** (− 2.97)	− 0.109 ** (− 2.08)
Lev	0.00386 (0.23)	− 0.0415 ** (− 2.18)	− 0.0442 ** (− 2.20)	− 0.419 ** (− 2.35)	− 0.284 * (− 1.90)	− 0.265 ** (− 2.11)
ROA	0.0235 (0.62)	− 0.0750 * (− 1.67)	− 0.0363 (− 0.73)	0.396 (1.32)	0.385 (1.45)	0.131 (0.53)
Cash	0.027 (1.51)	0.0111 (0.50)	− 0.0213 (− 0.84)	− 0.0806 (− 0.43)	− 0.0837 (− 0.52)	− 0.096 (− 0.62)

	企业规模大			企业规模小		
	(1) ROA_sd_hou5	(2) ROA_sd_hou4	(3) ROA_sd_hou3	(4) ROA_sd_hou5	(5) ROA_sd_hou4	(6) ROA_sd_hou3
Q	-0.000802 (-0.49)	0.00208 (1.10)	0.00623 *** (3.52)	0.0305 ** (2.31)	0.0262 ** (2.31)	0.0173 * (1.95)
Age	0.00224 (0.29)	0.0118 (1.38)	0.00984 (1.06)	0.0674 (0.90)	0.0429 (0.68)	0.0168 (0.28)
Ownership	-0.0357 (-1.46)	-0.0503 * (-1.91)	-0.0485 * (-1.83)	-0.587 ** (-2.21)	-0.477 ** (-2.22)	-0.347 * (-1.87)
ND	0.000376 (0.09)	0.00349 (0.69)	0.00367 (0.66)	0.138 (1.53)	0.0936 (1.21)	0.0817 (1.32)
Cap	0.00336 ** (2.17)	0.00402 ** (2.23)	0.00443 ** (2.25)	-0.000332 (-0.02)	0.00386 (0.30)	0.00716 (0.59)
PPE	-0.0274 (-1.31)	0.016 (0.67)	-0.0383 (-1.51)	-0.559 ** (-2.51)	-0.469 ** (-2.55)	-0.367 ** (-2.21)
Indratio	-0.0471 (-1.12)	-0.124 *** (-2.62)	-0.111 ** (-2.14)	0.830 * (1.91)	0.598 (1.65)	0.518 (1.52)
Hold	0.000686 (0.15)	-0.000681 (-0.13)	0.0101 * (1.73)	-0.194 *** (-3.61)	-0.162 *** (-3.63)	-0.121 *** (-2.86)
Maturity	0.000914 (0.18)	0.00315 (0.51)	0.00919 (1.37)	0.043 (0.96)	0.0472 (1.22)	0.0417 (1.16)
_cons	0.218 ** (2.32)	-0.0239 (-0.22)	0.0538 (0.48)	6.078 *** (4.33)	4.354 *** (3.66)	2.555 ** (2.47)
年度固定效应	Y	Y	Y	Y	Y	Y
行业固定效应	Y	Y	Y	Y	Y	Y
N	2 294	2 843	3 479	2 013	2 453	2 889
adj. R - sq	0.0142	0.0294	0.0388	0.0613	0.0451	0.0277

注：回归中还包括年度、行业，限于篇幅的考虑，没有列出。***、** 和 * 分别表示 1%、5%、10%的显著性水平，括号中的数字为 t 值。

2. 企业期初绩效

关于微观的企业期初绩效，我们用企业期初 ROA 进行了分组，分别在高于行业年度中位数和低于行业年度中位数两组中重复表 4－4 的检验。表 4－10 列出了分组后的检验结果，其中第（1）（2）（3）列报告了期初绩效大的企业中，实际控制人财富集中度对民营企业风险承担的影响。结果显示，当处于期初绩效大的企业时，实际控制人财富集中度与四年期和三年期度量的企业风险承担均不显著，但是五年期度量的企业风险承担在 10% 的显著性水平上负相关，为了进一步检验五年期度量的企业风险承担在期初绩效高和低不同的组别中是否存在差异，后面进一步检验了 ROA_sd_hou5 的组间系数差异。第（4）（5）（6）列报告了处于期初绩效小的企业时，实际控制人财富集中度对民营企业风险承担的影响。结果显示，当处于期初绩效小的企业时，实际控制人财富集中度对五年期、四年期、三年期度量的企业风险承担均在 1% 的水平上负显著。由于五年期度量的企业风险承担在两个期初绩效组别中均显著，为了进一步检验不同组别是否存在差异，对其进行了组间系数差异检验，表 4－11 为检验结果，结果显示，不论是基于似无相关模型的 SUR 检验，还是费舍尔组合检验，两组都在单尾检验中 10% 的水平上显著差异。这些检验结果表明，在期初绩效小的企业中，实际控制人财富集中会抑制企业风险承担，这支持了假设 7，即在实际控制人财富集中度较高时，由于低期初绩效的企业面临着更多的风险，相对于高绩效的企业来说，实际控制人更倾向于通过减少高风险项目投资、降低企业风险承担水平来降低自己的财富风险。

表 4－10　　实际控制人财富集中度、期初绩效与民营企业风险承担

	期初绩效大			期初绩效小		
	（1） ROA_sd_hou5	（2） ROA_sd_hou4	（3） ROA_sd_hou3	（4） ROA_sd_hou5	（5） ROA_sd_hou4	（6） ROA_sd_hou3
HHIControl	－ 0.0423 * （－ 1.72）	－ 0.02 （－ 0.75）	0.0258 （0.8）	－ 0.799 *** （－ 3.77）	－ 0.464 *** （－ 2.83）	－ 0.389 *** （－ 2.83）
Size	－ 0.00118 （－ 0.18）	0.00829 （1.19）	0.0214 *** （2.71）	－ 0.0403 （－ 0.81）	－ 0.0558 （－ 1.38）	－ 0.0513 （－ 1.44）
Lev	0.0404 ** （2.09）	0.0396 * （1.80）	－ 0.0412 （－ 1.62）	－ 0.441 *** （－ 2.66）	－ 0.349 *** （－ 2.68）	－ 0.266 ** （－ 2.48）
ROA	－ 0.0135 （－ 0.31）	0.00745 （0.15）	－ 0.234 *** （－ 3.63）	0.972 ** （2.37）	0.658 * （1.86）	0.675 ** （2.05）
Cash	0.000464 （0.02）	0.0311 （1.34）	－ 0.00907 （－ 0.31）	－ 0.0735 （－ 0.42）	－ 0.103 （－ 0.66）	－ 0.073 （－ 0.49）

续表

	期初绩效大			期初绩效小		
	（1） ROA_sd_hou5	（2） ROA_sd_hou4	（3） ROA_sd_hou3	（4） ROA_sd_hou5	（5） ROA_sd_hou4	（6） ROA_sd_hou3
Q	− 0. 0013 （ − 0. 88）	− 0. 000161 （ − 0. 10）	0. 00177 （1. 06）	0. 0492 *** （3. 42）	0. 0412 *** （3. 29）	0. 0241 *** （2. 72）
Age	0. 00988 （1. 27）	0. 0122 （1. 39）	0. 0235 ** （2. 17）	0. 0253 （0. 33）	0. 0282 （0. 45）	0. 0124 （0. 22）
Ownership	− 0. 0387 （ − 1. 27）	− 0. 0216 （ − 0. 68）	0. 0971 *** （2. 72）	− 0. 395 * （ − 1. 68）	− 0. 323 * （ − 1. 70）	− 0. 350 ** （ − 2. 20）
ND	− 0. 00277 （ − 0. 47）	− 0. 0125 * （ − 1. 94）	− 0. 00253 （ − 0. 33）	0. 0558 （0. 98）	0. 0476 （0. 96）	0. 04 （0. 93）
Cap	− 0. 00199 （ − 1. 04）	− 0. 00443 ** （ − 2. 03）	− 0. 0024 （ − 0. 88）	− 0. 000861 （ − 0. 06）	0. 00511 （0. 43）	0. 00695 （0. 66）
PPE	− 0. 0000357 （ − 0. 00）	0. 0234 （0. 87）	− 0. 0593 * （ − 1. 84）	− 0. 475 ** （ − 2. 37）	− 0. 427 *** （ − 2. 60）	− 0. 357 ** （ − 2. 47）
Indratio	0. 00112 （0. 02）	− 0. 0372 （ − 0. 71）	− 0. 073 （ − 1. 12）	0. 706 （1. 64）	0. 392 （1. 11）	0. 295 （0. 95）
Hold	− 0. 00894 * （ − 1. 67）	− 0. 0140 ** （ − 2. 30）	− 0. 0135 * （ − 1. 81）	− 0. 164 *** （ − 3. 47）	− 0. 141 *** （ − 3. 49）	− 0. 107 *** （ − 2. 97）
Maturity	− 0. 00143 （ − 0. 31）	− 0. 00221 （ − 0. 41）	0. 0091 （1. 33）	0. 0358 （0. 71）	0. 0364 （0. 86）	0. 0265 （0. 69）
_cons	0. 173 （1. 34）	− 0. 0384 （ − 0. 28）	− 0. 402 ** （ − 2. 57）	1. 841 * （1. 89）	1. 739 ** （2. 16）	1. 563 ** （2. 20）
年度固定效应	Y	Y	Y	Y	Y	Y
行业固定效应	Y	Y	Y	Y	Y	Y
N	2 067	2 552	3 060	2 289	2 806	3 378
adj. R − sq	0. 0197	0. 0447	0. 0466	0. 054	0. 0422	0. 031

注：回归中还包括年度、行业，限于篇幅的考虑，没有列出。*** 、 ** 和 * 分别表示 1% 、 5% 、10% 的显著性水平，括号中的数字为 t 值。

表4-11　　　　　五年期度量的企业风险承担的组间系数差异检验

		ROA_sd_hou5
基于似无相关模型的 SUR 检验	chi2（1）	1.9
	Prob > chi2	0.1683
费舍尔组合检验	Observed-difference	-0.213
	Empiricalp-value	0.134

三、实际控制人财富集中度、政府补助与民营企业风险承担——缓冲效应

除了考虑不同风险环境对实际控制人财富集中度与民营企业风险承担的关系的影响外，我们进一步考虑了政府补助对这种作用机制的影响。我们用政府补助占营业利润的比重进行了分组，分别在高于行业年度中位数和低于行业年度中位数两组中重复表4-4的检验。表4-12列出了分组后的检验结果，其中第（1）（2）（3）列报告了高政府补助的企业中，实际控制人财富集中度对民营企业风险承担的影响。结果显示，当处于高政府补助的企业时，实际控制人财富集中度与五年期、四年期和三年期度量的企业风险承担均不显著。第（4）（5）（6）列报告了企业处于低政府补助的时，实际控制人财富集中度对民营企业风险承担的影响。结果显示，当企业处于低政府补助的时，实际控制人财富集中度对五年期、四年期、三年期度量的企业风险承担分别在1%、1%和5%的水平上负显著。这些检验结果表明，在低政府补助的企业中，实际控制人财富集中会抑制企业风险承担，这支持了假设8，即政府补助通过"分摊投入成本"的方式分散了企业的高风险投资的风险，对高风险投资给实际控制人带来的财富风险起到了"缓冲"作用，从而提高了实际控制人对企业投资的高风险容忍度，削弱了实际控制人财富集中度对企业风险承担的负面影响。

表4-12　　　实际控制人财富集中度、政府补助与民营企业风险承担

	高政府补助			低政府补助		
	（1） ROA_sd_hou5	（2） ROA_sd_hou4	（3） ROA_sd_hou3	（4） ROA_sd_hou5	（5） ROA_sd_hou4	（6） ROA_sd_hou3
HHIControl	0.00617 (0.22)	0.0369 (1.17)	0.03 (1.03)	-1.128 *** (-4.08)	-0.616 *** (-3.10)	-0.348 ** (-2.23)
Size	-0.0112 (-1.64)	-0.0170 ** (-2.09)	-0.00643 (-0.88)	-0.0987 * (-1.71)	-0.0671 (-1.47)	-0.0421 (-1.06)

续表

	高政府补助			低政府补助		
	(1) ROA_sd_hou5	(2) ROA_sd_hou4	(3) ROA_sd_hou3	(4) ROA_sd_hou5	(5) ROA_sd_hou4	(6) ROA_sd_hou3
Lev	0.0169 (0.77)	0.00909 (0.35)	−0.0387 (−1.62)	−0.423** (−2.22)	−0.370** (−2.49)	−0.239* (−1.94)
ROA	0.00375 (0.09)	−0.0494 (−0.91)	−0.112** (−2.12)	0.363 (1.07)	0.302 (1.04)	0.165 (0.62)
Cash	0.0205 (0.83)	0.0197 (0.63)	0.0086 (0.27)	−0.115 (−0.58)	−0.11 (−0.65)	−0.124 (−0.79)
Q	−0.00325* (−1.78)	−0.00172 (−0.78)	0.00153 (0.86)	0.0526*** (3.39)	0.0392*** (3.08)	0.0171* (1.88)
Age	−0.00192 (−0.20)	0.0252** (2.22)	0.0239** (2.21)	−0.0102 (−0.12)	−0.0195 (−0.27)	0.00365 (0.06)
Ownership	−0.0474 (−1.55)	0.015 (0.43)	0.0138 (0.43)	−0.511* (−1.87)	−0.532** (−2.46)	−0.377** (−2.13)
ND	0.00177 (0.24)	0.00343 (0.38)	0.00543 (0.65)	0.0641 (1.04)	0.0536 (1.09)	0.0379 (0.89)
Cap	0.00188 (0.92)	0.00141 (0.58)	0.00305 (1.33)	0.00289 (0.17)	0.0048 (0.33)	0.00778 (0.61)
PPE	0.00375 (0.14)	−0.0273 (−0.83)	−0.0344 (−1.10)	−0.447* (−1.91)	−0.343* (−1.86)	−0.276* (−1.76)
Indratio	−0.0433 (−0.77)	−0.0838 (−1.23)	−0.0893 (−1.38)	0.937* (1.87)	0.481 (1.25)	0.403 (1.18)
Hold	0.00853 (1.28)	−0.0167** (−2.16)	−0.0161** (−2.13)	−0.196*** (−3.49)	−0.152*** (−3.27)	−0.119*** (−2.97)
Maturity	0.00548 (0.85)	−0.00284 (−0.37)	−0.00927 (−1.22)	0.0265 (0.51)	0.0341 (0.77)	0.0342 (0.89)
_cons	0.291** (2.20)	0.335** (2.11)	0.122 (0.84)	3.341*** (2.95)	2.266** (2.49)	1.286* (1.66)
年度固定效应	Y	Y	Y	Y	Y	Y
行业固定效应	Y	Y	Y	Y	Y	Y
N	2 255	2 763	3 311	2 101	2 595	3 127
adj. R−sq	0.0113	0.0289	0.0374	0.0636	0.0434	0.0247

注：回归中还包括年度、行业，限于篇幅的考虑，没有列出。***、**和*分别表示1%、5%、10%的显著性水平，括号中的数字为t值。

四、实际控制人财富集中度、机构投资者与民营企业风险承担——制衡效应

这里，我们进一步考虑机构投资者持股如何影响实际控制人财富集中度对企业风险承担的作用机制。我们根据机构投资者的持股比例进行分组，分别在高于行业年度中位数和低于行业年度中位数两组中重复表 4-4 的检验。表 4-13 报告了分组回归的结果。第（1）（2）（3）列的结果显示，在机构投资者持股比例较高时，无论是对五年期还是四年期度量的企业风险承担水平，实际控制人财富集中度的影响均不显著，甚至对于三年期度量的企业风险承担水平，实际控制人财富集中度在 5% 的显著性水平上正相关。而从（4）（5）（6）列可以看出，当机构投资者持股比例较低时，实际控制人财富集中度与五年期、四年期和三年期度量的企业风险承担均在 1% 的水平上显著负相关。这说明，持股比例较高的机构投资者弱化了实际控制人财富集中度对企业创新的负面影响。这证实了假设 9 的推论，即作为分散化投资的代表，当机构投资者的持股比例较高时，可以更有效地约束实际控制人通过减少企业风险承担来降低自身财富风险的自利行为，从而削弱高实际控制人财富集中度对企业风险承担的负面影响。

表 4-13　　实际控制人财富集中度、机构投资者与民营企业风险承担

	高机构投资者持股比例			低机构投资者持股比例		
	（1） ROA_sd_hou5	（2） ROA_sd_hou4	（3） ROA_sd_hou3	（4） ROA_sd_hou5	（5） ROA_sd_hou4	（6） ROA_sd_hou3
HHIControl	-0.0234 （-0.85）	0.02 （0.75）	0.0480** （2.08）	-1.263*** （-4.11）	-0.820*** （-3.53）	-0.632*** （-3.38）
Size	-0.0267*** （-3.98）	-0.0271*** （-3.82）	-0.00531 （-0.89）	-0.106 （-1.47）	-0.0652 （-1.14）	-0.047 （-0.98）
Lev	0.0413* （1.81）	0.0266 （1.11）	0.0256 （1.32）	-0.395* （-1.93）	-0.278* （-1.68）	-0.214 （-1.49）
ROA	0.144*** （3.21）	0.163*** （3.24）	-0.0161 （-0.36）	0.577 （1.51）	0.387 （1.19）	0.35 （1.19）
Cash	0.0154 （0.66）	0.01 （0.37）	0.0115 （0.47）	-0.12 （-0.54）	-0.138 （-0.72）	-0.0962 （-0.53）

续表

	高机构投资者持股比例			低机构投资者持股比例		
	(1) ROA_sd_hou5	(2) ROA_sd_hou4	(3) ROA_sd_hou3	(4) ROA_sd_hou5	(5) ROA_sd_hou4	(6) ROA_sd_hou3
Q	− 0.00323 * (− 1.80)	− 0.00181 (− 0.93)	− 0.00381 *** (− 2.65)	0.0664 *** (3.60)	0.0464 *** (3.06)	0.0249 ** (2.38)
Age	0.00171 (0.16)	0.0199 * (1.70)	0.0254 ** (2.46)	0.0101 (0.11)	0.0114 (0.15)	0.000357 (0.01)
Ownership	− 0.033 (− 0.97)	− 0.0246 (− 0.71)	− 0.00245 (− 0.09)	− 0.315 (− 1.08)	− 0.33 (− 1.46)	− 0.305 (− 1.61)
ND	0.00402 (0.52)	0.00458 (0.56)	− 0.000509 (− 0.08)	0.0579 (0.91)	0.0475 (0.86)	0.0407 (0.82)
Cap	0.00386 ** (1.98)	0.0023 (1.06)	0.000163 (0.09)	− 0.00311 (− 0.16)	0.00562 (0.36)	0.00459 (0.33)
PPE	0.00242 (0.09)	− 0.00685 (− 0.24)	− 0.0152 (− 0.61)	− 0.647 ** (− 2.34)	− 0.412 * (− 1.96)	− 0.373 ** (− 2.03)
Indratio	− 0.0146 (− 0.26)	− 0.046 (− 0.79)	− 0.0129 (− 0.25)	0.681 (1.31)	0.429 (1.01)	0.421 (1.11)
Hold	− 0.00247 (− 0.41)	− 0.0174 *** (− 2.75)	− 0.00904 (− 1.62)	− 0.268 *** (− 4.07)	− 0.205 *** (− 3.71)	− 0.178 *** (− 3.49)
Maturity	0.00852 (1.30)	0.00495 (0.72)	0.00598 (0.99)	0.054 (0.92)	0.0339 (0.68)	0.0279 (0.63)
_cons	0.576 *** (4.47)	0.537 *** (3.90)	0.076 (0.64)	3.698 ** (2.58)	2.248 ** (1.97)	1.675 * (1.77)
年度固定效应	Y	Y	Y	Y	Y	Y
行业固定效应	Y	Y	Y	Y	Y	Y
N	2 434	2 987	3 611	1 922	2 371	2 827
adj. R − sq	0.0224	0.0279	0.0285	0.0729	0.0474	0.0344

注：回归中还包括年度、行业，限于篇幅的考虑，没有列出。***、** 和 * 分别表示1%、5%、10%的显著性水平，括号中的数字为t值。

五、实际控制人个人特征、财富集中度与民营企业风险承担

(一) 学历

这里，我们进一步考虑实际控制人个人特征如何影响实际控制人财富集中度对企业风险承担的作用机制。首先是实际控制人学历，我们根据实际控制人学历进行分组，分别在高学历和低学历两组中重复表4-4的检验。表4-14报告了分组回归的结果。第(1)(2)(3)列的结果显示，在实际控制人学历较高时，无论是对五年期、四年期还是对三年期度量的企业风险承担水平，实际控制人财富集中度的影响均不显著。第(4)(5)(6)列可以看出，当实际控制人学历较低时，实际控制人财富集中度与五年期、四年期和三年期度量的企业风险承担分别在1%、1%和5%的水平上显著负相关。这说明，学历高的实际控制人弱化了实际控制人财富集中度对企业风险承担的负面影响。这证实了假设10的推论，即当实际控制人学历较高时，更有能力和意愿去从事高风险项目投资，这削弱了高实际控制人财富集中度对企业风险承担的负面影响。

表4-14　　　　实际控制人学历、财富集中度与民营企业风险承担

	高学历实际控制人			低学历实际控制人		
	(1) ROA_sd_hou5	(2) ROA_sd_hou4	(3) ROA_sd_hou3	(4) ROA_sd_hou5	(5) ROA_sd_hou4	(6) ROA_sd_hou3
HHIControl	0.00062 (0.02)	0.0636 (1.08)	0.0943 (1.48)	-0.434*** (-3.70)	-0.247*** (-2.76)	-0.177** (-2.36)
Size	0.00555 (0.73)	0.00972 (0.63)	0.0547*** (3.39)	-0.0432 (-1.56)	-0.0366* (-1.65)	-0.0244 (-1.30)
Lev	0.0374* (1.81)	0.0175 (0.43)	-0.059 (-1.27)	-0.192** (-2.18)	-0.157** (-2.17)	-0.148** (-2.45)
ROA	0.0897** (2.52)	0.148* (1.92)	-0.0781 (-0.84)	0.234 (1.37)	0.155 (1.04)	-0.00995 (-0.07)
Cash	-0.0028 (-0.14)	0.01 (0.24)	-0.0326 (-0.65)	-0.0357 (-0.37)	-0.0457 (-0.54)	-0.0361 (-0.45)

续表

	高学历实际控制人			低学历实际控制人		
	(1) ROA_sd_hou5	(2) ROA_sd_hou4	(3) ROA_sd_hou3	(4) ROA_sd_hou5	(5) ROA_sd_hou4	(6) ROA_sd_hou3
Q	−0.00326 ** (−2.40)	−0.00567 * (−1.95)	0.00906 *** (2.95)	0.0247 *** (3.24)	0.0185 *** (3.01)	0.00997 ** (2.25)
Age	0.00195 (0.26)	0.0279 * (1.86)	0.00882 (0.51)	0.008 (0.19)	0.0105 (0.31)	0.0119 (0.39)
Ownership	−0.0246 (−0.81)	−0.0248 (−0.41)	0.168 *** (2.74)	−0.256 ** (−2.00)	−0.208 ** (−2.05)	−0.151 * (−1.77)
ND	−0.00504 (−0.75)	−0.000786 (−0.05)	−0.0201 (−1.19)	0.0351 (1.22)	0.0244 (1.00)	0.0231 (1.10)
Cap	0.000767 (0.45)	0.00131 (0.39)	0.00343 (0.89)	0.00417 (0.51)	0.00588 (0.86)	0.00569 (0.92)
PPE	0.0139 (0.60)	0.000488 (0.01)	−0.0247 (−0.48)	−0.254 ** (−2.28)	−0.193 ** (−2.14)	−0.184 ** (−2.33)
Indratio	0.0255 (0.69)	−0.0254 (−0.34)	0.0515 (0.59)	0.416 * (1.71)	0.213 (1.08)	0.156 (0.89)
Hold	−0.0170 *** (−2.88)	−0.0103 (−0.87)	−0.0361 *** (−2.78)	−0.0882 *** (−3.42)	−0.0761 *** (−3.52)	−0.0572 *** (−2.93)
Maturity	0.000945 (0.21)	0.00318 (0.34)	0.0145 (1.33)	0.0174 (0.67)	0.0161 (0.73)	0.0201 (1.02)
_cons	−0.0721 (−0.46)	−0.262 (−0.82)	−1.375 *** (−4.10)	1.393 *** (2.58)	1.042 ** (2.37)	0.707 * (1.91)
年度固定效应	Y	Y	Y	Y	Y	Y
行业固定效应	Y	Y	Y	Y	Y	Y
N	622	715	803	3 734	4 643	5 635
adj. R − sq	0.0733	0.0765	0.1077	0.028	0.0222	0.0152

注：回归中还包括年度、行业，限于篇幅的考虑，没有列出。 ***、** 和 * 分别表示1%、5%、10%的显著性水平，括号中的数字为 t 值。

（二）实际控制人是否兼任董事长

我们进一步考虑实际控制人兼任董事长如何影响实际控制人财富集中度对企业风险承担的作用机制。我们根据实际控制人是否兼任董事长进行分组，分别在兼任和没有兼任董事长的两组中重复表4-4的检验。表4-15报告了分组回归的结果。第（1）（2）（3）列的结果显示，在实际控制人兼任董事长时，无论是对五年期、四年期还是对三年期度量的企业风险承担水平，实际控制人财富集中度的影响均在1%的显著性水平下负相关。第（4）（5）（6）列可以看出，当实际控制人没有兼任董事长时，实际控制人财富集中度与五年期、四年期和三年期度量的企业风险承担均不显著。这说明，兼任董事长的实际控制人的财富集中度对企业风险承担的负面影响更强。这证实了假设11的推论，即在实际控制人财富集中度较高时，兼任董事长的实际控制人基于其强大的控制力，更有能力去控制公司通过减少高风险项目投资、降低企业风险承担水平来降低自己的财富风险，导致了更严重的大股东与中小股东之间的代理问题。

表4-15　　实际控制人兼任董事长、财富集中度与民营企业风险承担

	兼任董事长的实际控制人			没有兼任董事长的实际控制人		
	（1） ROA_sd_hou5	（2） ROA_sd_hou4	（3） ROA_sd_hou3	（4） ROA_sd_hou5	（5） ROA_sd_hou4	（6） ROA_sd_hou3
HHIControl	-0.933 *** （-4.24）	-0.861 *** （-4.11）	-1.006 *** （-4.28）	-0.00583 （-0.20）	0.0155 （0.51）	0.0193 （0.71）
Size	-0.0804 （-1.62）	-0.0735 （-1.49）	-0.0726 （-1.33）	-0.0106 （-1.40）	-0.00204 （-0.26）	0.00736 （1.04）
Lev	-0.316 ** （-2.09）	-0.335 ** （-2.20）	-0.369 ** （-2.17）	-0.0356 （-1.40）	-0.0178 （-0.68）	-0.0342 （-1.49）
ROA	0.525 * （1.86）	0.592 ** （2.04）	0.5 （1.53）	-0.02 （-0.46）	-0.0733 （-1.38）	-0.177 *** （-3.48）
Cash	-0.0501 （-0.32）	-0.0903 （-0.58）	-0.0703 （-0.40）	-0.0189 （-0.75）	0.00211 （0.07）	-0.0580 * （-1.87）

续表

	兼任董事长的实际控制人			没有兼任董事长的实际控制人		
	（1） ROA_sd_hou5	（2） ROA_sd_hou4	（3） ROA_sd_hou3	（4） ROA_sd_hou5	（5） ROA_sd_hou4	（6） ROA_sd_hou3
Q	0.0511 *** （3.66）	0.0498 *** （3.63）	0.0490 *** （3.36）	− 0.00167 （ − 0.97）	0.00132 （0.64）	0.00186 （1.19）
Age	− 0.0042 （ − 0.05）	0.0128 （0.16）	0.0108 （0.12）	0.0261 ** （2.38）	0.0166 （1.50）	0.0190 * （1.76）
Ownership	− 0.456 ** （ − 2.07）	− 0.425 ** （ − 2.00）	− 0.498 ** （ − 2.12）	0.0465 （1.35）	− 0.0446 （ − 1.25）	− 0.0285 （ − 0.92）
ND	0.0575 （1.28）	0.0423 （0.94）	0.0458 （0.90）	− 0.00102 （ − 0.12）	0.0169 * （1.72）	0.00605 （0.73）
Cap	0.00605 （0.45）	0.00595 （0.44）	0.00547 （0.36）	0.000958 （0.44）	0.003 （1.20）	0.0037 （1.55）
PPE	− 0.536 *** （ − 2.73）	− 0.501 *** （ − 2.59）	− 0.490 ** （ − 2.27）	− 0.0329 （ − 1.14）	− 0.00986 （ − 0.31）	− 0.0429 （ − 1.48）
Indratio	0.592 （1.44）	0.568 （1.41）	0.604 （1.35）	− 0.142 ** （ − 2.38）	− 0.116 * （ − 1.73）	− 0.0195 （ − 0.31）
Hold	− 0.157 *** （ − 3.79）	− 0.150 *** （ − 3.63）	− 0.149 *** （ − 3.23）	0.000711 （0.10）	− 0.00633 （ − 0.76）	− 0.00961 （ − 1.24）
Maturity	0.0294 （0.68）	0.0294 （0.67）	0.0204 （0.42）	0.0103 （1.51）	0.0192 ** （2.36）	0.0137 * （1.81）
_cons	2.735 *** （2.77）	2.464 ** （2.50）	2.637 ** （2.41）	0.287 * （1.96）	0.0546 （0.36）	− 0.172 （ − 1.25）
年度固定效应	Y	Y	Y	Y	Y	Y
行业固定效应	Y	Y	Y	Y	Y	Y
N	2 623	2 823	2 878	1 733	2 535	3 560
adj. R − sq	0.0545	0.0487	0.043	0.024	0.0455	0.0405

注：回归中还包括年度、行业，限于篇幅的考虑，没有列出。***、** 和 * 分别表示 1%、5%、10% 的显著性水平，括号中的数字为 t 值。

六、稳健性检验

(一) 内生性问题

本研究可能受到三类内生性问题的影响：第一类是可能存在遗漏变量从而导致的伪相关问题；第二类是反向因果问题，一方面，如本书所论述的，实际控制人财富集中度会影响其对高风险项目的容忍度，从而影响企业风险承担水平，另一方面，企业的风险承担水平也可能反过来影响实际控制人对自身财富集中度的选择，当企业存在大量高风险项目投资时，实际控制人可能会倾向于通过分散投资的方式来降低自己的财富风险。第三类是样本度量偏差，基于数据的可得性，实际控制人持有的非上市公司财富无法统计。鉴于上市公司的估值通常远高于非上市公司，非上市公司财富在实际控制人总财富中所占比重较低，因此，我们在计算实际控制人财富集中度时，参考现有研究 (Faccio et al. , 2011) 的做法，采用实际控制人参股和控股的所有上市公司数据作为其财富集中度指标的计算依据。但即使非上市公司市值较低，仍然会导致样本度量偏差问题。针对这三类问题，首先，我们采用是否完成股权分置改革 (Gugai) 作为工具变量，通过赫克曼二阶段备择模型 (Heckman 两阶段) 进行检验。其次，采用倾向得分匹配法 (PSM) 的方法，使实际控制人存在财富分散 (Div = 1) 的观测值和实际控制人不存在财富分散 (Div = 0) 的观测值在其他控制变量上不存在显著差异。

1. 赫克曼二阶段备择模型 (Heckman 两阶段)

参考已有文献 (Larcker and Rusticus, 2010)，我们选取是否完成股权分置改革 (Gugai) 作为工具变量，使用赫克曼二阶段备择模型 (Heckman 两阶段) 进行了稳健性检验。首先用二元选择模型 (probit 模型) 对实际控制人是否进行财富分散 (Div) 进行回归，求出逆米尔斯比率 (Mills)，然后将逆米尔斯比率代入模型 (1) 中进行回归，来检验在控制了内生性问题的情况下，假设 1A 是否仍然成立。

本书选择企业是否完成了股权分置改革 (Gugai) 作为工具变量，若企业已经完成股权分置改革，则取值为 1，否则取值为 0。企业是否完成股权分置改革满足工具变量的条件：第一，企业是否完成股权分置改革会对实际控制人的财富集中度产生影响：首先，股权分置改革为实际控制人实现财富分散提供了前提条件。在股权分置改革完成之前，非流通股只能通过"协议"或"拍卖"的方式进行转让，限制较多，程序复杂，交易成本高，实际控制人的财富被集中在其控制的企业，难以通过交易实现财富的分散化。股权分置改革为实际控制人进行财富分散提供了前提条件。其次，股权分置改革提高了实际控制人股权价值的波动性，使其更有动机进行分散化投资来降低风险。股权分置改革完成后，实际控制人股权价值随企业股价的波动而波动，同时股权分置改革提高了公司治理的有效性（郑志刚等，2007；张学勇和廖理，2010），约束了实际控制人的自利行为。这激励了实际控制人通过分散投资来降低自己财富的风险。第二，股权分置改革是外生的政策变量，与企业风险承担的误差项不相关。

表4-16列出了 Heckman 模型第一阶段的检验结果。结果显示，实际控制人财富集中度与企业是否完成股权分置改革在1%的水平上显著正相关，即当企业完成股权分置改革时，实际控制人更有可能进行分散化投资。

表4-16　　　　　　　　　Heckman 模型第一阶段——probit 模型

	Div
Gugai	0. 248 ***
	(4. 61)
Size	0. 164 ***
	(5. 47)
Lev	0. 0619
	(0. 55)
ROA	- 0. 849 **
	(- 2. 25)
Cash	0. 506 **
	(1. 96)
Q	0. 0122
	(1. 08)
Age	0. 347 ***
	(8. 57)
Ownership	0. 0753
	(0. 57)

续表

	Div
ND	−0. 112 * (−1. 85)
Cap	−0. 00345 (−0. 23)
PPE	0. 0779 (0. 54)
Indratio	−0. 341 (−0. 99)
Hold	−0. 042 (−1. 04)
Maturity	0. 0486 (0. 99)
_cons	−5. 411 *** (10. 34)
年度固定效应	Y
行业固定效应	Y
N	8 549
PseudoR2	0. 096

注：回归中还包括年度、行业，限于篇幅的考虑，没有列出。 *** 、 ** 和 * 分别表示1% 、5% 、10% 的显著性水平，括号中的数字为 t 值。

表4 – 17 报告了赫克曼二阶段备择模型（Heckman 两阶段）第二阶段的检验结果，结果显示，在代入了逆米尔斯比率（Lambda）后，我们仍然得到了与表4 – 3 同样的检验结果，实际控制人财富集中度在普通最小二乘法线性回归（OLS）和固定效应回归中均对企业风险承担具有显著的负面影响。这进一步支持了本书的假设1A，即当实际控制人财富集中度较高时，其对高风险项目的容忍度越低，越有可能通过抑制企业风险承担的方式来降低自己的财富风险。

表 4 - 17　　　　　　　　　　　Heckman 模型第二阶段检验结果

	OLS 回归			固定效应回归		
	（1） ROA_sd_hou5	（2） ROA_sd_hou4	（3） ROA_sd_hou3	（4） ROA_sd_hou5	（5） ROA_sd_hou4	（6） ROA_sd_hou3
HHIControl	- 0. 106 ** （ - 2. 03）	- 0. 0883 * （ - 1. 87）	- 0. 0863 * （ - 1. 94）	- 0. 385 *** （ - 3. 82）	- 0. 224 *** （ - 2. 85）	- 0. 166 ** （ - 2. 48）
IMR	（0. 08） （ - 0. 89）	（0. 07） （ - 0. 83）	（0. 05） （ - 0. 65）	（0. 44） （ - 0. 66）	（0. 29） （ - 0. 51）	（0. 41） （ - 0. 73）
Size	- 0. 0329 * （ - 1. 79）	- 0. 0286 * （ - 1. 71）	- 0. 024 （ - 1. 49）	- 0. 0984 （ - 1. 07）	- 0. 0708 （ - 0. 90）	- 0. 0742 （ - 0. 99）
Lev	- 0. 00775 （ - 0. 16）	- 0. 00882 （ - 0. 20）	- 0. 0277 （ - 0. 68）	- 0. 169 ** （ - 2. 12）	- 0. 148 ** （ - 2. 25）	- 0. 149 *** （ - 2. 58）
ROA	- 0. 380 ** （ - 2. 31）	- 0. 335 ** （ - 2. 21）	- 0. 346 ** （ - 2. 39）	0. 525 （1. 06）	0. 333 （0. 78）	0. 277 （0. 69）
Cash	- 0. 212 ** （ - 2. 02）	- 0. 227 ** （ - 2. 32）	- 0. 190 ** （ - 1. 99）	- 0. 226 （ - 0. 77）	- 0. 165 （ - 0. 66）	- 0. 21 （ - 0. 88）
Q	0. 0262 *** （4. 88）	0. 0239 *** （4. 97）	0. 0190 *** （4. 63）	0. 0148 （1. 64）	0. 0128 * （1. 65）	0. 00594 （0. 87）
Age	- 0. 0237 （ - 0. 64）	- 0. 0186 （ - 0. 55）	- 0. 00523 （ - 0. 16）	- 0. 133 （ - 0. 63）	- 0. 0814 （ - 0. 45）	- 0. 114 （ - 0. 66）
Ownership	- 0. 135 ** （ - 2. 42）	- 0. 120 ** （ - 2. 39）	- 0. 102 ** （ - 2. 14）	- 0. 227 ** （ - 2. 02）	- 0. 199 ** （ - 2. 16）	- 0. 152 * （ - 1. 92）
ND	- 0. 0253 （ - 0. 85）	- 0. 0336 （ - 1. 22）	- 0. 0188 （ - 0. 76）	0. 064 （1. 01）	0. 0468 （0. 85）	0. 0527 （1. 03）
Cap	0. 0104 （1. 58）	0. 0111 * （1. 86）	0. 0103 * （1. 81）	0. 0041 （0. 57）	0. 00575 （0. 95）	0. 00692 （1. 25）
PPE	- 0. 138 ** （ - 2. 31）	- 0. 127 ** （ - 2. 31）	- 0. 140 *** （ - 2. 62）	- 0. 244 ** （ - 2. 40）	- 0. 186 ** （ - 2. 19）	- 0. 196 ** （ - 2. 58）
Indratio	0. 149 （1. 04）	0. 107 （0. 82）	0. 104 （0. 84）	0. 432 （1. 61）	0. 24 （1. 06）	0. 233 （1. 11）
Hold	- 0. 0222 （ - 1. 35）	- 0. 0224 （ - 1. 47）	- 0. 0182 （ - 1. 22）	- 0. 0613 * （ - 1. 93）	- 0. 0546 ** （ - 2. 01）	- 0. 0359 （ - 1. 42）

续表

	OLS 回归			固定效应回归		
	（1） ROA_sd_hou5	（2） ROA_sd_hou4	（3） ROA_sd_hou3	（4） ROA_sd_hou5	（5） ROA_sd_hou4	（6） ROA_sd_hou3
Maturity	0.0212 （1.07）	0.0199 （1.10）	0.0233 （1.35）	－0.00492 （－0.14）	0.00284 （0.10）	0.00296 （0.11）
_cons	0.862 （1.58）	0.707 （1.43）	0.583 （1.23）	3.512 （1.04）	2.404 （0.82）	2.633 （0.95）
年度固定效应	Y	Y	Y	Y	Y	Y
行业固定效应	Y	Y	Y	Y	Y	Y
N	4 356	5 358	6 438	4 356	5 358	6 438
adj. R－sq	0.045	0.033	0.024	0.024	0.0196	0.0146

注：回归中还包括年度、行业，限于篇幅的考虑，没有列出。***、** 和 * 分别表示 1%、5%、10% 的显著性水平，括号中的数字为 t 值。

2. 倾向得分匹配模型（PSM）

本书参考已有文献的做法（Dehejiaand Wahba，2002；任曙明和张静，2013），首先使用实际控制人是否进行财富分散变量（Div）变量进行 Logit 回归，计算出 PS 值。在表 4 - 2 的描述性统计中我们可以看出，只有不到 25% 的观测值存在实际控制人财富分散，为了避免匹配后损失大量样本，我们对观测值进行了 0.01 半径内 1:3 不放回的匹配。随后在筛选的样本中重复了表 4 - 4 的检验。表 4 - 18 列出了 PSM 匹配的平衡性假设检验结果。结果显示，匹配后（Matched）所有变量的标准化偏差（% bias）的绝对值都小于 4%，并且所有变量的组间均值差异检验结果均不显著，说明匹配结果较好地平衡了数据，满足平衡性假设。

表 4 - 18　　　　　　　　　　平衡性假设检验

Variable	Unmatched	Mean		% bias	% reduct	t - test	
	Matched	Treated	Control		bias	t	p > t
Size	U	21.90700	21.43500	44.9	99.3	10.68	0.000
	M	21.89300	21.89000	0.3		0.05	0.962
Lev	U	0.48386	0.41383	35.8	93.1	7.92	0.000
	M	0.48445	0.47961	2.5		0.44	0.658

续表

| Variable | Unmatched | Mean | | % bias | % reduct | t – test | |
	Matched	Treated	Control		bias	t	p > t
ROA	U	0.06404	0.06614	− 3.8	9.3	− 0.85	0.395
	M	0.06397	0.06206	3.4		0.58	0.563
Cash	U	0.04464	0.03984	5.9	60.9	1.35	0.178
	M	0.04446	0.04634	− 2.3		− 0.40	0.691
Q	U	2.23130	2.58110	− 20.2	93.8	− 4.53	0.000
	M	2.24490	2.26660	− 1.3		− 0.23	0.815
Age	U	2.34280	1.82810	73.7	99.1	15.42	0.000
	M	2.33580	2.34020	− 0.6		− 0.13	0.897
Ownership	U	0.47915	0.52702	− 28.5	94.9	− 6.67	0.000
	M	0.48049	0.48292	− 1.4		− 0.25	0.800
ND	U	0.09566	0.10472	− 3.5	68.4	− 0.77	0.441
	M	0.09690	0.09976	− 1.1		− 0.19	0.847
Cap	U	18.33400	18.08700	13.8	96.5	3.19	0.001
	M	18.30600	18.31500	− 0.5		− 0.08	0.936
PPE	U	0.21783	0.21344	3.1	27.3	0.70	0.482
	M	0.21637	0.21318	2.2		0.38	0.703
Indratio	U	0.36777	0.37097	− 6.3	39.0	− 1.44	0.149
	M	0.36723	0.36528	3.9		0.69	0.488
Hold	U	0.59869	0.66896	− 14.6	98.8	− 3.41	0.001
	M	0.59339	0.59256	0.2		0.03	0.977
Maturity	U	0.65533	0.63564	5.0	61.6	1.12	0.265
	M	0.65376	0.64620	1.9		0.35	0.730

表4-19列出了PSM匹配后的检验结果，结果同样显示，实际控制人财富集中度对企业风险承担有显著的负面影响。进一步支持了假设1A，即财富集中度较高的实际控制人对高风险项目的容忍度更低，更倾向于通过降低企业风险承担来降低自己的财富风险。

表 4 - 19　　实际控制人财富集中度与民营企业风险承担（PSM 配对后）

	OLS 回归			固定效应回归		
	(1) ROA_sd_hou5	(2) ROA_sd_hou4	(3) ROA_sd_hou3	(4) ROA_sd_hou5	(5) ROA_sd_hou4	(6) ROA_sd_hou3
HHIControl	-0.108 ** (-2.04)	-0.0904 * (-1.90)	-0.0883 ** (-1.97)	-0.388 *** (-3.80)	-0.226 *** (-2.84)	-0.165 ** (-2.45)
Size	-0.0215 * (-1.68)	-0.0183 (-1.58)	-0.0164 (-1.47)	-0.0399 * (-1.71)	-0.0312 (-1.64)	-0.0209 (-1.27)
Lev	-0.00451 (-0.09)	-0.00759 (-0.17)	-0.0272 (-0.66)	-0.155 ** (-2.05)	-0.137 ** (-2.20)	-0.132 ** (-2.49)
ROA	-0.432 *** (-2.82)	-0.383 *** (-2.71)	-0.382 *** (-2.85)	0.222 (1.51)	0.133 (1.02)	-0.00387 (-0.03)
Cash	-0.182 * (-1.82)	-0.203 ** (-2.18)	-0.171 * (-1.89)	-0.047 (-0.57)	-0.0471 (-0.64)	-0.0414 (-0.59)
Q	0.0274 *** (5.09)	0.0248 *** (5.19)	0.0196 *** (4.85)	0.0197 *** (3.06)	0.0161 *** (3.03)	0.0100 ** (2.54)
Age	0.00722 (0.51)	0.00691 (0.54)	0.0143 (1.19)	0.00473 (0.14)	0.00617 (0.21)	0.00882 (0.34)
Ownership	-0.133 ** (-2.34)	-0.122 ** (-2.39)	-0.103 ** (-2.12)	-0.208 * (-1.90)	-0.190 ** (-2.15)	-0.133 * (-1.78)
ND	-0.0322 (-1.10)	-0.04 (-1.50)	-0.0236 (-0.99)	0.025 (1.02)	0.0209 (0.99)	0.0175 (0.94)
Cap	0.0104 (1.56)	0.0110 * (1.82)	0.0103 * (1.80)	0.00292 (0.42)	0.00499 (0.85)	0.00587 (1.10)
PPE	-0.131 ** (-2.17)	-0.123 ** (-2.22)	-0.137 ** (-2.56)	-0.220 ** (-2.33)	-0.169 ** (-2.15)	-0.171 ** (-2.47)
Indratio	0.131 (0.92)	0.0897 (0.70)	0.0918 (0.75)	0.316 (1.61)	0.17 (1.04)	0.127 (0.86)
Hold	-0.026 (-1.60)	-0.0253 * (-1.69)	-0.0204 (-1.39)	-0.0771 *** (-3.46)	-0.0655 *** (-3.47)	-0.0501 *** (-2.92)

续表

	OLS 回归			固定效应回归		
	（1） ROA_sd_hou5	（2） ROA_sd_hou4	（3） ROA_sd_hou3	（4） ROA_sd_hou5	（5） ROA_sd_hou4	（6） ROA_sd_hou3
Maturity	0.0251 （1.26）	0.0233 （1.29）	0.0258 （1.50）	0.0122 （0.56）	0.0148 （0.79）	0.0198 （1.16）
_cons	0.425* （1.84）	0.33 （1.57）	0.3 （1.48）	1.305*** （2.87）	0.925** （2.46）	0.616* （1.89）
年度固定效应	Y	Y	Y	Y	Y	Y
行业固定效应	Y	Y	Y	Y	Y	Y
N	4 286	5 288	6 368	4 286	5 288	6 368
adj. R－sq	0.045	0.034	0.024	0.0243	0.0198	0.0145

注：回归中还包括年度、行业，限于篇幅的考虑，没有列出。***、** 和 * 分别表示1%、5%、10%的显著性水平，括号中的数字为 t 值。

（二）实际控制人财富集中度的替代变量

我们使用实际控制人财富集中度的替代变量进行了稳健性检验，总共选取了三个替代变量。第一，首先求出实际控制人控股与参股所有上市公司的投资额占其总对外投资额的比例，再对该比例与其倒数取自然对数的乘积求和，求出实际控制人财富的收入熵指数（EI），收入熵指数越大，实际控制人的财富集中度越低；第二，定义实际控制人是否进行分散化投资（Div）的虚拟变量，其中实际控制人控股与参股的公司个数等于1，实际控制人没有进行分散化投资，Div 取 0，否则为 1，实际控制人是否进行分散化投资虚拟变量越大，实际控制人的财富集中度越低；第三，求出实际控制人控股与参股的公司个数和的自然对数，定义实际控制人投资公司个数（NUMControl），实际控制人投资公司个数越大，实际控制人的财富集中度越低。然后我们重复了表 4-4 的检验，检验结果如表 4-20 所示。表 4-20 的检验结果显示，实际控制人财富的收入熵指数、实际控制人是否进行分散化的虚拟变量和实际控制人投资公司个数与企业风险承担均显著正相关。这说明，实际控制人的投资越分散，企业风险承担越高，与表 4-3 的检验结果一致，进一步支持了假设 1A 的推论。

表4-20　稳健性检验：实际控制人财富集中度的替代变量

	EIControl			Div			NUMControl		
	(1) ROA_sd_hou5	(2) ROA_sd_hou4	(3) ROA_sd_hou3	(4) ROA_sd_hou5	(5) ROA_sd_hou4	(6) ROA_sd_hou3	(7) ROA_sd_hou5	(8) ROA_sd_hou4	(9) ROA_sd_hou3
EIControl	0.234*** (3.80)	0.129*** (2.71)	0.0968** (2.38)						
Div				0.145*** (4.62)	0.103*** (4.07)	0.0910*** (4.12)			
NUMControl							0.137*** (3.76)	0.0856*** (2.95)	0.0738*** (2.94)
Size	-0.0401* (-1.75)	-0.0323* (-1.72)	-0.0208 (-1.28)	-0.0417* (-1.89)	-0.0339* (-1.90)	-0.0221 (-1.44)	-0.0412* (-1.87)	-0.0329* (-1.85)	-0.0208 (-1.35)
Lev	-0.153** (-2.04)	-0.138** (-2.24)	-0.132** (-2.51)	-0.155** (-2.17)	-0.139** (-2.38)	-0.116** (-2.34)	-0.161** (-2.26)	-0.142** (-2.44)	-0.120** (-2.42)
ROA	0.217 (1.50)	0.127 (0.99)	-0.00616 (-0.05)	0.196 (1.41)	0.101 (0.84)	-0.032 (-0.29)	0.191 (1.38)	0.101 (0.84)	-0.0323 (-0.30)
Cash	-0.0409 (-0.50)	-0.0435 (-0.60)	-0.0421 (-0.61)	-0.0345 (-0.44)	-0.038 (-0.55)	-0.0317 (-0.49)	-0.0361 (-0.46)	-0.0407 (-0.59)	-0.0333 (-0.51)
Q	0.0189*** (3.01)	0.0156*** (2.99)	0.0101*** (2.61)	0.0186*** (3.07)	0.0154*** (3.14)	0.00878** (2.44)	0.0186*** (3.07)	0.0153*** (3.13)	0.00884** (2.46)
Age	0.00468 (0.14)	0.00905 (0.33)	0.0112 (0.45)	0.0114 (0.36)	0.0133 (0.51)	0.0113 (0.48)	0.0139 (0.44)	0.0149 (0.57)	0.0133 (0.57)
Ownership	-0.209* (-1.95)	-0.185** (-2.14)	-0.131* (-1.79)	-0.159 (-1.56)	-0.153* (-1.90)	-0.121* (-1.77)	-0.166 (-1.63)	-0.159** (-1.97)	-0.124* (-1.82)

续表

| | EIControl | | | Div | | | NUMControl | | |
	(1) ROA_sd_hou5	(2) ROA_sd_hou4	(3) ROA_sd_hou3	(4) ROA_sd_hou5	(5) ROA_sd_hou4	(6) ROA_sd_hou3	(7) ROA_sd_hou5	(8) ROA_sd_hou4	(9) ROA_sd_hou3
ND	0.0255 (1.05)	0.0212 (1.02)	0.0177 (0.96)	0.024 (1.02)	0.0205 (1.03)	0.0192 (1.10)	0.0235 (1.00)	0.0198 (0.99)	0.0188 (1.07)
Cap	0.00268 (0.39)	0.00499 (0.86)	0.00583 (1.10)	0.00281 (0.43)	0.00469 (0.86)	0.00527 (1.06)	0.00287 (0.44)	0.00475 (0.87)	0.00522 (1.05)
PPE	-0.216** (-2.32)	-0.167** (-2.17)	-0.171** (-2.51)	-0.211** (-2.35)	-0.159** (-2.20)	-0.162** (-2.51)	-0.212** (-2.37)	-0.160** (-2.21)	-0.162** (-2.51)
Indratio	0.308 (1.59)	0.159 (0.99)	0.123 (0.84)	0.283 (1.53)	0.136 (0.90)	0.111 (0.83)	0.281 (1.52)	0.137 (0.91)	0.108 (0.80)
Hold	-0.0763*** (-3.47)	-0.0644*** (-3.45)	-0.0495*** (-2.92)	-0.0740*** (-3.50)	-0.0640*** (-3.63)	-0.0491*** (-3.08)	-0.0731*** (-3.46)	-0.0635*** (-3.60)	-0.0489*** (-3.07)
Maturity	0.0127 (0.59)	0.0147 (0.79)	0.0194 (1.15)	0.0132 (0.65)	0.0154 (0.89)	0.0209 (1.32)	0.0134 (0.65)	0.0157 (0.91)	0.0209 (1.33)
_cons	0.927** (2.13)	0.722** (1.99)	0.448 (1.43)	0.928** (2.22)	0.740** (2.15)	0.473 (1.60)	0.924** (2.20)	0.725** (2.10)	0.452 (1.53)
年度固定效应	Y	Y	Y	Y	Y	Y	Y	Y	Y
行业固定效应	Y	Y	Y	Y	Y	Y	Y	Y	Y
N	4 356	5 358	6 438	4 522	5 628	6 798	4 522	5 628	6 798
adj. R - sq	0.0238	0.0194	0.0144	0.025	0.0211	0.0157	0.0229	0.0194	0.0143

注：回归中还包括年度、行业，限于篇幅的考虑，没有列出。***、** 和 * 分别表示 1%、5%、10% 的显著性水平，括号中的数字为 t 值。另外，表中全部为固定效应回归的结果，OLS 回归结果全部显著，这里没有列出。

（三）民营企业风险承担的替代变量

我们使用民营企业风险承担的替代变量进行了稳健性检验，总共选取了四个替代变量，以五年期、四年期和三年期的滚动方式计算的经行业调整的ROA 的极差和以五年期的滚动方式计算的经行业调整的年度股票回报率的标准差，然后我们重复了表 4 - 3 的检验，检验结果如表 4 - 21 所示。表 4 - 21 的检验结果显示，实际控制人财富集中度与企业风险承担均显著负相关。这说明，实际控制人的投资越集中，企业风险承担越低，与表 4 - 3 的检验结果一致，进一步支持了假设 1A 的推论。

表 4 - 21　　　　稳健性检验：民营企业风险承担的替代变量

	（1） ROA_jc_hou5	（2） ROA_jc_hou4	（3） ROA_jc_hou3	（4） RiskT_year_hou5
HHIControl	- 0. 869 *** (- 3. 84)	- 0. 454 *** (- 2. 87)	- 0. 287 ** (- 2. 46)	- 0. 102 ** (- 2. 11)
Size	- 0. 0886 * (- 1. 72)	- 0. 0630 * (- 1. 67)	- 0. 0357 (- 1. 25)	- 0. 142 *** (- 12. 98)
Lev	- 0. 336 ** (- 2. 00)	- 0. 280 ** (- 2. 26)	- 0. 233 ** (- 2. 54)	0. 0805 ** (2. 27)
ROA	0. 477 (1. 47)	0. 242 (0. 94)	- 0. 0226 (- 0. 11)	- 0. 129 * (- 1. 88)
Cash	- 0. 0894 (- 0. 49)	- 0. 0842 (- 0. 58)	- 0. 0768 (- 0. 64)	0. 0596 (1. 55)
Q	0. 0427 *** (3. 03)	0. 0320 *** (3. 04)	0. 0182 *** (2. 69)	- 0. 0401 *** (- 13. 41)
Age	0. 0116 (0. 16)	0. 0195 (0. 35)	0. 0203 (0. 47)	- 0. 00864 (- 0. 55)
Ownership	- 0. 455 * (- 1. 89)	- 0. 368 ** (- 2. 11)	- 0. 225 * (- 1. 75)	0. 277 *** (5. 43)
ND	0. 0557 (1. 02)	0. 0431 (1. 02)	0. 0312 (0. 96)	- 0. 00839 (- 0. 72)

	（1） ROA_jc_hou5	（2） ROA_jc_hou4	（3） ROA_jc_hou3	（4） RiskT_year_hou5
Cap	0.00604 （0.39）	0.0101 （0.86）	0.0104 （1.13）	－ 0.00203 （ － 0.63）
PPE	－ 0.486 ** （ － 2.33）	－ 0.335 ** （ － 2.16）	－ 0.302 ** （ － 2.53）	0.0628 （1.42）
Indratio	0.689 （1.58）	0.313 （0.96）	0.212 （0.83）	0.0733 （0.80）
Hold	－ 0.168 *** （ － 3.41）	－ 0.128 *** （ － 3.42）	－ 0.0854 *** （ － 2.88）	0.00866 （0.83）
Maturity	0.0292 （0.60）	0.0307 （0.82）	0.0351 （1.19）	0.00435 （0.43）
_cons	2.919 *** （2.91）	1.869 ** （2.51）	1.055 * （1.88）	3.395 *** （15.99）
年度固定效应	Y	Y	Y	Y
行业固定效应	Y	Y	Y	Y
N	4 356	5 358	6 438	4 348
adj. R － sq	0.0236	0.0195	0.0145	0.1272

注：回归中还包括年度、行业，限于篇幅的考虑，没有列出。***、** 和 * 分别表示 1%、5%、10% 的显著性水平，括号中的数字为 t 值。

（四）国有企业实际控制人财富集中度与企业风险承担

我们在国有企业样本中检验了企业实际控制人财富集中度对企业风险承担的影响，表 4－22 列出了检验结果。结果显示：国有企业实际控制人的财富集中度对企业风险承担在普通最小二乘法线性回归（OLS）和固定效应回归中均没有显著影响，这与前文的推论一致。这是因为：第一，国有上市公司的实际控制人一般为大型国有企业集团（钟海燕等，2010），其本身控制着较多的国有资产。第二，国有企业存在政府"支持之手"效应（Faccio，2006），政府的支持保险作用降低了国有企业的高风险项目的失败风险。第三，大部分国有企业实际控制人为企业集团，其绩效目标和考核制度具有多元化的特点（刘峰，2015），降低财富风险并不是其追求的主要目标。基于以上三点原因，实际控制人的财富集中度对国有企业风险承担的影响并不显著。

表 4 - 22　　　　　　　　稳健性检验：国有企业实际控制人财富
集中度与民营企业风险承担

	OLS 回归			固定效应回归		
	(1) ROA_sd_hou5	(2) ROA_sd_hou4	(3) ROA_sd_hou3	(4) ROA_sd_hou5	(5) ROA_sd_hou4	(6) ROA_sd_hou3
HHIControl	0.00322 (0.26)	0.000512 (0.05)	-0.00122 (-0.13)	-0.0187 (-0.98)	-0.0297 (-1.46)	-0.027 (-1.39)
Size	-0.00365 (-0.97)	-0.000786 (-0.24)	0.000608 (0.21)	0.00852 (1.09)	-0.00394 (-0.48)	-0.00619 (-0.82)
Lev	0.0786*** (4.78)	0.0766*** (5.27)	0.0608*** (4.95)	0.0402 (1.61)	0.0887*** (3.36)	0.0780*** (3.22)
ROA	-0.153*** (-2.71)	-0.163*** (-3.21)	-0.0992** (-2.34)	-0.136*** (-2.92)	-0.108** (-2.06)	-0.0511 (-1.02)
Cash	-0.0358 (-0.94)	0.00678 (0.20)	0.0254 (0.86)	0.0618** (2.28)	0.0730** (2.35)	0.0817*** (2.65)
Q	0.00451* (1.67)	0.00422* (1.78)	0.00405** (2.18)	-0.00612** (-2.34)	-0.00376 (-1.30)	-0.000162 (-0.06)
Age	0.0136*** (2.59)	0.00895* (1.90)	0.00691* (1.72)	-0.0316** (-2.19)	-0.0338** (-2.22)	-0.0254* (-1.79)
Ownership	-0.0216 (-1.13)	-0.0125 (-0.74)	-0.0091 (-0.63)	-0.0116 (-0.30)	0.0101 (0.25)	0.0177 (0.48)
ND	-0.00522 (-0.72)	-0.00263 (-0.40)	-0.00221 (-0.40)	0.000739 (0.14)	0.00305 (0.53)	0.00374 (0.65)
Cap	0.000807 (0.34)	-0.002 (-0.96)	-0.00312* (-1.79)	-0.00245 (-1.10)	-0.00423* (-1.73)	-0.00400* (-1.70)
PPE	0.024 (1.36)	0.0245 (1.56)	0.0298** (2.24)	0.0712*** (3.02)	0.0619** (2.38)	0.0709*** (2.84)
Indratio	-0.0514 (-1.07)	-0.036 (-0.84)	-0.0217 (-0.60)	-0.0209 (-0.37)	0.0204 (0.33)	0.0157 (0.28)
Hold	-0.0031 (-0.59)	-0.00134 (-0.29)	-0.0018 (-0.46)	0.00205 (0.35)	0.000946 (0.15)	-0.000929 (-0.16)
Maturity	-0.0121 (-1.62)	-0.00483 (-0.73)	0.000113 (0.02)	0.0167** (2.35)	0.0200** (2.56)	0.0161** (2.16)
_cons	0.0993 (1.56)	0.0675 (1.19)	0.0581 (1.20)	-0.0168 (-0.11)	0.227 (1.35)	0.246 (1.59)
年度固定效应	Y	Y	Y	Y	Y	Y
行业固定效应	Y	Y	Y	Y	Y	Y

	OLS 回归			固定效应回归		
	（1） ROA_sd_hou5	（2） ROA_sd_hou4	（3） ROA_sd_hou3	（4） ROA_sd_hou5	（5） ROA_sd_hou4	（6） ROA_sd_hou3
N	5 120	6 004	6 898	5 120	6 004	6 898
adj. R – sq	0.141	0.107	0.087	0.0159	0.0179	0.0189

注：回归中还包括年度、行业，限于篇幅的考虑，没有列出。***、** 和 * 分别表示 1%、5%、10% 的显著性水平，括号中的数字为 t 值。

第五节　典型省区的回归结果——基于广西和广东地区的分析结果

我们进一步分析了典型省份的回归结果，通过聚焦广西和广东地区来看在控制了地理和其他发展因素的影响后，改革开放对实际控制人财富集中度与企业风险承担的关系有怎样的影响。由于广西和广东地区在地理上是交界的，地理位置、地貌、资源、气候、文化等都有很强的相似性，但是由于改革开放将广东列为前沿阵地，使得广东广西的发展出现显著差异。在改革开放之初设立的几个经济特区中，广东就有深圳、珠海和汕头三个；在全国第一批 14 个沿海开放城市中，广东就有广州和湛江两座城市，这说明广东在改革开放中拥有着重要的地位。改革开放使得广东拥有了先行先试的政策优势，其市场化程度、发展水平等均领先于广西，樊纲等（2018）计算的市场化指数显示 2008 ~ 2016 年广东的市场化指数从 7.52 逐步增长到了 9.86，而广西始终在 5.00 ~ 6.50 之间波动，这说明广东地区的市场化程度显著高于广西地区。所以我们通过聚焦广西和广东地区，来进一步说明改革开放进程对实际控制人财富集中度与企业风险承担的关系的影响。

我们在广西和广东地区的样本中进一步检验了企业实际控制人财富集中度对民营企业风险承担的影响，由于广西和广东地区的样本只有 62 和 653 个，样本较少，所以我们简化了控制变量，选取最常用的五个控制变量，并对行业控制变量简化为是否为制造业，表 4 – 23 列出了检验结果。结果显示：在广西地区，无论对于 HHIControl 还是 EIControl，实际控制人的财富集中度对企业风险承担在 OLS 回归和固定效应回归中均显著；在广东地区，除了 HHIControl 与 ROA_sd_hou5 的固定效应回归在 10% 的水平上显著外，其他结果均不显著。这说明改革开放可以一定程度上削弱实际控制人财富集中度对企业风险承担的负面影响。所以通过加快改革开放进程，可以减小实际控制人对企业风险承担的不利影响，从而促进企业发展，进一步推动地区经济的全面发展，形成良性循环。

表4-23　广西与广东地区实际控制人财富集中度与民营企业风险承担

| | 广西 | | | | 广东 | | | |
| | ROA_sd_hou5 | | | | | | | |
	(1) OLS回归	(2) 固定效应回归	(3) OLS回归	(4) 固定效应回归	(5) OLS回归	(6) 固定效应回归	(7) OLS回归	(8) 固定效应回归
HHIControl	-0.0660** (-2.13)	-0.371*** (-2.73)			-0.0452 (-1.35)	-0.114* (-1.86)		
EIControl			0.0434** (2.03)	0.336** (2.72)			0.0165 (0.7700)	0.0508 (1.2500)
Size	-0.00394 (-0.92)	0.00338 (0.56)	-0.00395 (-0.92)	0.00329 (0.55)	-0.0241*** (-5.03)	-0.0251** (-2.39)	-0.0239*** (-4.98)	-0.0251** (-2.38)
Lev	-0.0459** (-2.39)	-0.111*** (-3.59)	-0.0458** (-2.38)	-0.111*** (-3.59)	0.0312 (1.35)	-0.0104 (-0.34)	0.0301 (1.30)	-0.0131 (-0.44)
ROA	-0.0552 (-0.81)	-0.0777 (-0.83)	-0.0557 (-0.82)	-0.0768 (-0.82)	-0.157** (-2.01)	0.00374 (0.06)	-0.156** (-2.00)	0.00392 (0.06)
Q	0.000439 (0.18)	-0.000177 (-0.07)	0.000394 (0.16)	-0.000178 (-0.07)	-0.000675 (-0.23)	0.00189 (0.70)	-0.000846 (-0.29)	0.00181 (0.66)
Age	0.0196*** (4.26)	0.0165 (1.25)	0.0197*** (4.24)	0.0164 (1.24)	0.0210*** (4.65)	0.0255*** (3.04)	0.0216*** (4.76)	0.0259*** (3.08)
_cons	0.187** (2.07)	0.352* (1.87)	0.121 (1.41)	-0.0201 (-0.16)	0.619*** (5.73)	0.665*** (2.94)	0.570*** (5.68)	0.551** (2.53)
年度固定效应	Y	Y	Y	Y	Y	Y	Y	Y
行业固定效应	Y	Y	Y	Y	Y	Y	Y	Y
N	62	62	62	62	653	653	653	653
adj. R-sq	0.322	0.3942	0.317	0.3929	0.146	0.0519	0.144	0.0483

注：回归中还包括年度、行业，限于篇幅的考虑，没有列出。***、**和*分别表示1%、5%、10%的显著性水平，括号中的数字为t值。

第六节　本　章　小　结

本章分析实际控制人财富集中度是否影响民营企业风险承担水平，来判断实际控制人财富集中度是通过加剧第二类代理问题的"风险分散效应"还是通过缓解第一类代理问题的"信息效应假说"来影响企业风险承担水平的，以及在不同宏观、中观和微观风险环境下的两者的关系，并且进一步研究了政府补助在其中的"成本补贴效应"、机构投资者在其中的"制衡效应"和实际控制人个人特征对两者关系的影响。我们以 2009～2017 年的 A 股民营上市公司为样本，检验结果发现，总体而言，实际控制人财富集中度对企业风险承担显著负相关，而且在经济低迷、地区市场化程度小、产品行业竞争大、高新技术行业、公司规模小、期初绩效低、政府补助低、机构投资者持股比例低、实际控制人学历低、实际控制人兼任董事长时更显著。这些检验结果表明，实际控制人财富集中度高时，会加剧其与中小股东的代理问题，实际控制人会为了分散自己的财富风险侵害中小股东对高风险高收益项目的选择权利，降低企业风险承担水平，减小企业对风险高而 NPV 为正的项目的选择，不利于企业价值的进一步提升。而且在外部风险环境较高的情况下，这种效应更突出。但是政府补助可以通过"分摊投入成本"的方式"缓冲"选择高风险项目给实际控制人带来的财富风险，提高企业的风险承担，机构投资者也可以有效地约束实际控制人通过减少高风险高收益的项目选择来降低自身财富风险的自利行为，从而削弱高实际控制人财富集中度对企业风险承担的负面影响。另外，实际控制人学历和兼任董事长都会对两者关系产生影响，高学历实际控制人更有能力和意愿去从事高风险投资，从而缓解实际控制人财富集中对民营企业风险承担的负面影响；而实际控制人兼任董事长基于更高的控制权加深了代理问题从而会增加实际控制人财富集中对民营企业风险承担的负面影响。另外，通过进一步将研究聚焦在广西和广东地区，在控制了地理、自然资源、气候等因素的影响后研究了改革开放对实际控制人财富集中度和企业风险承担的关系影响，结果显示改革开放能够基于其推动整个地区经济发展和市场化进程的优势抑制实际控制人财富集中度对企业风险承担的负面效应。

大量研究认为，在大股东和中小股东代理问题的情况下，大股东会进行较多的利益输送，占用公司资产来掠夺小股东利益（Myers and Rajan，1998；罗琦和王寅，2010；窦欢和陆正飞，2017），进而降低公司的盈余持续性（窦欢和陆正飞，2017）、使公司卷入高风险的营销战略（唐跃军等，2012）、对企业价值存在侵蚀效应（文春晖和任国良，2015）。这主要是公司收益角度的大股东与中小股东的代理问题，而收益和风险是相对应的，两者也是相伴而生的，本章从风险角度研究了两者的代理问题，中小股东由于财富较为分散，其自身承担的风险较低，所以希望其投资的企业适度承担风险以赚取较高的收益；而财富集中的大股东将其投资集中于较少的企业，有的甚至全部集中在一家企业，这使得大股东承担了较高的公司系统与非系统风险，尤其是没有分散掉的非系统风险使得大股东面临较大的财富风险，所以大股东希望通过企业较少风险项目来降低自己的财富风险，这种风险偏好的不一致，引发了基于风险视角的大股东和中小股东的代理问题。因此，本章的研究有着非常重要的理论含义，即提出了从风险角度的大股东与中小股东的代理问题，而且验证了政府补助和机构投资者以及改革开放进程对代理问题的缓解作用，所以为提高企业对风险的承担水平，更好地推动了中国经济的发展，在短期内，可以进一步通过政策改革强化"分摊企业风险成本"、发挥机构投资者"监督制衡"的作用，以削弱实际控制人财富集中度对企业风险承担的负面影响；在长期内，可以继续推进改革开放进程，提高地区整体市场化程度来抑制负面影响；更长远来看，可以利用中国法制体系和金融市场的改革，让市场自主调节形成分散化投资的股东，进而提高企业高风险项目容忍度，推动经济的长远发展。

第五章

作 用 机 制

——实际控制人财富集中度对民营企业投资的影响研究

第一节　问题的引入

一、研究背景

索罗模型提出资本积累等于社会储蓄减去资本折旧，储蓄部分也就是用于投资的部分。也就是说，当国民收入中用于投资的比率不低于资本折旧的比率，该经济体才会实现资本累积的增加；而当国民收入中用来投资的部分小于资本折旧，该经济体中的人均配置资本则会逐渐减少，引起社会产能的降低。在需求方面，投资是拉动总需求的重要组成部分，它不仅可以增加资本，还会增加经济的生产能力。在供给方面，投资在长时期里决定资本存量的规模，因而有助于决定长期经济增长。高经济增长国家之所以成为高经济增长国家，一个原因是它们从其产出中拿出了一个实实在在的部分进行了投资。进而言之，投资连接着现在和未来，投资也连接着货币市场和商品市场。投资支出的动荡不定会造成 GDP 的部分波动，因而经济学家们认为投资的波动造成了大多数经济周期。对于宏观经济而言，我国改革开放 40 多年的经济持续高速增长离不开由于投资带来的供给需求增加的推动力量。对于微观企业而言，投资决策是企业三大财务决策的核心，体现了企业战略层面的规划，是提升企业价值和增加股东财富的关键，只有正确且具有效率的投资才能使企业在激烈的市场竞争中搏得一席之位。因此，分析我国上市企业投资行为不仅对于宏观经济稳定增长具有重要意义，对于微观企业自身发展也具有重要意义。

在新古典综合派的投资理论中，企业的投资完全独立于金融因素之外，仅仅取决于资本成本与资本回报，这其中的代表理论就有乔根森（1963）提出的企业最优资本存量模型，以及托宾（1969）投资理论。前者认为企业投资决策主要受生产要素价格和产出水平的影响，该模型从厂商长期利润最大化的角度出发，利用边际分析法研究企业投资行为，建立了企业最优资本存量模型。后者将金融市场与企业的投资行为联系起来，以市场价值与资本重置价值之比是否大于 1 来决定是否增加投资，如果大于 1，则表明目前股票市场上，企业的估价不低于资本的重置成本，进而说明了企业的市场价值提高可以通过购置新的资本来实现，即以较少的投资成本获得更大的价值增量。然而，随着关于不确定性和信息经济学的研究逐渐兴起，学术界形成了预期效用函数、委托代理理论（Jensen and Meckling，1976）等比较成熟的用来分析资本市场不确定性以及信息不对称的理论基础，企业投资理论逐渐加入金融因素，放宽完美市场假设的限制。优序融资理论就是以不完全信息和交易成本为基础，从融资约束角度提出企业的投资决策受限于自身的自由现金流，指出了企业的首选融资方式是内源融资。同时，由于代理冲突和信息不对称的客观存在，企业投资理论逐渐转向研究影响投资效率的各种因素，例如在投资者情绪方面，波克和萨皮恩扎（Polk and Sapienza，2008）认为企业投资决策存在迎合投资者情绪的表现，关注股票价格的经理人会迎合投资者情绪来扩大或缩小投资总量；在政治关系方面，罗党论和甄丽明（2008）实证检验了民营企业的政治关系对减轻融资约束的作用，研究发现有政治关系的民营企业其外部融资时所受的融资约束更少；在企业生命周期方面，李云鹤等（2011）从企业发展进程的动态层面考察上市公司投资效率的动态演变，发现我国上市公司过度投资随生命周期呈先降后升的趋势变化；在股权结构方面，饶育蕾和汪玉英（2006）以非金融性 A 股公司为样本研究了大股东对公司投资的影响，发现了大股东持股比例是造成过度投资的重要因素等，学术研究更加贴近实务界的企业。本章以实际控制人财富集中为视角研究其对企业投资的影响，是基于代理冲突引发企业非效率投资来具体研究实际控制人财富集中导致的自身风险偏好是否与中小股东的偏好具有显著不同，从而出于大股东自利行为对做出不利于企业整体价值的投资决策，不仅为分析企业投资效率成因提供了新的落脚点，也为政府拉动具有不同实际控制人财富集中度的企业投资需求提供了新的思路。

　　结合本书第四章关于实际控制人财富集中度对民营企业风险承担的研究成果，我们认为根据马科维茨的投资组合理论（Markovitz，1959），实际控制人的财富集中度通过影响其财富风险分散化水平，进而影响到企业的风险承担水平。具体来说，实际控制人为了平衡自己财富集中引起的较高的非系统风险，利用自己的控制权操纵企业决策来降低企业风险承担，因此，随着企业实际控制人财富集中度的提高，实际控制人风险承担的能力和意愿下降，进而导致企业的风险承担明显降低。那么，在这种情况下，为了对冲实际控制人的财富风险，企业的投资决策是否会受到实际控制人的影响呢？即受实际控制人财富集中度所影响的风险承担是否体现在企业投资水平上？并且，是否存在某些调节因素缓和或是加强其中的影响效用也是值得深入探讨的内容。企业作为资本市场的重要组成部分，具有独立自主的决策和管理等能力，是经济体制中不可或缺的一环。因此，研究实际控制人财富集中度对民营企业投资的影响不仅可以更加深入地理解企业自身的生存发展状况，还可以为政府制定企业扶持政策提供有益的参考建议。

二、研究内容

本章从实际控制人财富集中度会降低民营企业风险承担这一主要结论出发，以 2009~2017 年 A 股民营上市公司为样本，研究实际控制人财富集中度对民营企业投资的影响。从理论上来说，第四章的研究结论证明了"风险分散效应"和"保险效应"占主导。从前者角度来看，马科维茨投资组合理论（Markovitz，1959）认为较高的财富集中不利于风险分散，使得企业实际控制人在面对新的投资机会时会更加谨慎，进而降低企业投资水平。从后者角度来看，当实际控制人财富更分散时，其持有多家上市公司的股权，而不同的企业会通过关联交易、担保等互相支持的方式实现风险分享，形成互保效应（He et al.，2013；潘红波等，2014）。反而言之，当实际控制人财富更集中时，其失去了这种互保效应，企业的非系统风险无法得到分享，进而使得实际控制人更加规避风险，投资意愿下降进而降低企业投资水平。本章实证结果发现实际控制人财富集中度会抑制企业投资，证实了这两种效应的存在。

在此基础上，本章进一步分析，GDP 增速这一外部经济环境、机构投资、实际控制人学历这三个因素是否会影响实际控制人财富集中度对企业投资的抑制作用。当 GDP 增速低时，宏观经济处于低迷期，企业面临的环境不确定性更大，实际控制人所感知的系统风险与非系统风险都显著上升，这会使得财富集中度越高的实际控制人风险厌恶更强烈，进而加强实际控制人财富集中度对企业投资的抑制作用；相反当 GDP 增速高时，宏观经济处于繁荣期，不仅企业面临的非系统风险下降，同时会有更多的净现值大于零的项目出现，在一定程度上会减轻实际控制人财富集中度对企业投资的抑制作用。当机构投资者在企业持股比例更高时，其更有动机参与公司治理，发挥对实际控制人的监督制衡作用，约束实际控制人因自身财富集中而偏向风险厌恶的自利行为，减轻其对企业投资的抑制作用；相反，当机构持股在企业持股比例较低或缺失时，实际控制人失去了这一主要的监督制衡力量，会更加按照自己的意愿进行投资决策，从而加强实际控制人财富集中度对企业投资的抑制作用。当实际控制人学历越高时，实际控制人会更愿意承担风险，减轻其财富集中度对企业投资的抑制作用；相反，当实际控制人学历越低时，其对自身决策的不自信会加剧风险厌恶的程度，从而加强其财富集中度对企业投资的抑制作用。本章的进一步研究结果表明，当 GDP 增速低、机构持股比例小、实际控制人学历低时，实际控制人财富集中度对企业投资的抑制作用显著存在。

三、研究目标与意义

本章的研究目标在于：（1）在第四章的基础上，探究实际控制人财富集中度对民营企业投资的影响。（2）探究实际控制人财富集中度对民营企业投资的影响是否会受到外部经济发展水平（即 GDP 增速）的影响。（3）探究实际控制人财富集中度对民营企业投资的影响是否会受到企业股权制衡（即机构持股）的影响。（4）探究实际控制人财富集中度对民营企业投资的影响是否会受到实际控制人个人特征（即学历）的影响。

本章的理论意义在于：第一，以中国民营上市公司为例，从实际控制人财富集中这一维度对企业投资的相关研究进行了发展和创新。现有研究主要从信息不对称、外部融资约束和管理者角度分析企业投资的影响因素（Myers and Majluf，1984；Fazzari et al.，1987；Baker et al.，2003；Aggarwal and Samwick，2006），本章从实际控制人财富集中这一角度补充了基于大股东视角对企业投资的影响研究。在中国上市公司股权集中这一大背景下，探讨实际控制人本身对企业投资的影响是文献研究本土化的重要体现。

第二，从风险偏好这一视角对第二类代理问题与企业投资关系的相关研究进行了发展和创新。以往文献主要从大股东"掏空"效应（李增泉等，2004；姜国华等，2005）或是"协同"效应（Johnson et al.，2000；饶育蕾和汪玉英，2006）等侵占中小股东权益的角度讨论其对企业投资的影响，鲜少基于二者的风险偏好差异展开研究。本章基于实际控制人财富集中度造成的大股东与中小股东对非系统风险的偏好不一致这一视角，补充了第二类代理问题与企业投资关系的相关研究。

第三，从投资意愿这一资金需求的角度讨论实际控制人财富集中对企业投资的影响。关于企业投资水平的相关研究主要是从资金供给，即企业受到的融资约束的角度所展开的研究，其理论依据在于融资约束的大小关系到企业是否有足够的现金流用于项目投资，但是从资金需求，即企业是否存在投资意愿所展开的研究并不多。本章基于风险角度探讨实际控制人财富集中对其风险偏好的影响，进而使得投资项目的吸引力变化所导致的企业投资决策发生变化，补充了风险偏好与企业投资决策的相关研究。

第四，从 GDP 增速的视角对环境不确定性与企业投资的相关研究进行了补充。现有研究探讨了货币政策、政府治理水平以及法律制度环境等外部因素对企业投资的影响（陈德球和李思飞，2012；喻坤等，2014；韩东平和张鹏，2015；潘红波和陈世来，2017），关于环境不确定的研究与企业投资的研究较少，且主要从公司股票收益的波动程度对环境不确定性进行衡量（Bulan，2005；徐倩，2014）。本章以 GDP 增速作为环境不确定性的划分标准，补充了环境不确定性与企业投资的相关研究。

第五，从机构投资者发挥监督制衡作用这一视角对机构持股与企业投资的相关研究进行了拓展。已有关于机构投资者与企业投资关系的研究主要从融资约束角度出发，张纯和吕韦（2007）的研究表明机构投资者能够降低民营企业的融资约束。布希（Bushee，1998）认为当机构持有者持股比例较高时，其更有动力和能力参与公司决策从而约束大股东自利行为。本章从机构投资者发挥监督制衡作用这一视角拓展了机构持股与企业投资的相关研究。

本章的实践意义在于：第一，本章深入剖析实际控制人财富集中对企业投资敏感性的影响，有助于分析和挖掘影响企业投资水平的背后因素，从而提升企业的投资水平和投资效率；第二，本章考虑了宏观经济环境对实际控制人财富集中与企业投资敏感性的影响，研究成果为政府在不同经济周期制定相应的经济政策提供决策依据；第三，本章考虑了机构持股对实际控制人财富集中与企业投资敏感性的影响，研究结果证明了机构持股对实际控制人自利行为的监督制衡作用，为改善中国资本市场鼓励机构投资者参与公司治理提供理论证据；第四，本章考虑了实际控制人学历对实际控制人财富集中与企业投资敏感性的影响，探析实际控制人决策行为的深层次原因，相关结论能为企业实际控制人的激励和监督提供进一步实践指导。

四、本章的框架

本章一共分为六个小节，其中第一节是问题的引入，主要介绍本章的研究背景、研究内容、研究意义、创新点；第二节是研究理论分析与研究假设，主要提出关于实际控制人财富集中与企业投资的四个研究假设；第三节是研究数据与方法，将基于第二节的研究假设通过面板数据建立多元回归模型；第四节是结果与分析，主要对第三节的数据结果进行分析与解释；第五节是基于典型地区的对比研究；第六节是本章小结，对本章内容进行总结与归纳。

第二节 理论分析与研究假设

一、实际控制人财富集中度与民营企业投资

美国是典型的股权结构分散化国家，而大多数国家都具有股权高度集中的特点。大股东相比于分散化的中小股东，能够更好地参与公司治理。与此同时，中小股东难以集体行动的特点也造成了其合法权益被大股东侵占的问题，主要是控制权和现金流权相分离所导致的。约翰逊等（Johnson et al.，2000）将大股东代理现象用"掏空"一词进行了概括，他们认为企业投资决策的最终决定权在大股东手中，大股东出于私人收益角度更倾向于将公司资金投入到能够产生协同效应的关联企业或者从关联企业中以高于公允价值的价格购买资产，造成企业的过度投资。潘红波和余明桂（2014）从大股东为什么要进行两权分离这一问题出发，发现两权分离这种制度能够在大股东出资额不变时，帮助大股东削减监督企业高管所需表决权的资金门槛，帮助大股东监督更多企业，达到分散化投资以降低风险的目的。也有研究表明，控股股东持股比例的增加能有效降低企业过度投资水平（宋小保，2013）。国内关于投资方面的文献主要研究了信息披露、信用评级、投资者情绪、政治联系、内部控制、管理者背景特征等对投资的影响。张纯和吕伟（2007）的实证结果证明企业的融资约束能随信息披露水平的提高而降低；王雄元和张春强（2013）为了检验信用评级与债务融资成本的关系，从银行发行的中期票据出发进行研究，结果显示信用评级越高，中期票据融资成本越低；花贵如等（2010）通过研究分析，得出了投资者情绪与企业过度投资显著正相关，而与投资不足呈显著负相关的结论；杜兴强等（2011）手工搜集了国有上市公司关键高管的政治联系数据，发现政治联系显著增加了国有上市公司过度投资的概率；李万福等（2011）通过构建企业内部控制衡量指标，实证得出了内部控制促进企业投资效率的结论。还有研究发现管理者性格特征、年龄大小、教育背景、工作经历与企业投资之间存在显著关系（王霞等，2008；姜付秀等，2009；李焰等，2011；张兆国等，2013；王茂林等，2014）。那么实际控制人的财富集中是否会加强大股东与中小股东之间的代理冲突进而影响企业投资决策呢？

基于第四章的研究结论，我们认为实际控制人财富集中度对公司风险承担的效用主要是风险分散效应和保险效应占据主导地位，同样基于此逻辑我们分析实际控制人财富集中度对民营企业投资的影响。德赫隆和罗塞托（Dhillon and Rossetto，2014）研究了股权结构对公司风险的影响，他们认为大股东由于持有大量股份，在金融方面会比投资分散的中小股东更加保守，导致利益冲突。"风险分散效应"认为，基于马科维茨的投资组合理论，实际控制人财富集中度越高，其面临的财富风险也相应较高，而中小股东通过将财富分散化投资到不同的上市公司，面临的财富风险相应较低。综合来看，相比于中小股东，实际控制人本身持有公司大量股份，再加上较高的财富集中度，其面临的非系统风险比中小股东要高。而中小股东希望企业承担适度的风险以获取超额收益，但是实际控制人拥有控制权可以干预公司决策从而导致第二类代理冲突加剧。一方面财富集中会增加实际控制人对复杂环境的恐惧和对预期不确定性的厌恶，从而改变他们对风险的感知，最终削弱其风险承担的能力和意愿（John et al.，2008；Faccio et al.，2011），表现为投资决策更加保守谨慎。另一方面使得实际控制人在企业投资上承担的私人成本更高，会提高实际控制人对投资项目风险溢价的要求，按照控股股东会将控制权收益最大化而非公司价值化作为目标（Aggarwal and Samwick，2006），很可能拒绝净现值大于零的项目，表现为项目投资的标准显著上升。因此，实际控制人财富集中会使得其对于投资决策更加保守谨慎、要求的投资回报率更高，从而会降低公司投资对于外部需求冲击的反应，即使外部投资机会增加，企业并没有显著增加资本支出，即投资——投资机会敏感度的下降。"保险效应"认为，当实际控制人财富更分散时，其持有多家上市公司的股权，这些企业之间会通过关联交易、担保等互相支持的方式实现风险分享，形成互保效应（He et al.，2013；潘红波等，2014）。相反，当实际控制人财富集中在一家企业时，保险效应的缺失会使得企业经营具有更大的波动性（Khanna and Yafeh，2005），这个时候实际控制人的安全感显著下降，更希望公司内部有充足的现金流应对预期可能发生的紧急资金需求，表现为投资意愿的下降。综合"风险分散效应"和"保险效应"，我们认为财富集中使得实际控制人的风险厌恶程度加强，要求的投资回报率上升、投资的意愿下降，进而降低公司对于外部需求冲击的反应，即投资—投资机会敏感度会降低。基于此，我们提出假设1：

假设1：在其他条件一定的情况下，实际控制人财富集中度会降低民营企业投资—投资机会敏感度。

二、实际控制人财富集中度、GDP 增速与民营企业投资

GDP 增速代表了宏观经济环境发展状况，GDP 增速与公共投资、私人投资存在正相关关系。GDP 增速能够粗略衡量外部经济环境的不确定性，凯恩斯（Keynes，1937）强调，企业家估计投资回报率会考虑到宏观经济不稳定性，产出变化幅度越大，公司项目隐含的不稳定因素就越大，从而会降低公司的投资需求。已有研究表明企业投资受到一系列外部环境的影响。有学者研究金融发展对某些特别依靠外部融资的行业的重要性程度后发现，金融发展可以一定程度上减少企业融资约束并加速经济的增长，同时使得配置资源的效率提升。沈红波等（2010）得出：金融发展的增长速度越快，企业对于研发支出投入的就越多，这是在分析 2002～2006 年的企业数据后得出来的，这种情况对于私人企业以及小型企业的影响尤为明显。对 2001～2006 年制造业上市公司研究发现，处于金融发展程度高地区的公司融资约束问题比处于金融发展程度低的公司要小，并且在民营企业更显著；解维敏和方红星（2011）、陈艳（2013）研究发现在经济紧缩期，企业投资机会和投资规模之间的敏感性显著减少；韩东平和张鹏（2015）的研究表明在宽松的货币政策下，民营企业会因为其易于获得更多信贷资金以扩张投资而导致投资效率下降；钟凯等（2017）发现货币紧缩加剧了创新企业的融资约束，使得创新投资更依赖内部资金。那么，在 GDP 增速不同时期企业实际控制人财富集中对企业投资的影响是否存在区别呢？

基于第四章的研究结论，我们认为实际控制人财富集中度对公司风险承担的效用主要是风险分散效应和保险效应占据主导地位，同样基于此逻辑，我们借鉴王义中和宋敏（2014）提出的宏观经济不确定性影响公司投资行为的三个渠道，分析 GDP 增速对实际控制人财富集中度与民营企业投资关系的影响。当 GDP 增速低时，宏观经济处于低迷期，企业面临的环境不确定性更大，实际控制人所感知的系统风险与非系统风险都显著上升。在外部需求方面，公司投资对外部需求冲击的反应在不稳定性较高时变得迟缓，这样即便外部需求显著增加，公司的投资也会变得小心翼翼，实际控制人依然会减少资本支出，新增投资减少。在流动性资金需求方面，宏观经济不确定性程度越高，实际控制人预期经营风险增大，对于流动性资金需求更高以提高财务弹性，从而减少用于投资的自由现金流（Boyle and Guthrie，2003）。在长期资金需求方面，宏观经济不确定性越高，投资收益不稳定性上升，使得公司用于固定资产和在建工程等基础设施、创新开发支出的资金需求降低，投资支出会随之减少（Bernanke et al.，1994）。因此，GDP 增速较低时会加强实际控制人财富集中度对

企业投资—投资机会敏感度的抑制作用；相反，当 GDP 增速高时，宏观经济处于繁荣期，实际控制人所感知的系统风险与非系统风险都显著下降。在外部需求方面，经济高速发展会带来更多的净现值大于零的项目，企业的外部需求上升，新增投资增加。在流动性资金需求方面，经济发展繁荣使得企业面临更低的融资约束，企业更容易获得信贷资金，流动性资金需求降低，从而增加用于投资的自由现金流（王彦超，2009；连玉君和程建，2007）。在长期资金需求方面，宏观经济发展稳定会增加公司对长期项目的投资，长期资金需求上升进而增加投资支出。因此，GDP 增速较高时在一定程度上会减轻实际控制人财富集中度对企业投资—投资机会敏感度的抑制作用。综上所述，我们认为在 GDP 增速较低时，宏观经济的不确定性导致实际控制人感知的非系统风险显著上升，投资意愿显著下降，实际控制人财富集中度对企业投资—投资机会敏感度的抑制作用更明显。基于此，我们提出假设 2：

假设 2：实际控制人财富集中度对企业投资—投资机会敏感度的抑制作用主要体现在 GDP 增速低的情况下。

三、实际控制人财富集中度、机构持股与民营企业投资

机构投资者理论起源于国外学者 20 世纪 80 年代的研究。我们将投资者分成压力抵制型和压力敏感型，这样的划分是基于机构投资者和被投资企业之间的关系认定形成的（Brickley et al.，1988），前者类型的机构投资者着眼于企业的长久收益，更乐于参与到公司发展的管理与决策中，因为他们只进行单纯的投资，与被投资者不存在其他商业关系。后者类型的机构投资者则与被投资企业之间存在商业联系，机构投资者更加看重企业短期利益，对于企业的运营管理较少关注与参与。同时也有研究比较了长期型机构投资者与短期型机构投资者的区别，分析认为长期型机构投资者一般会长期持有被投资企业的股份，相比于短期投资者而言，更关注于被投资企业内部的治理与运营，因为他们看重企业的未来发展以及企业整体价值。相反，如何经过多次短线交易来获取更多的利益，这是持有股份时间较短的短期型机构投资者更关注的问题，因而他们更少参与企业的运营与管理，甚至可能与管理层"合谋"夺取企业股东的利益。较多研究证明机构投资者在公司治理中发挥积极作用，对管理层的自利行为能够起到抑制和监督作用，尤其是在发达国家（Wahal and McConnell，2000；Khorana et al.，2005；李维安和李滨，2008）。哈姆达尼等（Hamdani and Yafeh，2012）认为这种监督作用主要体现在任免执行董事、薪酬激励的制定以及内部控制等方面。侯剑平等（2016）认为机构投资者具有"价值发

现"能力，找到一家的运营管理和决策水平上具有成长空间的公司，并依靠持续增加的股份来获得公司决策的话语权，从而更好地参与公司治理，提升公司价值。另外，机构投资者在获取、筛选和处理企业外部信息方面具有优势，能够降低企业与市场信息的不对称水平，从而提升公司价值（王谨乐和史永东，2016）。那么，机构投资者持股比例来的大小是否会显著影响实际控制人与企业投资之间的关系呢？

基于第四章的研究结论，我们认为实际控制人财富集中度对公司风险承担的效用主要是风险分散效应和保险效应占据主导地位，同样基于此逻辑，我们分析机构投资者对实际控制人财富集中度与民营企业投资关系的影响。投资机构者作为传统意义上的分散化投资者，其与中小股东的风险偏好相同，希望企业适度承担风险以获取超额收益，而实际控制人由于财富集中导致非系统风险显著上升偏向风险厌恶，因此机构投资者与实际控制人在风险偏好上存在冲突。当机构投资者持有上市公司大规模股票时，相比"用脚投票"，"用手投票"的方式不仅机会成本低，而且更能保证自身的投资收益率，机构投资者会更加积极监督大股东和管理层的行为，此时机构投资者有"动机"参与公司治理。同时，机构者作为专业性的投资机构，其具备的专业优势能够对企业投资项目给出正确评估，机构投资者有"能力"参与公司投资决策。当机构投资者在企业持股比例更高时，其有能力更有动机参与公司治理，发挥对实际控制人的监督制衡作用，约束实际控制人因自身财富集中而偏向风险厌恶的自利行为，减轻其对企业投资—投资机会敏感度的抑制作用；相反，当机构持股在企业持股比例较低或是缺失时，机构持股者参与公司治理的意愿下降，同时对公司投资决策的影响力减弱，实际控制人失去了这一主要的监督制衡力量，会更加按照自己的意愿进行投资决策，从而加强实际控制人财富集中度对企业投资—投资机会敏感度的抑制作用。综上所述，我们认为在机构持股比例低时，实际控制人失去了这一监督制衡力量会加剧代理冲突，实际控制人财富集中度对企业投资—投资机会敏感度的抑制作用更明显。基于此，我们提出假设3。

假设3：实际控制人财富集中度对企业投资—投资机会敏感度的抑制作用主要体现在机构持股低的情况下。

四、实际控制人财富集中度、实际控制人学历与民营企业投资

现有文献对实际控制人的研究主要集中于其政治身份、类型、控制权、现金流权等方面，研究其与负债水平、信息披露、盈余管理、企业绩效、内部控制等的关系。潘克勤（2009）为了发掘实际控制人的政治身份与会计信息有

用性之间的关系，以 2002～2006 年非金融类民营上市公司为样本得出结论，会计信息债务契约的实用程度会被上市民营企业实际控制人的政治身份所影响而降低，同时，实际控制人政治身份层级越高，这种现象越明显。徐向艺和宋理升（2009）为了研究实际控制人所有权、控制权与信息披露度的关系，以深股主板非金融类公司为样本，实证结果发现民营企业实际控制人两权分离程度、实际控制人的控制层次与信息披露透明度存在显著负相关关系。魏明海等（2013）通过对家族上市公司的分析，发现家族关联大股东持股越多、在董事会或董监高中所占席位的比例越大，家族企业的关联交易行为越严重，对公司价值产生负面影响。韩小芳（2012）的研究结果表明，政府控制的公司倾向于披露内部控制鉴证报告，且中央政府控制的公司比地方政府控制的公司，披露内部鉴证报告的可能性更高。而关于实际控制人教育背景方面的研究较少，通常来说，个人受教育程度与个体的科研能力、整体素质存在极大的关联性。个体的教育背景会对其风险偏好产生显著的影响。受过良好教育的个体更有忍耐性，在处理复杂事务方面更有能力，更愿意承担风险（Wiersema and Bantel，1992）。在管理者背景特征方面，研究表明高管学历越高越偏好高风险资本决策（Hambrick and Mason，1984）。那么，实际控制人学历的高低是否会显著影响实际控制人财富集中与企业投资的关系呢？

　　基于第四章的研究结论，我们认为实际控制人财富集中度对公司风险承担的效用主要是风险分散效应和保险效应占据主导地位，同样基于此逻辑，我们分析实际控制人学历对实际控制人财富集中度与民营企业投资关系的影响。当实际控制人学历越高时，从"意愿"来看，姜付秀等（2009）的研究发现管理层的教育水平与过度投资之间存在显著的相关性，结论应当同样适用于参与公司决策的实际控制人。由于实际控制人受到良好的教育，他们会对自己的决策比较自信，敢于冒险的态度使其本身会更加偏向风险爱好。从"能力"来看，学历越高的实际控制人具备更丰富的投资知识与技巧，自身综合能力更强，更有能力去从事高风险投资；相反，当实际控制人学历越低时，其对自身决策的不自信会倾向于墨守成规，更加珍惜目前的成就而不愿意冒险，偏向风险规避来对冲因自身财富集中带来的较高的非系统风险，投资的"意愿"不够强烈。另外，低学历背景下的实际控制人综合能力相对要弱，从事高风险投资活动的"能力"相对差一些。因此，实际控制人学历越低越加强其财富集中度对企业投资—投资机会敏感度的抑制作用。综上所述，我们认为在实际控制人学历低的情况下，会加剧实际控制人出于自利目的规避风险的行为，实际控制人财富集中度对企业投资—投资机会敏感度的抑制作用更明显。基于此，我们提出假设 4。

假设 4：实际控制人财富集中度对企业投资—投资机会敏感度的抑制作用主要体现在实际控制人学历低的情况下。

第三节 研究数据和方法

一、样本选择与数据来源

为了避免股权分置改革与会计准则重大修订的影响，本书以 2009～2017 年为样本区间，选取我国 A 股民营上市公司为样本，并且剔除了金融行业的样本公司（基于 2001 年版《上市公司行业分类指引》、资产负债率大于等于 1 的样本公司。同时对所有连续变量在 1% 上下的水平上进行缩尾处理。本书所使用的实际控制人财富集中度数据来源于国泰安 CSMAR 数据库，经过手工搜集后以赫芬达尔指数和 EI 指数为依据计算所得。其余数据来源于 CSMAR 数据库，采用的分析软件为 Stata15。

二、变量选择与度量

（一）实际控制人财富集中度的度量

基于数据可得性，实际控制人持有的非上市公司财富无法统计，本书手工搜集实际控制人控股和参股的所有上市公司数据后，利用赫芬达尔指数公式计算得到衡量实际控制人财富集中度的指标。具体计算公式如下：

赫芬达尔指数（HHI）：$HHIControl = \sum_{i=1}^{N} P_i^2$

其中，P_i 为实际控制人在上市公司 i 的财富占实际控制人持有的全部上市公司总财富的比重，N 为实际控制人控股和参股上市公司的数目。HHIControl 指数越大，代表实际控制人财富越集中，为实际控制人财富集中的正向指标。当实际控制人仅控股一家上市公司时，该指数为 1。

（二）企业投资机会的度量

参考托宾 Q 理论，本书使用 Q 值作为企业投资机会的度量，但是不同学者对于 Q 值的具体计算公式存在差别，本书主要使用市价比作为衡量企业投资机会的指标。具体计算公式如下：

投资机会指标：Q = 个股权益总市值/账面股东权益

Q 值大，说明企业可以较少的投资成本获得更大的价值增量，表示该企业面临的投资机会更多，为企业投资机会的正向指标。

（三）企业投资水平

根据已有相关研究（徐业坤等，2013；潘红波和陈世来，2017），本章采用以下两种方法度量企业投资水平：（1）Invest1，定义为企业构建固定资产、无形资产和其他长期资产支付的现金与期初总资产的比值；（2）Invest2，定义为（构建固定资产、无形资产和其他长期资产支付的现金—处置固定资产、无形资产和其他长期资产收回的现金净额)/期初总资产。

（四）企业投资——投资机会敏感度的度量

根据沃格特（1994）构造现金流和投资机会的交乘项检验企业融资约束与投资现金敏感性之间关系的思路，本节构造实际控制人财富集中度指标与投资机会的交乘项，根据交乘项的符号判断企业实际控制人财富集中度是否会降低企业投资—投资机会敏感度，如果交乘项系数显著为负，则说明实际控制人财富集中度会降低企业投资—投资机会敏感度，这是检验本章研究假设的主要变量。

三、模型设定

为了检验本章提出的假设 1，即在其他条件一定的情况下，实际控制人财富集中度会降低民营企业投资—投资机会敏感度，本章将待检验的回归模型设定为：

$$\text{Invest}_{it} = \beta_0 + \beta_1 \text{HHIControl}_{it-1} + \beta_2 (\text{HHIControl} \times Q)_{it-1} + \beta_3 Q_{it-1}$$
$$+ \beta_i \text{controls}_{it,t-1} + \text{Industryeffect} + \text{Yeareffect} + \varepsilon_{it} \quad （模型 5-1）$$

其中，被解释变量 Invest_{it} 为企业 i 投资在第 t 年的投资水平，具体采用上文提及的 Invest1 和 Invest2 度量。HHIControl_{it-1} 为企业 i 的实际控制人在第 t-1 年的财富集中度，是使用赫芬达尔指数公式计算的实际控制人财富集中度的指标。$\text{HHIControl} \times Q$ 为企业实际控制人期初财富集中度与企业期初投资机会的交乘项，根据本章所提出的假设 1，交乘项回归系数 β_2 的符号应该为负数，即实际控制人财富集中会降低企业投资—投资机会敏感度。Q_{it-1} 为企业 i

在第 t−1 年投资机会，具体使用权益市价比计算得到，根据已有文献可知，其系数 β_3 符号应当为正，即公司投资水平与投资机会显著正相关。

Controls 是除以上主要研究变量之外对被解释变量具有较大影响的其他控制变量。根据已有的企业投资研究文献（张庆和朱迪星，2014；王义中和宋敏，2014；潘红波和陈世来，2017），本文选取了如下控制变量：企业规模（Size）、资产负债率（Lev）、公司现金持有水平（Cash）、经营活动现金流量（OCF）、公司成立年限（Lnage）、实际控制人收益权比率（Cashflow right）、实际控制人两权分离度（Divergence），以上控制变量除公司成立年限以及经营活动现金流量外，其余控制变量在回归时均滞后一期。同时模型还加入了年度和行业虚拟变量，其中行业虚拟变量按照证监会 2001 年版的行业代码分类，除了制造业按两级代码分类，其余全部按一级代码分类。变量的具体定义见表 5−1。

为了检验假设 2，即实际控制人财富集中度对企业投资—投资机会敏感度的抑制作用主要体现在 GDP 增速低的情况下，本章将样本范围分为 GDP 增速低与 GDP 增速高两组，然后按照回归模型进行分组回归，具体分组标准为：当 GDP 增速小于或等于 5 时，归为 GDP 增速低组；当 GDP 增速大于 5 时，归为 GDP 增速高组。

为了检验假设 3，实际控制人财富集中度对企业投资—投资机会敏感度的抑制作用主要体现在机构持股低的情况下，本节将样本范围分为机构投资者持股比例高与持股低两组，然后按照回归模型进行分组回归。具体分组标准为：当机构投资者持股比例大于本行业本年度机构持股比例中位数时，归为机构持股比例高组；当机构投资者持股比例小于或等于本行业本年度机构持股比例中位数时，归为机构持股比例低组。

为了检验假设 4，实际控制人财富集中度对企业投资—投资机会敏感度的抑制作用主要体现在实际控制人学历低的情况下，本节将实际控制人分为学历高与学历低两组，然后按照回归模型进行分组回归。具体分组标准为：当实际控制人为本科及以上学历时，归为学历高组；当实际控制人为本科以下学历时，归为低学历组。

本章所使用数据为时间跨度小而横截面观测点较多的面板数据，皮特森（Petersen，2009）的研究表明，对于该类特征的面板数据，使用常用的数据处理方法会低估标准误差，从而高估系数的显著性水平，因此要通过对标准误差进行企业层面的群聚（cluster）来调整以消除这种偏误。本章参考其观点，使用通过企业层面群聚对标准误差调整后的固定效应模型进行回归。同时为剔除异常值对回归结果的干扰，本章对所有连续变量进行了最高水平和最低水平上的 1% 的缩尾处理。

表 5 – 1 变量定义表

变量类型		变量名称	变量代码	变量含义及说明
被解释变量		投资水平 1	Invest1	企业构建固定资产、无形资产和其他长期资产支付的现金与期初总资产的比值
		投资水平 2	Invest2	（企业构建固定资产、无形资产和其他长期资产支付的现金 – 处置固定资产、无形资产和其他长期资产收回的现金净额）/期初总资产
解释变量		实际控制人财富集中度	HHIControl	实际控制人控股与参股所有上市公司的投资额占其总对外投资额比例的平方和
		实际控制人财富集中度与投资机会交乘项	HHIControl × Q	实际控制人财富集中度 HHIControl 与企业投资机会 Q 的交乘
		投资机会	Q	个股权益总市值/权益账面价值
控制变量	行业特征变量	企业规模	Size	公司总资产的自然对数
		资产负债率	Lev	总负债与总资产的比值
		公司现金持有水平	Cash	（货币资金 + 银行存款）/总资产
		经营活动现金流量	OCF	企业经营活动产生的现金流量净额与期初总资产的比值
	公司治理变量	公司成立年限	Lnage	公司成立年限的自然对数
		实际控制人收益权比率	Cashflow right	滞后一期的实际控制人的现金流量权比率
		实际控制人两权分离度	Divergence	滞后一期的实际控制人的控制权比率与现金流量权比率的差额
	行业特征变量	行业变量	Ind	按照证监会的行业分类代码，本文除了将制造业按二级代码分类外，其余行业按一级代码分类，并以农业为基准行业
	年度特征变量	年度变量	Year	构建 8 个年度虚拟变量
分组变量		GDP 增速	GDP	中国 GDP 年度增速
		机构投资者持股	INI_Holder	机构投资者持股比例
		实际控制人学历	Education	实际控制人学历

续表

变量类型	变量名称	变量代码	变量含义及说明
稳健性检验	实际控制人财富集中度替代变量1	EIControl	求出实际控制人控股与参股所有上市公司的投资额占其总对外投资额的比例，对该比例与其倒数取自然对数的乘积求和
	实际控制人财富集中度替代变量2	Div	实际控制人是否进行分散化投资。HHIControl<1，则取1；否则取0
	实际控制人财富集中度替代变量3	NUMControl	实际控制人控股与参股的公司个数和的自然对数
	投资机会替代变量	q	债务账面价值与权益市场价值之和除以总资产账面价值
	是否完成股权分置改革	Gugai	是否完成了股权分置改革，若是，取1；否则取0

第四节　结果与分析

一、描述性统计特征

参与回归模型的各变量描述性统计如表5-2所示。从表5-2统计结果可以看出，企业投资水平（Invest1）的平均值和标准差分别为0.064和0.069，企业投资水平（Invest2）的平均值和标准差分别为0.061和0.070，这表明，中国民营上市公司之间的投资水平存在较大差异；实际控制人财富集中度（HHIControl）均值为0.954，中位数为1，最大值为1，这说明，在我国民营上市公司中，大多数的实际控制人将自己的财富投资于同一家企业，而没有进行分散化投资，其可能的经济后果是由于承担较高的非系统风险使得自身面临较高的财富风险，从而更加风险厌恶，造成企业风险承担下降，进而影响到公司投资决策；交乘项的平均值和中位数分别为4.14和3.116，最大值达到27.719，此时企业实际控制人财富集中度等于1，企业投资机会Q等于27.719；企业投资机会Q的平均值和标准差为4.322和3.763，最大值为27.719，表明我国民营上市公司面临的投资机会存在巨大差异，从而导致企业间投资水平的差异；企业规模Size的平均值为21.862，最小值为19.023，最大值为 26.945，从两个极值以及平均值来看，我国民营上市公司规模差异不大，比较均衡；企业资产负债率（Lev）平均值为 0.407，中位数为 0.397，属于合理负债水平；现金持有水平（Cash）的平均值和标准差分别为 0.198 和 0.144，这表明中国民营上市公司普遍具有较高的现金持有水平，而且不同公司之间存在一定的差异；经营活动现金流量的平均值和标准差分别为 0.048 和 0.094，表明我国不同公司经营活动产生的现金流量存在较大的差异。

表 5-2　　　　　　　　　　　　描述性统计表

变量	样本量	均值	标准差	最小值	四分之一分位数	中位数	四分之三分位数	最大值
Invest1	9 362	0.064	0.069	0	0.017	0.042	0.086	0.391
Invest2	9 362	0.061	0.070	-0.050	0.015	0.040	0.083	0.384
HHIControl	9 362	0.954	0.137	0.365	0.999	1	1	1
HHIControl × Q	9 362	4.14	3.678	-0.067	2.029	3.116	4.929	27.719
Q	9 362	4.322	3.763	-0.067	2.164	3.279	5.090	27.719
Size	9 362	21.862	1.131	19.023	21.068	21.754	22.533	26.945
Lev	9 362	0.407	0.203	0.048	0.242	0.397	0.554	1.064
Cash	9 362	0.198	0.144	0.002	0.098	0.157	0.258	0.717
OCF	9 362	0.048	0.094	-0.301	0.001	0.047	0.097	0.371
Lnage	9 362	2.103	0.739	0.693	1.609	2.197	2.773	3.367
Cashflow right	9 362	29.788	17.468	1.707	16.391	27.360	41.605	75.734
Divergence	9 362	6.311	7.973	0	0	1.901	11.65	28.449

二、相关矩阵

表 5-3 为回归模型 5-1 研究变量的相关系数矩阵，从中可以发现企业投资水平（Invest）与企业投资机会 Q、现金持有水平（Cash）、经营活动现金流量 OCF、实际控制人收益权比率（Cashflow right）呈显著正相关关系，说明企业投资机会越多、现金持有水平越高、经营活动产生的现金流量越多、实际控制人收益权比率越大时，企业投资水平也相对较高。同时企业投资水平（Invest）与企业规模（Size）、资产负债率（Lev）、公司成立年限（Lnage）以及实际控制人两权分离度（Divergence）呈显著负相关关系，说明企业规模越大、资产负债率越高、公司成立越久、实际控制人两权分离度越大时，企业投资水平相对较低。上述相关关系基本与现有研究结论一致。相反，实际控制人财富集中与投资机会交乘项与企业投资水平的关系与假设 1 相反。但是，以上变量只是单变量分析，没有控制其他影响因素，其中的相关关系还需要借助多元线性回归分析做进一步的检验。从表 5-3 中可以看出，各变量之间的相关系数值整体较小。

表 5 - 3

相关性分析表

	Invest1	Invest2	HHIControl	HHIControl × Q	Q	Size	Lev	Cash	OCF	Lnage	Cashflow right	Divergence
Invest1	1											
Invest2	0.985***	1										
HHIControl	0.063***	0.069***	1									
HHIControl × Q	0.075***	0.065***	0.181***	1								
Q	0.053***	0.065***	0.037***	0.980***	1							
Size	-0.113***	-0.098***	-0.135***	-0.408***	-0.383***	1						
Lev	-0.131***	-0.145***	-0.126***	0.023***	-0.018***	0.418***	1					
Cash	0.062***	0.072***	0.038***	0.068***	-0.093***	-0.235***	-0.411***	1				
OCF	0.211***	0.218***	-0.024***	0.036***	-0.002	0.030***	-0.125***	0.007	1			
Lnage	-0.252***	-0.267***	-0.227***	-0.001	-0.073***	0.290***	0.389***	-0.35***	-0.032***	1		
Cashflow right	0.049***	0.057***	0.093***	-0.024***	-0.081***	0.186***	-0.020***	0.047***	0.057***	-0.197***	1	
Divergence	-0.010	-0.012***	-0.164***	-0.072***	-0.028***	0.034***	0.059***	-0.037***	0.020***	0.108***	-0.300***	1

注：***、**、* 分别表示 1%、5% 和 10% 的显著性水平。

三、多元回归分析

本章实证检验的顺序是，首先检验实际控制人财富集中是否会对民营企业投资—投资机会敏感度产生影响？如果存在影响，本章进一步检验这种影响在不同 GDP 增速、不同机构持股以及不同实际控制人学历情况下是否存在显著差异？

（一） 实际控制人财富集中度与民营企业投资

表 5 - 4 的结果列出了实际控制人财富集中度与民营企业投资的多元回归结果。首先第（1）列是使用 Invest1 作为被解释变量但是不加其他控制变量情况下的回归结果，交乘项 HHIControl × Q 的回归系数为 - 0.006，在 5% 的水平下显著，投资机会 Q 的回归系数显著为正。第（2）列是在第（1）列基础上加入其他控制变量的回归结果，交乘项 HHIControl × Q 的回归系数仍然显著为负，系数值为 - 0.005。投资机会 Q 的回归系数为 0.008，在 1% 的水平下显著。第（3）列和第（4）列是使用 Invest2 作为被解释变量，不加其他控制变量与加入其他控制变量的回归结果，交乘项 HHIControl × Q 的回归系数均为负数，而且在 10% 的水平下显著。投资机会 Q 的回归系数均为正数，而且在 1% 的水平下显著。上述结果表明，在我国民营上市公司中，投资水平与企业投资机会呈显著正相关，但是实际控制人的财富集中度会降低企业投资—投资机会敏感度，这支持了本章假设 1 的结论。这意味着，在 "风险分散效应" 和 "保险效应" 下，财富集中使得实际控制人的风险厌恶程度加强，要求的投资回报率上升、投资的意愿下降，进而降低公司对于外部需求终极的反应，即投资—投资机会敏感度会下降。

表 5 - 4   实际控制人财富集中度与民营企业投资

	（1） Invest1	（2） Invest1	（3） Invest2	（4） Invest2
Q	0.008 *** (0.003)	0.008 *** (0.003)	0.008 *** (0.003)	0.008 *** (0.003)
HHIControl × Q	- 0.006 ** (0.003)	- 0.005 * (0.003)	- 0.005 * (0.003)	- 0.005 * (0.003)

续表

	（1） Invest1	（2） Invest1	（3） Invest2	（4） Invest2
HHIControl	0. 078 *** （0. 020）	0. 047 ** （0. 019）	0. 077 *** （0. 020）	0. 048 ** （0. 019）
Size		− 0. 009 *** （0. 003）		− 0. 007 ** （0. 003）
Lev		− 0. 058 *** （0. 011）		− 0. 066 *** （0. 011）
Cash		0. 024 *** （0. 009）		0. 025 *** （0. 009）
OCF		0. 068 *** （0. 012）		0. 071 *** （0. 012）
Lnage		− 0. 024 *** （0. 006）		− 0. 025 *** （0. 006）
Cashflow right		0. 0003 *** （0. 000）		0. 0003 *** （0. 000）
Divergence		0. 0003 （0. 000）		0. 0003 （0. 000）
cons	− 0. 022 （0. 019）	0. 265 *** （0. 066）	− 0. 024 （0. 019）	0. 221 *** （0. 066）
Year	Y	Y	Y	Y
Industry	Y	Y	Y	Y
N	9 500	9 362	9 500	9 362
R − squared	0. 021	0. 142	0. 019	0. 141

注：括号内的值为标准误差，***、**、* 分别表示1%、5%和10%的显著性水平。

　　在其他变量方面，公司规模对企业投资水平的影响为负，表明民营企业规模越大，投资水平越低；公司资产负债率对企业投资水平的影响为负，表明民营企业债务水平越高，公司投资水平越低；公司现金持有水平对企业投资水平的影响为正，表明民营上市公司内部具有越充分的现金流，其投资的水平越高；公司经营活动现金流量对企业投资水平的影响为正，表明民营上市公司经营活动产生的现金流越多，企业投资水平越高；公司成立年限对企业投资水平的影响为负，表明随着成立年限的增加，企业逐渐发展成熟，投资机会的减少使得投资水平相应下降；实际控制人收益权比率对企业投资的影响为正，表明实际控制人收益权比率越高，企业投资水平越高。

（二）实际控制人财富集中度、GDP 增速与民营企业投资

这里进一步检验实际控制人财富集中度对民营企业投资—投资机会敏感度的抑制作用是否在不同 GDP 增速时期存在显著差异。本章将样本范围分为 GDP 增速高与 GDP 增速低两组。表 5-5 第（1）列和（2）列是 GDP 增速高组的回归结果，结果显示投资机会 Q 的回归系数显著为正，交乘项 HHIControl × Q 的回归系数为负数，但是统计上不显著，这说明在 GDP 增速高的时期，实际控制人财富集中度对民营企业投资—投资机会敏感度没有影响。表 5-5 的第（3）列和第（4）列是 GDP 增速低组的回归结果，不论是 Invest1 还是 Invest2 作为被解释变量，投资机会 Q 的系数均显著为正、交乘项 HHIControl × Q 的回归系数显著为负。上述结果表明，实际控制人财富集中度对企业投资—投资机会敏感度的抑制作用主要体现在 GDP 增速低的情况下，支持了本章假设 2 的结论。这是因为：在 GDP 增速较低时，宏观经济处于低迷期，企业面临的环境不确定性更大，实际控制人所感知的系统风险与非系统风险都显著上升。在流动性资金需求方面，实际控制人预期经营风险增大，对于流动性资金需求更高以提高财务弹性，从而减少用于投资的自由现金流投资意愿显著下降。在长期资金需求方面，宏观经济不确定程度越高，投资收益不稳定上升，使得公司用于在建工程、构建固定资产、生产线更新改造、创新开发支出的资金需求降低，投资支出会随之减少。即使此时外部需求增加，实际控制人依然会减少资本支出，所以实际控制人财富集中度对企业投资—投资机会敏感度的抑制作用更明显。

表 5-5　　　　实际控制人财富集中度、GDP 增速与民营企业投资

	(1)	(2)	(3)	(4)
	GDP 增速高		GDP 增速低	
	Invest1	Invest2	Invest1	Invest2
Q	0.005 ** (0.002)	0.003 * (0.002)	0.014 ** (0.006)	0.014 ** (0.006)
HHIControl × Q	-0.002 (0.002)	-0.001 (0.002)	-0.012 ** (0.006)	-0.012 ** (0.006)

	（1）	（2）	（3）	（4）
	GDP 增速高		GDP 增速低	
	Invest1	Invest2	Invest1	Invest2
HHIControl	0.046 ** (0.023)	0.045 ** (0.022)	0.067 ** (0.034)	0.069 ** (0.034)
Size	− 0.005 (0.004)	− 0.003 (0.004)	− 0.022 *** (0.005)	− 0.020 *** (0.005)
Lev	− 0.059 *** (0.015)	− 0.066 *** (0.015)	− 0.044 ** (0.019)	− 0.050 ** (0.019)
Cash	0.000 (0.012)	0.001 (0.013)	0.061 *** (0.021)	0.059 *** (0.021)
OCF	0.062 *** (0.014)	0.065 *** (0.015)	0.090 *** (0.023)	0.093 *** (0.023)
Lnage	− 0.031 *** (0.007)	− 0.032 *** (0.007)	− 0.001 (0.017)	− 0.001 (0.017)
Cashflow right	0.0005 *** (0.000)	0.0005 *** (0.000)	0.0001 (0.000)	0.0001 (0.000)
Divergence	0.001 * (0.000)	0.001 * (0.000)	0.0004 (0.000)	0.0003 (0.000)
cons	0.182 ** (0.086)	0.140 (0.086)	0.465 *** (0.115)	0.422 *** (0.117)
Year	Y	Y	Y	Y
Industry	Y	Y	Y	Y
N	5 275	5 275	3 108	3 108
R − squared	0.193	0.191	0.093	0.091

注：括号内的值为标准误差，*** 、** 、* 分别表示1%、5%和10%的显著性水平。

（三）实际控制人财富集中度、机构持股与民营企业投资

这里进一步检验实际控制人财富集中度对民营企业投资—投资机会敏感度的抑制作用是否在不同机构持股比例下存在显著差异。本节将样本范围分为机构持股比例高与机构持股比例低组。表5 – 6第（1）列和（2）列是机构持股

比例高组的回归结果，结果显示投资机会 Q 的回归系数显著为正，交乘项 HHIControl × Q 的回归系数为负数，但是统计上不显著，说明在机构投资者持股比例高的企业，实际控制人财富集中度对民营企业投资—投资机会敏感度没有影响。表 5 - 5 的第（3）列和第（4）列是机构持股比例低组的回归结果，当 Invest1 作为被解释变量时，投资机会 Q 的回归系数显著为正，交乘项 HHI-Control × Q 的回归系数为 - 0.013，在 10% 的水平上显著。当 Invest3 作为被解释变量时，投资机会 Q 的回归系数显著为正，交乘项 HHIControl × Q 的回归系数在 10% 的水平上显著为负。上述结果表明，实际控制人财富集中度对企业投资—投资机会敏感度的抑制作用主要体现在机构持股低的情况下，支持了本章假设 3 的结论。这是因为：当机构持股在企业持股比例较低时，机构持股者参与公司治理的意愿下降，同时对公司投资决策的影响力减弱，实际控制人因风险厌恶产生的自利行为得不到有效制衡与监督，从而会加强实际控制人财富集中度对企业投资—投资机会敏感度的抑制作用。

表 5 - 6 　　　　　　实际控制人财富集中度、机构持股与民营企业投资

	（1）	（2）	（3）	（4）
	机构持股高		机构持股低	
	Invest1	Invest2	Invest1	Invest2
Q	0.007 ** (0.003)	0.006 * (0.004)	0.017 ** (0.007)	0.017 ** (0.007)
HHIControl × Q	- 0.005 (0.004)	- 0.004 (0.004)	- 0.013 * (0.007)	- 0.014 * (0.007)
HHIControl	0.056 ** (0.024)	0.053 ** (0.024)	0.079 ** (0.037)	0.083 ** (0.039)
Size	- 0.019 *** (0.006)	- 0.017 *** (0.006)	- 0.007 (0.005)	- 0.005 (0.005)
Lev	- 0.031 * (0.018)	- 0.038 ** (0.019)	- 0.074 *** (0.019)	- 0.082 *** (0.019)
Cash	0.027 * (0.015)	0.028 * (0.015)	0.032 ** (0.014)	0.035 ** (0.014)
OCF	0.058 *** (0.019)	0.061 *** (0.019)	0.077 *** (0.020)	0.083 *** (0.020)

	(1)	(2)	(3)	(4)
	机构持股高		机构持股低	
	Invest1	Invest2	Invest1	Invest2
Lnage	-0.026 ** (0.011)	-0.028 *** (0.011)	-0.024 *** (0.009)	-0.025 *** (0.010)
Cashflow right	0.000 (0.000)	0.000 (0.000)	0.000 (0.000)	0.000 (0.000)
Divergence	0.000 (0.000)	0.000 (0.000)	-0.000 (0.000)	-0.000 (0.000)
cons	0.485 *** (0.147)	0.444 *** (0.148)	0.180 (0.113)	0.142 (0.114)
Year	Y	Y	Y	Y
Industry	Y	Y	Y	Y
N	3 946	3 946	3 561	3 561
R - squared	0.128	0.123	0.139	0.143

注：括号内的值为标准误差，***、**、*分别表示1%、5%和10%的显著性水平。

（四）实际控制人财富集中度、实际控制人学历与民营企业投资

最后，本章进一步检验实际控制人财富集中度对民营企业投资—投资机会敏感度的抑制作用是否在不同实际控制人学历下存在显著差异。本节将样本范围分为实际控制人高学历与实际控制人低学历两组。表5-7第（1）列和第（2）列是高学历组的回归结果，交乘项 HHIControl×Q 的回归系数不显著，说明在高学历组，实际控制人财富集中度对于企业投资—投资机会敏感度没有影响。表5-7第（3）列和第（4）列是低学历组的回归结果，投资机会 Q 的系数均显著为正，交乘项 HHIControl×Q 的系数均为负数，且在5%的水平下显著。上述结果表明，实际控制人财富集中度对企业投资—投资机会敏感度的抑制作用主要体现在实际控制人学历低的情况下，支持了本章假设4的结论。这是因为：当实际控制人学历高时，他们更有"能力"应对风险，在主观"意愿"上更加偏向风险爱好，即使财富集中带来较高的财富风险，他们仍然会抓住投资机会进行投资；而当实际控制人学历低时，缺少处理复杂事务的综合"能力"，在主观"意愿"上会更加偏向风险规避以平衡因自身财富集中带来

的非系统风险，会加剧实际控制人出于自利目的的风险厌恶程度，从而加强实际控制人财富集中度对企业投资—投资机会敏感度的抑制作用。

表5-7　实际控制人财富集中度、实际控制人学历与民营企业投资

	(1)	(2)	(3)	(4)
	高学历		低学历	
	Invest1	Invest2	Invest1	Invest2
Q	-0.007 (0.007)	-0.009 (0.008)	0.009 *** (0.003)	0.008 *** (0.003)
HHIControl × Q	0.011 (0.008)	0.012 (0.009)	-0.006 ** (0.003)	-0.006 ** (0.003)
HHIControl	-0.037 (0.042)	-0.048 (0.044)	0.048 ** (0.019)	0.049 ** (0.020)
Size	-0.025 (0.016)	-0.022 (0.016)	-0.009 *** (0.003)	-0.007 ** (0.003)
Lev	-0.053 (0.055)	-0.059 (0.055)	-0.059 *** (0.011)	-0.068 *** (0.012)
Cash	0.040 (0.032)	0.038 (0.032)	0.024 ** (0.010)	0.025 ** (0.010)
OCF	0.017 (0.032)	0.015 (0.032)	0.068 *** (0.013)	0.072 *** (0.013)
Lnage	-0.029 (0.022)	-0.030 (0.022)	-0.023 *** (0.006)	-0.024 *** (0.006)
Cashflow right	0.001 * (0.000)	0.001 * (0.000)	0.000 *** (0.000)	0.000 *** (0.000)
Divergence	0.000 (0.001)	0.000 (0.001)	0.000 (0.000)	0.000 (0.000)
cons	0.692 * (0.354)	0.637 * (0.354)	0.259 *** (0.067)	0.213 *** (0.067)
Year	Y	Y	Y	Y
Industry	Y	Y	Y	Y
N	845	845	8 517	8 517
R-squared	0.176	0.176	0.130	0.129

注：括号内的值为标准误差，***、**、*分别表示1%、5%和10%的显著性水平。

四、稳健性检验

（一）内生性问题

本章的研究可能会受到三类内生性问题的影响：第一类是可能存在遗漏变量导致的伪相关问题；第二类是反向因果问题，一方面，如本章结论所论述的，实际控制人财富集中度会影响企业投资—投资机会敏感度，另一方面，企业本身的投资—投资机会敏感度也可能反过来影响实际控制人对自身财富集中度的选择；第三类是样本度量偏差，基于数据的可得性，实际控制人持有的非上市公司财富无法统计，因此本章所使用的实际控制人财富集中度采用的是实际控制人参股和控股的所有上市公司的数据，因此可能会导致度量偏差问题。针对这三类内生性问题，本章首先使用是否完成股权分置改革（Gugai）作为工具变量，通过赫克曼（Hcekman）两阶段模型进行检验。其次，采用倾向得分匹配（PSM）的方法，使实际控制人存在财富分散（Div = 1）的观测值和实际控制人不存在财富分散（Div = 0）的观测值在其他控制变量上不存在差异。

1. 赫克曼（Hcekman）两阶段模型

本章选取是否完成股权分置改革（Gugai）作为工具变量，若企业已经完成股权分置改革，则取值为 1，否则取值为 0。首先，使用二元选择（probit）模型对实际控制人是否进行财富分散（Div）进行回归，求出逆米尔斯比率，然后将逆米尔斯比率代入模型 5 - 1 中进行回归，来检验在控制了内生性问题的情况下，假设 1 是否仍然成立。

工具变量的有效性在于企业是否完成股权分置改革（Gugai）满足作为工具变量的条件：第一，企业是否完成股权分置改革会对实际控制人的财富集中度产生影响，这是因为股权分置改革完成之前，非流通股的转让限制较多，程序复杂且交易成本高，而且股价无法对非流通股的股权价值产生影响。股权分置改革完成后，全流通时代到来，实际控制人股权价值受到企业股价波动的影响。第二，股权分置改革是外生的政策变量，与企业投资的误差项不相关。

表 5 - 8 列出了赫克曼模型第一阶段的检验结果。结果显示，实际控制人财富集中度与企业是否完成股权分置改革在 1% 的水平上显著正相关，即当企业完成股权分置改革后，实际控制人更可能进行分散化投资。

表5-8　　　　　　　赫克曼模型第一阶段——probit 模型

	(1) Div
Gugai	0. 116 *** (0. 040)
Size	0. 095 *** (0. 016)
Lev	0. 045 (0. 092)
Cash	0. 260 ** (0. 117)
OCF	0. 201 (0. 153)
Lnage	0. 166 *** (0. 030)
Cashflow right	− 0. 001 (0. 001)
Divergence	0. 011 *** (0. 002)
cons	3. 153 (0. 356)
Year	Y
Industry	Y
N	8 771
R − squared	0. 021

注：括号内的值为标准误差，***、**、*分别表示1%、5%和10%的显著性水平。

表5-9报告了赫克曼模型第二阶段的主回归检验结果。结果显示，在代入了逆米尔斯比率（IMR）后，两列结果下的投资机会Q的系数显著为正，交乘项HHIControl×Q的系数显著为负。回归结果与表5-4的回归结果一致，这进一步支持了本章的假设1，在其他条件一定的情况下，实际控制人财富集中度会降低民营企业投资—投资机会敏感度。

表 5 − 9　　　　　　赫克曼模型第二阶段之主回归检验结果

	(1) Invest1	(2) Invest2
Q	0. 008 *** (0. 003)	0. 008 *** (0. 003)
HHIControl × Q	− 0. 005 * (0. 003)	− 0. 005 * (0. 003)
HHIControl	0. 047 ** (0. 019)	0. 048 ** (0. 019)
IMR	0. 113 (0. 186)	0. 110 (0. 185)
Size	− 0. 001 (0. 013)	0. 001 (0. 013)
Lev	− 0. 054 *** (0. 013)	− 0. 063 *** (0. 013)
Cash	0. 046 (0. 039)	0. 046 (0. 039)
OCF	0. 085 *** (0. 031)	0. 088 *** (0. 031)
Lnage	− 0. 008 (0. 026)	− 0. 010 (0. 026)
Cashflow right	0. 000 (0. 000)	0. 000 (0. 000)
Divergence	0. 001 (0. 002)	0. 001 (0. 001)
cons	− 0. 089 (0. 583)	− 0. 122 (0. 579)
Year	Y	Y
Industry	Y	Y
N	9 362	9 362
R − squared	0. 142	0. 141

注: 括号内的值为标准误差, ***、**、*分别表示 1%、5% 和 10% 的显著性水平。

表 5 - 10 报告了赫克曼模型第二阶段之 GDP 增速分组回归结果。在代入逆米尔斯比率（IMR）之后，交乘项 HHIControl × Q 在 GDP 增速高组的回归系数统计上不显著，在 GDP 增速低组的回归系数显著为负，与表 5 - 5 的回归结果一致，进一步证明了本章假设 2 的结论，实际控制人财富集中度对企业投资—投资机会敏感度的抑制作用主要体现在 GDP 增速低的情况下。

表 5 - 10 赫克曼模型第二阶段之 GDP 增速分组回归结果

	(1)	(2)	(3)	(4)
	GDP 增速高		GDP 增速低	
	Invest1	Invest2	Invest1	Invest2
Q	0. 005 **	0. 003 *	0. 014 **	0. 014 **
	(0. 002)	(0. 002)	(0. 006)	(0. 006)
HHIControl × Q	− 0. 002	− 0. 001	− 0. 012 **	− 0. 012 **
	(0. 002)	(0. 002)	(0. 006)	(0. 006)
HHIControl	0. 046 **	0. 045 **	0. 067 **	0. 068 **
	(0. 023)	(0. 022)	(0. 034)	(0. 035)
IMR	0. 081	0. 079	0. 070	− 0. 094
	(0. 223)	(0. 224)	(0. 576)	(0. 580)
Size	0. 001	0. 003	− 0. 017	− 0. 027
	(0. 016)	(0. 016)	(0. 041)	(0. 041)
Lev	− 0. 056 ***	− 0. 063 ***	− 0. 042	− 0. 053 *
	(0. 017)	(0. 018)	(0. 029)	(0. 030)
Cash	0. 016	0. 017	0. 075	0. 041
	(0. 046)	(0. 046)	(0. 118)	(0. 119)
OCF	0. 074 **	0. 077 **	0. 101	0. 079
	(0. 036)	(0. 036)	(0. 091)	(0. 091)
Lnage	− 0. 019	− 0. 021	0. 008	− 0. 013
	(0. 031)	(0. 031)	(0. 076)	(0. 076)
Cashflow right	0. 000 *	0. 000 *	0. 000	0. 000
	(0. 000)	(0. 000)	(0. 000)	(0. 000)
Divergence	0. 001	0. 001	0. 001	− 0. 000
	(0. 002)	(0. 002)	(0. 005)	(0. 005)

续表

	(1)	(2)	(3)	(4)
	GDP 增速高		GDP 增速低	
	Invest1	Invest2	Invest1	Invest2
cons	-0.070 (0.694)	-0.105 (0.698)	0.240 (1.839)	0.723 (1.853)
Year	Y	Y	Y	Y
Industry	Y	Y	Y	Y
N	5 275	5 275	3 108	3 108
R - squared	0.193	0.191	0.093	0.091

注：括号内的值为标准误差，***、**、*分别表示1%、5%和10%的显著性水平。

表 5 - 11 报告了 Heckman 模型第二阶段之机构持股分组的回归结果。在代入逆米尔斯比率（IMR）之后，交乘项 HHIControl × Q 在机构投资者持股比例高组的回归系数统计上不显著，在机构投资者持股比例低组的回归系数显著为负，与表 5 - 6 的回归结果一致，进一步证明了本章假设 3 的结论，实际控制人财富集中度对企业投资—投资机会敏感度的抑制作用主要体现在机构持股低的情况下。

表 5 - 11　　　　赫克曼模型第二阶段之机构持股分组的回归结果

	(1)	(2)	(3)	(4)
	机构持股比例高		机构持股比例低	
	Invest1	Invest2	Invest1	Invest2
Q	0.005 ** (0.002)	0.003 * (0.002)	0.014 ** (0.006)	0.014 ** (0.006)
HHIControl × Q	-0.002 (0.002)	-0.001 (0.002)	-0.012 ** (0.006)	-0.012 ** (0.006)
HHIControl	0.046 ** (0.023)	0.045 ** (0.022)	0.067 ** (0.034)	0.068 ** (0.035)
IMR	0.081 (0.223)	0.079 (0.224)	0.070 (0.576)	-0.094 (0.580)

续表

	(1)	(2)	(3)	(4)
	机构持股比例高		机构持股比例低	
	Invest1	Invest2	Invest1	Invest2
Size	0.001 (0.016)	0.003 (0.016)	-0.017 (0.041)	-0.027 (0.041)
Lev	-0.056*** (0.017)	-0.063*** (0.018)	-0.042 (0.029)	-0.053* (0.030)
Cash	0.016 (0.046)	0.017 (0.046)	0.075 (0.118)	0.041 (0.119)
OCF	0.074** (0.036)	0.077** (0.036)	0.101 (0.091)	0.079 (0.091)
Lnage	-0.019 (0.031)	-0.021 (0.031)	0.008 (0.076)	-0.013 (0.076)
Cashflow right	0.000* (0.000)	0.000* (0.000)	0.000 (0.000)	0.000 (0.000)
Divergence	0.001 (0.002)	0.001 (0.002)	0.001 (0.005)	-0.000 (0.005)
cons	-0.070 (0.694)	-0.105 (0.698)	0.240 (1.839)	0.723 (1.853)
Year	Y	Y	Y	Y
Industry	Y	Y	Y	Y
N	5 275	5 275	3 108	3 108
R-squared	0.193	0.191	0.093	0.091

注：括号内的值为标准误差，***、**、*分别表示1%、5%和10%的显著性水平。

表 5 - 12 报告了 Heckman 模型第二阶段之实际控制人学历分组回归结果。在代入逆米尔斯比率（IMR）之后，交乘项 HHIControl × Q 在实际控制人学历高组的回归系数统计上不显著，在实际控制人学历低组的回归系数显著为负，与表 5 - 7 的回归结果一致，进一步证明了本章假设 4 的结论，实际控制人财富集中度对企业投资——投资机会敏感度的抑制作用主要体现在实际控制人学历低的情况下。

表 5 – 12 赫克曼模型第二阶段之实际控制人学历分组回归结果

	（1）	（2）	（3）	（4）
	学历高		学历低	
	Invest1	Invest2	Invest1	Invest2
Q	– 0.008	– 0.009	0.009 ***	0.008 ***
	(0.007)	(0.008)	(0.003)	(0.003)
HHIControl × Q	0.011	0.013	– 0.006 **	– 0.006 **
	(0.008)	(0.009)	(0.003)	(0.003)
HHIControl	– 0.037	– 0.049	0.048 **	0.049 **
	(0.042)	(0.045)	(0.019)	(0.020)
IMR	0.697	0.688	0.047	0.044
	(0.648)	(0.659)	(0.195)	(0.194)
Size	0.025	0.028	– 0.006	– 0.004
	(0.047)	(0.048)	(0.014)	(0.014)
Lev	– 0.026	– 0.032	– 0.058 ***	– 0.067 ***
	(0.065)	(0.066)	(0.013)	(0.013)
Cash	0.177	0.174	0.033	0.034
	(0.134)	(0.136)	(0.041)	(0.041)
OCF	0.121	0.117	0.075 **	0.079 **
	(0.097)	(0.099)	(0.033)	(0.032)
Lnage	0.060	0.058	– 0.016	– 0.018
	(0.084)	(0.085)	(0.028)	(0.027)
Cashflow right	– 0.000	– 0.000	0.000	0.000
	(0.001)	(0.001)	(0.000)	(0.000)
Divergence	0.006	0.006	0.001	0.001
	(0.005)	(0.005)	(0.002)	(0.002)
cons	– 1.519	– 1.545	0.111	0.076
	(2.023)	(2.056)	(0.611)	(0.607)
Year	Y	Y	Y	Y
Industry	Y	Y	Y	Y
N	845	845	8 517	8 517
R – squared	0.177	0.178	0.130	0.129

注：括号内的值为标准误差，***、**、*分别表示1%、5%和10%的显著性水平。

2. 倾向得分匹配模型（PSM）

使用实际控制人是否进行财富分散化变量（Div）进行 Logit 回归，计算出匹配值。根据样本量的数量，我们对观测值进行了 0.01 半径内 1∶3 不放回的匹配。最后在筛选的样本中重复了主回归的检验，此处不再重复对分组回归的检验。表 5 - 13 列出了倾向得分匹配后主回归的检验结果，两列结果下的投资机会 Q 系数显著为正，交乘项 HHIControl × Q 的系数均为 - 0.005，P 值分别为 0.109 和 0.167，接近显著程度，可以进一步支持本章的假设 1，在其他条件一定的情况下，实际控制人财富集中度会降低民营企业投资—投资机会敏感度。

表 5 - 13　　　　　　　　　倾向得分匹配后主回归的检验结果

	（1） Invest1	（2） Invest2
Q	0.008 *** （0.003）	0.008 ** （0.003）
HHIControl × Q	- 0.005 （0.003）	- 0.005 （0.003）
HHIControl	0.055 *** （0.020）	0.054 *** （0.020）
Size	- 0.015 *** （0.004）	- 0.013 *** （0.004）
Lev	- 0.051 *** （0.014）	- 0.058 *** （0.014）
Cash	0.029 *** （0.011）	0.031 *** （0.011）
OCF	0.068 *** （0.014）	0.071 *** （0.014）
Lnage	- 0.039 *** （0.008）	- 0.041 *** （0.008）

	(1) Invest1	(2) Invest2
Cashflow right	0.000 ** (0.000)	0.000 ** (0.000)
Divergence	0.000 (0.000)	0.000 (0.000)
cons	0.421 *** (0.085)	0.385 *** (0.085)
Year	Y	Y
Industry	Y	Y
N	6 645	6 645
R – squared	0.138	0.136

注：括号内的值为标准误差，***、**、*分别表示1%、5%和10%的显著性水平。

（二）实际控制人财富集中度的替代变量

1. 使用实际控制人财富的熵指数作为替代变量

本章首先使用实际控制人财富的熵指数（EIControl）作为实际控制人财富集中度HHIControl的替代变量，其具体计算方法是：求出实际控制人控股与参股所有上市公司的投资额占其总对外投资额的比例，再对该比例与其倒数取自然对数的乘积求和得出实际控制人财富的熵指数。具体计算公式如下所示：

$$熵指数（EIControl）：EIControl = \sum_{i=1}^{N} P_i \times Ln\left(\frac{1}{P_i}\right)$$

其中，P_i 为实际控制人在上市公司 i 的财富占实际控制人持有的全部上市公司总财富的比重，N 为实际控制人控股和参股上市公司的数目。实际控制人财富的熵指数 EI 越大，实际控制人的财富集中度越低，是财富集中度的反向指标。我们使用实际控制人财富的熵指数重复了主回归以及分组回归的检验，表5-14是使用实际控制人财富的熵指数作为替代变量的主回归检验结果。结果显示，投资机会 Q 的系数均显著为正，交乘项 EI * Q 的系数显著为正，说明实际控制人财富的分散程度会提高企业投资—投资机会敏感度，与表5-4的回归结果一致，进一步支持了假设1的结论。

表 5 – 14   稳健性检验：实际控制人财富的熵指数作为替代变量之主回归

	（1） Invest1	（2） Invest1	（3） Invest2	（4） Invest2
Q	0.002 *** （0.000）	0.003 *** （0.001）	0.002 *** （0.000）	0.003 *** （0.001）
EIControl * Q	0.004 ** （0.002）	0.003 * （0.002）	0.003 * （0.002）	0.003 * （0.002）
EIControl	− 0.051 *** （0.013）	− 0.030 ** （0.013）	− 0.050 *** （0.013）	− 0.031 ** （0.013）
Size		− 0.009 *** （0.003）		− 0.007 ** （0.003）
Lev		− 0.058 *** （0.011）		− 0.066 *** （0.011）
Cash		0.024 *** （0.009）		0.025 *** （0.009）
OCF		0.068 *** （0.012）		0.072 *** （0.012）
Lnage		− 0.024 *** （0.006）		− 0.025 *** （0.006）
Cashflow right		0.000 *** （0.000）		0.000 *** （0.000）
Divergence		0.000 （0.000）		0.000 （0.000）
cons	0.057 *** （0.002）	0.313 *** （0.068）	0.054 *** （0.002）	0.270 *** （0.068）
Year	Y	Y	Y	Y
Industry	Y	Y	Y	Y
N	9 500	9 362	9 500	9 362
R – squared	0.021	0.142	0.020	0.141

注：括号内的值为标准误差，***、**、* 分别表示1%、5%和10%的显著性水平。

表 5 – 15 是使用实际控制人财富的熵指数作为替代变量之 GDP 增速分组回归检验结果。结果显示，投资机会 Q 的系数均显著为正，交乘项 EI * Q 在

GDP 增速高组的回归系数统计上不显著，在 GDP 增速低组的回归系数显著为正。检验结果与表 5 - 5 的回归结果一致，进一步证明了本章假设 2 的结论，实际控制人财富集中度对企业投资—投资机会敏感度的抑制作用主要体现在GDP 增速低的情况下。

表 5 - 15   稳健性检验：实际控制人财富的熵指数作为
替代变量之 GDP 增速分组回归

	（1）	（2）	（3）	（4）
	GDP 增速高		GDP 增速低	
	Invest1	Invest2	Invest1	Invest2
Q	0. 002 ***	0. 002 ***	0. 002 ***	0. 002 ***
	（0. 001）	（0. 001）	（0. 001）	（0. 001）
EI × Q	0. 001	0. 001	0. 007 **	0. 008 **
	（0. 002）	（0. 001）	（0. 004）	（0. 004）
EIControl	− 0. 028 *	− 0. 028 *	− 0. 044 *	− 0. 045 *
	（0. 015）	（0. 015）	（0. 023）	（0. 023）
Size	− 0. 005	− 0. 003	− 0. 022 ***	− 0. 020 ***
	（0. 004）	（0. 004）	（0. 005）	（0. 005）
Lev	− 0. 059 ***	− 0. 066 ***	− 0. 044 **	− 0. 050 **
	（0. 015）	（0. 015）	（0. 019）	（0. 019）
Cash	0. 000	0. 001	0. 061 ***	0. 059 ***
	（0. 012）	（0. 013）	（0. 021）	（0. 021）
OCF	0. 062 ***	0. 065 ***	0. 091 ***	0. 093 ***
	（0. 014）	（0. 015）	（0. 023）	（0. 023）
Lnage	− 0. 031 ***	− 0. 032 ***	− 0. 001	− 0. 001
	（0. 007）	（0. 007）	（0. 017）	（0. 017）
Cashflow right	0. 000 ***	0. 000 ***	0. 000	0. 000
	（0. 000）	（0. 000）	（0. 000）	（0. 000）
Divergence	0. 001 *	0. 001 *	0. 000	0. 000
	（0. 000）	（0. 000）	（0. 000）	（0. 000）

续表

	（1）	（2）	（3）	（4）
	GDP 增速高		GDP 增速低	
	Invest1	Invest2	Invest1	Invest2
cons	0. 228 *** （0. 086）	0. 185 ** （0. 086）	0. 534 *** （0. 112）	0. 492 *** （0. 114）
Year	Y	Y	Y	Y
Industry	Y	Y	Y	Y
N	5 275	5 275	3 108	3 108
R – squared	0. 192	0. 191	0. 093	0. 091

注：括号内的值为标准误差，***、**、*分别表示1%、5%和10%的显著性水平。

表 5 – 16 是使用实际控制人财富的熵指数作为替代变量之机构持股分组回归检验结果。结果显示，投资机会 Q 的系数均显著为正，交乘项 EI * Q 在机构投资者持股比例高组的回归系数统计上不显著，在机构投资者持股比例低组的回归系数显著为正。检验结果与表 5 – 6 的回归结果一致，进一步证明了本章假设 3 的结论，实际控制人财富集中度对企业投资—投资机会敏感度的抑制作用主要体现在机构持股比例低的情况下。

表 5 – 16　　　　　　　稳健性检验：实际控制人财富的熵指数作为
替代变量之机构持股分组回归

	（1）	（2）	（3）	（4）
	机构持股高		机构持股低	
	Invest1	Invest2	Invest1	Invest2
Q	0. 002 *** （0. 001）	0. 002 *** （0. 001）	0. 004 *** （0. 001）	0. 004 *** （0. 001）
EIQ	0. 003 （0. 002）	0. 003 （0. 002）	0. 008 ** （0. 004）	0. 009 * （0. 004）
EIControl	− 0. 039 ** （0. 016）	− 0. 037 ** （0. 016）	− 0. 051 ** （0. 024）	− 0. 053 ** （0. 025）
Size	− 0. 019 *** （0. 006）	− 0. 017 *** （0. 006）	− 0. 007 （0. 005）	− 0. 005 （0. 005）

	（1）	（2）	（3）	（4）
	机构持股高		机构持股低	
	Invest1	Invest2	Invest1	Invest2
Lev	− 0. 031 * （0. 018）	− 0. 038 ** （0. 019）	− 0. 074 *** （0. 019）	− 0. 082 *** （0. 019）
Cash	0. 027 * （0. 015）	0. 028 * （0. 015）	0. 033 ** （0. 014）	0. 035 ** （0. 014）
OCF	0. 058 *** （0. 019）	0. 061 *** （0. 019）	0. 077 *** （0. 020）	0. 084 *** （0. 020）
Lnage	− 0. 026 ** （0. 011）	− 0. 028 *** （0. 011）	− 0. 024 ** （0. 009）	− 0. 025 ** （0. 010）
Cashflow right	0. 000 （0. 000）	0. 000 （0. 000）	0. 000 （0. 000）	0. 000 （0. 000）
Divergence	0. 000 （0. 000）	0. 000 （0. 000）	− 0. 000 （0. 000）	− 0. 000 （0. 000）
cons	0. 541 *** （0. 142）	0. 498 *** （0. 144）	0. 260 ** （0. 110）	0. 226 ** （0. 109）
Year	Y	Y	Y	Y
Industry	Y	Y	Y	Y
N	3 946	3 946	3 561	3 561
R − squared	0. 129	0. 123	0. 139	0. 143

注：括号内的值为标准误差，***、**、*分别表示1%、5%和10%的显著性水平。

表5－17是使用实际控制人财富的熵指数作为替代变量之实际控制人学历分组回归检验结果。结果显示，投资机会 Q 的系数为正，在实际控制人学历高组统计上不显著，在实际控制人学历低组统计上显著。交乘项 EI * Q 在实际控制人学历高组的回归系数统计上不显著，在实际控制人学历低组的回归系数显著为正。检验结果与表5－7的回归结果一致，进一步证明了本章假设4的结论，实际控制人财富集中度对企业投资—投资机会敏感度的抑制作用主要体现在实际控制人学历低的情况下。

表5-17　　　　　　　稳健性检验：实际控制人财富的熵指数作为
替代变量之实际控制人学历分组回归

	（1）	（2）	（3）	（4）
	学历高		学历低	
	Invest1	Invest2	Invest1	Invest2
Q	0.003 （0.002）	0.003 （0.002）	0.003 *** （0.001）	0.003 *** （0.001）
EIControl * Q	-0.005 （0.004）	-0.006 （0.005）	0.004 ** （0.002）	0.004 ** （0.002）
EIControl	0.021 （0.026）	0.028 （0.027）	-0.030 ** （0.013）	-0.032 ** （0.013）
Size	-0.025 （0.016）	-0.022 （0.016）	-0.009 *** （0.003）	-0.007 ** （0.003）
Lev	-0.053 （0.055）	-0.059 （0.056）	-0.059 *** （0.011）	-0.068 *** （0.012）
Cash	0.039 （0.032）	0.038 （0.032）	0.024 ** （0.010）	0.025 ** （0.010）
OCF	0.018 （0.032）	0.015 （0.032）	0.068 *** （0.013）	0.072 *** （0.013）
Lnage	-0.029 （0.022）	-0.030 （0.022）	-0.023 *** （0.006）	-0.024 *** （0.006）
Cashflow right	0.001 * （0.000）	0.001 * （0.000）	0.000 *** （0.000）	0.000 *** （0.000）
Divergence	0.000 （0.001）	0.000 （0.001）	0.000 （0.000）	0.000 （0.000）
cons	0.653 * （0.347）	0.586 * （0.346）	0.307 *** （0.070）	0.263 *** （0.069）
Year	Y	Y	Y	Y
Industry	Y	Y	Y	Y
N	845	845	8 517	8 517
R - squared	0.175	0.175	0.130	0.129

注：括号内的值为标准误差，***、**、*分别表示1%、5%和10%的显著性水平。

2. 使用实际控制人控股与参股上市公司的数量指标（NUMControl）作为替代变量

其具体计算方法是：实际控制人控股与参股的公司个数 + 1 后取自然对数。具体计算公式如下所示：

控股或参股上市公司数量（NUMControl）：NUMControl = LnN

其中，N 为实际控制人控股和参股上市公司的个数和。实际控制人控股或参股上市公司数量 NUMControl 越大，实际控制人的财富集中度越低，是财富集中度的反向指标。我们使用实际控制人控股或参股上市公司的数量指标 NUMControl 重复了主回归以及分组回归的检验，表 5 – 18 是使用该变量作为替代变量的主回归检验结果。结果显示，投资机会 Q 的系数均显著为正，交乘项 NUMControl * Q 的系数显著为正，说明实际控制人财富的分散程度会提高企业投资—投资机会敏感度，与表 5 – 4 的回归结果一致，进一步支持了假设 1 的结论。

表 5 – 18　　　　　　稳健性检验：实际控制人控股参股公司

数量作为替代变量之主回归

	(1) Invest1	(2) Invest1	(3) Invest2	(4) Invest2
Q	0.002 *** (0.000)	0.002 *** (0.000)	0.002 *** (0.000)	0.002 *** (0.000)
NUMControl * Q	0.003 *** (0.001)	0.002 ** (0.001)	0.003 ** (0.001)	0.003 ** (0.001)
NUMControl	− 0.034 *** (0.008)	− 0.022 *** (0.008)	− 0.034 *** (0.008)	− 0.023 *** (0.007)
Size		− 0.010 *** (0.003)		− 0.008 *** (0.003)
Lev		− 0.054 *** (0.010)		− 0.062 *** (0.011)
Cash		0.025 *** (0.009)		0.026 *** (0.009)
OCF		0.073 *** (0.012)		0.076 *** (0.012)

续表

	（1） Invest1	（2） Invest1	（3） Invest2	（4） Invest2
Lnage		− 0. 024 *** （0. 005）		− 0. 026 *** （0. 006）
Cashflow right		0. 000 *** （0. 000）		0. 000 *** （0. 000）
Divergence		0. 000 （0. 000）		0. 000 （0. 000）
cons	0. 057 *** （0. 002）	0. 328 *** （0. 065）	0. 055 *** （0. 002）	0. 283 *** （0. 065）
Year	Y	Y	Y	Y
Industry	Y	Y	Y	Y
N	9 941	9 674	9 941	9 674
R − squared	0. 018	0. 140	0. 017	0. 139

注：括号内的值为标准误差，***、**、*分别表示1%、5%和10%的显著性水平。

表 5 - 19 是使用实际控制人控股参股公司数量作为替代变量之 GDP 增速分组回归检验结果。结果显示，投资机会 Q 的系数均显著为正，交乘项 NUM-Control ∗ Q 在 GDP 增速高组的回归系数统计上不显著，在 GDP 增速低组的回归系数显著为正。检验结果与表 5 - 5 的回归结果一致，进一步证明了本章假设 2 的结论，实际控制人财富集中度对企业投资—投资机会敏感度的抑制作用主要体现在 GDP 增速低的情况下。

表 5 - 19　　　　　稳健性检验：实际控制人控股参股公司数量作为
替代变量之 GDP 增速分组回归

	（1）	（2）	（3）	（4）
	GDP 增速高		GDP 增速低	
	Invest1	Invest2	Invest1	Invest2
Q	0. 002 *** （0. 001）	0. 002 *** （0. 001）	0. 002 *** （0. 001）	0. 002 *** （0. 001）
NUMControl ∗ Q	0. 002 （0. 001）	0. 001 （0. 001）	0. 004 ** （0. 002）	0. 004 ** （0. 002）

续表

	（1）	（2）	（3）	（4）
	GDP 增速高		GDP 增速低	
	Invest1	Invest2	Invest1	Invest2
NUMControl	− 0. 014 （0. 009）	− 0. 015 * （0. 009）	− 0. 039 *** （0. 014）	− 0. 041 *** （0. 015）
Size	− 0. 005 （0. 004）	− 0. 003 （0. 004）	− 0. 023 *** （0. 004）	− 0. 021 *** （0. 004）
Lev	− 0. 059 *** （0. 014）	− 0. 066 *** （0. 015）	− 0. 032 * （0. 018）	− 0. 037 ** （0. 018）
Cash	0. 005 （0. 013）	0. 007 （0. 013）	0. 059 *** （0. 019）	0. 059 *** （0. 019）
OCF	0. 066 *** （0. 015）	0. 070 *** （0. 015）	0. 100 *** （0. 023）	0. 101 *** （0. 022）
Lnage	− 0. 029 *** （0. 007）	− 0. 031 *** （0. 007）	− 0. 006 （0. 016）	− 0. 006 （0. 016）
Cashflow right	0. 000 *** （0. 000）	0. 001 *** （0. 000）	0. 000 （0. 000）	0. 000 （0. 000）
Divergence	0. 001 * （0. 000）	0. 001 * （0. 000）	0. 000 （0. 000）	0. 000 （0. 000）
cons	0. 238 *** （0. 084）	0. 195 ** （0. 084）	0. 551 *** （0. 103）	0. 510 *** （0. 104）
Year	Y	Y	Y	Y
Industry	Y	Y	Y	Y
N	5 412	5 412	3 271	3 271
R − squared	0. 190	0. 188	0. 092	0. 090

注：括号内的值为标准误差，*** 、** 、* 分别表示1%、5%和10%的显著性水平。

表 5 − 20 是使用实际控制人控股参股公司数量作为替代变量之机构持股分组回归检验结果。结果显示，投资机会 Q 的系数均显著为正，交乘项 NUM-Control * Q 在机构投资者持股比例高组的回归系数统计上不显著，在机构投资者持股比例低组的回归系数显著为正。检验结果与表 5 − 6 的回归结果一致，进一步证明了本章假设 3 的结论，实际控制人财富集中度对企业投资—投资机会敏感度的抑制作用主要体现在机构持股比例低的情况下。

表 5 - 20 　　　　稳健性检验：实际控制人控股参股公司数量作为
替代变量之机构持股分组回归

	(1)	(2)	(3)	(4)
	机构持股高		机构持股低	
	Invest1	Invest2	Invest1	Invest2
Q	0. 002 *** (0. 001)	0. 002 *** (0. 001)	0. 004 *** (0. 001)	0. 003 *** (0. 001)
NUMControl * Q	0. 003 * (0. 002)	0. 002 (0. 002)	0. 005 ** (0. 003)	0. 005 ** (0. 003)
NUMControl	− 0. 033 *** (0. 010)	− 0. 032 *** (0. 010)	− 0. 030 ** (0. 014)	− 0. 031 ** (0. 014)
Size	− 0. 019 *** (0. 006)	− 0. 017 *** (0. 006)	− 0. 008 * (0. 005)	− 0. 007 (0. 005)
Lev	− 0. 029 * (0. 017)	− 0. 036 ** (0. 018)	− 0. 070 *** (0. 019)	− 0. 079 *** (0. 019)
Cash	0. 024 * (0. 014)	0. 025 * (0. 015)	0. 032 ** (0. 013)	0. 034 ** (0. 014)
OCF	0. 061 *** (0. 018)	0. 062 *** (0. 018)	0. 088 *** (0. 021)	0. 095 *** (0. 021)
Lnage	− 0. 027 *** (0. 010)	− 0. 028 *** (0. 010)	− 0. 028 *** (0. 009)	− 0. 028 *** (0. 009)
Cashflow right	0. 000 (0. 000)	0. 000 (0. 000)	0. 000 (0. 000)	0. 000 * (0. 000)
Divergence	0. 000 (0. 000)	0. 000 (0. 000)	− 0. 000 (0. 000)	− 0. 000 (0. 000)
cons	0. 547 *** (0. 132)	0. 506 *** (0. 134)	0. 294 *** (0. 104)	0. 260 ** (0. 103)
Year	Y	Y	Y	Y
Industry	Y	Y	Y	Y
N	4 067	4 067	3 690	3 690
R - squared	0. 130	0. 124	0. 140	0. 144

注：括号内的值为标准误差，＊＊＊、＊＊、＊分别表示1%、5%和10%的显著性水平。

表 5 – 21 是使用实际控制人财富的熵指数作为替代变量之实际控制人学历分组回归检验结果。结果显示，投资机会 Q 的系数为正，在实际控制人高学历组统计上不显著，在实际控制人低学历统计上显著。交乘项 NUMControl × Q 在实际控制人高学历组的回归系数统计上不显著，在实际控制人低学历组的回归系数显著为正。检验结果与表 5 – 7 的回归结果一致，进一步证明了本章假设 4 的结论，实际控制人财富集中度对企业投资—投资机会敏感度的抑制作用主要体现在实际控制人低学历的情况下。

表 5 – 21　　　　稳健性检验：实际控制人控股参股公司数量作为
替代变量之实际控制人学历分组回归

	（1）	（2）	（3）	（4）
	高学历		低学历	
	Invest1	Invest2	Invest1	Invest2
Q	0.002 (0.002)	0.003 (0.002)	0.002 *** (0.000)	0.002 *** (0.001)
NUMControl × Q	− 0.004 (0.003)	− 0.004 (0.003)	0.003 ** (0.001)	0.003 ** (0.001)
NUMControl	0.014 (0.020)	0.016 (0.022)	− 0.023 *** (0.008)	− 0.025 *** (0.008)
Size	− 0.029 * (0.015)	− 0.026 * (0.015)	− 0.009 *** (0.003)	− 0.007 ** (0.003)
Lev	− 0.030 (0.049)	− 0.035 (0.050)	− 0.057 *** (0.011)	− 0.065 *** (0.011)
Cash	0.051 * (0.030)	0.049 * (0.030)	0.025 *** (0.009)	0.026 *** (0.010)
OCF	0.044 (0.039)	0.041 (0.038)	0.072 *** (0.013)	0.075 *** (0.013)
Lnage	− 0.031 (0.023)	− 0.032 (0.023)	− 0.023 *** (0.006)	− 0.025 *** (0.006)

续表

	(1)	(2)	(3)	(4)
	高学历		低学历	
	Invest1	Invest2	Invest1	Invest2
Cashflow right	0.001 * (0.000)	0.001 * (0.000)	0.000 *** (0.000)	0.000 *** (0.000)
Seperation	−0.000 (0.001)	−0.000 (0.001)	0.000 (0.000)	0.000 (0.000)
cons	0.737 ** (0.327)	0.668 ** (0.326)	0.319 *** (0.066)	0.273 *** (0.066)
Year	Y	Y	Y	Y
Industry	Y	Y	Y	Y
N	868	868	8 806	8 806
R − squared	0.165	0.166	0.129	0.128

注：括号内的值为标准误差，*** 、** 、* 分别表示1%、5%和10%的显著性水平。

（三）投资机会的替代变量

本章使用托宾 Q 值的另外一种计算方式作为投资机会 Q 的替代变量，具体计算方法是：负债账面价值与个股总市值的和与总资产账面价值之比，定义为投资机会替代变量 q。然后将投资机会 q 代入模型 5 − 1 进行主回归以及分组回归检验。表 5 − 22 是使用投资机会 q 作为投资机会 Q 替代变量的主回归结果，结果显示：交乘项 HHIControl × q 的回归系数为负，统计上不显著，无法对假设 1 的结论进行支持。表 5 − 23 是使用投资机会 q 作为替代变量之 GDP 增速分组结果，交乘项 HHIControl × q 的系数在前两列结果均不显著，在后两列结果中显著为负，支持了假设 2 的结论。表 5 − 24 是使用投资机会 q 作为替代变量之机构持股分组结果，交乘项 HHIControl × q 在四列结果中均不显著，无法对假设 3 进行支持。表 5 − 25 是使用投资机会 q 作为替代变量之实际控制人学历分组结果，交乘项 HHIControl × q 在实际控制人学历高组的回归系数显著为正，在实际控制人学历低组的回归系数显著为负，进一步证明了假设 4 的结论。

表 5 - 22　　　稳健性检验：投资机会 q 作为替代变量之主回归结果

	(1) Invest1	(2) Invest1	(3) Invest2	(4) Invest2
q	0.012 ** (0.005)	0.009 (0.005)	0.011 ** (0.005)	0.008 (0.005)
HHIControl × q	- 0.007 (0.005)	- 0.004 (0.005)	- 0.006 (0.005)	- 0.004 (0.005)
HHIControl	0.073 *** (0.022)	0.038 * (0.021)	0.071 *** (0.022)	0.039 * (0.021)
Size		- 0.011 *** (0.003)		- 0.009 *** (0.003)
Lev		- 0.036 *** (0.011)		- 0.044 *** (0.011)
Cash		0.026 *** (0.009)		0.027 *** (0.009)
OCF		0.069 *** (0.012)		0.072 *** (0.012)
Lnage		- 0.024 *** (0.006)		- 0.026 *** (0.006)
Cashflow right		0.000 *** (0.000)		0.000 *** (0.000)
Divergence		0.000 (0.000)		0.000 (0.000)
cons	- 0.021 (0.021)	0.307 *** (0.068)	- 0.023 (0.021)	0.262 *** (0.068)
Year	Y	Y	Y	Y
Industry	Y	Y	Y	Y
N	9 500	9 362	9 500	9 362
R - squared	0.025	0.136	0.024	0.135

注：括号内的值为标准误差，*** 、** 、* 分别表示1%、5%和10%的显著性水平。

表 5 – 23　　稳健性检验：投资机会 q 作为替代变量之 GDP 增速分组回归结果

	(1)	(2)	(3)	(4)
	GDP 增速高		GDP 增速低	
	Invest1	Invest2	Invest1	Invest2
q	0.006 (0.004)	0.004 (0.004)	0.020 *** (0.006)	0.022 *** (0.006)
HHIControl × q	− 0.004 (0.004)	− 0.002 (0.004)	− 0.015 ** (0.006)	− 0.017 *** (0.006)
HHIControl	0.048 *** (0.018)	0.047 *** (0.018)	0.050 * (0.029)	0.056 * (0.029)
Size	− 0.006 *** (0.002)	− 0.004 * (0.002)	− 0.022 *** (0.004)	− 0.020 *** (0.004)
Lev	− 0.044 *** (0.009)	− 0.051 *** (0.009)	− 0.017 (0.015)	− 0.022 (0.015)
Cash	0.002 (0.010)	0.003 (0.010)	0.065 *** (0.016)	0.063 *** (0.016)
OCF	0.064 *** (0.011)	0.067 *** (0.012)	0.092 *** (0.015)	0.095 *** (0.015)
Lnage	− 0.031 *** (0.005)	− 0.032 *** (0.005)	− 0.012 (0.016)	− 0.012 (0.016)
Cashflow right	0.000 *** (0.000)	0.001 *** (0.000)	0.000 (0.000)	0.000 (0.000)
Divergence	0.001 ** (0.000)	0.001 ** (0.000)	0.000 (0.000)	0.000 (0.000)
cons	0.215 *** (0.055)	0.172 *** (0.056)	0.488 *** (0.105)	0.437 *** (0.106)
Year	Y	Y	Y	Y
Industry	Y	Y	Y	Y
N	5 275	5 275	3 108	3 108
R – squared	0.188	0.186	0.091	0.090

注：括号内的值为标准误差，*** 、** 、* 分别表示 1% 、5% 和 10% 的显著性水平，不聚类回归。

表 5 - 24 　　　稳健性检验：投资机会 q 作为替代变量之机构持股分组回归结果

	（1）	（2）	（3）	（4）
	机构持股高		机构持股低	
	Invest1	Invest2	Invest1	Invest2
q	0.010 ** （0.004）	0.008 * （0.004）	0.011 （0.007）	0.011 （0.007）
HHIControl × q	− 0.007 （0.004）	− 0.005 （0.004）	− 0.005 （0.007）	− 0.006 （0.007）
HHIControl	0.054 *** （0.020）	0.052 *** （0.020）	0.024 （0.030）	0.030 （0.031）
Size	− 0.022 *** （0.003）	− 0.020 *** （0.003）	− 0.009 *** （0.003）	− 0.007 ** （0.003）
Lev	− 0.010 （0.012）	− 0.017 （0.012）	− 0.045 *** （0.012）	− 0.053 *** （0.012）
Cash	0.030 ** （0.012）	0.030 ** （0.012）	0.037 *** （0.012）	0.039 *** （0.012）
OCF	0.058 *** （0.013）	0.060 *** （0.013）	0.081 *** （0.013）	0.087 *** （0.013）
Lnage	− 0.027 *** （0.007）	− 0.029 *** （0.007）	− 0.026 *** （0.007）	− 0.026 *** （0.008）
Cashflow right	0.000 （0.000）	0.000 （0.000）	0.000 * （0.000）	0.000 ** （0.000）
Divergence	0.000 * （0.000）	0.000 * （0.000）	− 0.000 （0.000）	− 0.000 （0.000）
cons	0.538 *** （0.078）	0.498 *** （0.079）	0.269 *** （0.082）	0.231 *** （0.083）
Year	Y	Y	Y	Y
Industry	Y	Y	Y	Y
N	3 946	3 946	3 561	3 561
R − squared	0.123	0.118	0.129	0.133

注：括号内的值为标准误差，*** 、** 、* 分别表示 1%、5% 和 10% 的显著性水平，不聚类回归。

表 5 - 25　　　　　稳健性检验：投资机会 q 作为替代变量之实际
控制人学历分组回归结果

	(1)	(2)	(3)	(4)
	高学历		低学历	
	Invest1	Invest2	Invest1	Invest2
q	-0.046 ***	-0.047 ***	0.010 ***	0.010 ***
	(0.017)	(0.018)	(0.003)	(0.003)
HHIControl × q	0.049 ***	0.051 ***	-0.006 **	-0.006 *
	(0.017)	(0.018)	(0.003)	(0.003)
HHIControl	-0.128 *	-0.138 *	0.040 ***	0.041 ***
	(0.072)	(0.072)	(0.014)	(0.014)
Size	-0.029 **	-0.025 **	-0.011 ***	-0.009 ***
	(0.012)	(0.012)	(0.002)	(0.002)
Lev	-0.040	-0.045	-0.037 ***	-0.045 ***
	(0.036)	(0.036)	(0.007)	(0.007)
Cash	0.040	0.038	0.026 ***	0.027 ***
	(0.031)	(0.031)	(0.007)	(0.007)
OCF	0.012	0.010	0.069 ***	0.073 ***
	(0.034)	(0.035)	(0.008)	(0.008)
Lnage	-0.029	-0.030	-0.024 ***	-0.025 ***
	(0.020)	(0.020)	(0.004)	(0.004)
Cashflow right	0.001 **	0.001 **	0.000 ***	0.000 ***
	(0.000)	(0.000)	(0.000)	(0.000)
Divergence	0.000	0.000	0.000 **	0.000 *
	(0.001)	(0.001)	(0.000)	(0.000)
cons	0.854 ***	0.793 ***	0.300 ***	0.253 ***
	(0.270)	(0.273)	(0.044)	(0.044)
Year	Y	Y	Y	Y
Industry	Y	Y	Y	Y
N	845	845	8 517	8 517
R - squared	0.184	0.185	0.124	0.123

注：括号内的值为标准误差，*** 、** 、* 分别表示 1% 、5% 和 10% 的显著性水平，不聚类回归。

综上所述，使用投资机会的替代变量 q 可以进一步证明假设 2 和假设 4 的结论，即实际控制人财富集中度对企业投资—投资机会敏感度的抑制作用在 GDP 增速低以及实际控制人学历低的情况下更显著。

第五节 典型省区的回归结果——基于
广西和广东地区的分析结果

本章进一步基于典型省区对本章主要结论进行延伸，选择广西和广东作为本章典型省区研究的对象，是因为这两个省区存在很多的相似性，但是发展路径却大相径庭，对这两个省区进行对比分析有着重要的理论和现实意义。广西与广东接壤，同属珠江流域，有相似的自然条件和社会人文环境，但其地理位置和政策环境却存在许多差异：在地理位置上，广东海岸线漫长，港口众多，毗邻港澳，为其发展外向型经济奠定了基础，而广西的省界多为内陆地区，缺乏大规模发展外向型经济的条件；在政策环境上，改革开放开始后，中央便批准广东实施特殊政策，在深圳、珠海、汕头进行出口特区试点，国家对于广东的发展高度重视，予以大力扶持，广东省受到的约束相对较少，而国家对广西的重视程度远不及广东，广西并未获得这些政策支持，导致地方政府在发展过程中受到各种约束，错失发展良机。这些差异最终导致广东的经济发展水平、市场化程度等远远领先于广西。因此，本章基于广西壮族自治区和广东省样本进行进一步探索研究以发现实际控制人财富集中度对于民营上市公司投资—投资机会敏感度的抑制作用在经济发达省区或是经济落后省区更为显著或是不显著。基于本章上述分析，我们认为在经济落后地区，实际控制人财富集中会加剧其因集中投资带来的非系统风险，从而更加偏向投资谨慎，会降低投资—投资机会敏感型。考虑到省区样本数量较少，我们删除了模型 5 - 1 中的行业效应，仅对年份进行控制。表 5 - 26 为基于广西样本的主回归检验结果，通过观察各变量的 P 值可以看出整个模型的拟合度较低，主变量及控制变量均不存在显著性。表 5 - 27 为基于广东样本的主回归检验结果，交乘项 HHIcontrol × Q 没有显著性，其他控制变量的显著性同样较差。其结果与初步假设不一致，可能是因为控制省区后，民营上市公司本身数量较少，可以观测的样本数量较少，难以得出显著的结论。

表 5 – 26　　　　　　　　　　基于广西样本的回归结果

	(1) Invest1	(2) Invest1	(3) Invest2	(4) Invest2
Q	0.029 (0.036)	0.021 (0.047)	0.031 (0.033)	0.019 (0.043)
HHIControl × Q	– 0.027 (0.036)	– 0.016 (0.049)	– 0.030 (0.034)	– 0.015 (0.046)
HHIControl	0.025 (0.124)	– 0.165 (0.440)	0.063 (0.120)	– 0.158 (0.425)
Size		0.007 (0.016)		0.007 (0.015)
Lev		– 0.060 (0.116)		– 0.068 (0.119)
Cash		0.058 (0.083)		0.066 (0.082)
OCF		0.079 (0.086)		0.119 (0.083)
Lnage		– 0.040 (0.064)		– 0.042 (0.062)
Cashflow right		– 0.001 (0.001)		– 0.001 (0.001)
Seperation		0.001 (0.005)		0.001 (0.005)
cons	0.025 (0.119)	0.179 (0.676)	– 0.011 (0.114)	0.178 (0.634)
Year	Y	Y	Y	Y
N	123	111	123	111
R – squared	0.037	0.125	0.027	0.122

注：括号内的值为标准误差，***、**、*分别表示1%、5%和10%的显著性水平。

表 5 - 27 基于广东样本的回归结果

	（1） Invest1	（2） Invest1	（3） Invest2	（4） Invest2
Q	0.016 (0.011)	0.012 (0.010)	0.015 (0.011)	0.011 (0.010)
HHIControl × Q	-0.014 (0.011)	-0.012 (0.011)	-0.014 (0.011)	-0.011 (0.010)
HHIControl	0.172 ** (0.075)	0.146 ** (0.071)	0.172 ** (0.073)	0.143 ** (0.068)
Size		-0.011 * (0.006)		-0.009 (0.006)
Lev		-0.026 (0.021)		-0.028 (0.021)
Cash		0.052 ** (0.024)		0.050 ** (0.025)
OCF		0.003 (0.015)		0.002 (0.016)
Lnage		-0.006 (0.013)		-0.009 (0.014)
Cashflow right		0.000 ** (0.000)		0.000 ** (0.000)
Divergence		0.001 ** (0.001)		0.001 ** (0.001)
cons	-0.111 (0.073)	0.149 (0.154)	-0.112 (0.071)	0.116 (0.155)
Year	Y	Y	Y	Y
N	1 325	1 315	1 325	1 315
R - squared	0.018	0.113	0.017	0.108

注：括号内的值为标准误差，***、**、*分别表示 1%、5% 和 10% 的显著性水平。

第六节 本 章 小 结

针对我国企业普遍存在非效率投资的客观事实，以及企业投资决策在公司治理中的地位和作用，本章立论于实际控制人财富集中下对企业投资决策的影响。结合马科维茨投资组合理论以及代理理论具体分析实际控制人财富集中如何导致的第二类代理问题并进一步影响企业投资决策。本章基于手工搜集的2009~2017年间所有民营上市公司实际控制人财富集中的数据，研究实际控制人财富集中对我国民营上市公司投资—投资机会敏感度的影响。结果显示，实际控制人财富集中度降低了民营企业投资—投资机会敏感度，较高的财富集中度会降低实际控制人对投资失败的容忍度，从而会降低投资对外部需求冲击的反应，即投资—投资敏感度的下降。进一步研究发现，实际控制人财富集中度对民营企业投资—投资机会敏感度的抑制作用在 GDP 增速低、机构投资者持股比例低以及实际控制人学历低的情况下更加显著，这主要是当 GDP 增速低时，外部经济环境不确定性更高，实际控制人因财富集中所感知的非系统风险显著上升，会进一步加强其对企业投资—投资机会敏感度的抑制作用。当机构投资者持股比例较低时，其参与公司治理的意愿会下降，实际控制人失去了这一重要的监督制衡力量，会加剧实际控制人的自利行为，从而加强其财富集中度对企业投资—投资机会敏感度的抑制作用。当实际控制人学历低时，会加剧实际控制人出于自利目的规避风险的行为，实际控制人财富集中度对企业投资—投资机会敏感度的抑制作用更明显。同时基于广西广东两个相邻省区进行了典型地区的对比，检验结果发现，在企业投资—投资敏感度与实际控制人财富集中度均不存在显著关系。本章从企业投资方面研究了实际控制人财富集中度影响企业风险承担的作用机制，进一步说明了实际控制人存在自利动机去干预公司决策，以对冲因自身财富集中带来的较高的非系统风险，进而影响企业风险承担水平。

第六章

作 用 机 制

——实际控制人财富集中度对民营企业融资的影响研究

第一节　问题的引入

一、研究背景

（一）现实背景

资本市场中活跃的民营企业是非公有制主体，在我国经济转型的过程中发挥了举足轻重的作用。民营经济在我国经济结构根本性转变的历史背景下飞速发展，并在企业治理中突出表现了"家长式"与"泛家族化"两种管理模式的分化（朱红军等，2007）。有调查显示，中小民营企业的管理和决策通常呈现"家长式管理模式"，这种情况下民营企业家个人决策的失误很大程度上导致了企业的失败。这一调查结果说明目前企业的经营管理情况和民营企业家的个人行为有不可分割的关系。民营企业家作为民营企业的灵魂，是企业发展必不可少的核心要素，而其中作为实际控制人的民营企业家更是民营企业中最终的决策者和控制者，直接决定企业动向，可谓是民营企业的掌舵人。在我国民营企业中实际控制人的一举一动都吸引着广大投资者的目光，他们虽然可能不是控股股东，但却是公司控制权的实际拥有者；他们虽不太引人注目，但却是隐藏在股东背后的推手，掌控着企业的命脉。所以，在讨论民营企业生产活动及投融资等经营决策时，实际控制人是不可忽视的重要存在。而实际控制人的个人决策很大一部分取决于其个人特征，所以当我们将视角聚焦于实际控制人的决策时就必须关注其自身的财富情况，例如实际控制人的财富集中度。

本章基于这一背景，具体讨论民营企业实际控制人财富集中度对企业融资方面的影响。

尽管我国资本市场起步相对迟，但是成长势头猛，在数年的发展下已经形成了自身的特色并在稳步前进。资本市场的改革经历了从 20 世纪 80 年代财政控制的融资到以银行为基础的间接融资，最后成为世界贸易组织（WTO）的一员，我国资本市场越发开放和活跃，其中股票市场和债券市场均高速增长，直接融资资本在企业资本中的占比不断提高。资本市场在金融危机爆发后呈现了一定程度的波动和不稳定，但在较短时间内恢复了良性发展，并保持良好的增长速度，这一阶段企业在资本市场中可获得的融资产品和渠道也随市场发展变得更多样化。近年来热门的风险投资、天使投资等投资方式也在这个时候出现在大众视野，并迅速得到市场认可。但我国资本市场仍然是不成熟的，我国企业融资存在着许多需要解决的问题：我国逐渐建立了市场经济体系，但其中中小型企业需要的小型资本市场并不成熟，导致了企业直接融资的渠道不通畅，供给方与需求方无法有效沟通，这又使得长期票据市场得不到发展。市场发展程度无法保证，那么即使是优秀的企业也难以通过上市或者发行票据获得直接融资；在间接融资方面，我国民营企业能够获得的间接融资贷款通常只有一年甚至更短的期限，这种短期的贷款根本不能够满足企业发展的资金需求。银行方面没有获得政府部门的制度支持，同时存在对企业无法偿还长期贷款的风险担忧，因此银行几乎不可能为部分民营企业提供长期的资金支持。在这种市场背景下，企业只能通过反复续借短期贷款的方式来满足长期资金需求，这显然是一种非良性的融资方式，长期续借只会增加企业融资成本并导致更严重的财务问题和风险，当企业发展到一定程度，即使不断续借也无法满足未来长期项目的资金要求；在直接融资和间接融资的正常渠道均不通畅的情况下，非正式金融机构在某些地区的资本市场产生并发展。由于很多企业只能通过这种非正式渠道获得融资，所以尽管政府监管部门对非正式金融机构管控较严，但是我国民间融资机构仍然活跃。另外诸如金融机构向民营企业贷款的激励机制不足等问题也存在，企业融资的问题需要引起更多的关注，从各方面对我国企业融资情况进行探究都将有助于更好地解决我国企业融资问题。在我国特殊的市场制度与环境下，我国民营企业的融资具有其特殊性，选取民营企业财富集中度这一角度进行研究，也有助于更深入地了解我国资本市场融资现状。

（二）理论背景

已有研究对实际控制人问题的探讨大部分从这些方面展开：实际控制人的

所有权、控制权、类型、政治身份等，实际控制人与企业内部控制、企业信息披露、企业盈余管理和公司价值等的关系。具体来讲，大量学者分析了实际控制人性别（马云飙等，2018）、居留权特征（张胜等，2016）、类型（陈冬，2009；宋芳秀等，2010）等个人特征，政治关联（梁莱歆和冯延超，2010；潘克勤，2010；蔡庆丰等，2017）等关系网络以及控制结构（邓淑芳等，2006；邵帅和吕长江，2015；肖金利等，2018）对企业行为的影响及经济后果，目前还没有学者直接从实际控制人财富集中度的角度进行研究，本章主要基于风险分散效应理论（投资组合理论）进行分析。

学术界在企业融资方面的研究已比较完善，结论包含了资本结构的决定因素和基于企业价值最大化目标的最优资本结构等。杜兰特最早提出的融资理论在企业融资的研究中开了先河，资本结构无关论（MM 定理）则是企业融资理论体系的中心。最优资本结构的确定和资本结构决定因素的研究都以资本结构无关论（MM 定理）为基础。资本结构无关论（MM 定理）经典且影响广泛，主要原因正在于其严格的前提假设，这些前提假设是后来者研究的宝贵方向和思路，我们从这些文献中可以发现随着资本结构无关论（MM 定理）严苛的假设条件逐步放开，融资结构理论也不断创新和发展。资本结构的决定因素研究经历了从经验分析到实证研究的发展过程，各种结果已经比较完备，税收、成本、财务风险（破产成本）、代理问题、信息传递及控制权等的作用机制和影响路径已经在文献中得到了充分体现。学者们证实了宏观因素、行业因素以及公司特征的影响之后（费希尔，1989；陈，1991；利兰，1998；格雷厄姆和哈维，2001），又对不同制度和经济环境下的国际情况对比以及在新兴市场的普适性展开了研究。我国学者的研究更多地集中在公司特征方面的因素上（陆正飞和辛宇，1998；肖作平和吴世农，2002；胡国柳和黄景贵，2006），另外股权融资偏好和企业控制权性质是我国文献的研究特色。

二、问题的提出

（一）现有研究不足

1. 企业实际控制人方面

目前关于企业实际控制人的研究主要有以下切入点：实际控制人的所有权、控制权、类型、政治身份等，研究实际控制人与企业内部控制、企业信息披露、企业盈余管理和公司价值等的关系。具体来说包括对实际控制人的类型、实际控制人两权分离度（控制权和所有权的分离程度）、实际控制人背景特征（年龄、性别、受教育程度、政治背景、工作背景等）等方面的研究（马云飙等，2018；张胜等，2016；陈冬，2009；宋芳秀等，2010；梁莱歆和冯延超，2010；潘克勤，2010；蔡庆丰等，2017；邓淑芳等，2006；邵帅和吕长江，2015；肖金利等，2018）对企业行为的影响及经济后果，目前还没有学者关注到企业实际控制人的财富情况，作为希望获取投资回报的投资者，实际控制人的财富分布情况对其决策尤为重要，因此这种影响实际控制人决策的重要因素应当被关注。对实际控制人财富集中度研究的空缺是现有文献需要完善的地方。

2. 企业融资方面

虽然学界对企业融资已经形成了比较完备的理论系统，对风险因素对企业融资的影响也有文献讨论，但这些文献较少聚焦管理层或股东个人层面的风险或风险偏好对企业融资的影响，更多地从外部宏观风险和公司特征风险出发，本章的研究能够对这一风险角度的研究做一定的补充。

3. 企业实际控制人对企业融资影响方面

目前仍缺乏实际控制人对企业融资的影响研究，仅有的相关研究一般从民营企业政治关联出发（唐建新和陈冬，2009；潘克勤，2012；田利辉和叶瑶，2013），实际控制人的财富集中度更是一个全新的概念和角度，另外，现有研究更多是点对点的研究，例如仅分析融资偏好，没有对融资各方面的特点进行点对面的研究。因此，实际控制人财富集中度对企业融资的各方面特点影响的研究有待完善。

（二）本章拟解决的关键问题

本章基于融资相关理论、风险分散效应理论、行为经济学理论等理论和相关研究，探究实际控制人财富集中度对企业融资偏好、企业融资成本的影响，在此基础上预测和验证在不同外部风险环境、不同机构投资者情况、政府补助差异、不同实际控制人个人特征下实际控制人财富集中度对企业融资偏好、企业融资成本的影响，本章拟解决的关键问题如下：

（1）实际控制人财富集中度对企业融资是否有影响，对企业融资的什么方面有影响，有什么影响？为什么会有这些影响？

针对这些问题，本章首先基于融资理论，充分考虑融资的各个方面和维度，包括融资方式、融资成本、融资效率等，并针对每一部分构造有效的衡量指标，运用实证分析的方式讨论实际控制人财富集中度对它们分别的影响。从现实背景和理论研究来看，融资方式、融资成本往往是被关注的重点。

（2）有哪些因素会调节实际控制人财富集中度对企业融资的既有影响？不同的外部环境和实际控制人个人特征等因素等是否会导致对企业融资的影响各不相同？实际控制人财富集中度如何改变企业融资，其影响路径和作用机制是怎样的？

针对这一问题，本章将在实证分析部分加入分组变量进行分组回归考察。

三、研究意义

（一）理论意义

近年来，国内关于实际控制人的研究越来越多，对企业融资的研究更是已经较为成熟。在对以往研究进行分析和整理的前提下，本章仍然发现了许多有待解决的问题和全新的研究方向。总的来说，本章有以下理论意义。

1. 丰富了实际控制人的相关研究

不局限于已有文献对实际控制人的类型、实际控制人两权分离度（控制权和所有权的分离程度）、实际控制人背景特征（年龄、性别、受教育程度、政治背景、工作背景等）等方面的研究（马云飙等，2018；张胜等，2016；陈冬，2009；宋芳秀等，2010；梁莱歆和冯延超，2010；潘克勤，2010；蔡庆丰等，2017；邓淑芳等，2006；邵帅和吕长江，2015；肖金利等，2018），选取实际控制人财富集中度这一全新的视角研究民营企业实际控制人问题，将实际控制人问题与资本市场投资组合理论结合起来，进一步地探究实际控制人财富集中度不同的情况下其在其他方面决策的风险偏好。另外，在已有文献的基础上，创新地使用了 HHI 指数、EI 指数等指标（详见变量定义）来衡量实际控制人财富集中度，并验证了其稳健性。

2. 丰富了风险视角企业融资的相关研究

首次讨论实际控制人财富集中度对企业融资的影响，进一步地分析实际控制人个人风险偏好对企业融资的影响，补充了在风险视角企业融资问题研究的不足。

（二）实践意义

实际控制人是我国资本市场存在的特殊而重要的一个概念，实际控制人自身的财富投资情况对实际控制人来说又是一个重要的特征，对实际控制人财富集中度的研究尚少，本章通过分析实际控制人财富集中度与企业融资，选取风险视角为主要切入点，对资本市场中企业的一些融资行为做出了解释，同时也对实际控制人认识自身的风险承担水平、风险偏好情况有益。实际控制人从做出自身财富的投资决策到对投资企业的经营管理进行调控的整个过程中都需要注意财富集中度的影响，从公司其他股东和管理者的角度来看，认识实际控制人的财富集中度对企业融资的影响也很有必要，能够帮助企业和资本市场中其他利益相关者做出更正确的决策。此外，本章分析了在不同政府补助的情况下实际控制人财富集中度对企业融资的影响，发现政府补助能够通过"分摊投入成本"的方式分散企业的风险，为企业融资"保驾护航"，本章的结论为政府充分发挥对民营企业的"风险分担"作用提供了参考；本章还分析了在不同机构投资者持股的情况下实际控制人财富集中度对企业融资的影响，为机构投资者在资本市场中的"监督制衡"作用增加了证据。

第二节　理论分析与研究假设

一、实际控制人财富集中度与企业融资偏好

"风险分散效应"认为，较低的实际控制人财富集中度可以从"分散化投资"和"保险效应"两方面降低其财富风险，提高实际控制人对债务融资的偏好，从而增加企业的财务杠杆。一方面，从"分散化投资"角度来看，基于马科维茨的投资组合理论，较高的财富集中度使实际控制人面临更高的财富风险（Markovitz，1959），从而削弱了其风险承担的能力和意愿（John et al.，2008；Faccio et al.，2011）。财务风险是企业在负债筹资的方式下，由于财务结构不合理、融资不当等各种原因而引起的导致投资者预期收益下降，到期不能还本付息的风险。财务风险的大小与企业负债额度密切相关。一般来说，企业举债越多其财务风险越大，反之则越小。在债务融资方式下，企业必须按期偿还债务和债务利息，一旦企业逾期或未遵守约定，将被外部利益相关者认为失信，未来将难以再获得债务融资，甚至面临破产风险。财务风险作为企业融资风险的一种，这种情况下，财富集中会降低实际控制人对债务融资的偏好，导致其更有动机通过避免债务融资来降低自己的财富风险。另一方面，从"保险效应"的角度来看，当实际控制人持有多个上市公司的股权时，不同的企业

可以通过互相支持的方式实现风险分担（risk-sharing），从而形成互保效应（He et al.，2013，潘红波等，2014）。这降低了实际控制人面临的财富风险，从而提升了其对债务融资的偏好。相反，当实际控制人的财富集中在一家企业时，保险效应的缺失会导致企业经营具有更大的波动性（Khanna and Yafeh，2005），从而使实际控制人面临更高的财富风险。因此，"风险分散效应"认为，财富集中会降低实际控制人风险承担的能力和意愿，降低其债务融资偏好，进而降低企业财务杠杆。基于"风险分散效应"，我们提出假设1。

假设1：在其他条件一定的情况下，实际控制人财富集中度会降低企业财务杠杆。

二、实际控制人财富集中度与企业债务成本

债权人为企业提供资本但并不直接参与企业的经营管理，为了降低债务人的违约风险，保证按期获得本金和合理利息，债权人会制定债务契约。契约结构的设计原则就是在给定的约束条件下，实现契约成本的最小化。具体到债务契约，由于贷款人的风险主要来源于贷款利息和本金能否按照事先约定的条件收回，而该风险则主要受债务人的偿债能力和相关的制度约束（孙铮等，2006），若企业风险较高，债权人通常会要求更高的回报，并在债务契约中约定相应的限制性条款，因此企业的债务成本随着企业风险的增加而增加。目前实证研究已经发现企业规模大小、经营状况、盈利能力、财务状况等因素均影响企业信用风险大小，进一步影响债务成本。正如上文所述，"风险分散效应"认为，较低的实际控制人财富集中度可以从"分散化投资"和"保险效应"两方面降低其财富风险，增加其风险承担的能力和意愿，提高实际控制人对债务融资的偏好，从而增加企业的资产负债率。企业采取高资产负债率的直接经济后果是更高的债务成本。也就是说，一方面，当收入一定的前提下，负债比率越高，企业需要支付更多的利息，即利息支出率越高；另一方面，从风险收益匹配的角度，债权人为了补偿自身的风险，应该要求企业更高的支付，即企业的债务成本率更高（赖黎等，2016）。因此，我们提出假设2。

假设2：在其他条件一定的情况下，实际控制人财富集中度会降低企业的利息支出率和债务成本率。

三、实际控制人财富集中度、企业所处风险环境与企业融资

企业并不是一个独立运作的系统，不可能脱离外部环境而存在，企业经营

决策受外部风险环境影响。"风险分散效应"认为，财富集中会降低实际控制人风险承担的能力和意愿。外部环境风险较大时，若实际控制人财富集中度较高，便会面对较大的非系统性风险，其更可能为了平衡自己的财富风险而做出相应的融资决策。我们将外部环境分为宏观环境、中观环境和微观环境，分别从经济周期、产品市场竞争、市场化程度、行业类型、企业规模、企业期初绩效等方面分析。

（一）宏观环境——经济周期

在我国资本市场环境中，宏观经济是企业赖以生存的大背景，其变化必然会对企业经营各方面产生重大影响，其中就包括企业的融资行为。宏观经济因素对企业财务风险产生影响这个说法不是凭空产生的，假设宏观经济出现下行趋势，GDP 增速便会降低，往往同时伴随着居民购买力的下降，而购买力下降最终会导致企业的销售额降低等不利后果。经济周期就是宏观经济因素中被广泛关注的一种。经济周期是指经济运行中周期性出现的经济扩张与经济紧缩交替更迭、循环往复的一种现象。根据阶段的数量可以将经济周期阶段划分为衰退、谷底、扩张和顶峰四个阶段或上升（繁荣）或下降（衰退）两个阶段。目前关于经济周期阶段的衡量主要是通过 GDP 增长率来划分的（刘树成，2009；李远鹏，2009；江龙和刘笑松，2011）。当宏观经济处于上升期（繁荣期），经济前景较好，意味着较高的 GDP 增长率；而当宏观经济处于下降期（衰退期），则意味着经济前景较差，GDP 增长率较低。

根据 2013 年中欧国际工商学院对中外企业的 1 214 位高管进行问卷调查，发现 46% 的本土企业将"宏观经济调整"作为其经营管理的主要顾虑，而这一项在外企的比例也达到了 37%（范悦安等，2013）。2008 年金融危机的爆发使得我国 GDP 增长率大幅波动，我国企业在受到影响后更加注重关注宏观经济周期并将其作为企业经营决策的一个考量因素。

当经济步入衰退期，经济低迷，即 GDP 增速慢时，商业银行往往会收缩信贷规模和提高资金成本，由此造成上市公司较难获得银行信贷支持（江龙等，2013），从而降低了企业的负债融资（吴华强等，2015），增大了企业经营的不确定性，公司为应对外部宏观冲击的不利影响，出于预防性动机考虑，往往会调整分配政策（包括税收支出）（Chay and Suh，2009），增加现金持有量（Opler et al.，1999；江龙和刘笑松，2011），维持或加大财务弹性以应对外部环境变化产生的风险（陈冬等，2016）。综上所述，企业会通过调整利润分配政策、增加现金持有量、加大财务弹性来应对宏观经济低迷时的风险。因此，当经济体处于经济周期的低谷，GDP 增速慢、经济低迷时，企业经营面临的外部风险更大。对于实际控制人等投资者来说，此时系统性风险与非系统性风险都增加，由于财富集中会降低实际控制人风险承担的能力和意愿，外部环境风险较大时，实际控制人财富集中度高，其面对更大的非系统性风险，更可能为了平衡自己的财富风险而做出减少债务融资等融资决策。因此，我们提出假设 3。

假设 3：实际控制人财富集中度对企业融资影响主要集中在宏观环境风险较大的情况下，即在 GDP 增速慢的情况下更显著。

（二）中观环境

1. 产品市场竞争

产品市场竞争作为一种市场竞争机制和公司治理外部制约机制，能够对企业战略决策与企业价值产生重要影响。通常而言，行业集中度可以反映出该行业内的竞争强度，行业竞争随着行业集中度的下降而增加。经济全球化和贸易壁垒的降低使得行业中企业越来越密集，导致行业的集中度低，市场竞争强度进一步上升。产品市场竞争强度高的情况下，行业内企业多且一般实力相差不大，大量企业的生产导致供过于求，不仅导致了低下的市场增长率，还使得企业缺乏定价能力以及造成不得不采取价格战等不利的局面，随时面临着被行业竞争者取代或争夺的风险，也就是说在产品市场竞争高的情况下企业经营利润低同时经营风险大。研究显示，激烈的产品市场竞争不仅会减少企业的现金流和企业营业利润（Maksimovic and Titman，1991），还会使企业在将来面临更高的流动性风险（Hou and Robinson，2006），导致企业损失和破产的可能性增大，增加企业的经营风险（Irvine and Pontiff，2008；邢立全和陈汉文，2013）。

面对利润低和风险高的不利状况，企业会采取一系列措施增加自己的竞争力以应对竞争的风险，包括：增加企业内部控制质量（张传财和陈汉文，2017），提高公司现金持有水平（韩忠雪和周婷婷，2011），降低集团内部转移以增强产品的价格优势（张永冀等，2014），加快资本结构的调整速度（黄继承和姜付秀，2015），购买优质资产乃至并购竞争对手，扩大规模，降低成本，促进市场份额增长，增强企业进行横向并购的动机（徐虹等，2015）。但是也有企业因此走上"歧途"。有研究显示，在激烈的产品市场竞争压力之下，产品市场竞争对公司违规行为具有"诱发"效果，即公司所处行业的产品市场竞争程度越高，则公司的违规倾向越高（滕飞等，2016）。那么，在实际控制人财富集中度较高时，由于激烈的产品市场竞争增加了企业的经营风险，相对于竞争程度较低时，实际控制人更可能为了平衡自己的财富风险而做出减少债务融资等融资决策。因此，我们提出假设4。

假设4：实际控制人财富集中度对企业融资的影响主要集中在产品市场竞争较大的情况下，即在产品市场竞争大的情况下更显著。

2. 市场化程度

我国改革开放的历程实际上是政府放松对经济的管制（Shleifer，2005）和市场化的过程。尽管我国的市场化改革取得了举世瞩目的成功，但市场化程度存在着明显的地域差异（樊纲等，2011）。在市场化程度较低的地区，"市场失灵"的程度较高，企业面临的风险较大，市场很难发挥其应有的作用。原因在于：第一，缺乏健全的法律制度和有效的知识产权保护措施；第二，产品价格很大程度上并不是由市场决定，未来需求相关的信息无法准确得知；第三，政府干预较多，资源配置依据市场规则不能实现效益最大化和效率最优化（孙早等，2014）；第四，市场最为关键的优势在于信息的自由流动（Hayek，1937），市场化程度低的地区，不能够通过信息自由流动，使企业观察到价格信号机制所反映的、行业发展真正的市场潜力与机会，提高了企业所面临的信息成本（Coase and Wang，2012），降低了对企业盈余管理的约束（刘永泽等，2013），降低了信息的真实性和透明性，企业会面临较高的风险。在实际控制人财富集中度较高时，由于较低的市场化程度增加了企业面临的风险，相对于市场化程度较高的地区，实际控制人更可能为了平衡自己的财富风险而做出减少债务融资等融资决策。因此，我们提出假设5。

假设5：实际控制人财富集中度对企业融资的影响主要集中在市场化程度较低的情况下，即在市场化程度较低的情况下更显著。

3. 行业（高新技术行业和非高新技术行业）

高新技术行业通常以开发难度很大的高新技术为基础，高新技术的开发存在很大的风险和不确定性，但是只要获得成功，企业就能得到超过一般值的利润，并创造出巨大的社会效益。目前我国一般按照产业技术密集度以及复杂程度判断是否属于高新技术行业，还没有具体的定义或标准。2002年7月国家统计局印发了《高技术产业统计分类目录的通知》，在此通知中航天航空器制造业、电子及通信设备制造业、电子计算机及办公设备制造业、医药制造业和医疗设备及仪器仪表制造业等行业被包含在中国高技术产业的统计范围中。

高新技术行业往往面临着高风险，这是由于：高新技术行业作为知识、技术密集型行业，无形资产特别是知识产权应该是企业研究与开发的重点，并且是为企业带来持续盈利的关键要素（崔也光和赵迎，2013），企业是否具备自主研发能力很可能决定了企业在目前的竞争环境下能否脱颖而出并获得良好发展。但是研发创新本身是高风险的，这决定了高新技术行业是高风险的。而且由于市场失灵和创新的溢出效应，在缺乏良好的法律保护的情况下，高科技行业面临尤为严重的被侵占风险（王兰芳和胡悦，2017），这进一步增加了高新技术行业的风险水平。在实际控制人财富集中度较高时，由于高新技术行业的企业面临着更多的风险，相对于非高新技术行业来说，实际控制人更可能为了平衡自己的财富风险而做出减少债务融资等融资决策。因此，我们提出假设6。

假设6：实际控制人财富集中度对企业融资的影响主要集中在高新技术行业，即在高新技术行业中更显著。

（三）微观环境

1. 企业规模

企业规模是描绘企业资源多寡的一个重要指标，反映了劳动力、生产资料和产品在企业内的集中程度，它决定了企业是否可以按照自身意愿主动进行行为选择，而不是完全对制度进行被动服从（Schiffer and Weder，2001）。企业规模大小影响着企业面临的风险。大型企业在规模经济、风险分担和融资渠道等方面具有比较优势，所以自身风险较低。而小企业产品、项目单一，贷款成本高，信息不对称的问题较为严重，对其监管成本也较高，面临着更大的市场风险和不确定性，而且规模较小的企业因为更加依赖外部环境，所以更容易受到其他企业的影响（姚晶晶等，2015）。

而银行业结构的"信息利用和风险分散效应"也显示，大企业的风险通常较小，信息较为透明，在危机时期，银行出于安全性考虑，也会将有限的资金发放给大企业（谭之博和赵岳，2013），而企业规模较小时，银行融资会更少（谭之博和赵岳，2012）。在实际控制人财富集中度较高时，由于小规模企业面临着更多的风险，相对于大规模企业来说，实际控制人更可能为了平衡自己的财富风险而做出减少债务融资等融资决策。因此，我们提出假设7。

假设7：实际控制人财富集中度对企业融资的影响主要集中在小规模企业中，即在企业规模较小时更显著。

2. 企业期初绩效

上市公司的"身份"在资本市场中本身就具有价值，由IPO管制所带来的溢价被形象地称为"壳价值"。证监会对新股发行的严格管制极大地增加了企业上市的时间成本和寻租成本（Yang，2013），大量企业在这一管制下开始寻求更高效的上市途径，而"壳"的存在无疑是路径之一。从理论上讲，任何上市公司都有成为"壳"的可能，因此任何上市公司的股价中都包含一部分"壳价值"（屈源育等，2018）。企业在经营过程中保持其经营绩效，一部分出于这种"保壳动机"。

我国资本市场在发展的过程中形成了一系列基础性制度，上市公司退市制度就是其中十分重要的一项，在资本市场方面发挥着优化资源配置的作用，在投资者层面有助于促进投资者理性投资，而在企业层面更起到了规范、约束的作用，使得上市公司经营更高效、治理更完善。1998 年开始，我国退市制度经过发展形成了对财务状况和经营业绩异常的上市公司进行退市风险警示处理（＊ST）、暂停上市（SL）和终止上市（TL）三个阶段，分三个阶段处理的做法实际上给了面临退市可能的实施公司最大程度的缓冲，为其"重振旗鼓"创造条件。2012 年 4 月 20 日，深圳证券交易所发布实施《关于完善创业板退市制度的方案》及《深圳证券交易所创业板股票上市规则》。2012 年 4 月 29 日和 6 月 28 日，上海证券交易所和深圳证券交易所分别发布《关于完善上海证券交易所上市公司退市制度的方案》和《关于改进和完善深圳证券交易所主板、中小企业板上市公司退市制度的方案》，并修订相应的《股票上市规则》。这些方案和规则的发布使得退市标准更加多元化和市场化，被称为 2012 年的"退市新规"，与发达国家证券市场的规定趋同。从目前中国资本市场所处的发展阶段看，其监管理念重心依然放在绩效型的财务指标上（林乐和郑登津，2016），那么企业期初绩效对企业而言不仅是经营业绩的反映还是资本市场监督企业的一种"标杆"，绩效差的企业面临着被"ST"甚至退市的风险，退市意味着"壳价值"的丧失，显然企业期初绩效差的情况下，存在更大的风险。在实际控制人财富集中度较高时，由于期初绩效差的企业面临着更多的风险，相对于绩效好的企业来说，实际控制人更可能为了平衡自己的财富风险而做出减少债务融资等融资决策。根据以上分析，我们提出假设 8。

假设 8：实际控制人财富集中度对企业融资的影响主要集中在企业期初绩效较低的情况下，即在企业期初绩效低的情况下更显著。

四、实际控制人财富集中度、机构投资者与企业融资

2018 年修订后的《上市公司治理准则》中提出，要鼓励机构投资者依法合规地参与公司治理。那么当"风险分散效应"假设成立时，机构投资者持股如何影响实际控制人财富集中度对企业融资的作用机制？现有文献认为，当机构投资者持股比例较高时，其更有"动力"和"能力"在企业中发挥"治

理效应"，从而约束实际控制人的自利行为（Bushee，1998），提升企业价值（Strickland et al.，1996；石美娟和童卫华，2009）。从动力来看：不同于集中投资的大股东，机构投资者一般都是分散化的投资者（史永东和王瑾乐，2014）。基于马科维茨的投资组合理论，分散化投资降低了机构投资者的财富风险，提高了其对债务融资的偏好。因此，持股比例较高的机构投资者有动力对企业融资决策进行监督（杨海燕等，2012），从而对实际控制人因风险厌恶产生的行为起到约束制衡作用。从能力来看：机构投资者具有信息优势，其信息收集和信息分析能力强于一般投资者。这一方面提高了机构投资者对实际控制人进行直接监督的效率和质量；另一方面，机构投资者也可以通过向其他投资者传递有效信息的方式间接约束实际控制人（Chidambaran and John，1998；石美娟和童卫华，2009）。基于上述两点原因，我们认为，当机构投资者持股比例较高时，其发挥"监督作用"的"动力"和"能力"更强，更能有效制衡实际控制人因风险厌恶产生的行为，从而弱化实际控制人财富集中度对企业融资的影响。基于机构投资者的"治理效应"，我们提出假设9。

假设9：实际控制人财富集中度对企业融资影响主要集中在机构投资者持股比例较低的情况下，即在机构投资者持股比例较低的情况下更显著。

五、实际控制人财富集中度、政府补助与企业融资

政府在我国资本市场中发挥着重要的作用，政府通过产业政策等对鼓励行业进行支持，并以政府补助等形式开展。那么，"风险分散效应"假设成立时，政府补助是否影响实际控制人财富集中度对企业融资的作用机制呢？我们认为，政府补助通过"分摊投入成本"的方式分散了企业的风险，从而提高了实际控制人的高风险投资容忍度，削弱了较高的财富集中度对企业融资的影响。从现有政策来看，政府补助主要从两方面发挥"分摊投入成本"的作用：一方面，由于高风险承担水平的企业通常有更多的研发投入和更高的创新积极性（Hilary and Hui，2009），创新是政府补助的重要标准之一，为了强化创新驱动发展战略的实施，建设创新型国家，我国政府大力投入研发，加快推动科技创新平台的发展，支持企业创新。政府补助直接为企业创新提供物质支持（Tether，2002），发挥了政府支持的"安全垫"作用，通过减少创新对企业资源的占用减轻了企业高风险投资的负担。另一方面，政府补助引导社会资源，间接为企业进行提供支持。政府补助通过发挥"信号传递作用"，向银行等资源平台传递"支持性行业""政府隐性担保"等积

极的信号，对资源起到了引导作用，使得企业更加容易从中获取人才、资金、技术等方面的支持（Lerner，2000；Kleer，2010；郭玥，2018）。基于上述原因，我们认为政府补助通过"分摊投入成本"的方式分散了企业的风险，对实际控制人的财富风险起到了"缓冲"作用，从而提高了实际控制人对企业的高风险容忍度，削弱了实际控制人财富集中度对融资的影响。据此，我们提出假设10。

假设10：实际控制人财富集中度对企业融资的影响主要集中在政府补助较低的情况下，即在政府补助较低的情况下更显著。

六、实际控制人财富集中度、实际控制人学历与企业融资

高层梯队理论认为，不同性别、年龄、学历、教育背景、任期、工作经历等背景特征的管理者对企业决策及绩效的影响存在较大差异（Hambrick and Mason，1984）。有研究显示，学历越高的管理者理性程度与认知能力越高，对新事物的接受能力越高，越具有"综合复杂事物"的能力（Dollinger，1984）。受过良好教育的个体更有忍耐性，在处理复杂事务方面更有能力，更愿意承担风险（Wiersema and Bantel，1992）。那么，从"意愿"角度来看，实际控制人的学历水平越高，他们越可能愿意采用更高风险的融资策略，从而承担更高的风险。从"能力"角度来看，学历越高的实际控制人由于具备更丰富的融资知识与技巧，更有能力去从事高风险融资。若实际控制人财富集中度高，其学历水平低时，更可能为了平衡自己的财富风险而做出减少债务融资等融资决策。据此，我们提出假设11。

假设11：实际控制人财富集中度对企业融资的影响主要集中在学历低的情况下，即在学历水平低的情况下更显著。

第三节 研究设计

一、样本选取与数据来源

以2009~2017年中国A股民营上市公司为研究对象，本章考察了实际控制人财富集中度对企业融资的影响。我国2006年颁布了《企业会计准则第17号——借款费用》，根据此准则企业应当在财务报表附注中披露与借款费用相

关的信息。为获取准确的相关财务数据另外考虑股权分置改革的影响，本章以
2009 年为选取样本的起始时间。上市公司样本数据均来源于国泰安（CSMAR）
数据库，并进行如下筛选：（1）剔除金融行业企业；（2）剔除资产负债率大
于 1 的样本。最终获得 9 528 个观测值。本章所使用的实际控制人财富集中度
数据来源于国泰安数据库，经过手工搜集后以赫芬达尔指数和收入熵指数为依
据计算所得，其他实际控制人个人信息数据均为手工检索收集所得。另外，对
所有连续变量在上下 1% 水平进行了缩尾（winsorize）处理。

二、变量选取及定义

（一）被解释变量

研究实际控制人财富集中度对企业融资的影响，根据理论分析及研究假设
部分的阐述，本章的被解释变量为企业的财务杠杆和企业债务成本。企业的财
务杠杆即资产负债率，用 Lev 表示，计算总负债与总资产的比值而得。对企业
债务成本的衡量，学术界使用的指标各不相同，但都围绕利息支出展开，这里
参考蒋琰（2009）以及梁上坤和陈冬华（2015）的研究使用两种有代表性的
指标：债务成本率（Costdebt）和利息支出率（Interest），分别通过利息支出
比上总负债和利息支出比上营业收入计算得到，出于对模型系数的考虑，将债
务成本率（Costdebt）和利息支出率（Interest）均放大 1 000 倍列示和回归。

（二）解释变量

实际控制人财富集中度的度量借助赫芬达尔—赫希曼指数（HHI 指数）
进行计算。这最初是一种度量产业集中度的综合指数，产业集中度越低，市场
竞争程度越高从而企业议价能力越低。基于数据的可得性，实际控制人持有的
非上市公司财富无法统计，因此我们参考法乔等（Faccio et al.，2011）的做
法，手工搜集实际控制人控股和参股的所有上市公司数据后利用赫芬达尔指数
公式计算得到这一指标。

（三）控制变量

参考赖黎等（2016），在模型中加入控制变量如下：公司规模（Size），为

总资产取自然对数；市场业绩（Q），为托宾 Q 值，等于公司市值比上总资产；总资产收益率（ROA），为净利润比上总资产；第一大股东持股比例（Top1）；固定资产比率（Fa），为公司固定资产总额比上总资产；资本性支出（Capex），为购建固定资产、无形资产和其他长期资产所支付的现金比上总资产与现金之差；两职兼任虚拟变量（Duality），表示董事长是否兼任总经理，兼任则等于 1，不兼任则等于 0；行业变量（Indy），当企业属于该行业时取 1，否则取 0，根据行业个数生成相应个数的行业变量；年份变量（Year），虚拟变量，当观测值属于该年份时取 1，否则取 0，根据年份数生成相应个数的年份变量。

（四）分组变量

在分组回归中使用的分组变量定义如下：宏观风险环境度量变量经济周期 GDP，为 GDP 增速；产品市场竞争（HHI5），为使用赫芬达尔—赫希曼指数按年度计算的行业竞争程度；市场化程度（FG），使用 2018 版书籍中的樊纲指数，其中 2016 年之后的数据按前三年平均值计算得到；行业类型（hy_gaoxin），参考李丹蒙和夏立军（2008），当企业属于制造业或信息技术业时为高新技术产业企业，hy_gaoxin 取 1，否则为非高新技术产业，hy_gaoxin 取 0；公司规模（Size），为总资产取自然对数；期初绩效 ROA，为净利润比上总资产；机构投资者持股比例（INI_Holder）；政府补助（Subsidy），为政府补助金额占营业利润的比重；实际控制人学历水平虚拟变量（Education），本科及以上为高学历，取 1，其他为低学历，取 0。

三、模型构建

参考赖黎等（2016）的做法，本节控制了公司特征（XControl$_{i,t}$），考察实际控制人财富集中度对企业融资的影响，模型设定如下：

$$Y_{i,t} = \alpha + \beta \times HHIControl_{i,t-1} + \gamma \times XControl_{i,t-1} + IndustryEffect + YearEffect + \varepsilon_{i,t-1}$$

$$(6-1)$$

其中，$Y_{i,t}$ 分别代表公司的财务杠杆、债务成本，均取本期值。XControl$_{i,t-1}$ 代表公司特征控制变量，包括公司规模、市场业绩、总资产收益率、第一大股东持股比例、固定资产比率、资本性支出、两职兼任等。另外，在模型中控制了公司的行业效应（IndustryEffect）和年度效应（YearEffect），按公司和年度聚类，进行稳健标准误调整（模型中变量的定义见表 6-1）。

表 6 - 1　　　　　　　　　　　　　主要变量的符号与定义

变量类型	变量名称	变量符号	变量说明
被解释变量	财务杠杆	Lev	公司资产负债率
	债务成本率	Costdebt	等于利息支出/总负债×1 000，借鉴蒋琰（2009）的研究
	利息支出率	Interest	取利息支出/营业收入×1 000，借鉴梁上坤和陈冬华（2015）的研究
解释变量	HHI 指数	HHIControl	手工搜集实际控制人控股和参股的所有上市公司数据后利用赫芬达尔指数公式计算而得
控制变量	公司规模	Size	总资产取自然对数
	市场业绩	Q	托宾 Q 值，等于公司市值比上总资产
	总资产收益率	ROA	净利润比上总资产
	第一大股东持股比例	Top1	第一大股东持股比例
	固定资产比率	Fa	公司固定资产总额比上总资产
	资本性支出	Capex	购建固定资产、无形资产和其他长期资产所支付的现金/总资产与现金之差
	两职兼任	Duality	表示董事长是否兼任总经理，兼任则等于 1，不兼任则等于 0
	行业变量	Indy	虚拟变量，当企业属于该行业时取 1，否则取 0，根据行业个数生成相应个数的行业变量
	年份变量	Year	虚拟变量，当观测值属于该年份时取 1，否则取 0，根据年份数生成相应个数的年份变量
分组变量	经济周期	GDP	当年相对上一年的 GDP 增速
	产品市场竞争	HHI5	使用赫芬达尔—赫希曼指数按年度计算的行业竞争程度
	市场化程度	FG	使用 2018 版书籍中的樊纲指数，其中 2016 年之后的数据按前三年平均值计算得到
	行业类型	hy_gaoxin	参考李丹蒙和夏立军（2008）的研究，当企业属于制造业或信息技术业时为高新技术产业企业，hy_gaoxin 取 1，否则为非高新技术产业，hy_gaoxin 取 0
	公司规模	Size	总资产取自然对数
	期初绩效	ROA	净利润比上总资产
	机构投资者持股比例	INI_Holder	机构投资者持股比例
	政府补助	Subsidy	政府补助金额占营业利润的比重
	实际控制人学历水平	Education	虚拟变量，本科及以上为高学历，取 1，其他为低学历，取 0

四、描述性统计特征

表6-2列出了主要变量的描述性统计特征。从表6-2中可以看出，民营企业资产负债率均值为0.4064，中位数为0.3974，总体财务杠杆水平正常合理；债务成本率、利息支出率（这里为放大1000倍的数值）均值均接近0.03，债务成本相对企业规模和企业盈利处于较低的水平，债务成本得到了合理控制；实际控制人财富集中度（HHIControl）均值为0.9527，而且根据四分位数可以看出，大约有75%的实际控制人仅仅投资一家上市公司，这说明，在我国民营上市公司中，绝大部分的实际控制人没有进行分散化投资，财富集中在一家上市公司。其可能的经济后果是，民营上市公司实际控制人面临较高的财富风险，不符合马科维茨的分散投资理论，这可能降低实际控制人的风险容忍度，进而对企业融资决策产生影响。表6-2列出了其他相关变量的描述性统计，无超过正常范围的情况，另外，这些主要变量的描述性统计值都与赖黎等（2016）以往研究接近。

表6-2　　　　　　　　　　主要变量的描述性统计

变量	观测值	均值	最小值	下四分位数	中位数	上四分位数	最大值	标准差
Lev	9 528	0.4064	0.0075	0.2414	0.3974	0.5545	0.9970	0.2027
Costdebt	9 528	0.0345	0	0	0	0	48.0785	0.7473
Interest	9 527	0.0294	0	0	0	0	73.1466	0.8320
HHIControl	9 528	0.9527	0.3647	0.9999	1	1	1	0.1383
Size	9 528	21.8693	19.0722	21.0747	21.7616	22.5410	27.0027	1.1354
Q	9 521	3.0054	0.6831	1.6115	2.2871	3.5081	34.3620	2.4829
ROA	9 528	0.0436	−1.6264	0.0167	0.0408	0.0700	0.5900	0.0625
Top1	9 528	33.9610	8.4800	22.4560	31.8200	43.3200	75.4600	14.7651
Fa	9 528	0.2042	0.0002	0.0932	0.1800	0.2917	0.8522	0.1437
Capex	9 522	0.0705	0.0000	0.0202	0.0503	0.0974	0.7026	0.0706
Duality	9 433	0.3164	0	0	0	1	1	0.4651

表6-3为主要变量的相关系数矩阵，相关性分析显示企业财务杠杆（Lev）、企业债务成本（Costdebt）及（Interest）均与实际控制人财富集中度（HHIControl）呈显著负相关关系，即当实际控制人财富集中度高时，企业财务杠杆和债务成本均较低；另外企业财务杠杆（Lev）、企业债务成本（Costdebt）及（Interest）与企业规模（Size）、市场业绩（Q）、两职兼任（Duality）等均有显著相关关系。上述相关关系基本与现有研究结论一致，但是，以上变量只是单变量分析，没有控制其他影响因素，其中的相关关系还需要借助多元线性回归分析做进一步的检验。从表6-3中可以看出，各变量之间的相关系数值整体较小。

相关性分析

表 6 - 3

变量	Lev	Costdebt	Interest	HHIControl	Size	Q	ROA	Top1	Fa	Capex	Duality
Lev	1.000										
Costdebt	0.030***	1.000									
Interest	0.027***	0.876***	1.000								
HHIControl	-0.101***	-0.030***	-0.023**	1.000							
Size	0.364***	0.039***	0.031***	-0.136***	1.000						
Q	-0.214***	-0.022**	-0.019*	0.060***	-0.454***	1.000					
ROA	-0.319***	-0.002	-0.016	0.034***	0.044***	0.113***	1.000				
Top1	-0.015	0.019*	0.011	0.015	0.122***	-0.038***	0.180***	1.000			
Fa	-0.033***	-0.011	0.003	-0.016	-0.035***	-0.092***	-0.079***	-0.011	1.000		
Capex	-0.123***	-0.009	-0.000	0.084***	-0.120***	0.021**	0.150***	0.089***	0.223***	1.000	
Duality	-0.079***	0.031***	0.033***	0.087***	-0.102***	0.076***	0.021**	0.025**	-0.029***	0.094***	1.000

注：*、**、***分别表示在10%、5%、1%水平下显著。

第四节　实证检验结果与分析

一、实际控制人财富集中度与企业融资

表6-4列示了实际控制人财富集中度影响企业融资的检验结果。

表6-4　　　　　　　　　　实际控制人财富集中度与企业融资

	(1) Lev	(2) Lev	(3) Costdebt	(4) Costdebt	(5) Interest	(6) Interest
HHIControl	-0.1680*** (0.0141)	-0.0466** (0.0125)	-0.1725** (0.0729)	-0.1219 (0.0650)	-0.1421** (0.0557)	-0.1075** (0.0473)
Size		0.0827*** (0.0019)		0.0328*** (0.0094)		0.0319*** (0.0072)
Q		0.0027** (0.0013)		-0.0020 (0.0029)		0.0012 (0.0029)
ROA		-0.8913*** (0.0443)		-0.1548 (0.2173)		-0.3288 (0.3205)
Top1		-0.0002** (0.0001)		0.0004 (0.0005)		0.0002 (0.0007)
Fa		0.0286** (0.0142)		-0.1792** (0.0795)		-0.0703 (0.0853)
Capex		-0.0620** (0.0304)		-0.1335 (0.1018)		-0.0513 (0.1092)
Duality		-0.0057 (0.0036)		0.0696*** (0.0244)		0.0757*** (0.0295)
Constant	0.5764*** (0.0135)	-1.2238*** (0.0483)	0.2043*** (0.0713)	-0.5218** (0.2478)	0.1695*** (0.0528)	-0.5375*** (0.1992)
Indy	N	Yes	N	Yes	N	Yes
Year	N	Yes	N	Yes	N	Yes
观测数	9 495	9 388	9 495	9 388	9 494	9 387
调整后	0.0134	0.3881	0.0009	0.0334	0.0005	0.0162
F值（模型）	142.28	182.52	5.60	1.49	6.52	1.55

注：括号内的数值为标准差，*、**、***分别表示在10%、5%、1%水平下显著。

第（1）（3）（5）列报告了不加控制变量以及不控制行业年度效应的回归结果。

第（2）列报告了实际控制人财富集中度对企业融资偏好与资本结构的影响，HHIControl 的系数在 1% 的显著性水平下显著为负，由于 HHIControl 越大表示实际控制人财富越集中，因此回归结果显示实际控制人财富集中度会降低企业财务杠杆，假设 1 得到支持。

第（4）和（6）列分别采用不同的衡量指标报告了实际控制人财富集中度对企业融资的债务成本的影响，第（4）列中 HHIControl 的系数在 10% 的显著性水平下显著为负，第（6）列中 HHIControl 的系数在 5% 的显著性水平下显著为负，HHIControl 越大表示实际控制人财富越集中，因此回归结果显示实际控制人财富集中度会降低企业的利息支出率和债务成本率，假设 2 得到支持。

在控制变量方面，第（2）列的结果显示企业规模、市场业绩、第一大股东持股比例、固定资产比率、资本性支出对企业财务杠杆均有显著的影响，以企业规模为例，企业规模越大，企业财务杠杆越高，这一结果亦符合风险视角企业融资偏好的预期。

二、实际控制人财富集中度、企业所处风险环境与企业融资

上述检验结果表明，民营企业财务杠杆和债务成本与实际控制人财富集中度显著负相关，财富集中会降低实际控制人对风险的容忍度，促使其通过调整企业融资的方式来降低自己的财富风险。在这一结论的基础上，我们进一步考虑了企业所处风险环境对这种作用机制的影响。

（一）宏观环境——经济周期

我们用 GDP 增速进行了分组，分别在高于年度中位数和低于年度中位数两组中重复表 6-4 的检验。表 6-5 列出了分组后的检验结果。第（1）列报告了 GDP 增速快时，实际控制人财富集中度对民营企业融资的影响。结果显示，当 GDP 增速较快时，实际控制人财富集中度对企业债务成本的影响并不显著。第（2）列的结果显示，当 GDP 增速慢时，企业债务成本与实际控制人财富集中度显著负相关。这些检验结果表明，当经济体处于经济周期的低谷，GDP 增速慢、经济低迷时，企业经营面临的外部风险更大，对于实际控制人等投资者来说，更可能为了平衡自己的财富风险而做出相关融资决策。支持了

假设3，即实际控制人财富集中度对企业融资影响主要集中在宏观环境风险较大的情况下，在 GDP 增速慢的情况下更显著。

表6-5　　　　　　　实际控制人财富集中度、经济周期与企业融资

	Interest	
	（1）GDP 增速快时	（2）GDP 增速慢时
HHIControl	-0.1076 （0.0750）	-0.0984 * （0.0542）
Size	0.0335 *** （0.0117）	0.0330 *** （0.0095）
Q	0.0114 （0.0111）	-0.0017 （0.0020）
ROA	-0.9511 （0.8793）	0.0141 （0.0414）
Top1	0.0013 （0.0015）	-0.0006 ** （0.0003）
Fa	0.0304 （0.1764）	-0.1365 *** （0.0468）
Capex	-0.0849 （0.1478）	-0.0406 （0.1664）
Duality	0.0846 （0.0608）	0.0665 *** （0.0179）
Constant	-0.6359 * （0.3776）	-0.5303 ** （0.2082）
Indy	Yes	Yes
Year	Yes	Yes
观测数	4 378	5 009
调整后 R^2	0.0094	0.0954
F 值（模型）	0.87	1.09

注：括号内的数值为标准差，* 、** 、*** 分别表示在10%、5%、1%水平下显著。

（二）中观环境

1. 产品市场竞争

我们用行业竞争程度 HHI5 进行了分组，分别在低于行业年度中位数和高于行业年度中位数两组中重复表 6 - 4 的检验。表 6 - 6 列出了分组后的检验结果。第（1）（3）（5）列报告了产品市场竞争小时，实际控制人财富集中度对民营企业融资的影响；第（2）（4）（6）列报告了产品市场竞争大时，实际控制人财富集中度对民营企业融资的影响。结果显示，第（2）列 HHIControl 的系数绝对值 0.0581 大于第（1）列的值 0.0325，且在 1% 的显著性水平下显著；第（4）列 HHIControl 的系数在 5% 的显著性水平下显著为负；第（5）列 HHIControl 的系数不显著，同时第（6）列 HHIControl 的系数在 1% 的显著性水平下显著为负。这些检验结果表明，在实际控制人财富集中度较高时，由于激烈的产品市场竞争增加了企业的经营风险，相对于竞争状况较低时，实际控制人更可能为了平衡自己的财富风险而做出减少债务融资等融资决策，支持了假设 4，即实际控制人财富集中度对企业融资的影响主要集中在产品市场竞争较大的情况下，在产品市场竞争大的情况下更显著。

表 6 - 6　　　　　实际控制人财富集中度、产品市场竞争与企业融资

	Lev		Costdebt		Interest	
	（1）产品市场竞争小	（2）产品市场竞争大	（3）产品市场竞争小	（4）产品市场竞争大	（5）产品市场竞争小	（6）产品市场竞争大
HHIControl	- 0.0325 * （0.0196）	- 0.0581 *** （0.0164）	0.0792 * （0.0429）	- 0.2527 ** （0.0995）	0.0220 （0.0311）	- 0.1909 *** （0.0707）
Size	0.0821 *** （0.0028）	0.0849 *** （0.0026）	0.0799 *** （0.0138）	0.0226 * （0.0130）	- 0.0272 *** （0.0102）	0.0353 *** （0.0108）
Q	0.0001 （0.0017）	0.0056 *** （0.0017）	- 0.0048 （0.0045）	- 0.0008 （0.0046）	- 0.0013 （0.0024）	0.0034 （0.0054）
ROA	- 0.7622 *** （0.0622）	- 1.0342 *** （0.0591）	- 0.0245 （0.0761）	- 0.3023 （0.4174）	- 0.0364 （0.0468）	- 0.6317 （0.6233）
Top1	- 0.0002 （0.0002）	- 0.0002 （0.0001）	- 0.0005 * （0.0003）	0.0013 （0.0010）	- 0.0005 * （0.0002）	0.0010 （0.0014）

续表

	Lev		Costdebt		Interest	
	（1）产品市场竞争小	（2）产品市场竞争大	（3）产品市场竞争小	（4）产品市场竞争大	（5）产品市场竞争小	（6）产品市场竞争大
Fa	0.0327 （0.0207）	0.0246 （0.0194）	−0.1638 ** （0.0760）	−0.1793 （0.1326）	−0.0002 ** （0.0384）	−0.0489 （0.1609）
Capex	−0.0943 ** （0.0432）	−0.0193 （0.0436）	−0.1534 * （0.0927）	−0.0999 （0.1927）	−0.0570 （0.0463）	−0.0476 （0.2334）
Duality	−0.0176 *** （0.0054）	0.0038 （0.0047）	0.0536 * （0.0299）	0.0836 ** （0.0390）	0.0264 * （0.0148）	0.1187 ** （0.0557）
Constant	−1.2221 *** （0.0683）	−1.2421 *** （0.0745）	−0.8274 *** （0.2990）	−0.3233 （0.3916）	−0.4998 ** （0.2320）	−0.7111 * （0.3644）
Indy	Yes	Yes	Yes	Yes	Yes	Yes
Year	Yes	Yes	Yes	Yes	Yes	Yes
观测数	4 154	5 234	4 154	5 234	4 154	5 233
调整后 R^2	0.4049	0.3815	0.0225	0.0435	0.0237	0.0190
F 值（模型）	116.19	98.32	0.54	1.30	0.60	1.30

注：括号内的数值为标准差，*、**、*** 分别表示在10%、5%、1%水平下显著。

2. 市场化程度

根据市场化程度高低进行分组，我们使用的是樊纲市场化指数，分别在高于年度中位数和低于年度中位数两组中重复表6-4的检验。表6-7列出了分组后的检验结果。第（1）列报告了市场化程度高时，实际控制人财富集中度对民营企业融资的影响。结果显示，当市场化程度高时，实际控制人财富集中度对企业财务杠杆的影响并不显著。第（2）列的结果显示，当市场化程度低时，企业财务杠杆与实际控制人财富集中度显著负相关。这些检验结果表明，实际控制人财富集中度对企业融资的影响主要集中在市场化程度较低的情况下，即在市场化程度较低的情况下更显著，支持了假设5，表明在实际控制人财富集中度较高时，由于较低的市场化程度增加了企业面临的风险，相对于市场化程度较高的地区，实际控制人更可能为了平衡自己的财富风险而做出减少债务融资等融资决策。

表 6 – 7　　　　　　　实际控制人财富集中度、市场化程度与企业融资

	Lev	
	（1）市场化程度高	（2）市场化程度低
HHIControl	– 0. 0286 （0. 0189）	– 0. 0644 *** （0. 0174）
Size	0. 0834 *** （0. 0029）	0. 0814 *** （0. 0028）
Q	– 0. 0003 （0. 0019）	0. 0046 *** （0. 0018）
ROA	– 0. 8813 *** （0. 0631）	– 0. 9022 *** （0. 0643）
Top1	– 0. 0001 （0. 0002）	– 0. 0001 （0. 0002）
Fa	0. 0867 *** （0. 0216）	– 0. 0144 （0. 0193）
Capex	– 0. 0763 * （0. 0428）	– 0. 0659 （0. 0413）
Duality	– 0. 0100 ** （0. 0050）	0. 0013 （0. 0055）
Constant	– 1. 3229 *** （0. 0678）	– 1. 1767 *** （0. 0656）
Indy	Yes	Yes
Year	Yes	Yes
观测数	4 307	4 630
调整后 R^2	0. 4175	0. 3739
F 值（模型）		84. 96

注：括号内的数值为标准差，*、**、*** 分别表示在 10%、5%、1% 水平下显著。

3. 行业（高新技术行业和非高新技术行业）

根据企业是否属于高新行业进行分组，分别在非高新行业和高新行业两组中重复表 6 – 4 的检验。表 6 – 8 列出了分组后的检验结果。第（1）列报告了属于非高新行业时，实际控制人财富集中度对民营企业融资的影响。结果显示，当企业属于非高新行业时，实际控制人财富集中度对企业财务杠杆的影响

并不显著。第（2）列的结果显示，当企业属于高新行业时，企业财务杠杆与实际控制人财富集中度在1%的显著性水平下显著负相关。这些检验结果表明，在实际控制人财富集中度较高时，由于高新技术行业的企业面临着更多的风险，相对于非高新技术行业来说，实际控制人更可能为了平衡自己的财富风险而做出减少债务融资等融资决策，支持了假设6，即实际控制人财富集中度对企业融资的影响主要集中在高新技术行业，在高新技术行业中更显著。

表6-8 实际控制人财富集中度、行业类型与企业融资

	Lev	
	（1）非高新行业	（2）高新行业
HHIControl	- 0.0209 （0.0197）	- 0.0646 *** （0.0159）
Size	0.0807 *** （0.0035）	0.0825 *** （0.0024）
Q	0.0039 * （0.0023）	0.0023 （0.0015）
ROA	- 0.6769 *** （0.0784）	- 0.9732 *** （0.0508）
Top1	0.0008 *** （0.0002）	- 0.0006 *** （0.0001）
Fa	0.0007 *** （0.0277）	0.0720 *** （0.0167）
Capex	- 0.0329 （0.0599）	- 0.0520 （0.0350）
Duality	- 0.0111 （0.0080）	- 0.0028 （0.0040）
Constant	- 1.2401 *** （0.0832）	- 1.1701 *** （0.0614）
Indy	Yes	Yes
Year	Yes	Yes
观测数	2 494	6 894
调整后 R^2	0.3897	0.3162
F 值（模型）	73.76	113.45

注：括号内的数值为标准差，*、**、*** 分别表示在10%、5%、1%水平下显著。

(三) 微观环境

1. 企业规模

我们用企业总资产取自然对数衡量企业规模进行了分组，分别在高于行业年度中位数和低于行业年度中位数两组中重复表 6-4 的检验。表 6-9 列出了分组后的检验结果。第（1）（3）列报告了企业规模大时，实际控制人财富集中度对民营企业融资的影响；第（2）（4）列报告了企业规模小时，实际控制人财富集中度对民营企业融资的影响。结果显示，第（2）列 HHIControl 的系数绝对值 0.0759 大于第（1）列的值 0.0482，且在 1% 的显著性水平下显著；第（4）列 HHIControl 的系数显著为负而第（3）列 HHIControl 的系数不显著。这些检验结果表明，在实际控制人财富集中度较高时，由于小规模企业面临着更多的风险，相对于大规模企业来说，实际控制人更可能为了平衡自己的财富风险而做出减少债务融资等融资决策，支持了假设 7 即实际控制人财富集中度对企业融资的影响主要集中在小规模企业中，在企业规模较小时更显著。

表 6-9　　　　　实际控制人财富集中度、企业规模与企业融资

	Lev		Costdebt	
	（1）企业规模大	（2）企业规模小	（3）企业规模大	（4）企业规模小
HHIControl	-0.0482 *** (0.0145)	-0.0759 *** (0.0239)	-0.0846 (0.0741)	-0.2049 * (0.1193)
Q	-0.0216 *** (0.0025)	-0.0042 *** (0.0013)	-0.0400 *** (0.0130)	-0.0016 (0.0023)
ROA	-0.9726 *** (0.0545)	-0.6044 *** (0.0535)	0.4827 ** (0.2125)	-0.2634 (0.3159)
Top1	0.0005 *** (0.0002)	-0.0004 ** (0.0002)	0.0002 (0.0003)	0.0012 (0.0011)
Fa	0.0267 (0.0189)	0.0254 (0.0224)	-0.2905 *** (0.0989)	-0.0328 (0.1465)
Capex	-0.0178 (0.0389)	-0.0536 (0.0466)	-0.1976 (0.1737)	-0.1120 (0.1404)
Duality	-0.0032 (0.0050)	-0.0123 ** (0.0054)	0.0939 *** (0.0319)	0.0395 (0.0320)

	Lev		Costdebt	
	（1）企业规模大	（2）企业规模小	（3）企业规模大	（4）企业规模小
Constant	0.6083 *** (0.0258)	0.5387 *** (0.0319)	0.3002 *** (0.1041)	0.1484 (0.1633)
Indy	Yes	Yes	Yes	Yes
Year	Yes	Yes	Yes	Yes
观测数	4 749	4 639	4 749	4 639
调整后 R^2	0.3840	0.1955	0.0468	0.0316
F 值（模型）	118.29	26.84	1.30	0.24

注：括号内的数值为标准差，*、**、*** 分别表示在 10%、5%、1% 水平下显著。

2. 企业期初绩效

我们用期初绩效进行了分组，分别在高于年度行业中位数和低于年度行业中位数两组中重复表 6-4 的检验。表 6-10 列出了分组后的检验结果。第（1）列报告了期初绩效高时，实际控制人财富集中度对民营企业融资的影响。结果显示，当期初绩效高时，实际控制人财富集中度对企业债务成本影响的系数绝对值为 0.1037。第（2）列的结果显示，当期初绩效低时，企业债务成本与实际控制人财富集中度显著负相关，系数绝对值为 0.1233，大于第（1）列中的值。这些检验结果表明，在实际控制人财富集中度较高时，由于期初绩效差的企业面临着更多的风险，相对于绩效好的企业来说，实际控制人更可能为了平衡自己的财富风险而做出相关融资决策，支持了假设 8，即实际控制人财富集中度对企业融资的影响主要集中在企业期初绩效较低的情况下，在企业期初绩效低的情况下更显著。

表 6-10　　　　实际控制人财富集中度、企业期初绩效与企业融资

	Interest	
	（1）期初绩效高	（2）期初绩效低
HHIControl	-0.1037 * (0.0593)	-0.1233 * (0.0714)
Size	0.0204 ** (0.0088)	0.0280 *** (0.0083)

续表

	Interest	
	（1）期初绩效高	（2）期初绩效低
Q	−0.0040 * （0.0023）	0.0020 （0.0021）
Top1	−0.0001 （0.0002）	0.0007 （0.0013）
Fa	−0.1271 ** （0.0622）	−0.0326 （0.1852）
Capex	0.1419 （0.1690）	−0.2380 （0.1581）
Duality	0.0295 （0.0144）	0.1245 ** （0.0628）
Constant	−0.2843 （0.2282）	−0.4565 ** （0.2119）
Indy	Yes	Yes
Year	Yes	Yes
观测数	4 400	4 384
调整后 R^2	0.0442	0.0162
F 值（模型）	0.85	0.93

注：括号内的数值为标准差，*、**、*** 分别表示在 10%、5%、1% 水平下显著。

三、实际控制人财富集中度、机构投资者与企业融资

我们用机构投资者持股比例进行了分组，分别在高于行业年度中位数和低于行业年度中位数两组中重复表 6-4 的检验。表 6-11 列出了分组后的检验结果。第（1）（3）列报告了机构投资者持股比例高时，实际控制人财富集中度对民营企业融资的影响；第（2）（4）列报告了机构投资者持股比例低时，实际控制人财富集中度对民营企业融资的影响。结果显示，第（2）列 HHI-Control 的系数绝对值 0.0492 大于第（1）列的值 0.0372，且在 5% 的显著性水平下显著；第（4）列 HHIControl 的系数显著为负而第（3）列 HHIControl 的系数不显著。这些检验结果表明，当机构投资者持股比例较高时，其发挥"监督作用"的"动力"和"能力"更强，更能有效制衡实际控制人因风险厌恶

产生的行为，从而弱化实际控制人财富集中度对企业融资的影响，这种机构投资者的"治理效应"支持了假设9，即实际控制人财富集中度对企业融资影响主要集中在机构投资者持股比例较低的情况下，在机构投资者持股比例较低的情况下更显著。

表 6－11　　　　实际控制人财富集中度、机构投资者持股与企业融资

	Lev		Interest	
	（1）机构投资者持股高	（2）机构投资者持股低	（3）机构投资者持股高	（4）机构投资者持股低
HHIControl	－ 0. 0372 ** （0. 0151）	－ 0. 0492 ** （0. 0232）	－ 0. 0208 （0. 0573）	－ 0. 2356 ** （0. 0959）
Size	0. 0776 *** （0. 0027）	0. 0884 *** （0. 0031）	0. 0305 *** （0. 0092）	0. 0316 ** （0. 0132）
Q	0. 0010 （0. 0021）	0. 0047 *** （0. 0017）	0. 0018 （0. 0058）	0. 0010 （0. 0025）
ROA	－ 0. 9634 *** （0. 0580）	－ 0. 8202 *** （0. 0660）	－ 0. 6708 （0. 6850）	－ 0. 0020 （0. 0382）
Top1	－ 0. 0001 （0. 0002）	－ 0. 0004 ** （0. 0002）	0. 0009 （0. 0012）	－ 0. 0005 * （0. 0003）
Fa	0. 0036 （0. 0188）	0. 0547 ** （0. 0218）	－ 0. 0554 （0. 1449）	－ 0. 1069 *** （0. 0407）
Capex	－ 0. 0611 * （0. 0370）	－ 0. 0336 （0. 0464）	－ 0. 0357 （0. 2161）	－ 0. 0439 （0. 0433）
Duality	－ 0. 0022 （0. 0051）	－ 0. 0081 （0. 0051）	0. 1334 ** （0. 0659）	0. 0313 ** （0. 0131）
Constant	－ 1. 1213 *** （0. 0671）	－ 1. 3480 *** （0. 0774）	－ 0. 6526 ** （0. 2742）	－ 0. 3386 （0. 2987）
Indy	Yes	Yes	Yes	Yes
Year	Yes	Yes	Yes	Yes
观测数	4 689	4 613	4 689	4 612
调整后 R^2	0. 4242	0. 3560	0. 0125	0. 1002
F 值（模型）	106. 83	79. 53	1. 03	0. 68

注：括号内的数值为标准差，＊、＊＊、＊＊＊分别表示在10%、5%、1%水平下显著。

四、实际控制人财富集中度、政府补助与企业融资

根据政府补助的高低进行分组，分别在高于行业年度中位数和低于行业年度中位数两组中重复表6-4的检验。表6-12列出了分组后的检验结果。第（1）列报告了政府补助高时，实际控制人财富集中度对民营企业融资的影响。结果显示，当企业接受的政府补助高时，实际控制人财富集中度对企业财务杠杆的影响并不显著。第（2）列的结果显示，当企业接受的政府补助低时，企业财务杠杆与实际控制人财富集中度在1%的显著性水平下显著负相关。结果表明，政府补助通过"分摊投入成本"的方式分散了企业的风险，对实际控制人的财富风险起到了"缓冲"作用，从而提高了实际控制人对企业的高风险容忍度，削弱了实际控制人财富集中度对融资的影响，支持了假设10，即实际控制人财富集中度对企业融资的影响主要集中在政府补助较低的情况下，在政府补助较低的情况下更显著。

表6-12　　　　　实际控制人财富集中度、政府补助与企业融资

	Lev	
	（1）政府补助高	（2）政府补助低
HHIControl	-0.0278 (0.0186)	-0.0536*** (0.0179)
Size	0.0853*** (0.0029)	0.0837*** (0.0030)
Q	0.0010 (0.0023)	0.0027 (0.0019)
ROA	-0.9770*** (0.0753)	-0.8206*** (0.0618)
Top1	-0.0003** (0.0002)	-0.0002 (0.0002)
Fa	0.0285 (0.0192)	0.0391* (0.0220)

续表

	Lev	
	（1）政府补助高	（2）政府补助低
Capex	−0.0214 （0.0372）	−0.0633 （0.0469）
Duality	−0.0039 （0.0049）	−0.0004 （0.0052）
Constant	−1.2873 *** （0.0741）	−1.2499 *** （0.0716）
Indy	Yes	Yes
Year	Yes	Yes
观测数	4 520	4 527
调整后 R^2	0.4458	0.3620
F 值（模型）	110.45	80.82

注：括号内的数值为标准差，*、**、*** 分别表示在 10%、5%、1% 水平下显著。

五、实际控制人财富集中度、实际控制人学历与企业融资

我们用实际控制人学历水平高低进行了分组，分别在低于中位数和高于中位数两组中重复表 6-4 的检验。表 6-13 列出了分组后的检验结果。第（1）（3）（5）列报告了学历水平高时，实际控制人财富集中度对民营企业融资的影响；第（2）（4）（6）列报告了学历水平低时，实际控制人财富集中度对民营企业融资的影响。结果显示，第（2）（4）（6）列 HHIControl 的系数均在 1% 或 5% 的显著性水平下显著为负，第（1）（3）（5）列 HHIControl 不显著，表示在学历水平高的情况下实际控制人财富集中度对企业融资没有显著影响。以上检验结果支持了我们的假设，从"意愿"角度来看，实际控制人的学历水平越高，他们越可能愿意采用更高风险的融资策略，从而承担更高的风险。从"能力"角度来看，学历越高的实际控制人由于具备更丰富的融资知识与技巧，更有能力去从事高风险融资，若实际控制人财富集中度高，其学历水平低时，更可能为了平衡自己的财富风险而做出减少债务融资等融资决策，即实际控制人财富集中度对企业融资的影响主要集中在学历低的情况下，在学历水平低的情况下更显著。

表6-13　　　　　　　实际控制人财富集中度、学历与企业融资

	Lev		Costdebt		Interest	
	（1）学历水平高	（2）学历水平低	（3）学历水平高	（4）学历水平低	（5）学历水平高	（6）学历水平低
HHIControl	-0.0230 (0.0357)	-0.0453*** (0.0132)	0.0681 (0.0572)	-0.1383** (0.0694)	0.0483 (0.0596)	-0.1204** (0.0505)
Size	0.0845*** (0.0070)	0.0822*** (0.0020)	0.0513* (0.0305)	0.0311*** (0.0098)	0.0469* (0.0265)	0.0301*** (0.0073)
Q	-0.0094*** (0.0026)	0.0035** (0.0014)	-0.0019 (0.0032)	-0.0020 (0.0031)	-0.0018 (0.0032)	0.0013 (0.0029)
ROA	-0.6787*** (0.1261)	-0.9133*** (0.0472)	-0.5281 (0.3313)	-0.1189 (0.2382)	-0.5316 (0.3428)	-0.3104 (0.3529)
Top1	0.0002 (0.0003)	-0.0003** (0.0001)	0.0000 (0.0002)	0.0006 (0.0006)	0.0001 (0.0002)	0.0004 (0.0008)
Fa	0.1186*** (0.0417)	0.0156 (0.0152)	-0.1130* (0.0635)	-0.1942** (0.0861)	-0.1145* (0.0595)	-0.0740 (0.0907)
Capex	-0.2397*** (0.0658)	-0.0154 (0.0333)	0.0176 (0.0337)	-0.1428 (0.1189)	0.0258 (0.0371)	-0.0423 (0.1230)
Duality	-0.0107 (0.0093)	-0.0034 (0.0039)	0.0546 (0.0341)	0.0731*** (0.0281)	0.0483 (0.0299)	0.0809** (0.0343)
Constant	-1.2118*** (0.1663)	-1.2219*** (0.0507)	-1.0176 (0.6832)	-0.4805* (0.2599)	-0.8109 (0.6312)	-0.5121** (0.2028)
Indy	Yes	Yes	Yes	Yes	Yes	Yes
Year	Yes	Yes	Yes	Yes	Yes	Yes
观测数	1 136	8 252	1 136	8 252	1 136	8 251
调整后 R^2	0.4074	0.3883	0.0427	0.0345	0.0533	0.0167
F值（模型）	36.46	160.88	0.23	1.41	0.23	1.43

注：括号内的数值为标准差，＊、＊＊、＊＊＊分别表示在10%、5%、1%水平下显著。

六、稳健性检验

（一）内生性问题

本章的研究可能受到三类内生性问题的影响：第一类是可能存在遗漏变量

从而导致的伪相关问题；第二类是反向因果问题，一方面，如本书所论述的，实际控制人财富集中度会影响其对财富风险的容忍度，从而影响企业融资，另一方面，企业的融资情况也可能反过来影响实际控制人对自身财富集中度的选择，当企业采取高风险融资方式时，实际控制人可能会倾向于通过分散投资的方式来降低自己的财富风险。第三类是样本度量偏差，基于数据的可得性，实际控制人持有的非上市公司财富无法统计。鉴于上市公司的估值通常远高于非上市公司，非上市公司财富在实际控制人总财富中所占比重较低，因此，我们在计算实际控制人财富集中度时，采用实际控制人参股和控股的所有上市公司数据作为其财富集中度指标的计算依据（Faccio et al.，2011）。但即使非上市公司市值较低，仍然会导致样本度量偏差问题。针对这三类问题，首先，我们采用是否完成股权分置改革（Gugai）作为工具变量，通过赫克曼二阶段备择模型（Heckman 两阶段）进行检验。其次，采用倾向得分匹配模型（PSM）配对的方法，使实际控制人存在财富分散（Div = 1）的观测值和实际控制人不存在财富分散（Div = 0）的观测值在其他控制变量上不存在显著差异。

1. 赫克曼二阶段备择模型（Heckman 两阶段）

参考已有文献（Larcker and Rusticus，2010），我们选取是否完成股权分置改革（Gugai）作为工具变量，使用赫克曼二阶段备择模型（Heckman 两阶段）进行了稳健性检验。首先用 probit 模型对实际控制人是否进行财富分散（Div）进行回归，求出逆米尔斯比率（Mills），然后将逆米尔斯比率代入模型（1）中进行回归，来检验在控制了内生性问题的情况下，假设 1 和假设 2 是否仍然成立。

本章选择企业是否完成了股权分置改革（Gugai）作为工具变量，若企业已经完成股权分置改革，则取值为 1，否则取值为 0。企业是否完成股权分置改革满足工具变量的条件：第一，企业是否完成股权分置改革会对实际控制人的财富集中度产生影响：首先，股权分置改革为实际控制人实现财富分散提供了前提条件。在股权分置改革完成之前，非流通股只能通过"协议"或"拍卖"的方式进行转让，限制较多，程序复杂，交易成本高，实际控制人的财富被集中在其控制的企业，难以通过交易实现财富的分散化。股权分置改革为实际控制人进行财富分散提供了前提条件。其次，股权分置改革提高了实际控制人股权价值的波动性，使其更有动机进行分散化投资来降低风险。股权分置改革完成后，实际控制人股权价值随企业股价的波动而波动，同时股权分置改革提高了公司治理的有效性（郑志刚等，2007；张学勇和廖理，2010），约束了实际控制人的自利行为。这激励了实际控制人通过分散投资来降低自己财富的风险。第二，股权分置改革是外生的政策变量，与企业风险承担的误差项不相关。

表6-14列出了赫克曼二阶段备择模型（Heckman 两阶段）第一阶段的检验结果。结果显示，实际控制人财富集中度与企业是否完成股权分置改革在1%的水平上显著正相关，即当企业完成股权分置改革时，实际控制人更有可能进行分散化投资。

表6-14　　　　　赫克曼二阶段备择模型（Heckman 两阶段）
第一阶段——probit 模型

	Div
Gugai	0. 2679 ***
	(0. 0312)
Size	0. 1106 ***
	(0. 0163)
Q	0. 0125 *
	(0. 0074)
ROA	− 0. 4518 *
	(0. 2359)
Top1	0. 0004
	(0. 0010)
Fa	0. 1036
	(0. 1158)
Capex	− 0. 9172 ***
	(0. 2459)
Duality	− 0. 0785 **
	(0. 0315)
Constant	− 3. 1161 ***
	(0. 3731)
Year	Y
Indy	Y
N	9 388
Pseudo R2	0. 0298

注：括号中的数字为标准差，*、**、***分别表示在10%、5%、1%水平下显著。

表6-15报告了赫克曼二阶段备择模型（Heckman 两阶段）第二阶段的检

验结果，结果显示，在代入了逆米尔斯比率（Lambda）后，我们仍然得到了与表6-4同样的检验结果，实际控制人财富集中度对企业融资的财务杠杆和债务成本均具有显著负向影响。这进一步支持了本章的假设1和假设2，即当实际控制人财富集中度较高时，其对财富风险的容忍度越低，越有可能通过降低企业财务杠杆的方式来降低自己的财富风险，同时债务成本也降低。

表6-15　赫克曼二阶段备择模型（Heckman两阶段）第二阶段检验结果

	（1）Lev	（2）Costdebt	（3）Interest
HHIControl	-0.0350 *** (0.0125)	-0.1249 ** (0.0630)	-0.1171 *** (0.0444)
Lambda	-0.1213 *** (0.0181)	0.0766 (0.0820)	0.1360 (0.0939)
Size	0.0703 *** (0.0028)	0.0407 *** (0.0128)	0.0459 *** (0.0137)
Q	0.0011 (0.0013)	-0.0010 (0.0038)	0.0030 (0.0040)
ROA	-0.8427 *** (0.0447)	-0.1858 (0.2420)	-0.3835 (0.3551)
Top1	-0.0002 (0.0001)	0.0004 (0.0005)	0.0002 (0.0007)
Fa	0.0159 (0.0144)	-0.1710 ** (0.0857)	-0.0559 (0.0941)
Capex	0.0432 (0.0342)	-0.2002 (0.1326)	-0.1695 (0.1667)
Duality	0.0031 (0.0038)	0.0640 *** (0.0229)	0.0658 *** (0.0239)
Constant	-0.8323 *** (0.0783)	-0.7745 ** (0.3950)	-0.9807 ** (0.4465)
Indy	Yes	Yes	Yes
Year	Yes	Yes	Yes
观测数	9 388	9 388	9 387
R-squared	0.3912	0.0335	0.0164

注：括号内的数值为标准差，*、**、***分别表示在10%、5%、1%水平下显著。

2. 倾向得分匹配模型（PSM）

本节参考已有文献的做法（Dehejia and Wahba，2002；任曙明和张静，2013），首先使用实际控制人是否进行财富分散变量（Div）变量进行 Logit 回归，计算出 PS 值。在表 6 - 2 的描述性统计中我们可以看出，只有不到 25% 的观测值存在实际控制人财富分散，为了避免匹配后损失大量样本，我们对观测值进行了 0.01 半径内 1∶3 不放回的匹配。随后在筛选的样本中重复了表 6 - 4 的检验。表 6 - 16 列出了倾向得分匹配模型（PSM）匹配的平衡性假设检验结果。结果显示，匹配后（Matched）所有变量的组间均值差异检验结果均不显著，说明匹配结果较好地平衡了数据，满足平衡性假设。

表 6 - 16　　　　　　　　　　　平衡性假设检验

| Variable | Unmatched | Mean | | % bias | % reduct | t - test | |
	Matched	Treated	Control		| bias |	t	p > t
Size	U	22.0770	21.8000	23.9	92.6	10.48	0.000
	M	22.0730	22.0940	- 1.8		- 0.59	0.557
Q	U	2.8392	3.0482	- 8.6	69.8	- 3.62	0.000
	M	2.8381	2.7749	2.6		0.93	0.351
ROA	U	0.0521	0.0559	- 5.7	86.8	- 2.45	0.014
	M	0.0521	0.0526	- 0.8		- 0.27	0.789
Top1	U	33.9280	34.0590	- 0.9	- 58.9	- 0.38	0.707
	M	33.8780	34.0850	- 1.4		- 0.49	0.625
Fa	U	0.2056	0.2043	0.9	25.1	0.39	0.695
	M	0.2055	0.2065	- 0.7		- 0.23	0.816
Capex	U	0.0626	0.0736	- 16.0	72.9	- 6.63	0.000
	M	0.0620	0.0649	- 4.3		- 1.63	0.102
Duality	U	0.2739	0.3311	- 12.5	90.2	- 5.24	0.000
	M	0.2739	0.2795	- 1.2		- 0.44	0.661

表 6 - 17 列出了倾向得分匹配模型（PSM）匹配后的检验结果，结果同样显示，实际控制人财富集中度对企业融资有显著的影响。进一步支持了假设 1 和假设 2，即财富集中度较高的实际控制人对财富风险的容忍度更低，更倾向于通过采取低风险的融资方式来降低自己的财富风险。

表 6 – 17   实际控制人财富集中度与民营企业融资

（倾向得分匹配模型配对后）

	（1） Lev	（2） Costdebt	（3） Interest
HHIControl	− 0. 0439 *** (0. 0123)	− 0. 1127 * (0. 0623)	− 0. 1008 ** (0. 0453)
Size	0. 0832 *** (0. 0019)	0. 0347 *** (0. 0093)	0. 0333 *** (0. 0072)
Q	0. 0027 ** (0. 0013)	− 0. 0016 (0. 0029)	0. 0015 (0. 0029)
ROA	− 0. 8884 *** (0. 0442)	− 0. 1602 (0. 2171)	− 0. 3331 (0. 3205)
Top1	− 0. 0002 * (0. 0001)	0. 0005 (0. 0005)	0. 0003 (0. 0007)
Fa	0. 0322 ** (0. 0141)	− 0. 1748 ** (0. 0790)	− 0. 0675 (0. 0853)
Capex	− 0. 0825 *** (0. 0277)	− 0. 1436 (0. 1038)	− 0. 0570 (0. 1111)
Duality	− 0. 0056 (0. 0036)	0. 0693 *** (0. 0245)	0. 0755 ** (0. 0296)
_cons	− 1. 2378 *** (0. 0482)	− 0. 5734 ** (0. 2419)	− 0. 5748 *** (0. 1974)
年度固定效应	Y	Y	Y
行业固定效应	Y	Y	Y
N	9 379	9 379	9 378
adj. R – sq	0. 390	0. 035	0. 017

注：***、** 和 * 分别表示 1%、5%、10% 的显著性水平，括号中的数字为标准差。

（二） 实际控制人财富集中度的替代变量

我们使用实际控制人财富集中度的替代变量进行了稳健性检验。

首先求出实际控制人控股与参股所有上市公司的投资额占其总对外投资额的比例，再对该比例与其倒数取自然对数的乘积求和，求出实际控制人财富的熵指数（EIControl），熵指数越大，实际控制人的财富集中度越低。我们重复了表 6-4 的检验,检验结果如表 6-18 所示。表 6-18 的检验结果显示,实际控制人财富的熵指数与企业财务杠杆和债务成本均显著正相关,这说明,实际控制人的投资越分散,企业越偏好债务融资,债务成本也相应更高,与表 6-4 的检验结果相一致,进一步支持了假设 1 和假设 2 的推论。另外,我们使用实际控制人财富的熵指数作为替代变量重复了表 6-5 ~ 表 6-13 的分组检验,得到的检验结论也一致,支持假设 3 ~ 假设 11 的推论。

表 6-18 　　　　稳健性检验:实际控制人财富集中度的替代变量

	(1) Lev	(2) Costdebt	(3) Interest
EIControl	0.0268 ***	0.0685 *	0.0730 **
	(0.0079)	(0.0364)	(0.0313)
Size	0.0827 ***	0.0329 ***	0.0316 ***
	(0.0019)	(0.0093)	(0.0071)
Q	0.0027 **	-0.0020	0.0012
	(0.0013)	(0.0029)	(0.0029)
ROA	-0.8911 ***	-0.1545	-0.3271
	(0.0443)	(0.2173)	(0.3207)
Top1	-0.0002 **	0.0004	0.0002
	(0.0001)	(0.0005)	(0.0007)
Fa	0.0288 **	-0.1786 **	-0.0704
	(0.0142)	(0.0794)	(0.0853)
Capex	-0.0627 **	-0.1354	-0.0507
	(0.0304)	(0.1018)	(0.1091)
Duality	-0.0058	0.0694 ***	0.0759 ***
	(0.0036)	(0.0244)	(0.0296)
Constant	-1.2704 ***	-0.6447 ***	-0.6399 ***
	(0.0457)	(0.2068)	(0.1775)
Indy	Yes	Yes	Yes
Year	Yes	Yes	Yes
观测数	9 388	9 388	9 387
调整后 R^2	0.3879	0.0333	0.0162
F 值 (模型)	182.24	1.53	1.54

注:括号内的数值为标准差,* 、 ** 、 *** 分别表示在 10% 、5% 、1% 水平下显著。

第五节　典型省区的研究结果——基于广西和广东地区的分析结果

在本章的最后，我们选取广西和广东两个地区作为典型省份，重复对假设1的检验，探究在特殊省份本章结论的适用性。选取广西、广东两广地区的主要原因是两个地区交界，在地理环境和人文资源等方面有着很多相似之处，但同时，广东省作为最早改革开放的一批地区之一，经济发展所引起的市场环境变化已经给企业经营决策带来了方方面面的改变，将广西、广东地区的样本回归结果对比，能够帮助我们认识不同市场环境对实际控制人财富集中度与企业融资关系的影响。

由于广东地区资本市场更发达活跃，实际控制人面临的外部市场风险更小，而广西地区相反，实际控制人面临外部市场风险高，当实际控制人财富集中度高时，更可能通过调整企业融资决策来降低自己的财富风险，因此我们预期实际控制人财富集中度对企业融资的影响在广西更显著，而在广东则不显著。

表6-19列示了基于两广地区样本的检验。第（1）（2）列列示了广西地区样本回归结果，第（3）（4）列列示了广东地区样本回归结果，结果显示，无论是否加入控制变量，广西地区实际控制人财富集中度均对企业融资没有显著影响，而广东地区则在1%的显著性水平下有负向影响，这与我们上述预期不符。我们认为主要原因是广西地区样本量太少，如表6-19所列示，仅约121个样本参与回归，这导致了结果的不准确。

表6-19　实际控制人财富集中度与企业融资——基于广西、广东地区样本

	（1）Lev（广西）	（2）Lev（广西）	（3）Lev（广东）	（4）Lev（广东）
HHIControl	−0.1693 (0.1275)	−0.1176 (0.1390)	−0.2884*** (0.0339)	−0.1382*** (0.0367)
Size		0.0797** (0.0307)		0.0767*** (0.0045)
Q		−0.0169** (0.0077)		0.0007 (0.0039)

	(1) Lev（广西）	(2) Lev（广西）	(3) Lev（广东）	(4) Lev（广东）
ROA		−2.0419*** (0.3388)		−0.7765*** (0.0912)
Top1		−0.0011 (0.0013)		0.0003 (0.0003)
Fa		−0.1637 (0.1368)		0.0351 (0.0399)
Capex		0.7182** (0.2993)		−0.0830 (0.0764)
Duality		−0.0202 (0.0396)		0.0101 (0.0092)
Constant	0.5779*** (0.1215)	−0.9594 (0.7162)	0.6970*** (0.0324)	−1.0067*** (0.1137)
Indy	N	Yes	N	Yes
Year	N	Yes	N	Yes
观测数	122	121	1 324	1 314
调整后 R^2	0.010	0.655	0.027	0.420
F 值（模型）	1.76		72.33	44.67

注：括号内的数值为标准差，*、**、***分别表示在10%、5%、1%水平下显著。

第六节 本章小结

以实际控制人财富集中度衡量其财富风险容忍度，本章研究了实际控制人财富风险容忍度对民营企业融资的影响。我们手工搜集计算了 2009～2017 年间所有民营上市公司实际控制人的财富集中度数据，在回归检验中控制了公司的行业效应和年度效应，并且按公司和年度聚类，进行稳健标准误调整。研究结果显示，实际控制人财富集中度对企业财务杠杆、债务成本具有显著的负向影响，较高的财富集中度会降低实际控制人对财富风险的容忍度，从而导致实际控制人做出相应规避风险的融资决策。进一步，我们检验了企业所处风险环境、机构投资者、政府补助和实际控制人学历水平对这种影响机制的调节作用。结果发现，当企业所处内外部风险环境较高时，实际控制人财富集中度高的为了平衡这种风险，会选择更稳健的融资方式同时相应债务成本降低；作为分散化投资代表的机构投资者，当其持股比例较高时，其更有"动力"和"能力"发挥"治理作用"，对实际控制人因风险厌恶产生的融资决策行为进行监督制衡，从而削弱实际控制人财富集中度对企业融资的影响；较高的政府补助通过"分摊投入成本""缓冲"了实际控制人的财富风险，从而提高其对财富风险的容忍度，削弱了实际控制人财富集中度对企业融资的影响。在中国法制体系和金融市场尚不完备的条件下，集中的股权结构可以作为一种非正式的替代，帮助企业融资和发展（La Porta et al.，1999；La Porta et al.，2000）。同时，本章的研究发现集中的股权结构也会对企业融资偏好产生影响，但政府补助（机构投资者）可以发挥"风险缓冲"（"监督制衡"）的作用，缓解集中的股权结构给企业融资带来的影响。资本市场中的这种相互制衡正是其复杂而又精妙之处，推动我国资本市场良性发展，我们需要更多关注企业实际控制人财富集中度这一特殊而重要的概念，并在实践中将相关研究结论加以运用。

第七章

作 用 机 制

——实际控制人财富集中度对民营企业
现金偿债风险的影响研究

第一节 问题的引入

一、背景

（一）现实背景

现金是企业拥有的流动性最强的资产，被称之为"企业的血液"，在企业的生存发展和经营管理中发挥着举足轻重的作用。现金管理是企业财务管理的核心，也是企业进行风险管理的重要手段之一。一方面，企业持有现金不仅可以预防未来潜在的风险，而且可以及时应对未来不确定的交易机会和投资机会，给企业带来更高的收益；另一方面，企业持有现金存在管理成本和机会成本，而且在代理问题严重的情况下很可能成为高管谋取私利的工具，从而损害股东的利益。因此，企业应该实行怎样的现金管理策略在企业的经营管理中非常重要。

在我国高度集中的股权结构中，实际控制人作为企业的终极股东，掌握着企业的最终决策权，其个人特征、生活经历、财富分布等因素对企业的财务行为会产生非常重大的影响。一个企业的实际控制人往往同时也是其他企业的股东，因此考察实际控制人的财富分布是否会影响企业的现金管理策略以及如何影响企业的现金管理策略对于企业选择最优的现金持有水平、有效防御风险和提高竞争力具有十分重要的现实意义。

（二）理论背景

根据本书第四章的研究结论可知，实际控制人财富集中度会抑制企业风险承担。但是其具体作用机制究竟如何？随着实际控制人财富集中度的提高，企业是否会实行更加保守的现金管理策略，持有更多现金保持较低的现金偿债风险，以对冲实际控制人的财富风险？根据"风险分散效应"，实际控制人可以通过分散化投资来实现互保效应，从而面临较低的投资非系统风险，反之，随着实际控制人财富集中度的提高，互保效应的作用会被削弱，实际控制人将面临较高的投资非系统风险，在这种情况下，实际控人有更强的动机通过其最终决策者的身份来影响企业财务行为，使企业实行更加保守的现金管理策略以对冲其面临的投资非系统风险。然而，根据"信息效应假说"，随着实际控制人财富集中度的提高，实际控制人将更有"能力"和"精力"监督管理企业，充分获取并分析企业内外部信息，使企业达到最有利于股东财富最大化的经营状态，在这种情况下，股东与管理者之间的代理问题被削弱，管理者很难有机会持有过多的现金作为自己谋取私利的工具，企业的现金管理策略会趋向于稳健甚至激进。因此，对"实际控制人财富集中度对民营企业现金偿债风险的影响"这一作用机制进行实证检验对于更加深入地认识实际控制人财富集中度与企业风险承担之间的关系具有十分重要的理论意义。

截至目前风险视角下的企业现金管理策略的相关文献已经相对比较丰富完备，主要考察了宏观经济形势（Almeida et al.，2004；王义中和袁珺，2017）、制度环境（王红建等，2014；姜彭等，2015；张光利等，2017；Cui et al.，2018；邓思依，2018）、融资约束（吴昊旻和杨兴全，2009；韩忠雪和周婷婷，2011）、产品市场竞争中的掠夺风险（Haushalter et al.，2007；周婷婷和韩忠雪，2010；孙进军等，2012；陈志斌和王诗雨，2015）、供应链环节的客户流失风险（Itzkowitz，2013；张志宏和陈峻，2015；赵秀云和鲍群，2015）等企业所处风险环境对企业现金管理策略的影响以及财务风险（顾乃康和孙进军，2009；王星懿和方霞，2010）、高管层面的风险（Liuand Mauer，2011；周泽将和修宗峰，2015；赖黎等，2016；刘元秀等，2016；郑培培和陈少华，2018）、股东层面的风险（罗琦和胡志强，2011；李长青等，2018；黄冰冰和马元驹，2018）等企业自身风险因素对企业现金管理策略的影响，在此基础上甚至有学者已经开始尝试设置新的综合性风险指标以便同时考察多种风险因素对企业现金管理策略的综合影响（刘博研和韩立岩，2010）。但是风险往往是非常隐蔽的，有些潜在的风险因素可能是已有文献尚未发现的，而且随着时代的快速发展企业的经营模式也在不断更新，可能会面临新的风险因素的挑战，因此我们不能止步于已有文献的发现和成果，仍应该饱含热情地探索尚未发现的风险因素。基于此，本书注意到现有文献对股东层面微观风险因素的考察只涉及了控股股东的道德风险（罗琦和胡志强，2011）、控制权转移风险（李长青等，2018）和股权集中度（黄冰冰和马元驹，2018），探索的深度和广度尚有进一步深化的可能。由控股股东可以进一步延伸到企业的实际控制人，从而考察实际控制人层面的风险因素与企业现金管理策略是否存在关联性，而且现有文献对股东层面风险因素的考察非常有限，尚未涉及股东的财富分布情况，因此，对实际控制人财富集中度对企业现金管理策略的影响进行考察可以填补相关研究的空白，进一步丰富风险视角下的企业现金管理策略的相关文献，同样具有非常重要的理论意义。

二、研究内容

为了深入考察实际控制人财富集中度影响民营企业风险承担的具体作用机制，本章主要研究实际控制人财富集中度对民营企业现金偿债风险的影响，并进一步根据企业所处风险环境（产品市场竞争程度和高新技术行业与否）、机构投资者持股比例以及实际控制人的个人特征（学历和是否兼任董事长）对样本进行分组，具体识别实际控制人财富集中度影响民营企业现金偿债风险的组间差异性。此外，本章针对实际控制人财富集中度和现金偿债风险分别设置不同的替代变量对基本研究结果进行稳健性检验，并通过赫克曼（Heckman）两阶段模型和倾向得分匹配（Propensity Score Matching，简称 PSM）模型进行内生性检验。最后，本章基于广西和广东地区进行了典型省区的对比分析。

与本书第四章保持一致，我们同样以 2009～2017 年的 A 股民营上市公司为样本进行了实证检验。结果发现，实际控制人财富集中度越高，企业的现金偿债风险控制在越低水平，即企业会采取保守的现金管理策略，持有更多现金降低偿债风险，以对冲实际控制人财富集中投资所带来的非系统风险。而且这种效应在产品市场竞争程度较高和高新技术行业等风险较大的环境中更加显著，这表明，实际控制人会利用其最终决策者的身份影响企业的财务行为，通过适当控制企业风险来平衡自身集中化投资所承担的高非系统风险，在企业面临的外部环境风险较大时，这种平衡更加重要。根据机构投资者的监督制衡理论进一步检验发现，这种效应在机构投资者持股比例较低的情况下更显著。机构投资者的持股比例较高时，可以更有效地约束实际控制人通过使企业持有更多现金来降低自身财富风险的自利行为，从而削弱高实际控制人财富集中度对企业现金管理策略的影响，即缓冲效应和制衡效应能够发挥作用。另外，实际控制人的个人特征通过影响其风险偏好能够进一步影响企业的财务行为。学历越高的实际控制人认知能力越强，会以更加积极的心态应对风险，缓解财富集中度对企业财务行为的负面影响；而兼任董事长的实际控制人个人影响力更大，可以更直接更容易地影响公司决策，在这种情况下，实际控制人不仅有很强的动机，而且有更强的实力去影响企业的财务行为，从而使企业实行更加保守现金管理策略，持有更多现金降低现金偿债风险以对冲自身由于财富集中而带来的投资非系统风险。在替换了变量衡量方式、控制了可能存在的内生性问题后，本章的研究结果仍然成立。最后对广西和广东地区典型省区的对比研究由于样本数量有限未得出具有说服力的有效结论。

三、研究意义

（一）理论意义

第一，从实际控制人财富集中度的角度，对企业现金管理策略的相关研究进行了创新。本章将股东层面影响企业现金管理的风险因素由控股股东进一步深化到实际控制人，并引入了实际控制人的财富分布情况这一现有文献尚未涉及的风险因素，对企业现金管理策略的相关研究进行了创新。研究风险视角下企业现金管理策略的现有文献对股东层面微观风险因素的考察只涉及到了控股股东的道德风险（罗琦和胡志强，2011）、控制权转移风险（李长青等，2018）和股权集中度（黄冰冰和马元驹，2018），探索的深度和广度尚有进一步深化的可能。由控股股东可以进一步延伸到企业的实际控制人，从而考察实际控制人层面的风险因素与企业现金管理策略是否存在关联性，而且现有文献对股东层面风险因素的考察非常有限，尚未涉及到股东的财富分布情况，因此，对实际控制人财富集中度对企业现金管理策略的影响进行考察可以填补相关研究的空白，进一步丰富风险视角下的企业现金管理策略的相关文献，具有非常重要的理论意义。

第二，从企业现金管理策略的角度，对实际控制人财富集中度影响民营企业风险承担的具体作用机制进行识别验证。根据第四章的研究结论，实际控制人财富集中度会抑制企业的风险承担。但是其具体作用机制究竟如何？随着实际控制人财富集中度的提高，企业是否会实行更加保守的现金管理策略，持有更多现金降低偿债风险以对冲实际控制人的财富风险？"风险分散效应"和

"信息效应假说"分别支持两种不同的结论。因此，对"实际控制人财富集中度对民营企业现金偿债风险的影响"这一作用机制进行实证检验有助于更加深入地认识实际控制人财富集中度与企业风险承担之间的关系。

第三，从风险效应区分不同特征的企业现金管理策略对实际控制人财富集中度的敏感度。实际控制人财富集中度对民营企业现金管理策略的影响在不同情况下是否会呈现不同的效应对于我们更加深入地理解这一影响机制具有十分重要的意义。因此，本章根据企业所处风险环境（产品市场竞争程度和高新技术行业与否）、机构投资者持股比例以及实际控制人的个人特征（学历和是否兼任董事长）对样本进行分组，具体识别实际控制人财富集中度影响民营企业现金偿债风险的组间差异性。结果证实了在产品市场竞争程度较高、高新技术行业、机构投资者持股比例较低、实际控制人学历较低以及实际控制人兼任董事长的情况下企业现金管理策略对实际控制人财富集中度的敏感程度更高。

（二）现实意义

第一，为企业实际管理中要考察实际控制人的风险偏好这一隐蔽的影响因素从而作出最优的现金管理决策提供理论基础。实际控制人掌握着企业的最终决策权，但是在分析企业决策时更容易考虑到企业所处的宏观环境特征以及企业内部因素的直接影响，往往会忽略实际控制人这一背后主宰者的风险偏好对企业财务行为的影响。因此，本章通过实证检验实际控制人财富集中度这一隐蔽的风险因素对企业现金偿债风险的具体影响，有利于指出实际控制人的风险偏好这一隐蔽的影响因素在企业决策中的作用，从而使企业在实际管理活动中做出现金管理决策时加以重视。

第二，为实际控制人提供了除分散化投资以外的规避财富风险的新途径——利用最终决策者身份影响其控股企业的财务行为。本章研究发现，实际控制人财富集中度越高，企业的现金偿债风险越低，这表明实际控制人会通过其最终决策者的身份影响企业的财务行为，使企业降低现金偿债风险来平衡自身财富集中所带来的非系统风险。因此，当实际控制人在做出投资决策时，不仅可以通过分散化投资利用互保效应以降低自身财富风险，而且可以通过影响企业的财务行为，将企业控制在低风险水平以平衡自身财富集中所带来的非系统风险，但是后者在平衡自身风险的同时也要兼顾中小股东的利益，不能损害中小股东的利益。

四、本章的框架

本章接下来的安排如下：第二节针对"实际控制人财富集中度与民营企业

现金偿债风险""实际控制人财富集中度、企业所处风险环境（产品市场竞争程度和高新技术行业与否）与民营企业现金偿债风险""实际控制人财富集中度、机构投资者持股与民营企业现金偿债风险""实际控制人财富集中度及其个人特征（学历和是否兼任董事长）与民营企业现金偿债风险"等问题进行理论分析，并提出本章的六个研究假设；第三节分别从样本选择与数据来源、模型构建与变量定义、描述性统计以及相关性分析四个方面介绍本章的研究设计；第四节的前四部分依次针对第二节提出的六个问题通过实证结果检验相应假设是否成立，第五部分针对实际控制人财富集中度和现金偿债风险分别设置不同的替代变量对基本研究结果进行稳健性检验，并通过赫克曼（Heckman）两阶段模型和倾向得分匹配（Propensity Score Matching，简称 PSM）模型进行内生性检验；第五节基于广西和广东地区进行典型省区的对比分析；第六节对本章的主要研究结果进行总结评述。

第二节 理论分析与研究假设

一、实际控制人财富集中度与民营企业现金偿债风险

根据本书第四章的研究结论，实际控制人财富集中度会抑制企业风险承担，支持"风险分散效应"，但是其具体作用机制究竟如何？随着实际控制人财富集中度的提高，企业是否会实行更加保守的现金管理策略，通过持有更多现金保持更低的现金偿债风险以对冲实际控制人由于财富集中投资所带来的非系统风险？

"权衡理论"认为，企业持有现金一方面可以预防未来潜在的风险，并及时应对未来不确定的交易机会和投资机会，给企业带来更高的收益；另一方面又存在管理成本和机会成本，且在代理问题严重的情况下很可能成为高管谋取私利的工具，从而损害股东的利益。因此，企业在决定现金管理策略时，要对现金持有的收益与成本进行比较权衡，从而选择最优的现金持有量，并根据企业所面临的内外部风险因素，对现金比率进行调整，以合理控制企业的偿债风险。凯恩斯在 1936 年提出如果企业需要现金时能够很容易获得，则不需要保持一定的现金持有量，但是这种情况并没有存在的现实基础，因此企业需要保持一定的现金持有量，企业持有现金会给企业带来收益，并提出了现金持有的交易动机、预防动机和投机动机。米勒和奥尔（1966）研究发现现金短缺引

起的成本会促使企业持有更多的流动性资产。欧普乐等（1999）和哈福德（1999）进一步通过实证研究表明企业确实存在目标现金持有量，但是他们的研究属于静态权衡理论，而现实的不完全市场会使企业向目标现金持有量调整时很难立刻实现，往往需要一定的时间。后来，奥兹坎和奥兹坎（2004）、韩和邱（2007）分别以英国企业和美国企业为样本进一步研究发现了企业现金持有量的动态调整行为。基于此，本章认为随着实际控制人财富集中度的提高，实际控制人会通过最终决策者的身份影响企业在选择现金管理策略时将其自身财富风险纳入企业持有现金的成本与收益权衡当中。

"风险分散效应"认为，实际控制人在其财富集中度较低时可以从"分散化投资"和"保险效应"两方面降低其面临的财富风险。一方面，从"分散化投资"角度来看，基于马科维茨的投资组合理论，较高的财富集中度使实际控制人面临更高的财富风险，即未分散化投资所带来的较高的非系统风险。另一方面，从"保险效应"的角度来看，当实际控制人持有多个上市公司的股权时，不同的企业可以通过互相支持的方式实现风险分担，从而形成互保效应（He et al.，2013；潘红波和余明桂，2014），降低实际控制人面临的财富风险。相反，当实际控制人的财富集中在一家企业时，保险效应的缺失会导致实际控制人面临更高的财富风险。因此，基于"分散化投资"和"互保效应"，实际控制人财富集中度越高，其自身面临的投资非系统风险越大。此时，由于控制权和收益权分离所引起的第二类代理问题会更加突出，实际控制人为了对冲其自身财富集中度过高所引起的投资非系统风险，往往有很强的动机忽略甚至不惜损害中小股东的利益，利用其作为企业最终决策者的身份去影响企业的财务行为，从而使企业实行更加保守现金管理策略，持有更多现金降低现金偿债风险以对冲自身的财富风险。基于此，本章做出以下假设：

假设1：实际控制人财富集中度越高，企业的现金偿债风险越低。

二、实际控制人财富集中度、企业所处风险环境与民营企业现金偿债风险

（一）产品市场竞争程度

作为一种市场竞争机制，产品市场竞争的激烈程度会直接影响到企业的财务行为和经营战略。行业内的竞争强度通常可以用行业集中度这一指标来进行衡量，行业集中度越低，行业内竞争越激烈，反之，行业集中度越高，行业内

垄断程度越高。在垄断程度较高的行业中，企业大多采取互相盯住的战略，彼此之间的决策具有较高的相互依存度（Zingales，1998），为数不多的大型垄断企业几乎控制着整个行业的资源流向，行业内的竞争程度相对较低，竞争环境相对稳定；而在竞争程度较高的行业中，企业数量众多，不同企业之间的竞争实力相差不大，企业的财务行为和经营战略都将影响其所处的竞争地位，而且企业面临的市场竞争环境瞬息万变。研究显示，激烈的产品市场竞争不仅会减少企业的现金流和企业营业利润（Maksimovic and Titman，1991），还会使企业在将来面临更高的流动性风险（Hou and Robinson，2006），导致企业损失和破产的可能性增大，增加企业的经营风险（Irvine and Pontiff，2008）。因此，在竞争程度较高的行业中，企业所处竞争环境的不稳定性和不确定性将会使企业面临更高的外部风险。此时，由于控制权和收益权分离所引起的第二类代理问题会更加突出，面对同样的外部市场竞争风险，相对于中小股东而言，实际控制人会由于其自身财富集中带来的高风险而对外部市场竞争风险更加敏感，因此，实际控制人往往有更强的动机忽略甚至不惜损害中小股东的利益，利用其作为企业最终决策者的身份去影响企业的财务行为，从而使企业实行更加保守现金管理策略，持有更多现金降低现金偿债风险以对冲自身的财富风险。基于此，本章做出以下假设：

假设2：实际控制人财富集中度对企业现金偿债风险的影响主要集中在产品市场竞争程度较高的行业。

（二）行业（高新技术行业和非高新技术行业）

科学技术是第一生产力，高新技术的发展已经成为一个国家生产力水平的重要标志。高新技术产业就是以高新技术为基础而形成的一系列企业的集合，这些企业往往从事一种或多种高新技术及其产品的研究、开发、生产和技术服务等业务。高新技术行业属于知识密集型和技术密集型行业，具有高投入、高风险、高收益的特征。高新技术行业所拥有的关键技术一旦开发成功，便具有非常高的经济效益和社会效益，但是高新技术行业在投入开发的过程中也面临着诸如技术失败风险、市场不确定性风险、资金短缺风险、管理不善风险、知识产权保护不力风险以及外部环境变化风险等各种各样的风险。而且在法律保护缺失或者不完备的情况下，高新技术行业由于市场失灵和创新的溢出效应往往面临更加严重的被侵占风险（王兰芳和胡悦，2017），这进一步增加了高新技术行业的风险水平。因此，相对于一般行业，高新技术行业面临的行业风险往往更高。在高新技术行业，由于控制权和收益权分离所引起的第二类代理问题会更加突出，相对于中小股东而言，实际控制人会由于其自身财富集中带来的高风险而对高新技术行业的高行业风险更加敏感，因此，实际控制人往往有更强的动机忽略甚至不惜损害中小股东的利益，利用其作为企业最终决策者的身份去影响企业的财务行为，从而使企业实行更加保守现金管理策略，持有更多现金降低现金偿债风险以对冲自身的财富风险。基于此，本章做出以下假设：

假设3：实际控制人财富集中度对企业现金偿债风险的影响主要集中在高新技术行业。

三、实际控制人财富集中度、机构投资者持股与民营企业现金偿债风险

本章继续从制衡实际控制人自利行为的视角进行进一步研究。已有文献大多采用第二到第十大股东的持股比例来衡量对实际控制人自利行为的制衡（Demsetz and Lehn，1985；姜付秀等，2017），但是此类指标对实际控制人自利行为受制衡程度的衡量不够准确，因为在我国的公司治理实践中，除机构投资者之外的第二到第十大股东一般也是集中投资（陈德萍和陈永圣，2011），导致他们与实际控制人一样面临较高的投资非系统风险，相似的利益诉求使他们缺乏动力对实际控制人的自利行为进行约束制衡。而机构投资者一般是分散化的投资者（史永东和王瑾乐，2014），而且有研究表明，当机构投资者持股比例较高时，他们有"动力"和"能力"监督实际控制人（杨海燕等，2012），改善公司治理（Bushee，1998），从而发挥价值创造作用（Strickl et al.，1996；石美娟和童卫华，2009）。因此，本章选用机构投资者持股比例作为衡量对实际控制人自利行为监督力度的指标进一步研究机构投资者持股如何影响实际控制人财富集中度对企业现金偿债风险的作用机制。

2018 年修订后的《上市公司治理准则》中提出，要鼓励机构投资者依法合规地参与公司治理。那么当"风险分散效应"占主导时，机构投资者持股如何影响实际控制人财富集中度对企业现金偿债风险的作用机制呢？现有文献认为，当机构投资者持股比例较高时，其更有"动力"和"能力"在企业中发挥"治理效应"，从而约束实际控制人的自利行为（Bushee，1998）。从"动力"来看：不同于集中投资的大股东，机构投资者一般都是分散化的投资者。基于马科维茨的投资组合理论，分散化投资会降低机构投资者的财富风险。因此，持股比例较高的机构投资者有动力对企业的财务行为进行监督，从而对实际控制人因风险厌恶产生的自利行为起到约束制衡作用。从"能力"

来看：一方面，机构投资者具有信息优势，其信息收集和信息分析能力强于一般投资者，这将提高机构投资者对实际控制人进行直接监督的效率和质量；另一方面，机构投资者也可以通过向其他投资者传递有效信息的方式间接约束实际控制人（Chidambaran and John，1998；石美娟和童卫华，2009）。因此本章认为，当机构投资者持股比例较高时，其发挥"监督作用"的"动力"和"能力"更强，更能有效制衡实际控制人因风险厌恶产生的自利行为，从而弱化实际控制人财富集中度对企业现金偿债风险的影响。基于此，本章做出以下假设：

假设4：实际控制人财富集中度对企业现金偿债风险的影响主要集中在机构投资者持股比例较低的情况下。

四、实际控制人财富集中度及其个人特征与民营企业现金偿债风险

（一）学历

个体的教育背景会显著影响其风险偏好（张亚维，2007；周业安等，2013）。一般来说，教育背景能够反映一个人的认知能力，受过更高教育的人更愿意承担风险（Wiersema and Bantel，1992），而且受过更高教育的个体忍耐性更强，也有更强的能力应对复杂的情况（Kimberly and Evanisko，1981）。因此，本书认为高学历的实际控制人受到更加良好的教育，其风险承担更高，会削弱实际控制人财富集中度对企业现金偿债风险的影响；反之，学历较低的实际控制人相对更加厌恶风险，随着其财富集中度的提高，有更强的动力对企业现金管理策略施加影响，使企业持有更多现金降低现金偿债风险以对冲其自身由于财富集中而带来的投资非系统风险。基于此，本章做出以下假设：

假设5：实际控制人财富集中度对企业现金偿债风险的影响主要集中在实际控制人学历较低的企业。

（二）是否兼任董事长

个体经历比如生活经历、工作经历、所处社会制度环境等会对其心理和行为产生较大的影响，这些影响甚至会持续作用到个人和公司的决策行为（Danthine and Donaldson，1990；Bamber et al.，2010；Benmelech and Frydman，2015）。梅齐亚斯和星巴克（Mezias and Starbuck，2003）指出，富有经验的管理者与

无经验的管理者感知到的信息完全不同。是否兼任董事长这一典型的工作经历会直接影响到实际控制人的心理特征和行为特征，如果实际控制人兼任董事长，其工作经验会更加丰富，对公司的经营战略和财务管理策略会更加熟悉，对企业的内外部信息掌握更加充分。米苏奇（Mizruchi，1983）指出兼任董事长职位的高管往往拥有更强的影响力。董事长承担着高管任免的正式职责，可以很大程度上介入企业决策，兼任董事长的高管更是能够通过正式途径影响首席执行官和董事会的决策（Boeker，1992），因此当实际控制人兼任董事长时，个人影响力更大，可以更直接更容易地影响公司决策。在这种情况下，实际控制人不仅有很强的动机，而且有更强的实力去影响企业的财务行为，从而使企业实行更加保守的现金管理策略，持有更多现金降低现金偿债风险以对冲自身由于财富集中而带来的投资非系统风险。基于此，本章做出以下假设：

假设6：实际控制人财富集中度对企业现金偿债风险的影响主要集中在实际控制人兼任董事长的企业。

第三节　研究设计

一、样本选择与数据来源

为了避免股权分置改革与会计准则重大修订的影响，本章以 2009～2017 年 A 股民营上市公司为初始样本，数据主要来源于国泰安数据库（CSMAR），其中，本章所使用的实际控制人财富集中度这一变量的原始数据来源于国泰安数据库，经手工搜集后以 HHI 指数和 EI 指数为依据计算得到。考虑到金融业的特殊性，本节选取了剔除金融业后的所有行业。在此基础上对数据做了以下基本处理：（1）剔除了资产负债率大于 1 的异常值数据；（2）除虚拟变量外，对所有连续变量进行了（1％，99％）基础上的缩尾处理以减少极端值的影响。

二、变量定义与模型构建

（一）主要变量的界定与衡量

1. 实际控制人财富集中度

提到财富集中度，在大家印象中更多的是一个国家的财富集中度，即一个国家的财富集中在少数人手中的程度，越集中说明这个国家的收入分配越不公平。国家的财富集中度通常用基尼系数，即在全部居民收入中用于不平均分配的那部分收入占总收入的百分比来进行衡量。基尼系数是 20 世纪初意大利经济学家基尼，根据劳伦兹曲线所提出的衡量收入分配公平程度的指标，当基尼系数为 1 时表示居民收入分配绝对不平均，即 100% 的收入被一个一个单位全部占有了；当基尼系数为 0 时表示居民收入分配绝对平均，即每个单位收入完全平等，不存在贫富差距。而实际控制人财富集中度是指企业实际控制人的财富投资在少数企业中的程度，越集中说明该实际控制人的大部分财富都投资在为数不多的企业当中。马科维茨的投资组合理论认为，分散化投资可以在不改变收益的情况下降低风险，所以实际控制人财富集中度越高，其自身承担的风险水平越高，进而会影响到其行为决策。目前的研究对于如何定义实际控制人财富集中度还没有一致的标准，这里我们参考法乔等（2011）的做法，采用赫芬达尔指数（HHIControl）、收入熵指数（EIControl）、投资企业的个数（NUMControl）和是否进行分散化投资哑变量（Div）对实际控制人财富集中度进行衡量。投资企业的个数和是否进行分散化投资哑变量略显简易，只能大致反映实际控制人投资所涉及的企业数，但具有直观的优点；赫芬达尔和收入熵指标都是连续的变量，虽然计算稍微复杂一些，但是可以更为精确地度量实际控制人财富集中的程度，反映了实际控制人财富投资的企业数和企业分布。具体来说：

（1）赫芬达尔指数（HHIControl）：$HHIControl = \sum_{i=1}^{N} P_i^2$

其中，P_i 为实际控制人对公司 i 的投资额占其总对外投资额的比重，N 为实际控制人投资企业的数目。HHIControl 指数越大，表示实际控制人的财富集中度越高，为实际控制人财富集中度的正向指标。当实际控制人财富完全集中时，该指数为 1；当实际控制人财富非常分散时，该指数越接近于 0。HHIControl 指数比简单的投资企业数更准确地衡量了实际控制人的财富集中程度。例如，A、B 分别为两个企业的实际控制人，他们都跨两个企业进行投资，其中A 实际控制人两个企业的投资比为 80：20，B 实际控制人为 50：50，A、B 的HHIControl 指数分别为 0.68 和 0.5，A 实际控制人的财富集中度水平高于 B，而仅仅以投资数来衡量企业的多元化程度并不能反映出这种差别。

（2）收入熵指数（EIControl）：$EIControl = \sum_{i=1}^{N} \left[P_i \times \ln\left(\frac{1}{P_i}\right) \right]$

其中，P_i 为实际控制人对公司 i 的投资额占其总对外投资额的比重，N 为实际控制人投资涉足企业的数目。EIControl 越大，表示实际控制人的财富集中度越低，为实际控制人财富集中度的反向指标。当实际控制人财富完全集中时，该指数为 0。与 HHIControl 指数一样，EIControl 指数也较为准确地反映了实际控制人的财富集中化程度。

（3）投资企业的个数（NUMControl）：$NUMControl = \ln(N)$

其中，N 为实际控制人控股与参股的公司总数，NUMControl 表示实际控制人控股与参股的公司总数取自然对数，NUMControl 越大，表示实际控制人的财富集中度越低。

（4）是否进行分散化投资哑变量（Div）：$Div = 0 \mid Div = 1$

实际控制人控股与参股的公司个数等于 1，表示实际控制人的全部对外投资均集中在其实际控制的企业中，实际控制人没有进行分散化投资，这时 Div 取值为 0；实际控制人控股与参股的公司个数大于 1，表示实际控制人的对外投资并非全部集中在其实际控制的企业中，实际控制人进行了分散化投资，这时 Div 取值为 1。Div 越大，表示实际控制人的财富集中度越低。

2. 现金偿债风险

短期偿债能力是指企业以流动资产偿还流动负债的能力，反映了企业对日常到期债务的偿还能力。如果企业短期偿债能力不足，会导致企业管理人员耗费大量精力去筹集资金，以应付到期债务，而且会增加企业的筹资难度，甚至增加筹资成本，最终影响企业的盈利能力。企业的短期偿债能力的高低，不仅取决于流动资产和流动负债的多少，更是受到流动资产和流动负债质量状况的严重影响。流动资产的质量主要是指其转换成现金的能力，即是否能不受损失地转换为现金以及转换需要的时间；流动负债的质量主要是指债务偿还的强制程度和紧迫性。短期偿债能力越高，意味着企业的短期偿债风险越低，反之，短期偿债能力越低，则意味着企业的短期偿债风险越高。本章采用主要变量现金比率（CASHR1 和 CASHR2）及其替代边变量流动比率（CR）和速动比率（QR）来衡量企业的短期偿债风险，具体如下：

（1）现金比率（CASHR）：CASHR1 = 现金及现金等价物/流动负债；CASHR2 =（现金及现金等价物 + 交易性金融资产）/流动负债

现金比率最能反映企业直接偿还流动负债的能力，比值越大，说明企业的现金偿债能力越强，现金偿债风险越低，反之，比值越小，则说明企业的现金偿债能力越弱，现金偿债风险越高。然而，如果企业持有过多的现金类资产，就意味着企业的流动负债未得到合理运用，而是以获利能力较低的现金类资产保持着，会导致企业的机会成本增加。通常情况下，企业的现金比率保持在30% 左右最佳。

（2）流动比率（CR）：CR = 流动资产/流动负债

流动比率也是衡量企业短期偿债能力的重要财务指标之一，比值越高，说明企业的短期偿债能力越强，短期偿债风险越低，反之，比值越低，说明企业的短期偿债能力越弱，短期偿债风险越高。然而，过高的流动比率也并不是一件好事，因为流动比率越高，意味着企业可能将过多资金滞留在流动资产上，而未加以有效利用，这很可能会影响企业的获利能力。经验表明，流动比率保持在 2 : 1 左右为宜。但是，对流动比率的分析不能一概而论，而应该结合不同的行业特点以及企业的流动资产结构等因素综合考虑，只有和同行业平均流动比率、本企业历史的流动比率进行比较，才能判断出这个比率是高还是低。

（3）速动比率（QR）：QR = 速动资产/流动负债 =（流动资产 − 存货）/流动负债

流动比率虽然是衡量企业短期偿债能力的重要指标之一，但是也存在一定的局限性，如果企业的流动比率较高，然而流动资产的流动性却较差，此时企业的短期偿债能力仍然不强。在企业的流动资产中，存货的流动性一般较差，存货的变现需要经过销售才能实现，而销售过程十分复杂且往往需要一定的时间，存货一旦滞销，其变现就很难实现。因此，本章进一步采用速动比率来衡量企业的短期偿债风险。通常认为正常的速动比率为 1，低于 1 的速动比率被认为是短期偿债能力偏低，短债偿债风险较高。但这仅是一般的看法，因为行业不同速动比率会有很大差别，并没有统一标准的速动比率。

（二）模型构建与其他变量定义

本章使用对标准误差进行了公司层面聚类（clusterFirm）的 OLS 模型进行回归，同时将解释变量和控制变量滞后一期并控制年度固定效应和行业固定效应，以检验民营上市公司实际控制人财富集中度与现金偿债风险的关系，构建如下模型：

$$CASHR = \beta_0 + \beta_1 \times HHIControl + \beta_2 \times Controls + \omega_{year} + \omega_{industry} + \varepsilon$$

（模型 7 − 1）

借鉴已有文献（张人骥和刘春江，2005；辛宇和徐莉萍，2006；杨兴全和孙杰，2007；韩忠雪和周婷婷，2011），本章选取企业规模、资产负债率、托宾 Q、净营运资本比率、资本支出比率、资产现金流量回报率、董事会规模、独立董事比例、领导权结构、现金股利支付率等作为控制变量，具体变量定义见表 7 − 1。针对假设 2 至假设 6 的检验，本章在模型（7 − 1）的基础上，根据企业所处风险环境（产品市场竞争程度和高新技术行业与否）、机构投资者持股比例以及实际控制人的个人特征（学历和是否兼任董事长）进行分组检验。

表 7-1 变量定义表

变量类型	变量名称	变量代码	变量含义
被解释变量	现金偿债风险	CASHR	CASHR1：现金及现金等价物/流动负债；CASHR2：（现金及现金等价物＋交易性金融资产）/流动负债
解释变量	实际控制人财富集中度	HHIControl	实际控制人控股与参股所有上市公司的投资额占其总对外投资额的比例的平方和
控制变量	企业规模	Size	总资产取自然对数
	资产负债率	Lev	负债/总资产
	托宾 Q	Q	（股票市值＋债务账面价值）/总资产账面价值
	净营运资本比率	WC	（营运资金－现金及现金等价物）/总资产
	资本支出比率	CAPEX	资本支出/总资产
	资产现金流量回报率	ACR	经营性现金流量净额/总资产
	董事会规模	LN_DBS	董事会总人数取自然对数
	独立董事比例	Indratio	独立董事人数/董事会总人数
	领导权结构	CM_CEO	CEO 和董事长是否由同一人兼任
	现金股利支付率	CASHDiv	现金股利支付率
	年度虚拟变量	Year	控制年度固定效应
	行业虚拟变量	Indy	控制行业固定效应
分组变量	产品市场竞争程度	HHI5	用赫芬达尔—赫希曼指数按年度计算的行业竞争程度
	高新技术行业与否	hy_gaoxin	根据李丹蒙和夏立军（2008）的研究，将制造业和信息技术业视为高新技术产业，其他为非高新技术产业
	机构投资者制衡程度	INI_Holder	机构投资者持股比例
	实际控制人学历	Education	本科及以上为高学历，其他为低学历
	实际控制人经历	Experience	实际控制人是否兼任董事长
稳健性检验	实际控制人财富集中度替代变量	EIControl	求出实际控制人控股与参股所有上市公司的投资额占其总对外投资额的比例，对该比例与其倒数取自然对数的乘积求和
	实际控制人控股或参股企业个数	NUMControl	实际控制人控股或参股企业个数取自然对数

续表

变量类型	变量名称	变量代码	变量含义
稳健性检验	流动比率	CR	流动资产/流动负债
	速动比率	QR	（流动资产 - 存货）/流动负债
	是否完成股权分置改革	Gugai	是否完成了股权分置改革，若是取 1，否则取 0
	是否进行分散化投资哑变量	Div	实际控制人控股与参股的公司个数等于 1，Div 取值为 0；实际控制人控股与参股的公司个数大于 1，Div 取值为 1

三、描述性统计

本章主要变量的描述性统计特征见表 7 - 2。如表 7 - 2 所示，在样本企业中衡量现金偿债风险的指标 CASHR1 均值约为 1.071，CASHR2 均值约为 1.087，有超过四分之一的企业这两大指标均低于 30%，这表明在我国民营上市公司中有四分之一以上的企业面临较高的现金偿债风险。在样本企业中实际控制人财富集中度 HHIControl 均值约为 0.953，平均每人控股或参股约 1.203 家公司，其中有 75% 以上的实际控制人仅仅投资一家公司，这表明在我国民营上市公司中大部分实际控制人都没有进行分散化投资，财富集中度非常高，这不符合马科维茨的分散化投资理论，很可能会使实际控制人面临非常高的投资非系统风险。在这种情况下，由于控制权和收益权分离所引起的第二类代理问题会更加突出，实际控制人为了对冲其自身财富集中度过高所引起的投资非系统风险，往往有很强的动机忽略甚至不惜损害中小股东的利益，利用其作为企业最终决策者的身份去影响企业的财务行为，从而使企业实行更加保守现金管理策略，持有更多现金降低现金偿债风险以对冲自身的财富风险。

表 7 - 2　　　　　　　　　　　　主要变量描述性统计表

变量	样本量	均值	标准差	最小值	四分之一分位数	中位数	四分之三分位数	最大值
CASHR1	10 131	1.070755	1.785925	0.042639	0.253422	0.471389	1.027384	11.92488
CASHR2	10 131	1.087404	1.815789	0.043286	0.257628	0.477849	1.042193	12.16456
CR	10 131	2.652261	2.75218	0.410773	1.222869	1.770308	2.911843	18.42537
QR	10 131	2.070382	2.490826	0.19358	0.768394	1.258504	2.27419	16.29757
HHIControl	9 527	0.9526896	0.138313	0.364747	1	1	1	1

变量	样本量	均值	标准差	最小值	四分之一分位数	中位数	四分之三分位数	最大值
EIControl	9 527	0. 0768893	0. 2232	0	0	0	5. 96E - 08	1. 082021
NUMControl	9 527	0. 1204246	0. 313932	0	0	0	0	1. 386294
N	9 527	1. 203422	0. 573742	1	1	1	1	4
Div	9 527	0. 2607327	0. 439057	0	0	0	1	1
Size	10 131	21. 84913	1. 160488	14. 94164	21. 05133	21. 74049	22. 52826	27. 46677
Lev	10 131	0. 4076747	0. 202164	0. 046996	0. 242775	0. 399305	0. 557432	0. 863578
Q	9 963	2. 987365	2. 163463	0. 967878	1. 620847	2. 299511	3. 5351	13. 64775
WC	10 131	0. 3987869	0. 184144	0. 035697	0. 267448	0. 382389	0. 518054	0. 860586
CAPEX	10 131	0. 0510856	0. 051732	- 0. 03378	0. 0139	0. 036834	0. 072788	0. 248153
ACR	10 131	0. 0415849	0. 077155	- 0. 2019	0. 000449	0. 041642	0. 087112	0. 250574
LN_DBS	10 117	2. 117682	0. 190355	1. 386294	1. 94591	2. 197225	2. 197225	2. 890372
Indratio	10 117	0. 3737513	0. 052189	0. 333333	0. 333333	0. 333333	0. 428571	0. 571429
CM_CEO	10 024	0. 3197326	0. 466396	0	0	0	1	1
CASHDiv	10 131	0. 1079215	0. 154631	0	0	0. 05	0. 15	0. 8

注：N 为实际控制人控股和参股的上市公司数量的描述性统计结果。

四、相关性分析

本章主要变量的相关系情况见表 7 - 3。如表 7 - 3 所示，企业的现金偿债风险指标（CASHR1 和 CASHR2）与实际控制人财富集中度指标（HHIControl）、成长性（Q）、资产现金流量回报率（ACR）、领导权结构（CM_CEO）、现金股利支付率（CASHDiv）显著正相关，说明实际控制人财富集中度越高、成长性越强（投资机会越多）、资产现金流回报率越高、领导权结构越集中（董事长和 CEO 兼任）、现金股利发放越多，企业越可能实行比较保守的现金管理策略，持有更多的现金以降低企业的现金偿债风险；企业的现金偿债风险指标（CASHR1 和 CASHR2）与实际控制人财富集中度指标（EIControl、NUMControl）、企业规模（Size）、杠杆水平（Lev）、净营运资本比率（WC）、董事会规模（LN_DBS）显著负相关，说明实际控制人财富集中度越低、企业规模越大、杠杆水平越高、营运资本越充足、董事会规模越大，企业通过持有更多现金以降低现金偿债风险的可能性越低。以上相关关系情况与本书的研究结论基本一致。

表 7 - 3

主要变量相关系数表

VARIABLES	CASHR1	CASHR2	HHIControl	EIControl	NUMControl	Size	Lev	Q	WC	CAPEX	ACR	LN_DBS	Indratio	CM_CEO	CASHDiv
CASHR1	1														
CASHR2	0.997***	1													
HHIControl	0.061***	0.061***	1												
EIControl	-0.062***	-0.061***	-0.993***	1											
NUMControl	-0.063***	-0.062***	-0.889***	0.916***	1										
Size	-0.248***	-0.245***	-0.120***	0.126***	0.154***	1									
Lev	-0.460***	-0.461***	-0.123***	0.127***	0.138***	0.453***	1								
Q	0.209***	0.212***	0.061***	-0.061***	-0.061***	-0.470***	-0.296***	1							
WC	-0.272***	-0.270***	0.045***	-0.049***	-0.040***	0.131***	0.320***	-0.111***	1						
CAPEX	-0.01	-0.015	0.076***	-0.076***	-0.076***	-0.039***	-0.111***	-0.040***	-0.302***	1					
ACR	0.134***	0.133***	-0.028***	0.028***	0.023**	-0.017	-0.166***	0.114***	-0.303***	0.123***	1				
LN_DBS	-0.051***	-0.052***	-0.019*	0.020*	0.01	0.168***	0.093***	-0.134***	-0.011	0.035***	0.028**	1			
Indratio	0.006	0.008	0.023**	-0.020*	-0.013	-0.031***	-0.023***	0.083***	-0.007	-0.023***	-0.029***	-0.568***	1		
CM_CEO	0.062***	0.061***	0.086***	-0.087***	-0.083***	-0.091***	-0.103***	0.080***	-0.016	0.081***	-0.022*	-0.127***	0.109***	1	
CASHDiv	0.087***	0.083***	0.019	-0.020*	-0.013	0.137***	-0.192***	-0.027***	-0.042***	0.156***	0.219***	0.085***	-0.016	0.005	1

注：*、**、***分别表示在10%、5%、1%的水平上显著。

第四节 实证检验结果与分析

一、实际控制人财富集中度与民营企业现金偿债风险

实际控制人财富集中度是否影响民营企业现金偿债风险的实证检验结果见表7-4。其中，第（1）列和第（2）列展示了仅考虑现金及现金等价物（CASHR1）时实际控制人财富集中度对企业现金偿债风险的影响，不加控制变量时HHIControl的系数为0.732，在1%的水平上显著，加入控制变量后HHIControl的系数为0.251，仍在1%的水平上显著；第（3）列和第（4）列展示了在同时考虑现金及现金等价物和交易性金融资产（CASHR2）时实际控制人财富集中度对企业现金偿债风险的影响，不加控制变量时HHIControl的系数为0.748，在1%的水平上显著，加入控制变量后HHIControl的系数为0.259，也在1%的水平上显著。以上结果表明，在我国民营上市公司中，实际控制人财富集中度与企业现金比率显著正相关，也就是说，实际控制人财富集中度与企业现金偿债风险显著负相关，支持假设1，即实际控制人财富集中度越高，企业的现金偿债风险越低。实际控制人为了对冲其自身财富集中度过高所引起的投资非系统风险，确实可能会忽略甚至不惜损害中小股东的利益，利用其作为企业最终决策者的身份去影响企业的财务行为，从而使企业实行更加保守现金管理策略，持有更多现金降低现金偿债风险以对冲自身的财富风险。

表7-4　　　　实际控制人财富集中度与民营企业现金偿债风险

VARIABLES	CASHR1	CASHR1	CASHR2	CASHR2
	（1）	（2）	（3）	（4）
HHIControl	0.732 *** （0.0841）	0.251 *** （0.0829）	0.748 *** （0.0857）	0.259 *** （0.0844）
Size		0.101 *** （0.0215）		0.114 *** （0.0226）
Lev		-3.326 *** （0.124）		-3.445 *** （0.127）
Q		0.0902 *** （0.0128）		0.0965 *** （0.0135）

续表

VARIABLES	CASHR1	CASHR1	CASHR2	CASHR2
	(1)	(2)	(3)	(4)
WC		− 1. 979 ***		− 1. 969 ***
		(0. 122)		(0. 127)
CAPEX		− 4. 390 ***		− 4. 561 ***
		(0. 343)		(0. 349)
ACR		0. 0954		0. 121
		(0. 218)		(0. 225)
LN_DBS		− 0. 314 ***		− 0. 314 ***
		(0. 0995)		(0. 101)
Indratio		− 0. 995 ***		− 0. 942 ***
		(0. 357)		(0. 364)
CM_CEO		0. 0931 ***		0. 0924 **
		(0. 0358)		(0. 0365)
CASHDiv		0. 294 **		0. 243 *
		(0. 131)		(0. 133)
cons	0. 265 ***	1. 439 ***	0. 268 ***	1. 176 **
	(0. 0756)	(0. 519)	(0. 0769)	(0. 540)
Year	N	Y	N	Y
Indy	N	Y	N	Y
N	7 593	7 516	7 593	7 516
adj. R-sq	0. 004	0. 310	0. 004	0. 310

注：括号内的数值为标准差，* 、** 、*** 分别表示在 10% 、5% 、1% 的水平上显著。

二、 实际控制人财富集中度、企业所处风险环境与民营企业现金偿债风险

（一）产品市场竞争程度

上述实证检验结果表明，我国民营上市公司实际控制人财富集中度与企业现金比率显著正相关，实际控制人财富的集中化投资会使企业的现金偿债风险降低，实际控制人在其财富集中度较高的情况下会忽略甚至不惜损害中小股东

的利益，利用其作为企业最终决策者的身份去影响企业的财务行为，从而使企业实行更加保守现金管理策略，持有更多现金降低现金偿债风险以对冲自身的财富风险。在此基础上，本章进一步考察了产品市场竞争程度对这一作用机制的影响，分别在产品市场竞争程度低于年度中位数和高于年度中位数的两组样本中重复了表 7 – 4 的检验，回归结果见表 7 – 5。第（1）列和第（3）列分别展示了仅考虑现金及现金等价物（CASHR1）和同时考虑现金及现金等价物和交易性金融资产（CASHR2）在产品市场竞争程度较低时实际控制人财富集中度对企业现金偿债风险的影响，结果均不显著。第（2）列和第（4）列分别展示了仅考虑现金及现金等价物（CASHR1）和同时考虑现金及现金等价物和交易性金融资产（CASHR2）在产品市场竞争程度较高时实际控制人财富集中度对企业现金偿债风险的影响，结果均在 5% 的水平上显著为正。这些检验结果表明，产品市场竞争激烈的行业会加剧实际控制人财富集中度对企业现金偿债风险的负向影响，支持假设 2，即实际控制人财富集中度对企业现金偿债风险的影响主要集中在产品市场竞争程度较高的行业。在竞争程度较高的行业中，企业所处竞争环境的不稳定性和不确定性会使企业面临更高的外部风险。此时，由于控制权和收益权分离所引起的第二类代理问题会更加突出，面对同样的外部市场竞争风险，相对于中小股东而言，实际控制人会由于其自身财富集中带来的高风险而对外部市场竞争风险更加敏感，因此，实际控制人很可能会忽略甚至不惜损害中小股东的利益，利用其作为企业最终决策者的身份去影响企业的财务行为，从而使企业实行更加保守现金管理策略，持有更多现金降低现金偿债风险以对冲自身的财富风险。

表 7 – 5　实际控制人财富集中度、产品市场竞争与民营企业现金偿债风险

VARIABLES	CASHR1	CASHR1	CASHR2	CASHR2
	（1）	（2）	（3）	（4）
	小于 1/2	大于 1/2	小于 1/2	大于 1/2
HHIControl	0.182	0.270 **	0.193	0.276 **
	(0.118)	(0.117)	(0.119)	(0.119)
Size	0.146 ***	0.0580 *	0.153 ***	0.0766 **
	(0.0298)	(0.0307)	(0.0307)	(0.0325)
Lev	– 3.529 ***	– 3.189 ***	– 3.616 ***	– 3.325 ***
	(0.186)	(0.166)	(0.189)	(0.171)
Q	0.103 ***	0.0746 ***	0.107 ***	0.0825 ***
	(0.0202)	(0.0164)	(0.0210)	(0.0172)

续表

VARIABLES	CASHR1	CASHR1	CASHR2	CASHR2
	(1)	(2)	(3)	(4)
	小于1/2	大于1/2	小于1/2	大于1/2
WC	-2.010 ***	-1.929 ***	-2.025 ***	-1.902 ***
	(0.171)	(0.176)	(0.175)	(0.183)
CAPEX	-4.574 ***	-4.241 ***	-4.724 ***	-4.447 ***
	(0.490)	(0.471)	(0.496)	(0.483)
ACR	0.266	-0.0530	0.286	-0.0332
	(0.312)	(0.306)	(0.317)	(0.316)
LN_DBS	-0.545 ***	-0.177	-0.550 ***	-0.174
	(0.135)	(0.143)	(0.138)	(0.145)
Indratio	-1.015 **	-1.202 **	-0.967 **	-1.151 **
	(0.484)	(0.521)	(0.490)	(0.534)
CM_CEO	0.169 ***	0.0420	0.165 ***	0.0442
	(0.0547)	(0.0465)	(0.0554)	(0.0475)
CASHDiv	0.239	0.369 **	0.210	0.301
	(0.180)	(0.186)	(0.181)	(0.190)
cons	1.035	2.850 **	0.920	2.465 *
	(0.664)	(1.231)	(0.683)	(1.270)
Year	Y	Y	Y	Y
Indy	Y	Y	Y	Y
N	3 317	4 199	3 317	4 199
adj. R-sq	0.341	0.302	0.343	0.301

注：括号内的数值为标准差，*、**、*** 分别表示在10%、5%、1%的水平上显著。

（二）行业（高新技术行业和非高新技术行业）

本章进一步考察高新行业与否如何影响实际控制人财富集中度对企业现金偿债风险的作用机制。根据李丹蒙和夏立军（2008），本章将制造业和信息技术业视为高新技术行业，其他为非高新技术行业，在两组样本中分别重复表7－4的检验，回归结果见表7－6。第（1）列和第（3）列分别展示了仅考虑现金及现金等价物（CASHR1）和同时考虑现金及现金等价物和交易性金融资产（CASHR2）在非高新技术行业样本中实际控制人财富集中度对企业现金偿债风险的影响，结果均不显著。第（2）列和第（4）列分别展示了仅考虑现金及现金等价物（CASHR1）和同时考虑现金及现金等价物和交易性金融资产（CASHR2）在高新技术行业样本中实际控制人财富集中度对企业现金偿债风险的影响，结果均在1%的水平上显著为正。这些检验结果表明，高新技术行业会加剧实际控制人财富集中度对企业现金偿债风险的负向影响，支持假设3，即实际控制人财富集中度对企业现金偿债风险的影响主要集中在高新技术行业。相对于一般行业，高新技术行业面临的行业风险往往更高。在高新技术行业，由于控制权和收益权分离所引起的第二类代理问题会更加突出，相对于中小股东而言，实际控制人会由于其自身财富集中带来的高风险而对高新技术行业的高行业风险更加敏感，因此，实际控制人很可能会忽略甚至不惜损害中小股东的利益，利用其作为企业最终决策者的身份去影响企业的财务行为，从而使企业实行更加保守现金管理策略，持有更多现金降低现金偿债风险以对冲自身的财富风险。

表7-6　　实际控制人财富集中度、高新技术行业与否与民营企业现金偿债风险

VARIABLES	CASHR1	CASHR1	CASHR2	CASHR2
	（1）	（2）	（3）	（4）
	非高新	高新	非高新	高新
HHIControl	0.0633 （0.145）	0.406 *** （0.101）	0.0503 （0.147）	0.428 *** （0.104）
Size	0.0774 ** （0.0321）	0.0491 * （0.0264）	0.0862 *** （0.0330）	0.0634 ** （0.0278）
Lev	-2.131 *** （0.242）	-3.638 *** （0.144）	-2.202 *** （0.245）	-3.769 *** （0.148）
Q	0.0451 *** （0.0167）	0.0993 *** （0.0155）	0.0512 *** （0.0173）	0.105 *** （0.0161）
WC	-0.929 *** （0.166）	-2.707 *** （0.164）	-0.944 *** （0.171）	-2.692 *** （0.169）
CAPEX	-2.628 *** （0.498）	-4.970 *** （0.407）	-2.720 *** （0.505）	-5.168 *** （0.415）
ACR	0.611 * （0.357）	0.0520 （0.288）	0.622 * （0.361）	0.0820 （0.297）
LN_DBS	-0.00244 （0.145）	-0.410 *** （0.123）	0.00360 （0.148）	-0.413 *** （0.125）

续表

VARIABLES	CASHR1 （1） 非高新	CASHR1 （2） 高新	CASHR2 （3） 非高新	CASHR2 （4） 高新
Indratio	0.273 (0.498)	− 1.530 *** (0.429)	0.288 (0.505)	− 1.467 *** (0.437)
CM_CEO	− 0.0369 (0.0572)	0.128 *** (0.0414)	− 0.0509 (0.0576)	0.133 *** (0.0422)
CASHDiv	− 0.0843 (0.191)	0.306 ** (0.148)	− 0.0970 (0.192)	0.246 (0.151)
cons	0.153 (0.744)	2.320 *** (0.739)	− 0.0127 (0.765)	2.008 *** (0.767)
Year	Y	Y	Y	Y
Indy	Y	Y	Y	Y
N	1 915	5 601	1 915	5 601
adj. R-sq	0.247	0.352	0.254	0.351

注：括号内的数值为标准差，＊、＊＊、＊＊＊分别表示在10%、5%、1%的水平上显著。

三、实际控制人财富集中度、机构投资者持股与民营企业现金偿债风险

本章继续考察机构投资者持股比例如何影响实际控制人财富集中度对企业现金偿债风险的作用机制。我们根据机构投资者持股比例进行分组，分别在高于行业年度 2/3 分位数和低于 2/3 分位数的两组样本中重复表 7 - 4 的检验，回归结果见表 7 - 7。第（1）列和第（3）列分别展示了仅考虑现金及现金等价物（CASHR1）和同时考虑现金及现金等价物和交易性金融资产（CASHR2）在机构投资者持股比例较高的样本中实际控制人财富集中度对企业现金偿债风险的影响，结果均不显著。第（2）列和第（4）列分别展示了仅考虑现金及现金等价物（CASHR1）和同时考虑现金及现金等价物和交易性金融资产（CASHR2）在机构投资者持股比例较低的样本中实际控制人财富集中度对企业现金偿债风险的影响，结果均在 1% 的水平上显著为正。这些检验结果表明，机构投资者持股比例会削弱实际控制人财富集中度对企业现金偿债风险的负向影响，支持假设 4，即实际控制人财富集中度对企业现金偿债风险的影响主要集中在机构投资者持股比例较低的企业。这表明，当机构投资者持股比例

较高时，其发挥"监督作用"的"动力"和"能力"更强，更能有效制衡实际控制人因风险厌恶产生的自利行为，从而弱化实际控制人财富集中度对企业现金偿债风险的影响。

表 7 - 7　　实际控制人财富集中度、机构投资者持股与民营企业现金偿债风险

VARIABLES	CASHR1	CASHR1	CASHR2	CASHR2
	(1)	(2)	(3)	(4)
	大于2/3	小于2/3	大于2/3	小于2/3
HHIControl	0.108	0.361 ***	0.125	0.360 ***
	(0.145)	(0.0995)	(0.149)	(0.101)
Size	0.0867 ***	0.105 ***	0.108 ***	0.112 ***
	(0.0332)	(0.0306)	(0.0362)	(0.0312)
Lev	− 2.998 ***	− 3.471 ***	− 3.145 ***	− 3.579 ***
	(0.214)	(0.155)	(0.221)	(0.159)
Q	0.0989 ***	0.0899 ***	0.110 ***	0.0932 ***
	(0.0176)	(0.0178)	(0.0195)	(0.0183)
WC	− 1.727 ***	− 2.084 ***	− 1.792 ***	− 2.039 ***
	(0.186)	(0.159)	(0.196)	(0.163)
CAPEX	− 4.125 ***	− 4.560 ***	− 4.369 ***	− 4.686 ***
	(0.506)	(0.450)	(0.524)	(0.455)
ACR	0.0775	0.220	− 0.0237	0.294
	(0.361)	(0.282)	(0.375)	(0.289)
LN_DBS	− 0.305 **	− 0.304 **	− 0.308 **	− 0.307 **
	(0.125)	(0.139)	(0.129)	(0.141)
Indratio	− 1.209 **	− 0.877 *	− 1.167 **	− 0.823 *
	(0.486)	(0.485)	(0.499)	(0.494)
CM_CEO	0.0646	0.113 **	0.0521	0.118 **
	(0.0524)	(0.0477)	(0.0538)	(0.0486)
CASHDiv	0.0598	0.548 ***	0.00830	0.497 **
	(0.167)	(0.198)	(0.171)	(0.201)
cons	1.628 **	1.300 *	1.234 *	1.167
	(0.668)	(0.757)	(0.724)	(0.773)
Year	Y	Y	Y	Y
Indy	Y	Y	Y	Y
N	2 631	4 833	2 631	4 833
adj. R-sq	0.342	0.308	0.344	0.307

注：括号内的数值为标准差，＊、＊＊、＊＊＊分别表示在10%、5%、1%的水平上显著。

四、实际控制人财富集中度及其个人特征与民营企业现金偿债风险

（一）学历

本章继续考察实际控制人的学历如何影响实际控制人财富集中度对企业现金偿债风险的作用机制。我们根据实际控制人的学历进行分组，分别在本科及以上学历和本科以下学历两组样本中重复表7-4的检验，回归结果见表7-8。第（1）列和第（3）列分别展示了仅考虑现金及现金等价物（CASHR1）和同时考虑现金及现金等价物和交易性金融资产（CASHR2）在学历较高的样本中实际控制人财富集中度对企业现金偿债风险的影响，结果均不显著。第（2）列和第（4）列分别展示了仅考虑现金及现金等价物（CASHR1）和同时考虑现金及现金等价物和交易性金融资产（CASHR2）在学历较低的样本中实际控制人财富集中度对企业现金偿债风险的影响，结果均在5%的水平上显著为正。这些检验结果表明，学历会削弱实际控制人财富集中度对企业现金偿债风险的负向影响，支持假设5，即实际控制人财富集中度对企业现金偿债风险的影响主要集中在实际控制人学历较低的企业。这表明，高学历的实际控制人受到更加良好的教育，其风险承担更高，会削弱实际控制人财富集中度对企业现金偿债风险的影响；反之，学历较低的实际控制人相对更加厌恶风险，随着其财富集中度的提高，有更强的动力对企业现金管理策略施加影响，使企业持有更多现金降低现金偿债风险以对冲其自身由于财富集中而带来的投资非系统风险。

表7-8 实际控制人财富集中度、实际控制人学历与民营企业现金偿债风险

VARIABLES	CASHR1	CASHR1	CASHR2	CASHR2
	（1）	（2）	（3）	（4）
	本科及以上	本科以下	本科及以上	本科以下
HHIControl	0.296	0.213 **	0.294	0.221 **
	(0.299)	(0.0852)	(0.302)	(0.0869)
Size	0.229 **	0.0789 ***	0.226 **	0.0939 ***
	(0.0977)	(0.0212)	(0.0994)	(0.0225)
Lev	-4.749 ***	-3.076 ***	-4.819 ***	-3.202 ***
	(0.486)	(0.125)	(0.492)	(0.129)

VARIABLES	CASHR1	CASHR1	CASHR2	CASHR2
	(1)	(2)	(3)	(4)
	本科及以上	本科以下	本科及以上	本科以下
Q	0.0779*	0.0888***	0.0726*	0.0961***
	(0.0427)	(0.0134)	(0.0434)	(0.0141)
WC	−4.101***	−1.698***	−4.163***	−1.682***
	(0.540)	(0.122)	(0.548)	(0.128)
CAPEX	−8.139***	−3.813***	−8.295***	−3.985***
	(1.155)	(0.354)	(1.171)	(0.361)
ACR	−0.560	0.188	−0.536	0.217
	(0.773)	(0.228)	(0.780)	(0.234)
LN_DBS	−0.816*	−0.218**	−0.825*	−0.216**
	(0.454)	(0.0996)	(0.463)	(0.101)
Indratio	−3.718**	−0.528	−3.633**	−0.475
	(1.535)	(0.361)	(1.561)	(0.369)
CM_CEO	0.179	0.0662*	0.180	0.0655*
	(0.135)	(0.0360)	(0.138)	(0.0368)
CASHDiv	0.285	0.254*	0.285	0.196
	(0.441)	(0.135)	(0.446)	(0.137)
cons	2.751	1.264**	2.891	0.948*
	(2.278)	(0.516)	(2.315)	(0.541)
Year	Y	Y	Y	Y
Indy	Y	Y	Y	Y
N	838	6 678	838	6 678
adj. R-sq	0.459	0.286	0.458	0.286

注：括号内的数值为标准差，*、**、***分别表示在10%、5%、1%的水平上显著。

（二）是否兼任董事长

本章继续考察实际控制人的工作经历（是否兼任董事长）如何影响实际控制人财富集中度对企业现金偿债风险的作用机制。我们根据实际控制人近五年的工作经历进行分组，分别在兼任董事长和未兼任董事长两组样本中重复表7-4的检验，回归结果见表7-9。第（1）列展示了仅考虑现金及现金等价物（CASHR1）在实际控制人未兼任董事长的样本中实际控制人财富集中度对企业现金偿债风险的影响，结果不显著。第（2）列展示了仅考虑现金及现金等价物（CASHR1）在实际控制人兼任董事长的样本中实际控制人财富集中度对企业现金偿债风险的影响，结果均在1%的水平上显著为正。第（3）列和第（4）列分别展示了同时考虑现金及现金等价物和交易性金融资产（CASHR2）在实际控制人未兼任董事长和实际控制人兼任董事长的样本中实际控制人财富集中度对企业现金偿债风险的影响，结果均显著为正，为了进一步检验两组样本是否存在显著差异，本章基于似无相关模型对其进行组间系数差异检验，结果显示p值为0.031，说明两组样本在5%的水平上存在显著差异。上述检验结果表明，兼任董事长的工作经历会加强实际控制人财富集中度对企业现金偿债风险的负向影响，支持假设6，即实际控制人财富集中度对企业现金偿债风险的影响主要集中在实际控制人兼任董事长的企业。这表明，如果实际控制人兼任董事长，其工作经验会更加丰富，对公司的经营战略和财务管理策略会更加熟悉，对企业的内外部信息掌握更加充分，而且个人影响力也会更大，可以更直接更容易地影响公司决策。在这种情况下，实际控制人不仅有很强的动机，而且有更强的实力去影响企业的财务行为，从而使企业实行更加保守现金管理策略，持有更多现金降低现金偿债风险以对冲自身由于财富集中而带来的投资非系统风险。

表7-9　　　　　实际控制人财富集中度、实际控制人是否兼任
董事长与民营企业现金偿债风险

VARIABLES	CASHR1	CASHR1	CASHR2	CASHR2
	(1)	(2)	(3)	(4)
	未兼任董事长	兼任董事长	未兼任董事长	兼任董事长
HHIControl	0.162	0.546 ***	0.180 *	0.546 ***
	(0.104)	(0.132)	(0.107)	(0.133)
Size	0.113 ***	0.0884 ***	0.131 ***	0.0915 ***
	(0.0292)	(0.0306)	(0.0310)	(0.0309)
Lev	-3.047 ***	-3.702 ***	-3.188 ***	-3.777 ***
	(0.151)	(0.210)	(0.157)	(0.212)
Q	0.102 ***	0.0786 ***	0.110 ***	0.0802 ***
	(0.0149)	(0.0249)	(0.0158)	(0.0252)
WC	-1.940 ***	-1.993 ***	-1.922 ***	-2.005 ***
	(0.151)	(0.209)	(0.158)	(0.212)
CAPEX	-4.555 ***	-4.472 ***	-4.759 ***	-4.599 ***
	(0.446)	(0.548)	(0.455)	(0.556)

VARIABLES	CASHR1	CASHR1	CASHR2	CASHR2
	(1)	(2)	(3)	(4)
	未兼任董事长	兼任董事长	未兼任董事长	兼任董事长
ACR	0. 224	− 0. 00687	0. 243	0. 0346
	(0. 273)	(0. 367)	(0. 283)	(0. 372)
LN_DBS	− 0. 284 **	− 0. 332 **	− 0. 275 **	− 0. 336 **
	(0. 125)	(0. 167)	(0. 128)	(0. 169)
Indratio	− 0. 886 *	− 1. 202 **	− 0. 807 *	− 1. 166 **
	(0. 461)	(0. 558)	(0. 471)	(0. 564)
CM_CEO	0. 0713	0. 112 *	0. 0705	0. 111 *
	(0. 0439)	(0. 0613)	(0. 0450)	(0. 0621)
CASHDiv	0. 263	0. 301	0. 195	0. 280
	(0. 165)	(0. 218)	(0. 169)	(0. 220)
cons	1. 244 *	1. 510 **	0. 823	1. 495 **
	(0. 720)	(0. 726)	(0. 757)	(0. 732)
Year	Y	Y	Y	Y
Indy	Y	Y	Y	Y
N	4 670	2 846	4 670	2 846
adj. R-sq	0. 305	0. 334	0. 305	0. 335

注：括号内的数值为标准差，＊、＊＊、＊＊＊分别表示在10%、5%、1%的水平上显著。

五、稳健性检验

（一）实际控制人财富集中度的替代变量

本章使用实际控制人财富集中度的替代变量（EIControl 和 NUMControl）进行稳健性检验。其中，EIControl 是实际控制人财富的熵指数，计算方法为先求出实际控制人控股与参股上市公司的投资额占其总对外投资额的比例，再对该比例与其倒数取自然对数的乘积求和，熵指数越大，实际控制人的财富集中度越低，反之，熵指数越小，实际控制人的财富集中度越高；NUMControl 是实际控制人控股或参股的企业总数取自然对数，值越大，实际控制人控股或参股的企业数量越多，实际控制人的财富集中度越低，反之，值越小，实际控制人控股或参股的企业数量越少，实际控制人的财富集中度越高。对两个实际控制人财富集中度的替代变量分别重复表 7 – 4 的检验。回归结果见表 7 – 10，第（1）列和第（2）列显示了实际控制人财富集中度的替代变量（EIControl）的检验结果，无论是仅考虑现金及现金等价物（CASHR1），还是同时考虑现金及现金等价物和交易性金融资产（CASHR2），系数均在 1% 的水平上显著为负。第（3）列和第（4）列显示了实际控制人财富集中度的替代变量（NUM-Control）的检验结果，无论是仅考虑现金及现金等价物（CASHR1），还是同时考虑现金及现金等价物和交易性金融资产（CASHR2），系数均在 5% 的水平上显著为负。上述检验结果表明，实际控制人财富集中度与企业现金比率显著正相关，也就是说，实际控制人财富集中度与企业现金偿债风险显著负相关，与表 7 – 4 的结果一致，进一步支持了假设 1 的推论，即实际控制人财富集中度越高，企业的现金偿债风险越低。实际控制人为了对冲其自身财富集中度过高所引起的投资非系统风险，确实可能会忽略甚至不惜损害中小股东的利益，利用其作为企业最终决策者的身份去影响企业的财务行为，从而使企业实行更加保守现金管理策略，持有更多现金降低现金偿债风险以对冲自身的财富风险。

表 7 – 10　实际控制人财富集中度替代变量（EIControl 和 NUMControl）

VARIABLES	CASHR1	CASHR2	CASHR1	CASHR2
	（1）	（2）	（3）	（4）
EIControl	− 0. 154 ***	− 0. 158 ***		
	（0. 0533）	（0. 0542）		
NUMControl			− 0. 0915 **	− 0. 0935 **
			（0. 0407）	（0. 0413）
Size	0. 101 ***	0. 114 ***	0. 102 ***	0. 115 ***
	（0. 0216）	（0. 0227）	（0. 0217）	（0. 0228）
Lev	− 3. 332 ***	− 3. 452 ***	− 3. 336 ***	− 3. 456 ***
	（0. 124）	（0. 128）	（0. 124）	（0. 128）
Q	0. 0898 ***	0. 0960 ***	0. 0901 ***	0. 0964 ***
	（0. 0129）	（0. 0135）	（0. 0129）	（0. 0135）
WC	− 1. 976 ***	− 1. 966 ***	− 1. 972 ***	− 1. 962 ***
	（0. 122）	（0. 127）	（0. 122）	（0. 127）
CAPEX	− 4. 392 ***	− 4. 563 ***	− 4. 380 ***	− 4. 550 ***
	（0. 344）	（0. 350）	（0. 344）	（0. 350）
ACR	0. 103	0. 130	0. 0994	0. 126
	（0. 219）	（0. 225）	（0. 219）	（0. 225）

续表

| VARIABLES | CASHR1 | CASHR2 | CASHR1 | CASHR2 |
	(1)	(2)	(3)	(4)
LN_DBS	-0.313 ***	-0.313 ***	-0.314 ***	-0.314 ***
	(0.0996)	(0.101)	(0.0997)	(0.101)
Indratio	-0.994 ***	-0.942 ***	-0.994 ***	-0.941 ***
	(0.357)	(0.364)	(0.357)	(0.364)
CM_CEO	0.0928 ***	0.0920 **	0.0938 ***	0.0931 **
	(0.0358)	(0.0365)	(0.0358)	(0.0366)
CASHDiv	0.292 **	0.240 *	0.293 **	0.241 *
	(0.131)	(0.133)	(0.131)	(0.133)
cons	1.689 ***	1.433 ***	1.672 ***	1.415 ***
	(0.516)	(0.536)	(0.517)	(0.537)
Year	Y	Y	Y	Y
Indy	Y	Y	Y	Y
N	7 506	7 506	7 506	7 506
adj. R-sq	0.311	0.310	0.310	0.310

注：括号内的数值为标准差，*、**、*** 分别表示在10%、5%、1%的水平上显著。

（二）企业现金偿债风险的替代变量

本章继续使用企业现金偿债风险的替代变量（CR和QR）进行稳健性检验。其中，CR是流动比率，由企业的流动资产与流动负债取比值得到，该指标越大，说明企业的流动性越好，短期偿债风险越低，反之，该指标越小，说明企业的流动性越差，短期偿债风险越高；QR为速动比率，由企业除去存货后的流动资产与流动负债取比例得到，该指标越大，说明企业的流动性越好，短期偿债风险越低，反之，该指标越小，说明企业的流动性越差，短期偿债风险越高。对两大企业现金偿债风险的替代变量分别重复表7-4的检验。回归结果见表7-11，第（1）列和第（2）列显示无论是流动比率（CR），还是速动比率（QR），HHIControl的系数均在1%的水平上显著为正；第（3）列和第（4）列显示无论是流动比率（CR），还是速动比率（QR），EIControl的系数均在1%的水平上显著为负；第（5）列和第（6）列显示无论是流动比率（CR），还是速动比率（QR），NUMControl的系数均在5%的水平上显著为负。这表明，实际控制人财富集中度与企业流动比率和速动比率均显著正相关，也就是说，实际控制人财富集中度与企业短期偿债风险显著负相关，与表7-4

的结果一致，进一步支持了假设 1 的推论，即实际控制人财富集中度越高，企业的短期偿债风险越低。实际控制人为了对冲其自身财富集中度过高所引起的投资非系统风险，确实可能会忽略甚至不惜损害中小股东的利益，利用其作为企业最终决策者的身份去影响企业的财务行为，从而使企业保持较低的短期偿债风险以对冲自身的财富风险。

表 7 – 11 企业现金偿债风险替代变量（CR 和 QR）

VARIABLES	CR	QR	CR	QR	CR	QR
	(1)	(2)	(3)	(4)	(5)	(6)
HHIControl	0.417 *** (0.134)	0.417 *** (0.117)				
EIControl			− 0.255 *** (0.0863)	− 0.259 *** (0.0755)		
NUMControl					− 0.141 ** (0.0670)	− 0.149 ** (0.0590)
Size	0.207 *** (0.0341)	0.177 *** (0.0311)	0.207 *** (0.0341)	0.177 *** (0.0311)	0.208 *** (0.0342)	0.178 *** (0.0312)
Lev	− 7.701 *** (0.199)	− 6.495 *** (0.179)	− 7.701 *** (0.199)	− 6.495 *** (0.179)	− 7.709 *** (0.199)	− 6.502 *** (0.179)
Q	0.134 *** (0.0201)	0.146 *** (0.0186)	0.134 *** (0.0201)	0.146 *** (0.0186)	0.134 *** (0.0201)	0.146 *** (0.0186)
WC	0.263 (0.190)	− 0.729 *** (0.174)	0.263 (0.190)	− 0.730 *** (0.174)	0.271 (0.190)	− 0.722 *** (0.174)
CAPEX	− 5.868 *** (0.535)	− 5.601 *** (0.483)	− 5.867 *** (0.535)	− 5.602 *** (0.483)	− 5.841 *** (0.535)	− 5.579 *** (0.483)
ACR	− 0.250 (0.355)	0.0372 (0.321)	− 0.251 (0.355)	0.0371 (0.321)	− 0.258 (0.355)	0.0299 (0.321)
LN_DBS	− 0.562 *** (0.153)	− 0.412 *** (0.140)	− 0.562 *** (0.153)	− 0.411 *** (0.140)	− 0.563 *** (0.153)	− 0.413 *** (0.140)
Indratio	− 1.538 *** (0.554)	− 1.185 ** (0.502)	− 1.535 *** (0.554)	− 1.183 ** (0.502)	− 1.533 *** (0.554)	− 1.181 ** (0.502)
CM_CEO	0.123 ** (0.0560)	0.112 ** (0.0502)	0.123 ** (0.0560)	0.112 ** (0.0502)	0.125 ** (0.0561)	0.113 ** (0.0502)
CASHDiv	0.133 (0.192)	0.257 (0.174)	0.133 (0.192)	0.257 (0.174)	0.135 (0.192)	0.259 (0.174)
cons	1.967 ** (0.805)	1.040 (0.729)	2.377 *** (0.796)	1.450 ** (0.721)	2.352 *** (0.796)	1.422 ** (0.722)

续表

VARIABLES	CR	QR	CR	QR	CR	QR
	(1)	(2)	(3)	(4)	(5)	(6)
Year	Y	Y	Y	Y	Y	Y
Indy	Y	Y	Y	Y	Y	Y
N	7 506	7 506	7 506	7 506	7 506	7 506
adj. R-sq	0.365	0.370	0.365	0.370	0.365	0.370

注：括号内的数值为标准差，＊、＊＊、＊＊＊分别表示在10%、5%、1%的水平上显著。

（三）内生性检验

本章的研究可能会受到三类内生性问题的影响：第一类是可能存在遗漏变量导致的伪相关问题；第二类是反向因果问题，一方面，如本章结论所论述的，实际控制人财富集中度会影响企业的现金偿债风险，另一方面，企业本身的现金偿债风险也可能反过来影响实际控制人对自身财富集中度的选择；第三类是样本度量偏差，基于数据的可得性，实际控制人持有的非上市公司财富无法统计，因此本章采用实际控制人参股和控股的所有上市公司的数据来计算实际控制人财富集中度，因此可能会导致度量偏差问题。针对这三类内生性问题，本章首先使用是否完成股权分置改革（Gugai）作为工具变量，通过赫克曼（Heckman）两阶段模型进行检验。其次，采用倾向得分匹配（PSM）模型，使实际控制人存在财富分散（Div = 1）的观测值和实际控制人不存在财富分散（Div = 0）的观测值在其他控制变量上不存在差异。

1. 赫克曼（Heckman）两阶段模型

参考已有文献（Larckerand Rusticus，2010），我们选取是否完成股权分置改革（Gugai）作为工具变量，使用赫克曼（Heckman）两阶段模型进行了稳健性检验，主要检验在控制了内生性问题的情况下，假设1是否仍然成立。本章选择企业是否完成了股权分置改革（Gugai）作为工具变量，若企业已经完成股权分置改革，则取值为1，否则取值为0。企业是否完成股权分置改革满足工具变量的条件：第一，企业是否完成股权分置改革会对实际控制人的财富集中度产生影响：首先，股权分置改革为实际控制人实现财富分散提供了前提条件。在股权分置改革完成之前，非流通股只能通过"协议"或"拍卖"的方式进行转让，限制较多，程序复杂，交易成本高，实际控制人的财富被集中在其控制的企业，难以通过交易实现财富的分散化。其次，股权分置改革提高了实际控制人股权价值的波动性，使其更有动机进行分散化投资来降低风险。

股权分置改革完成后，实际控制人股权价值随企业股价的波动而波动，同时股权分置改革提高了公司治理的有效性（郑志刚等，2007；张学勇和廖理，2010），约束了实际控制人的自利行为。这激励了实际控制人通过分散投资来降低自己财富的风险。第二，股权分置改革是外生的政策变量，与企业现金偿债风险的误差项不相关。

本章赫克曼（Heckman）两阶段模型的检验结果见表 7-12、表 7-13 和表 7-14。如表 7-12、表 7-13 和表 7-14 所示，第一阶段的检验结果均表明实际控制人财富集中度（Div）与企业是否完成股权分置改革（Gugai）在 1% 的水平上显著正相关，即当企业完成股权分置改革时，实际控制人更有可能进行分散化投资。其中，表 7-12 第（1）列至第（4）列分别显示了企业的现金偿债风险（CASHR1 和 CASHR2）及其替代变量流动比率（CR）和速动比率（QR）与实际控制人财富集中度（HHIControl）的回归结果，HHIControl 的系数均显著为正，同时 Mills 比率（Lambda）的系数不显著；表 7-13 第（1）列至第（4）列分别显示了企业的现金偿债风险（CASHR1 和 CASHR2）及其替代变量流动比率（CR）和速动比率（QR）与实际控制人财富集中度（EIControl）的回归结果，EIControl 的系数均显著为负，同时 Mills 比率（Lambda）的系数不显著；表 7-14 第（1）列至第（4）列分别显示了企业的现金偿债风险（CASHR1 和 CASHR2）及其替代变量流动比率（CR）和速动比率（QR）与实际控制人财富集中度（NUMControl）的回归结果，NUMControl 的系数均显著为负，同时 Mills 比率（Lambda）的系数不显著。以上检验结果与表 7-4 的检验结果一致，实际控制人财富集中度对企业的短期偿债风险具有显著的负向影响，进一步支持了本章假设 1 的推论，即实际控制人财富集中度越高，企业的短期偿债风险越低。实际控制人为了对冲其自身财富集中度过高所引起的投资非系统风险，确实可能会忽略甚至不惜损害中小股东的利益，利用其作为企业最终决策者的身份去影响企业的财务行为，从而使企业保持较低的短期偿债风险以对冲自身的财富风险。

表 7-12　　内生性检验：赫克曼（Heckman）两阶段检验结果（HHIControl）

main	CASHR1	CASHR2	CR	QR
	（1）	（2）	（3）	（4）
HHIControl	0.336 ** (-2.30)	0.351 ** (-2.38)	0.653 *** (-2.88)	0.670 *** (-3.30)
Size	0.116 ** (-2.26)	0.115 ** (-2.22)	0.152 * (-1.94)	0.132 * (-1.88)

续表

main	CASHR1	CASHR2	CR	QR
	(1)	(2)	(3)	(4)
Lev	-2.901***	-3.006***	-6.922***	-5.810***
	(-13.16)	(-13.56)	(-20.59)	(-19.36)
Q	0.0573***	0.0591***	0.0803***	0.0938***
	(-2.97)	(-3.04)	(-2.73)	(-3.57)
WC	-2.103***	-2.097***	-0.336	-1.304***
	(-8.68)	(-8.60)	(-0.91)	(-3.95)
CAPEX	-4.844***	-4.957***	-6.268***	-5.781***
	(-5.37)	(-5.46)	(-4.55)	(-4.70)
ACR	0.509	0.528	-0.0185	0.369
	(-1.12)	(-1.15)	(-0.03)	(-0.59)
LN_DBS	-0.427*	-0.422*	-0.853**	-0.658**
	(-1.91)	(-1.87)	(-2.49)	(-2.15)
Indratio	-1.104	-1.137	-2.556**	-2.379**
	(-1.40)	(-1.44)	(-2.13)	(-2.22)
CM_CEO	-0.0625	-0.0664	0.0253	0.0198
	(-0.84)	(-0.89)	(-0.22)	(-0.20)
CASHDiv	0.446**	0.421**	0.698**	0.695**
	(-2.11)	(-1.98)	(-2.17)	(-2.42)
cons	0.318	0.454	3.086	2.326
	(-0.22)	(-0.32)	(-1.43)	(-1.21)
Year	Y	Y	Y	Y
Indy	Y	Y	Y	Y
Div				
Gugai	0.234***	0.234***	0.234***	0.234***
	(-6.52)	(-6.52)	(-6.52)	(-6.52)
Size	0.0941***	0.0941***	0.0941***	0.0941***
	(-4.43)	(-4.43)	(-4.43)	(-4.43)
Lev	0.227**	0.227**	0.227**	0.227**
	(-2.19)	(-2.19)	(-2.19)	(-2.19)
Q	0.00278	0.00278	0.00278	0.00278
	(-0.28)	(-0.28)	(-0.28)	(-0.28)
WC	-0.351***	-0.351***	-0.351***	-0.351***
	(-3.17)	(-3.17)	(-3.17)	(-3.17)
CAPEX	-1.633***	-1.633***	-1.633***	-1.633***
	(-4.67)	(-4.67)	(-4.67)	(-4.67)

续表

main	CASHR1	CASHR2	CR	QR
	（1）	（2）	（3）	（4）
Div				
ACR	0.365 （-1.59）	0.365 （-1.59）	0.365 （-1.59）	0.365 （-1.59）
LN_DBS	-0.181 * （-1.68）	-0.181 * （-1.68）	-0.181 * （-1.68）	-0.181 * （-1.68）
Indratio	-0.302 （-0.78）	-0.302 （-0.78）	-0.302 （-0.78）	-0.302 （-0.78）
CM_CEO	-0.0724 ** （-2.04）	-0.0724 ** （-2.04）	-0.0724 ** （-2.04）	-0.0724 ** （-2.04）
CASHDiv	0.0101 （-0.09）	0.0101 （-0.09）	0.0101 （-0.09）	0.0101 （-0.09）
cons	-2.127 *** （-3.84）	-2.127 *** （-3.84）	-2.127 *** （-3.84）	-2.127 *** （-3.84）
Year	Y	Y	Y	Y
Indy	Y	Y	Y	Y
Mills				
lambda	0.661 （-1.61）	0.615 （-1.49）	0.668 （-1.07）	0.522 （-0.93）
N	7 449	7 449	7 449	7 449

注：括号内的数值为标准差，＊、＊＊、＊＊＊分别表示在10%、5%、1%的水平上显著。

表 7-13　内生性检验：赫克曼（Heckman）两阶段检验结果（EIControl）

main	CASHR1	CASHR2	CR	QR
	（1）	（2）	（3）	（4）
EIControl	-0.206 ** （-2.24）	-0.216 ** （-2.32）	-0.402 *** （-2.81）	-0.416 *** （-3.25）
Size	0.118 ** （-2.29）	0.116 ** （-2.25）	0.155 ** （-1.98）	0.134 * （-1.92）
Lev	-2.899 *** （-13.14）	-3.004 *** （-13.53）	-6.919 *** （-20.56）	-5.806 *** （-19.33）
Q	0.0576 *** （-2.98）	0.0594 *** （-3.05）	0.0808 *** （-2.74）	0.0943 *** （-3.58）
WC	-2.107 *** （-8.69）	-2.101 *** （-8.61）	-0.345 （-0.93）	-1.312 *** （-3.98）

续表

main	CASHR1	CASHR2	CR	QR
	(1)	(2)	(3)	(4)
CAPEX	−4.855 *** (−5.38)	−4.968 *** (−5.47)	−6.289 *** (−4.56)	−5.799 *** (−4.71)
ACR	0.514 (−1.13)	0.533 (−1.16)	−0.009 (−0.01)	0.378 (−0.61)
LN_DBS	−0.426 * (−1.90)	−0.421 * (−1.87)	−0.851 ** (−2.48)	−0.656 ** (−2.14)
Indratio	−1.096 (−1.39)	−1.129 (−1.43)	−2.541 ** (−2.12)	−2.363 ** (−2.20)
CM_CEO	−0.063 (−0.85)	−0.0669 (−0.90)	0.0243 −0.21	0.0187 −0.19
CASHDiv	0.445 ** (−2.1)	0.419 ** (−1.97)	0.694 ** (−2.16)	0.691 ** (−2.41)
cons	0.612 (−0.43)	0.762 (−0.53)	3.658 * (−1.68)	2.924 (−1.5)
Year	Y	Y	Y	Y
Indy	Y	Y	Y	Y
Div				
Gugai	0.234 *** (−6.52)	0.234 *** (−6.52)	0.234 *** (−6.52)	0.234 *** (−6.52)
Size	0.0941 *** (−4.43)	0.0941 *** (−4.43)	0.0941 *** (−4.43)	0.0941 *** (−4.43)
Lev	0.227 ** (−2.19)	0.227 ** (−2.19)	0.227 ** (−2.19)	0.227 ** (−2.19)
Q	0.00278 (−0.28)	0.00278 (−0.28)	0.00278 (−0.28)	0.00278 (−0.28)
WC	−0.351 *** (−3.17)	−0.351 *** (−3.17)	−0.351 *** (−3.17)	−0.351 *** (−3.17)
CAPEX	−1.633 *** (−4.67)	−1.633 *** (−4.67)	−1.633 *** (−4.67)	−1.633 *** (−4.67)
ACR	0.365 (−1.59)	0.365 (−1.59)	0.365 (−1.59)	0.365 (−1.59)
LN_DBS	−0.181 * (−1.68)	−0.181 * (−1.68)	−0.181 * (−1.68)	−0.181 * (−1.68)
Indratio	−0.302 (−0.78)	−0.302 (−0.78)	−0.302 (−0.78)	−0.302 (−0.78)

续表

main	CASHR1	CASHR2	CR	QR
	（1）	（2）	（3）	（4）
Div				
CM_CEO	−0.0724 ** （−2.04）	−0.0724 ** （−2.04）	−0.0724 ** （−2.04）	−0.0724 ** （−2.04）
CASHDiv	0.0101 （−0.09）	0.0101 （−0.09）	0.0101 （−0.09）	0.0101 （−0.09）
cons	−2.127 *** （−3.84）	−2.127 *** （−3.84）	−2.127 *** （−3.84）	−2.127 *** （−3.84）
Year	Y	Y	Y	Y
Indy	Y	Y	Y	Y
Mills				
lambda	0.669 （−1.63）	0.623 （−1.51）	0.684 （−1.09）	0.534 （−0.95）
N	7 449	7 449	7 449	7 449

注：括号内的数值为标准差，* 、** 、*** 分别表示在10% 、5% 、1% 的水平上显著。

表 7 – 14　内生性检验：赫克曼（Heckman）两阶段检验结果（NUMControl）

main	CASHR1	CASHR2	CR	QR
	（1）	（2）	（3）	（4）
NUMControl	−0.166 ** （−2.30）	−0.172 ** （−2.37）	−0.307 *** （−2.75）	−0.317 *** （−3.16）
Size	0.123 ** （−2.40）	0.122 ** （−2.37）	0.166 ** （−2.13）	0.146 ** （−2.10）
Lev	−2.895 *** （−13.13）	−3.000 *** （−13.52）	−6.914 *** （−20.53）	−5.801 *** （−19.30）
Q	0.0592 *** （−3.07）	0.0611 *** （−3.15）	0.0840 *** （−2.85）	0.0976 *** （−3.71）
WC	−2.101 *** （−8.66）	−2.095 *** （−8.59）	−0.334 （−0.90）	−1.301 *** （−3.94）
CAPEX	−4.846 *** （−5.37）	−4.959 *** （−5.46）	−6.285 *** （−4.56）	−5.797 *** （−4.71）
ACR	0.507 （−1.11）	0.526 （−1.15）	−0.0186 （−0.03）	0.369 （−0.59）
LN_DBS	−0.434 * （−1.94）	−0.430 * （−1.90）	−0.868 ** （−2.54）	−0.674 ** （−2.20）

续表

main	CASHR1	CASHR2	CR	QR
	(1)	(2)	(3)	(4)
Indratio	−1.108	−1.142	−2.566 **	−2.389 **
	(−1.41)	(−1.44)	(−2.14)	(−2.23)
CM_CEO	−0.0608	−0.0647	0.0284	0.023
	(−0.82)	(−0.87)	−0.25	−0.23
CASHDiv	0.449 **	0.423 **	0.701 **	0.699 **
	(−2.12)	(−1.99)	(−2.18)	(−2.43)
cons	0.523	0.667	3.447	2.7
	(−0.37)	(−0.47)	(−1.59)	(−1.39)
Year	Y	Y	Y	Y
Indy	Y	Y	Y	Y
Div				
Gugai	0.234 ***	0.234 ***	0.234 ***	0.234 ***
	(−6.52)	(−6.52)	(−6.52)	(−6.52)
Size	0.0941 ***	0.0941 ***	0.0941 ***	0.0941 ***
	(−4.43)	(−4.43)	(−4.43)	(−4.43)
Lev	0.227 **	0.227 **	0.227 **	0.227 **
	(−2.19)	(−2.19)	(−2.19)	(−2.19)
Q	0.00278	0.00278	0.00278	0.00278
	(−0.28)	(−0.28)	(−0.28)	(−0.28)
WC	−0.351 ***	−0.351 ***	−0.351 ***	−0.351 ***
	(−3.17)	(−3.17)	(−3.17)	(−3.17)
CAPEX	−1.633 ***	−1.633 ***	−1.633 ***	−1.633 ***
	(−4.67)	(−4.67)	(−4.67)	(−4.67)
ACR	0.365	0.365	0.365	0.365
	(−1.59)	(−1.59)	(−1.59)	(−1.59)
LN_DBS	−0.181 *	−0.181 *	−0.181 *	−0.181 *
	(−1.68)	(−1.68)	(−1.68)	(−1.68)
Indratio	−0.302	−0.302	−0.302	−0.302
	(−0.78)	(−0.78)	(−0.78)	(−0.78)
CM_CEO	−0.0724 **	−0.0724 **	−0.0724 **	−0.0724 **
	(−2.04)	(−2.04)	(−2.04)	(−2.04)
CASHDiv	0.0101	0.0101	0.0101	0.0101
	(−0.09)	(−0.09)	(−0.09)	(−0.09)
cons	−2.127 ***	−2.127 ***	−2.127 ***	−2.127 ***
	(−3.84)	(−3.84)	(−3.84)	(−3.84)

续表

main	CASHR1	CASHR2	CR	QR
	（1）	（2）	（3）	（4）
Div				
Year	Y	Y	Y	Y
Indy	Y	Y	Y	Y
Mills				
lambda	0.665 （-1.62）	0.62 （-1.50）	0.694 （-1.11）	0.546 （-0.98）
N	7 449	7 449	7 449	7 449

注：括号内的数值为标准差，＊、＊＊、＊＊＊分别表示在 10%、5%、1% 的水平上显著。

2. 倾向得分匹配（PSM）模型

本章参照已有文献（Dehejia and Wahba，2002；任曙明和张静，2013），首先使用实际控制人是否进行财富分散化变量（Div）进行 Logit 回归，由于我国民营上市公司的实际控制人大多数没有对自身财富进行分散化投资，为了避免匹配后损失大量样本，本章对观测值进行了 0.01 半径内 1∶3 的不放回匹配，并计算出匹配值，之后在筛选出的样本中重复了表 7-4 的检验。倾向得分匹配（PSM）平衡性假设检验的结果见表 7-15，其中，匹配后所有变量的标准化偏差（% bias）绝对值均不超过 2.6%，并且匹配后所有变量的组间均值差异的检验结果均不显著，这说明倾向得分匹配（PSM）较好的平衡了数据，符合平衡性假设。

表 7-15　　　内生性检验：倾向得分匹配（PSM）平衡性假设检验

Variable	Unmatched	Mean		% bias	% reduct	t-test	
	Matched	Treated	Control		|bias|	t	p > |t|
Size	U	21.921	21.692	21.1	93.6	8.15	0.000
	M	21.92	21.905	1.4		0.4	0.687
Lev	U	0.42575	0.38872	18.5	97.5	6.98	0.000
	M	0.42567	0.42658	-0.5		-0.14	0.890
Q	U	2.8898	3.1222	-10.8	85.7	-4.06	0.000
	M	2.8896	2.9228	-1.5		-0.48	0.628
WC	U	0.39255	0.40019	-4.2	38.8	-1.6	0.111
	M	0.39263	0.38795	2.6		0.79	0.431

Variable	Unmatched	Mean		% bias	% reduct	t-test	
	Matched	Treated	Control		| bias |	t	p > | t |
CAPEX	U	0.0485	0.05611	− 14.7	93.5	− 5.43	0.000
	M	0.04851	0.049	− 1		− 0.31	0.758
ACR	U	0.04558	0.04173	5	52.9	1.88	0.060
	M	0.04552	0.04733	− 2.4		− 0.72	0.469
LN_DBS	U	2.1202	2.1182	1.1	− 14.5	0.41	0.682
	M	2.1201	2.1178	1.3		0.38	0.700
Indratio	U	0.37208	0.37309	− 2	55.5	− 0.75	0.455
	M	0.3721	0.37255	− 0.9		− 0.28	0.782
CM_CEO	U	0.28557	0.34159	− 12.1	87.9	− 4.52	0.000
	M	0.28571	0.29249	− 1.5		− 0.46	0.643
CASHDiv	U	0.10934	0.11208	− 1.7	24	− 0.66	0.506
	M	0.10938	0.1073	1.3		0.41	0.680

匹配后的检验结果见表 7 – 16、表 7 – 17 和表 7 – 18。其中，表 7 – 16 第（1）列至第（4）列分别显示了企业的现金偿债风险（CASHR1 和 CASHR2）及其替代变量流动比率（CR）和速动比率（QR）与实际控制人财富集中度（HHIControl）的回归结果，HHIControl 的系数均在 1% 的水平上显著为正；表 7 – 17 第（1）列至第（4）列分别显示了企业的现金偿债风险（CASHR1 和 CASHR2）及其替代变量流动比率（CR）和速动比率（QR）与实际控制人财富集中度（EIControl）的回归结果，EIControl 的系数均在 1% 的水平上显著为负；表 7 – 18 第（1）列至第（4）列分别显示了企业的现金偿债风险（CASHR1 和 CASHR2）及其替代变量流动比率（CR）和速动比率（QR）与实际控制人财富集中度（NUMControl）的回归结果，NUMControl 的系数均在 5% 的水平上显著为负。以上检验结果与表 7 – 4 的检验结果一致，实际控制人财富集中度对企业的短期偿债风险具有显著的负向影响，进一步支持了本章假设 1 的推论，即实际控制人财富集中度越高，企业的短期偿债风险越低。实际控制人为了对冲其自身财富集中度过高所引起的投资非系统风险，确实可能会忽略甚至不惜损害中小股东的利益，利用其作为企业最终决策者的身份去影响企业的财务行为，从而使企业保持较低的短期偿债风险以对冲自身的财富风险。

表 7 – 16 　　内生性检验：倾向得分匹配（PSM）配对后的检验结果（HHIControl）

Variable	CASHR1	CASHR2	CR	QR
	(1)	(2)	(3)	(4)
HHIControl	0.251 *** (− 3.03)	0.259 *** (− 3.07)	0.417 *** (− 3.10)	0.417 *** (− 3.55)
Size	0.101 *** (− 4.66)	0.114 *** (− 5.02)	0.207 *** (− 6.07)	0.177 *** (− 5.69)
Lev	− 3.332 *** (− 26.82)	− 3.452 *** (− 27.04)	− 7.701 *** (− 38.71)	− 6.495 *** (− 36.27)
Q	0.0898 *** (− 6.96)	0.0960 *** (− 7.10)	0.134 *** (− 6.65)	0.146 *** (− 7.83)
WC	− 1.976 *** (− 16.19)	− 1.966 *** (− 15.51)	0.263 (− 1.39)	− 0.729 *** (− 4.19)
CAPEX	− 4.393 *** (− 12.76)	− 4.564 *** (− 13.03)	− 5.868 *** (− 10.96)	− 5.601 *** (− 11.59)
ACR	0.104 (− 0.47)	0.13 (− 0.58)	− 0.25 (− 0.70)	0.0372 (− 0.12)
LN_DBS	− 0.313 *** (− 3.14)	− 0.313 *** (− 3.10)	− 0.562 *** (− 3.67)	− 0.412 *** (− 2.95)
Indratio	− 0.996 *** (− 2.79)	− 0.944 *** (− 2.59)	− 1.538 *** (− 2.78)	− 1.185 ** (− 2.36)
CM_CEO	0.0927 *** (− 2.59)	0.0920 ** (− 2.52)	0.123 ** (− 2.19)	0.112 ** (− 2.22)
CASHDiv	0.292 ** (− 2.22)	0.240 * (− 1.80)	0.133 (− 0.69)	0.257 (− 1.48)
cons	1.702 *** (− 3.25)	1.436 *** (− 2.64)	2.327 *** (− 2.88)	1.374 * (− 1.87)
Year	Y	Y	Y	Y
Indy	Y	Y	Y	Y
N	7 506	7 506	7 506	7 506
adj. R-sq	0.307	0.307	0.362	0.367

注：括号内的数值为标准差，＊、＊＊、＊＊＊分别表示在10%、5%、1%的水平上显著。

表 7 - 17 内生性检验：倾向得分匹配（PSM）配对后的检验结果（EIControl）

Variable	CASHR1	CASHR2	CR	QR
	(1)	(2)	(3)	(4)
EIControl	- 0. 154 ***	- 0. 158 ***	- 0. 255 ***	- 0. 259 ***
	(- 2. 88)	(- 2. 92)	(- 2. 96)	(- 3. 42)
Size	0. 101 ***	0. 114 ***	0. 207 ***	0. 177 ***
	(- 4. 67)	(- 5. 03)	(- 6. 08)	(- 5. 70)
Lev	- 3. 332 ***	- 3. 452 ***	- 7. 701 ***	- 6. 495 ***
	(- 26. 81)	(- 27. 03)	(- 38. 69)	(- 36. 26)
Q	0. 0898 ***	0. 0960 ***	0. 134 ***	0. 146 ***
	(- 6. 97)	(- 7. 10)	(- 6. 65)	(- 7. 83)
WC	- 1. 976 ***	- 1. 966 ***	0. 263	- 0. 730 ***
	(- 16. 19)	(- 15. 51)	(- 1. 39)	(- 4. 20)
CAPEX	- 4. 392 ***	- 4. 563 ***	- 5. 867 ***	- 5. 602 ***
	(- 12. 76)	(- 13. 03)	(- 10. 96)	(- 11. 59)
ACR	0. 103	0. 13	- 0. 251	0. 0371
	(- 0. 47)	(- 0. 58)	(- 0. 71)	(- 0. 12)
LN_DBS	- 0. 313 ***	- 0. 313 ***	- 0. 562 ***	- 0. 411 ***
	(- 3. 14)	(- 3. 09)	(- 3. 67)	(- 2. 95)
Indratio	- 0. 994 ***	- 0. 942 ***	- 1. 535 ***	- 1. 183 **
	(- 2. 78)	(- 2. 59)	(- 2. 77)	(- 2. 35)
CM_CEO	0. 0928 ***	0. 0920 **	0. 123 **	0. 112 **
	(- 2. 59)	(- 2. 52)	(- 2. 19)	(- 2. 22)
CASHDiv	0. 292 **	0. 240 *	0. 133	0. 257
	(- 2. 22)	(- 1. 80)	(- 0. 69)	(- 1. 48)
cons	1. 949 ***	1. 692 ***	2. 737 ***	1. 783 **
	(- 3. 74)	(- 3. 13)	(- 3. 42)	(- 2. 46)
Year	Y	Y	Y	Y
Indy	Y	Y	Y	Y
N	7 506	7 506	7 506	7 506
adj. R-sq	0. 307	0. 307	0. 362	0. 367

注：括号内的数值为标准差，＊、＊＊、＊＊＊分别表示在10%、5%、1%的水平上显著。

表 7 - 18　　内生性检验：倾向得分匹配（PSM）配对后的检验结果（NUMControl）

Variable	CASHR1	CASHR2	CR	QR
	（1）	（2）	（3）	（4）
NUMControl	- 0. 0915 ** (- 2. 25)	- 0. 0935 ** (- 2. 26)	- 0. 141 ** (- 2. 11)	- 0. 149 ** (- 2. 53)
Size	0. 102 *** (- 4. 69)	0. 115 *** (- 5. 04)	0. 208 *** (- 6. 09)	0. 178 *** (- 5. 71)
Lev	- 3. 336 *** (- 26. 83)	- 3. 456 *** (- 27. 06)	- 7. 709 *** (- 38. 67)	- 6. 502 *** (- 36. 27)
Q	0. 0901 *** (- 6. 99)	0. 0964 *** (- 7. 13)	0. 134 *** (- 6. 68)	0. 146 *** (- 7. 86)
WC	- 1. 972 *** (- 16. 16)	- 1. 962 *** (- 15. 48)	0. 271 (- 1. 43)	- 0. 722 *** (- 4. 15)
CAPEX	- 4. 380 *** (- 12. 74)	- 4. 550 *** (- 13. 00)	- 5. 841 *** (- 10. 93)	- 5. 579 *** (- 11. 55)
ACR	0. 0994 (- 0. 45)	0. 126 (- 0. 56)	- 0. 258 (- 0. 73)	0. 0299 (- 0. 09)
LN_DBS	- 0. 314 *** (- 3. 15)	- 0. 314 *** (- 3. 10)	- 0. 563 *** (- 3. 67)	- 0. 413 *** (- 2. 96)
Indratio	- 0. 994 *** (- 2. 78)	- 0. 941 *** (- 2. 58)	- 1. 533 *** (- 2. 77)	- 1. 181 ** (- 2. 35)
CM_CEO	0. 0938 *** - 2. 62	0. 0931 ** - 2. 55	0. 125 ** - 2. 23	0. 113 ** - 2. 26
CASHDiv	0. 293 ** (- 2. 23)	0. 241 * (- 1. 81)	0. 135 (- 0. 70)	0. 259 (- 1. 49)
cons	1. 932 *** (- 3. 71)	1. 674 *** (- 3. 09)	2. 712 *** (- 3. 39)	1. 756 ** (- 2. 42)
Year	Y	Y	Y	Y
Indy	Y	Y	Y	Y
N	7 506	7 506	7 506	7 506
adj. R-sq	0. 307	0. 307	0. 362	0. 367

注：括号内的数值为标准差，＊、＊＊、＊＊＊分别表示在10%、5%、1%的水平上显著。

第五节　典型省区的回归结果
——基于广西和广东
地区的分析结果

　　本章基于广西和广东两个典型省区进一步深入考察实际控制人财富集中度对民营企业现金偿债风险影响机制的地区差异。之所以选择广西和广东作为本章典型省区研究的对象，是因为这两个省区存在很多的相似性，但是发展路径却大相径庭，对这两个省区进行对比分析有着重要的理论和现实意义。广西与广东接壤，同属珠江流域，有相似的自然条件和社会人文环境，但其地理位置和政策环境却存在许多差异：在地理位置上，广东海岸线漫长，港口众多，毗邻港澳，为其发展外向型经济奠定了基础，而广西的区界多为内陆，缺乏大规模发展外向型经济的条件；在政策环境上，改革开放开始后，中央便批准广东实施特殊政策，在深圳、珠海、汕头进行出口特区试点，国家对于广东的发展高度重视，予以大力扶持，广东省受到的约束相对较少，而广西较少获得这些政策支持，导致地方政府在发展过程中受到一些约束。这些差异最终导致广东的经济发展水平、市场化程度等远远领先于广西。

　　基于上述分析，本章认为由于控制权和收益权分离所引起的第二类代理问题在广西会更加突出，相对于中小股东而言，实际控制人会由于其自身财富集中带来的高风险而对广西发展环境中错综复杂的风险因素更加敏感，因此，实际控制人往往有更强的动机忽略甚至不惜损害中小股东的利益，利用其作为企业最终决策者的身份去影响企业的财务行为，从而使企业实行更加保守现金管理策略，持有更多现金降低现金偿债风险以对冲自身的财富风险。相反，这种效应在发展环境中风险较低的广东会相对较弱。本章在仅考虑现金及现金等价物（CASHR1）和同时考虑现金及现金等价物和交易性金融资产（CASHR2）两种情况下重复了表 7 – 4 的回归，结果分别见表 7 – 19 和表 7 – 20。如表 7 – 19 和表 7 – 20 所示，广西的样本数量仅有 93 个，由于样本数量有限的原因，并未得出具有说服力的有效结论，此处便不再赘述。

表 7 – 19　　　　　　　　　　典型省区的回归结果（CASHR1）

VARIABLES	广西			广东		
	CASHR1	CASHR1	CASHR1	CASHR1	CASHR1	CASHR1
	（1）	（2）	（3）	（4）	（5）	（6）
HHIControl	1. 083 **	1. 246	0. 694	1. 380 ***	1. 164 ***	0. 319
	（0. 524）	（0. 970）	（1. 383）	（0. 164）	（0. 284）	（0. 294）
Size			0. 0868			0. 102 *
			（0. 185）			（0. 0584）
Lev			− 1. 728 **			− 3. 562 ***
			（0. 811）			（0. 312）
Q			0. 0452			0. 0435
			（0. 0530）			（0. 0304）
WC			− 2. 274			− 1. 971 ***
			（1. 489）			（0. 297）
CAPEX			− 6. 860 **			− 5. 053 ***
			（3. 225）			（0. 927）
ACR			1. 572			− 0. 0300
			（1. 476）			（0. 551）
LN_DBS			1. 168 *			− 0. 842 ***
			（0. 644）			（0. 265）
Indratio			4. 896			− 2. 448 ***
			（3. 092）			（0. 684）
CM_CEO			0. 0607			− 0. 0107
			（0. 236）			（0. 0909）
CASHDiv			1. 061			1. 028 **
			（1. 008）			（0. 503）
cons	− 0. 102	− 0. 141	− 3. 386	− 0. 266 **	− 0. 623 *	3. 568 ***
	（0. 437）	（1. 026）	（5. 359）	（0. 131）	（0. 336）	（1. 382）
Year	N	Y	Y	N	Y	Y
Indy	N	Y	Y	N	Y	Y
N	93	93	93	1 304	1 304	1 291
adj. R-sq	0. 008	0. 381	0. 643	0. 006	0. 141	0. 358

注：括号内的数值为标准差，*、**、*** 分别表示在 10% 、5% 、1% 的水平上显著。

表 7 - 20　　　　　　　　　典型省区的回归结果（CASHR2）

VARIABLES	广西			广东		
	CASHR2	CASHR2	CASHR2	CASHR2	CASHR2	CASHR2
	(1)	(2)	(3)	(4)	(5)	(6)
HHIControl	1.084 **	1.248	0.776	1.371 ***	1.147 ***	0.271
	(0.523)	(0.932)	(1.349)	(0.165)	(0.287)	(0.296)
Size			0.106			0.105 *
			(0.186)			(0.0593)
Lev			- 1.833 **			- 3.658 ***
			(0.816)			(0.316)
Q			0.0488			0.0502
			(0.0526)			(0.0306)
WC			- 2.010			- 1.964 ***
			(1.487)			(0.300)
CAPEX			- 6.658 **			- 5.124 ***
			(3.234)			(0.942)
ACR			1.559			0.103
			(1.478)			(0.560)
LN_DBS			1.183 *			- 0.815 ***
			(0.641)			(0.272)
Indratio			4.912			- 2.379 ***
			(3.054)			(0.696)
CM_CEO			0.0504			- 0.0132
			(0.235)			(0.0924)
CASHDiv			1.060			0.976 *
			(1.002)			(0.510)
cons	- 0.0893	- 0.139	- 3.977	- 0.240 *	- 0.604 *	3.539 **
	(0.433)	(0.991)	(5.372)	(0.131)	(0.340)	(1.405)
Year	N	Y	Y	N	Y	Y
Indy	N	Y	Y	N	Y	Y
N	93	93	93	1 304	1 304	1 291
adj. R-sq	0.008	0.400	0.650	0.006	0.139	0.359

注：括号内的数值为标准差，*、**、***分别表示在10%、5%、1%的水平上显著。

第六节　本章小结

本章旨在考察实际控制人财富集中度对民营企业现金偿债风险的影响，并识别现金偿债风险是否成为实际控制人财富集中度影响民营企业风险承担的具体作用机制之一。因此，本章与第四章保持一致，同样以2009～2017年的A股民营上市公司为样本进行了实证检验。结果发现，实际控制人财富集中度越高，企业的现金偿债风险会相应控制在较低水平，即企业会采取保守的现金管理策略，持有更多现金降低偿债风险，以对冲实际控制人财富集中投资所带来的非系统风险。进一步检验发现，实际控制人财富集中度对民营企业现金偿债风险的影响主要集中在产品市场竞争程度较高的行业或者高新技术行业。在产品市场竞争程度较高的行业或者高新技术行业，企业面临更高的外部风险。此时，由于控制权和收益权分离所引起的第二类代理问题会更加突出，面对同样的外部市场竞争风险，相对于中小股东而言，实际控制人会由于其自身财富集中带来的较高的投资非系统风险而对外部行业风险更加敏感，因此，实际控制人往往有更强的动机忽略甚至不惜损害中小股东的利益，利用其作为企业最终决策者的身份去影响企业的财务行为，从而使企业实行更加保守现金管理策略，持有更多现金降低现金偿债风险以对冲自身的财富风险。根据机构投资者的监督制衡理论进一步检验发现，实际控制人财富集中度对民营企业现金偿债风险的影响主要集中在机构投资者持股比例较低的情况下。机构投资者的持股比例较高时，可以更有效地约束实际控制人通过使企业持有更多现金来降低自身财富风险的自利行为，从而削弱高实际控制人财富集中度对企业现金管理策略的影响，即缓冲效应和制衡效应能够发挥作用。另外，研究发现实际控制人财富集中度对民营企业现金偿债风险的影响主要集中在实际控制人学历较低或者实际控制人兼任董事长的企业。学历越高的管理者的认知能力越高，会更以积极的心态应对风险，缓解财富集中度对企业财务行为的负面影响；兼任董事长的实际控制人工作经验会更加丰富，对公司的经营战略和财务管理策略会更加熟悉，对企业的内外部信息掌握更加充分，而且个人影响力也会更大，可以更直接更容易地影响公司决策，在这种情况下，实际控制人不仅有很强的动机，而且有更强的实力去影响企业的财务行为，从而使企业实行更加保守的现金管理策略，持有更多现金降低现金偿债风险以对冲自身由于财富集中而带来的投资非系统风险。在替换了变量衡量方式、控制了可能存在的内生性问题后，本章的研究结果仍然成立。本章的研究结论对于企业选择最优的现金管理策略和进行风险管理活动具有重要的借鉴意义。

现金是企业拥有的流动性最强的资产，被称之为"企业的血液"，在企业的生存发展和经营管理中发挥着举足轻重的作用。现金管理是企业财务管理的核心，也是企业进行风险管理的重要手段之一。本章通过研究实际控制人财富集中度对企业现金偿债风险的影响，不仅指出了实际控制人的财富分布这一隐蔽的风险因素在企业现金管理活动中的重要作用，而且为实际控制人提供了除分散化投资以外的规避财富风险的新途径——利用最终决策者身份影响其控股企业的财务行为，将企业控制在低风险水平以平衡自身财富集中所带来的非系统风险，但值得注意的是实际控制人在平衡自身财富风险的同时一定要兼顾中小股东的利益，不能损害中小股东的利益。

第八章

研究结论与展望

第一节 研 究 结 论

基于风险视角的代理理论，本书主要分析了实际控制人财富集中度与民营企业风险承担的关系和作用机制。以 2009～2017 年 A 股民营上市公司为样本，我们得到了以下研究结论：

第一，实际控制人财富集中度对企业风险承担显著负相关，而且在经济低迷、地区市场化程度小、产品行业竞争大、高新技术行业、公司规模小、期初绩效低、政府补助少、机构投资者持股比例低、实际控制人学历低、实际控制人兼任董事长时更显著。这些检验结果表明，实际控制人财富集中度高时，会加剧其与中小股东的代理问题，实际控制人会为了分散自己的财富风险侵害中小股东对高风险高收益项目的选择权利，降低企业风险承担水平，减少企业对风险高而净现值（NPV）为正的项目的选择，不利于企业价值的进一步提升。而且在外部风险环境较高的情况下，这种效应更突出，但是政府补助可以通过"分摊投入成本"的方式"缓冲"选择高风险项目给实际控制人带来的财富风险，提高企业的风险承担，机构投资者也可以有效地约束实际控制人通过减少高风险高收益的项目选择来降低自身财富风险的自利行为，从而削弱实际控制人财富集中度对企业风险承担的负面影响。另外，实际控制人学历和兼任董事长都会对两者关系产生影响，高学历实际控制人更有能力和意愿去从事高风险投资，从而缓解实际控制人财富集中对民营企业风险承担的负面影响；而实际控制人兼任董事长基于更高的控制权加深了代理问题从而会增加实际控制人财富集中对民营企业风险承担的负面影响。另外，通过进一步将研究聚焦在广西和广东地区，在控制了地理、自然资源、气候等因素的影响后研究了改革开放对实际控制人财富集中度和企业风险承担的关系影响，结果显示改革开放能够基于其推动整个地区经济发展和市场化进程的优势抑制实际控制人财富集中度对企业风险承担的负面效应。

第二，实际控制人财富集中度降低了民营企业投资—投资机会敏感度，较高的财富集中度会降低实际控制人对投资失败的容忍度，从而会降低投资对外部需求冲击的反应，即投资—投资敏感度的下降。进一步研究发现，实际控制人财富集中度对民营企业投资—投资机会敏感度的抑制作用在国内生产总值（GDP）增速低、机构投资者持股比例低以及实际控制人学历低的情况下更加显著，这主要是当国内生产总值（GDP）增速低时，外部经济环境不确定更高，实际控制人因财富集中所感知的非系统风险显著上升，会进一步加强其对企业投资—投资机会敏感度的抑制作用。当机构投资者持股比例较低时，其参与公司治理的意愿会下降，实际控制人失去了这一重要的外部监督制衡力量，会加剧实际控制人的自利行为，从而加强其财富集中度对企业投资—投资机会敏感度的抑制作用。当实际控制人学历低时，会加剧实际控制人出于自利目的规避风险的行为，实际控制人财富集中度对企业投资—投资机会敏感度的抑制作用更明显。本书从企业投资方面研究了实际控制人财富集中度影响企业风险承担的作用机制，进一步说明了实际控制人存在自利动机去干预公司决策，以对冲因自身财富集中带来的较高的非系统风险，进而影响企业风险承担水平。

第三，实际控制人财富集中度对企业财务杠杆、债务成本具有显著的负向影响，较高的财富集中度会降低实际控制人对财富风险的容忍度，从而导致实际控制人做出相应规避风险的融资决策。进一步研究发现，当企业所处内外部风险环境较高时，实际控制人财富集中度越高越会为了平衡这种风险选择更稳健的融资方式并同时降低相应债务成本；作为分散化投资代表的机构投资者，当其持股比例较高时，其更有"动力"和"能力"发挥"治理作用"，对实际控制人因风险厌恶产生的融资决策行为进行监督制衡，从而削弱实际控制人财富集中度对企业融资的影响；较高的政府补助通过"分摊投入成本""缓冲"了实际控制人的财富风险，从而提高了其对财富风险的容忍度，削弱了实际控制人财富集中度对企业融资的影响。

第四，实际控制人财富集中度越高，企业的现金偿债风险会相应控制在较低水平，即企业会采取保守的现金管理策略，持有更多现金降低偿债风险，以对冲实际控制人财富集中投资所带来的非系统风险。进一步检验发现，实际控制人财富集中度对民营企业现金偿债风险的影响主要集中在产品市场竞争程度较高的行业或者高新技术行业。在产品市场竞争程度较高的行业或者高新技术行业，企业面临更高的外部行业风险，此时，由于控制权和收益权分离所引起的第二类代理问题会更加突出，面对同样的外部市场竞争风险，相对于中小股东而言，实际控制人会由于其自身财富集中带来的较高的投资非系统风险而对外部行业风险更加敏感，因此，实际控制人往往有更强的动机忽略甚至不惜损害中小股东的利益，利用其作为企业最终决策者的身份去影响企业的财务行为，从而使企业实行更加保守现金管理策略，持有更多现金降低现金偿债风险以对冲自身的财富风险。根据机构投资者的监督制衡理论进一步检验发现，实际控制人财富集中度对民营企业现金偿债风险的影响主要集中在机构投资者持股比例较低的情况下。机构投资者的持股比例较高时，可以更有效地约束实际控制人通过使企业持有更多现金来降低自身财富风险的自利行为，从而削弱高实际控制人财富集中度对企业现金管理策略的影响，即缓冲效应和制衡效应能够发挥作用。另外，研究发现实际控制人财富集中度对民营企业现金偿债风险的影响主要集中在实际控制人学历较低或者实际控制人近五年担任过董事长的企业。学历越高的管理者的认知能力越高，会更以积极的心态应对风险，缓解财富集中度对企业财务行为的负面影响；近五年担任过董事长的实际控制人工作经验会更加丰富，对公司的经营战略和财务管理策略会更加熟悉，对企业的内外部信息掌握更加充分，而且个人影响力也会更大，在这种情况下，实际控制人不仅有很强的动机，而且有更强的实力去影响企业的财务行为，从而使企业实行更加保守现金管理策略，持有更多现金降低现金偿债风险以对冲自身由于财富集中而带来的投资非系统风险。

第二节 政策启示

上述研究结论具有重要的政策含义，主要体现在以下方面：

第一，为政府补助的作用和效果提供证据，并为政府补助的政策制定提供了更广泛的参考因素。政府补助是政府干预经济的重要手段，政府干预能够在一定程度上纠正市场失灵，实现稀缺资源优化配置（Arrow，1962；Cordes，1997），所以政府补助政策的制定有着重要的意义。本书中相关研究表明，政府补助通过"分摊投入成本"的方式"缓冲"选择高风险项目给实际控制人带来的财富风险，即降低实际控制人财富集中度对企业风险承担的负面影响，间接促进企业投资。因此，政府补助政策可以积极发挥其引导作用。

第二，为改革开放的作用和效果提供了证据，并为推进改革开放进程提供了新的依据。通过对典型省区——广西和广东的分析，得出了改革开放进程能够抑制实际控制人财富集中度对企业风险承担的负面影响的结论，为进一步全面推进改革开放进程提供了支持证据。

第三，为实际控制人控制自身风险提供了一个新的视角。实际控制人在财富集中时通过降低企业风险承担来降低自身风险的行为对企业长期发展而言是不利的，其可以通过多元化投资分散其自身风险来降低由于自己的私利造成的对企业投资策略的影响。但是这是建立在实际控制人以企业发展为前提之下的，如果实际控制人以获取控制权力为目的，则他更倾向于降低企业风险承担来平衡自身的财务风险，而不会为了企业的发展牺牲自己的控制权。

第四，为评估企业风险承担能力提供了新的视角。本书研究显示实际控制人财富集中度越高，企业风险承担越低。而且不同风险环境、不同政府支持力度、不同机构投资者比例、不同实际控制人特征的情况下，财富集中度对企业风险承担的影响也是不一样的。所以通过在不同环境下查看企业的实际控制人的财富集中程度，可以对企业风险承担的水平有一定的认识，为评估企业风险承担能力提供了新的视角。

第三节　研究展望

本书研究了实际控制人财富集中度与企业风险承担的关系及其作用机制。尽管上述研究对实际控制人特征的研究进行了扩展，为企业风险承担的影响因素提供了新的解释，结合基于风险视角的实际控制人与中小股东之间的代理问题对实际控制人财富集中度与企业风险承担的关系进行了解释，并进一步验证了两者关系的作用机制。然而，本书的研究仍存在一些局限性。在未来的研究中，这些研究局限性仍值得深入地思考和完善。

第一，本书提出了基于风险视角的实际控制人与中小股东之间的代理问题，这为企业风险偏好的选择提供了新的解释。所以对于风险视角的公司治理是未来我们可以进一步研究的方向。第二，企业风险承担受到经济政策不确定性（刘志远，2017）、金融生态环境（李媛媛等，2019）、政府补助（毛其淋和许家云，2016）等宏观因素和管理者特征（余明桂等，2013；张敏等，2015；张三保和张志学，2012）、产权性质（李文贵和余明桂，2012）、债务结构（夏子航等，2015；郭瑾等，2017）等微观因素的广泛影响。基于2009～2017年A股民营上市公司的数据，本书进一步分析了实际控制人财富集中度对企业风险承担的影响。虽然在实证检验中加入了一些影响企业风险承担的因素的控制变量，但是并没有能完全控制这些因素，这也是实证研究一直以来存在的一个问题，也是未来研究需要考虑的方向。第三，在理论上，风险承担反映了企业投资决策过程中对风险性投资项目的选择（Wright et al.,

1996；John et al.，2008）。但是，每个企业具体的投资决策过程是研究者无法直接观测的。我们无法准确获知企业在投资决策中选择或放弃了多少预期净现值为正的项目，也无法获知每个被选择以及被放弃的项目的真实风险状况。目前实证研究中广泛使用企业盈利的波动性、股票回报的波动性等指标作为企业风险承担的替代变量。尽管每一个衡量指标的使用都有一定的理论依据，但不可否认的是，每个指标均无法极其准确地刻画企业的真实风险承担水平。因此，如何更加精确地度量企业的风险承担水平，也是未来实证研究的努力方向之一。

参 考 文 献

[1] 毕晓方，张俊民，李海英. 产业政策、管理者过度自信与企业流动性风险 [J]. 会计研究，2015 (3): 57-63.

[2] 波特，比格利，斯蒂尔斯. 激励与工作行为 [M]. 北京：机械工业出版社，2006.

[3] 蔡春，朱荣，和辉，等. 盈余管理方式选择，行为隐性化与濒死企业状况改善——来自A股特别处理公司的经验证据 [J]. 会计研究，2012 (9): 31-39.

[4] 蔡庆丰，田霖，郭俊峰. 民营企业家的影响力与企业的异地并购——基于中小板企业实际控制人政治关联层级的实证发现 [J]. 中国工业经济，2017 (3): 156-173.

[5] 曹崇延，任杰，符永健. 企业生命周期与非效率投资——基于中国制造业上市公司面板数据的实证研究 [J]. 上海经济研究，2013, 25 (7): 91-101.

[6] 曹春方，刘秀梅，贾凡胜. 向家乡投资：信息、熟悉还是代理问题？ [J]. 管理世界，2018, 34 (5): 107-119.

[7] 陈超，饶育蕾. 中国上市公司资本结构、企业特征与绩效 [J]. 管理工程学报，2003, 17 (1): 70-74.

[8] 陈传明，孙俊华. 企业家人口背景特征与多元化战略选择——基于中国上市公司面板数据的实证研究 [J]. 管理世界，2008 (5): 124-133.

[9] 陈东. 私营企业出资人背景、投机性投资与企业绩效 [J]. 管理世界，2015 (8): 97-119.

[10] 陈冬，范蕊，梁上坤. 谁动了上市公司的壳？——地方保护主义与上市公司壳交易 [J]. 金融研究，2016 (7): 176-190.

[11] 陈婧，方军雄，秦璇. 证券分析师跟踪与企业劳动投资效率的改善 [J]. 投资研究，2018, 37 (12): 80-99.

[12] 陈凌，吴炳德. 市场化水平，教育程度和家族企业研发投资 [J]. 科研管理，2014, 35 (7): 44-50.

[13] 陈德萍，陈永圣. 股权集中度、股权制衡度与公司绩效关系研究——

2007～2009 年中小企业板块的实证检验 [J]. 会计研究, 2011 (1): 38 – 43.

[14] 陈德球, 李思飞. 政府治理、产权偏好与资本投资 [J]. 南开管理评论, 2012, 15 (1): 43 – 53.

[15] 陈德球, 刘经纬, 董志勇. 社会破产成本、企业债务违约与信贷资金配置效率 [J]. 金融研究, 2013 (11): 68 – 81.

[16] 陈信元, 靳庆鲁, 肖土盛, 等. 行业竞争、管理层投资决策与公司增长/清算期权价值 [J]. 经济学 (季刊), 2014, 13 (1): 305 – 332.

[17] 陈艳. 宏观经济环境、投资机会与公司投资效率 [J]. 宏观经济研究, 2013 (8): 66 – 72.

[18] 陈玥, 江轩宇. 会计信息可比性能够降低审计收费吗? ——基于信息环境与代理问题的双重分析 [J]. 审计研究, 2017 (2): 89 – 97.

[19] 陈志斌, 王诗雨. 产品市场竞争对企业现金流风险影响研究——基于行业竞争程度和企业竞争地位的双重考量 [J]. 中国工业经济, 2015 (3): 96 – 108.

[20] 程建伟, 周伟贤. 上市公司现金持有: 权衡理论还是啄食理论 [J]. 中国工业经济, 2007 (4): 104 – 110.

[21] 崔也光, 赵迎. 我国高新技术行业上市公司无形资产现状研究 [J]. 会计研究, 2013 (3): 59 – 64.

[22] 单凤儒. 管理学基础 [M]. 北京: 高等教育出版社, 2000: 345 – 390.

[23] 邓淑芳, 姚正春, 李志文. 收购人层级与收购后上市公司长期绩效 [J]. 南开管理评论, 2006 (6): 55 – 60.

[24] 邓思依. 政治不确定性对上市公司现金持有水平的影响 [J]. 中国经济问题, 2018 (5): 55 – 67.

[25] 董保宝. 风险需要平衡吗: 新企业风险承担与绩效倒 U 型关系及创业能力的中介作用 [J]. 管理世界, 2014 (1): 120 – 131.

[26] 窦欢, 陆正飞. 大股东代理问题与上市公司的盈余持续性 [J]. 会计研究, 2017 (5): 34 – 41.

[27] 杜兴强, 曾泉, 杜颖洁. 政治联系、过度投资与公司价值——基于国有上市公司的经验证据 [J]. 金融研究, 2011 (8): 93 – 110.

[28] 段文奇, 宣晓. 管理者能力是传递平台型互联网企业价值的信号吗——基于财务和非财务指标价值相关性的检验结果 [J]. 南开管理评论, 2018, 21 (3): 54 – 65.

[29] 樊纲, 王小鲁, 张立文, 等. 中国各地区市场化相对进程报告 [J].

经济研究, 2003 (3): 9 - 18.

[30] 冯根福. 双重委托代理理论: 上市公司治理的另一种分析框架——兼论进一步完善中国上市公司治理的新思路 [J]. 经济研究, 2004 (12): 16 - 25.

[31] 高芳. 公司治理、管理者代理问题与财务重述研究 [J]. 南开管理评论, 2016, 19 (3): 168 - 177.

[32] 高凤莲, 王志强. 独立董事个人社会资本异质性的治理效应研究 [J]. 中国工业经济, 2016 (3): 146 - 160.

[33] 高雷, 宋顺林. 治理环境、治理结构与代理成本——来自国有上市公司面板数据的经验证据 [J]. 经济评论, 2007 (3): 35 - 40.

[34] 葛永波, 陈磊, 刘立安. 管理者风格: 企业主动选择还是管理者随性施予?——基于中国上市公司投融资决策的证据 [J]. 金融研究, 2016 (4): 190 - 206.

[35] 葛永波, 张振勇, 张璐. 投资者情绪、现金持有量与上市公司投资行为 [J]. 宏观经济研究, 2016 (2): 106 - 112.

[36] 龚强, 张一林, 林毅夫. 产业结构、风险特性与最优金融结构 [J]. 经济研究, 2014, 49 (4): 4 - 16.

[37] 顾乃康, 孙进军. 融资约束、现金流风险与现金持有的预防性动机 [J]. 商业经济与管理, 2009 (4): 73 - 81.

[38] 郭桂花, 池玉莲, 宋晴. 市场化进程、会计信息质量与融资约束的相关性分析——基于最终控制人的视角 [J]. 审计与经济研究, 2014 (1): 68 - 76.

[39] 郭瑾, 刘志远, 彭涛. 银行贷款对企业风险承担的影响: 推动还是抑制? [J]. 会计研究, 2017 (2): 42 - 48.

[40] 郭玥. 政府创新补助的信号传递机制与企业创新 [J]. 中国工业经济, 2018 (9): 98 - 116.

[41] 国家计委市场与价格研究所课题组. 我国经济市场化程度的判断 [J]. 宏观经济管理, 1996 (2): 20 - 23.

[42] 韩东平, 张鹏. 货币政策、融资约束与投资效率——来自中国民营上市公司的经验证据 [J]. 南开管理评论, 2015, 18 (4): 121 - 129.

[43] 韩忠雪, 周婷婷. 产品市场竞争、融资约束与公司现金持有: 基于中国制造业上市公司的实证分析 [J]. 南开管理评论, 2011, 14 (4): 149 - 160.

[44] 郝颖, 刘星, 林朝南. 我国上市公司高管人员过度自信与投资决策的实证研究 [J]. 中国管理科学, 2005 (5): 144 - 150.

[45] 何金耿, 丁加华. 上市公司投资决策行为的实证分析 [J]. 证券市场导报, 2001 (9): 44 - 47.

［46］何威风，刘启亮．我国上市公司高管背景特征与财务重述行为研究［J］．管理世界，2010（7）：144－155．

［47］何威风，刘巍．企业管理者能力与审计收费［J］．会计研究，2015（1）：82－89．

［48］何霞，苏晓华．高管团队背景特征、高管激励与企业 R&D 投入——来自 A 股上市高新技术企业的数据分析［J］．科技管理研究，2012，32（6）：100－108．

［49］何瑛，张大伟．管理者特质、负债融资与企业价值［J］．会计研究，2015（8）：65－72．

［50］洪金明，徐玉德，李亚茹．信息披露质量、控股股东资金占用与审计师选择——来自深市 A 股上市公司的经验证据［J］．审计研究，2011（2）：107－112．

［51］侯剑平，张霞，李媛媛．机构投资者、两权分离与公司资本结构——基于动态内生性视角的经验研究［J］．预测，2016，35（3）：50－55．

［52］侯巧铭，宋力，蒋亚朋．管理者行为、企业生命周期与非效率投资［J］．会计研究，2017（3）：61－67．

［53］胡国柳，胡珺．董事高管责任保险与企业风险承担：理论路径与经验证据［J］．会计研究，2017（5）：42－48．

［54］胡国柳，黄景贵．资本结构选择的影响因素——来自中国上市公司的新证据［J］．经济评论，2006（1）：35－40．

［55］胡旭阳，吴一平．中国家族企业政治资本代际转移研究——基于民营企业家参政议政的实证分析［J］．中国工业经济，2016（1）：146－160．

［56］花贵如，刘志远，许骞．投资者情绪、企业投资行为与资源配置效率［J］．会计研究，2010（11）：49－55．

［57］黄冰冰，马元驹．股权集中度对现金持有的影响路径——基于大股东占款的中介效应［J］．经济与管理研究，2018，39（11）：131－144．

［58］黄继承，姜付秀．产品市场竞争与资本结构调整速度［J］．世界经济，2015，38（7）：99－119．

［59］黄乾富，沈红波．债务来源、债务期限结构与现金流的过度投资——基于中国制造业上市公司的实证证据［J］．金融研究，2009（9）：143－155．

［60］贾凡胜，吴昱，廉柯赟．股利税差别化、现金分红与代理问题——基于财税［2012］85 号文件的研究［J］．南开管理评论，2016，19（1）：142－154．

［61］江静琳，王正位，廖理．农村成长经历和股票市场参与［J］．经济研究，2018，53（8）：84－99．

[62] 江龙，刘笑松．经济周期波动与上市公司现金持有行为研究 [J]．会计研究，2011 (9)：40 - 46.

[63] 江龙，宋常，刘笑松．经济周期波动与上市公司资本结构调整方式研究 [J]．会计研究，2013 (7)：28 - 34.

[64] 姜英兵，于彬彬．股权分置改革影响控股股东的现金持有偏好吗？[J]．会计研究，2013 (4)：58 - 65.

[65] 姜付秀，马云飙，王运通．退出威胁能抑制控股股东私利行为吗？[J]．管理世界，2015 (5)：147 - 159.

[66] 姜付秀，王运通，田园，等．多个大股东与企业融资约束——基于文本分析的经验证据 [J]．管理世界，2017 (12)：61 - 74.

[67] 姜付秀，伊志宏，苏飞，等．管理者背景特征与企业过度投资行为 [J]．管理世界，2009 (1)：130 - 139.

[68] 姜付秀，张敏，陆正飞，等．管理者过度自信、企业扩张与财务困境 [J]．经济研究，2009，44 (1)：131 - 143.

[69] 姜付秀，张晓亮，蔡文婧．CEO 的财务经历有利于缓解企业融资约束吗 [J]．经济理论与经济管理，2018 (7)：74 - 87.

[70] 姜付秀，郑晓佳，蔡文婧．控股家族的"垂帘听政"与公司财务决策 [J]．管理世界，2017 (3)：125 - 145.

[71] 姜彭，王文忠，雷光勇．政治冲击、不确定性与企业现金持有 [J]．南开管理评论，2015，18 (4)：130 - 138.

[72] 蒋琰．权益成本、债务成本与公司治理：影响差异性研究 [J]．管理世界，2009 (11)：144 - 155.

[73] 解维敏，方红星．金融发展、融资约束与企业研发投入 [J]．金融研究，2011 (5)：171 - 183.

[74] 解维敏，唐清泉．公司治理与风险承担——来自中国上市公司的经验证据 [J]．财经问题研究，2013 (1)：91 - 97.

[75] 苏坤．国有金字塔层级对公司风险承担的影响——基于政府控制级别差异的分析 [J]．中国工业经济，2016 (6)：127 - 143.

[76] 赖黎，巩亚林，马永强．管理者从军经历、融资偏好与经营业绩 [J]．管理世界，2016 (8)：126 - 136.

[77] 李常青，幸伟，李茂良．控股股东股权质押与现金持有水平："掏空"还是"规避控制权转移风险" [J]．财贸经济，2018，39 (4)：82 - 98.

[78] 李丹蒙，夏立军．股权性质、制度环境与上市公司 R&D 强度 [J]．财经研究，2008，34 (4)：93 - 104.

［79］李健，杨蓓蓓，潘镇．政府补助、股权集中度与企业创新可持续性［J］．中国软科学，2016（6）：180-192.

［80］李明辉．股权结构、公司治理对股权代理成本的影响——基于中国上市公司2001~2006年数据的研究［J］．金融研究，2009（2）：149-168.

［81］李平叶．国有控股上市公司经营者绩效评价与激励机制研究［J］．山西高等学校社会科学学报，2008，20（4）：43-45.

［82］李青原，黄威，王红建．最终控制人投资组合集中度、股票投资回报与对冲策略［J］．金融研究，2017（8）：145-160.

［83］李善民，黄灿，史欣向．信息优势对企业并购的影响——基于社会网络的视角［J］．中国工业经济，2015（11）：141-155.

［84］李姝，翟士运，古朴．非控股股东参与决策的积极性与企业技术创新［J］．中国工业经济，2018（7）：155-173.

［85］李万福，林斌，宋璐．内部控制在公司投资中的角色：效率促进还是抑制？［J］．管理世界，2011（2）：81-99.

［86］李维安，李滨．机构投资者介入公司治理效果的实证研究——基于CCGI~（NK）的经验研究［J］．南开管理评论，2008（1）：4-14.

［87］李文贵，余明桂．所有权性质、市场化进程与企业风险承担［J］．中国工业经济，2012（12）：115-127.

［88］李小荣，刘行．CEO vs CFO：性别与股价崩盘风险［J］．世界经济，2012，35（12）：102-129.

［89］李小荣，张瑞君．股权激励影响风险承担：代理成本还是风险规避？［J］．会计研究，2014（1）：57-63.

［90］李焰，秦义虎，张肖飞．企业产权、管理者背景特征与投资效率［J］．管理世界，2011（1）：135-144.

［91］李永友．需求结构失衡的财政因素：一个分析框架［J］．财贸经济，2010（11）：63-70.

［92］李远鹏．经济周期与上市公司经营绩效背离之谜［J］．经济研究，2009，44（3）：99-109.

［93］李媛媛，崔宸琛，刘思羽．金融生态环境、企业风险承担与创新效率——基于制造业面板VAR的实证分析［J］．工业技术经济，2019，38（7）：76-87.

［94］李云鹤，李湛，唐松莲．企业生命周期、公司治理与公司资本配置效率［J］．南开管理评论，2011，14（3）：110-121.

［95］李争光，赵西卜，曹丰，等．机构投资者异质性与会计稳健性——

来自中国上市公司的经验证据 [J]. 南开管理评论, 2015, 18 (3): 111-121.

[96] 连玉君, 程建. 投资-现金流敏感性: 融资约束还是代理成本? [J]. 财经研究, 2007 (2): 37-46.

[97] 连玉君, 彭方平, 苏治. 融资约束与流动性管理行为 [J]. 金融研究, 2010 (10): 158-171.

[98] 梁莱歆, 冯延超. 民营企业政治关联、雇员规模与薪酬成本 [J]. 中国工业经济, 2010 (10): 127-137.

[99] 梁上坤, 陈冬华. 大股东会侵犯管理层利益吗? ——来自资金占用与管理层人员变更的经验证据 [J]. 金融研究, 2015 (3): 192-206.

[100] 梁上坤. 管理者过度自信、债务约束与成本粘性 [J]. 南开管理评论, 2015, 18 (3): 122-131.

[101] 林乐, 郑登津. 退市监管与股价崩盘风险 [J]. 中国工业经济, 2016 (12): 58-74.

[102] 林钟高, 丁茂桓. 内部控制缺陷及其修复对企业债务融资成本的影响——基于内部控制监管制度变迁视角的实证研究 [J]. 会计研究, 2017 (4): 73-80.

[103] 刘白璐, 吕长江. 中国家族企业家族所有权配置效应研究 [J]. 经济研究, 2016, 51 (11): 140-152.

[104] 刘兵, 张世英. 企业激励理论综述与展望 [J]. 中国软科学, 1999 (5): 22-24.

[105] 刘博研, 韩立岩. 公司治理、不确定性与流动性管理 [J]. 世界经济, 2010, 33 (2): 141-160.

[106] 刘启亮, 李增泉, 姚易伟. 投资者保护、控制权私利与金字塔结构——以格林柯尔为例 [J]. 管理世界, 2008 (12): 139-148.

[107] 刘俏, 陆洲. 公司资源的"隧道效应"——来自中国上市公司的证据 [J]. 经济学 (季刊), 2004 (1): 437-456.

[108] 刘树成. 新中国经济增长 60 年曲线的回顾与展望——兼论新一轮经济周期 [J]. 经济学动态, 2009 (10): 3-10.

[109] 刘星, 陈西婵. 证监会处罚、分析师跟踪与公司银行债务融资——来自信息披露违规的经验证据 [J]. 会计研究, 2018 (1): 60-67.

[110] 刘星, 代彬, 郝颖. 掏空、支持与资本投资——来自集团内部资本市场的经验证据 [J]. 中国会计评论, 2010, 8 (2): 201-222.

[111] 刘星, 计方, 付强. 货币政策、集团内部资本市场运作与资本投资 [J]. 经济科学, 2013 (3): 18-33.

[112] 刘行，建蕾，梁娟. 房价波动、抵押资产价值与企业风险承担 [J]. 金融研究，2016 (3)：107-123.

[113] 刘永泽，张多蕾，唐大鹏. 市场化程度、政治关联与盈余管理——基于深圳中小板民营上市公司的实证研究 [J]. 审计与经济研究，2013，28 (2)：49-58.

[114] 刘元秀，胡援成，吴飞. 管理者职业经历影响公司现金持有水平吗？——来自我国沪深两市 2006~2013 年经验证据 [J]. 经济管理，2016，38 (7)：133-146.

[115] 刘志远，王存峰，彭涛，等. 政策不确定性与企业风险承担：机遇预期效应还是损失规避效应 [J]. 南开管理评论，2017，20 (6)：15-27.

[116] 卢闯，刘俊勇，孙健，等. 控股股东掏空动机与多元化的盈余波动效应 [J]. 南开管理评论，2011，14 (5)：68-73.

[117] 卢太平，张东旭. 融资需求、融资约束与盈余管理 [J]. 会计研究，2014 (1)：35-41.

[118] 陆正飞，辛宇. 上市公司资本结构主要影响因素之实证研究 [J]. 会计研究，1998 (8)：36-39.

[119] 陆正飞，叶康涛. 中国上市公司股权融资偏好解析——偏好股权融资就是缘于融资成本低吗？[J]. 经济研究，2004 (4)：50-59.

[120] 逯东，朱丽. 市场化程度、战略性新兴产业政策与企业创新 [J]. 产业经济研究，2018 (2)：65-77.

[121] 吕朝凤，朱丹丹. 市场化改革如何影响长期经济增长？——基于市场潜力视角的分析 [J]. 管理世界，2016 (2)：32-44.

[122] 吕文栋，刘巍，何威风. 管理者异质性与企业风险承担 [J]. 中国软科学，2015 (12)：120-133.

[123] 罗党论，甄丽明. 民营控制、政治关系与企业融资约束——基于中国民营上市公司的经验证据 [J]. 金融研究，2008 (12)：164-178.

[124] 罗进辉，黄泽悦，朱军. 独立董事地理距离对公司代理成本的影响 [J]. 中国工业经济，2017 (8)：100-119.

[125] 罗进辉. 媒体报道的公司治理作用——双重代理成本视角 [J]. 金融研究，2012 (10)：153-166.

[126] 罗琦，胡志强. 控股股东道德风险与公司现金策略 [J]. 经济研究，2011，46 (2)：125-137.

[127] 罗琦，王寅. 投资者保护与控股股东资产偏好 [J]. 会计研究，2010 (2)：57-64.

［128］马春爱，易彩．管理者过度自信对财务弹性的影响研究［J］．会计研究，2017（7）：75－81.

［129］马建威，李伟．关联方交易对审计收费的影响研究——基于2007～2010年沪市A股上市公司的经验证据［J］．审计研究，2013（1）：79－86.

［130］马金城，王磊．系族控制人掏空与支持上市公司的博弈——基于复星系的案例研究［J］．管理世界，2009（12）：150－163.

［131］马晶．西方企业激励理论述评［J］．经济评论，2006（6）：152－157.

［132］马歇尔．经济学原理［M］．北京：中国社会科学出版社，2008.

［133］马永强，陈欢．金融危机冲击对企业集团内部资本市场运行的影响——来自我国民营系族企业的经验证据［J］．会计研究，2013（4）：38－45.

［134］马云飙，石贝贝，蔡欣妮．实际控制人性别的公司治理效应研究［J］．管理世界，2018，34（7）：136－150.

［135］毛其淋，许家云．政府补贴、异质性与企业风险承担［J］．经济学（季刊），2016，15（4）：1533－1562.

［136］纽曼（Newman. P.）米尔盖特（Milgate. M.），伊特韦尔（Eatwell. J.）．新帕尔格雷夫货币金融大辞典［M］．北京：经济科学出版社，2000.

［137］潘爱玲，刘文楷，王雪．管理者过度自信、债务容量与并购溢价［J］．南开管理评论，2018，21（3）：35－45.

［138］潘红波，陈世来．《劳动合同法》、企业投资与经济增长［J］．经济研究，2017（4）：92－105.

［139］潘红波，易梅芳，刘慧玲．股权集中度、制度背景与民营企业风险承受［J］．珞珈管理评论，2014（2）：13－27.

［140］潘红波，余明桂．大股东两权分离：代理效应抑或风险分散化效应？［J］．经济管理，2014，36（11）：47－57.

［141］潘红波，余明桂．集团内关联交易、高管薪酬激励与资本配置效率［J］．会计研究，2014（10）：20－27.

［142］潘克勤．实际控制人政治身份降低债权人对会计信息的依赖吗——基于自我约束型治理视角的解释和实证检验［J］．南开管理评论，2009，12（5）：38－46.

［143］潘克勤．实际控制人政治身份、自律型治理与审计需求——基于IPO前民营化上市公司的经验证据［J］．审计研究，2010（4）：57－65.

［144］潘克勤．政治关联、财务年报恶意补丁与债务融资契约——基于民营上市公司实际控制人政治身份的实证研究［J］．经济经纬，2012（2）：75－80.

[145] 潘敏，朱迪星．企业的投资决策在迎合市场情绪吗？——来自我国上市公司的经验证据 [J]．经济管理，2010，32（11）：124－131．

[146] 企业会计准则第 16 号政府补助 [J]．财会月刊，2006（13）：23．

[147] 苏启林．代理问题、公司治理与企业价值——以民营上市公司为例 [J]．中国工业经济，2004（4）：100－106．

[148] 裘益政，尹美群，许永斌．商业伦理与民营上市公司第二类代理问题：公司治理的伦理维度 [J]．会计研究，2005（11）：15－20．

[149] 屈文洲，谢雅璐，叶玉妹．信息不对称、融资约束与投资—现金流敏感性——基于市场微观结构理论的实证研究 [J]．经济研究，2011（6）：105－117．

[150] 屈耀辉．中国上市公司资本结构的调整速度及其影响因素——基于不平行面板数据的经验分析 [J]．会计研究，2006（6）：56－62．

[151] 屈源育，沈涛，吴卫星．上市公司壳价值与资源配置效率 [J]．会计研究，2018（3）：50－56．

[152] 饶育蕾，汪玉英．中国上市公司大股东对投资影响的实证研究 [J]．南开管理评论，2006（5）：67－73．

[153] 任海云．股权结构与企业 R&D 投入关系的实证研究——基于 A 股制造业上市公司的数据分析 [J]．中国软科学，2010（5）：126－135．

[154] 任曙明，张静．补贴、寻租成本与加成率——基于中国装备制造企业的实证研究 [J]．管理世界，2013（10）：118－129．

[155] 邵军，刘志远．"系族企业"内部资本市场有效率吗？——基于鸿仪系的案例研究 [J]．管理世界，2007（6）：114－121．

[156] 邵帅，吕长江．实际控制人直接持股可以提升公司价值吗？——来自中国民营上市公司的证据 [J]．管理世界，2015（5）：134－146．

[157] 沈红波，寇宏，张川．金融发展、融资约束与企业投资的实证研究 [J]．中国工业经济，2010（6）：55－64．

[158] 沈维涛，幸晓雨．CEO 早期生活经历与企业投资行为——基于 CEO 早期经历三年困难时期的研究 [J]．经济管理，2014，36（12）：72－82．

[159] 石美娟，童卫华．机构投资者提升公司价值吗？——来自后股改时期的经验证据 [J]．金融研究，2009（10）：150－161．

[160] 史永东，王谨乐．中国机构投资者真的稳定市场了吗？ [J]．经济研究，2014，49（12）：100－112．

[161] 宋芳秀，王一江，任颋．利率、实际控制人类型和房地产业上市公司的投资行为 [J]．管理世界，2010（4）：24－31．

[162] 宋力，韩亮亮. 大股东持股比例对代理成本影响的实证分析 [J]. 南开管理评论，2005（1）：30－34.

[163] 宋力，韩亮亮. 民营上市公司股权结构特征分析 [J]. 南开管理评论，2004（4）：69－71.

[164] 宋小保. 股权集中，投资决策与代理成本 [J]. 中国管理科学，2013，21（4）：152－161.

[165] 孙晓华，王昀. 企业规模对生产率及其差异的影响——来自工业企业微观数据的实证研究 [J]. 中国工业经济，2014（5）：57－69.

[166] 孙早，刘李华，孙亚政. 市场化程度、地方保护主义与 R&D 的溢出效应——来自中国工业的经验证据 [J]. 管理世界，2014（8）：78－89.

[167] 孙铮，李增泉，王景斌. 所有权性质、会计信息与债务契约——来自我国上市公司的经验证据 [J]. 管理世界，2006（10）：100－107.

[168] 谭之博，赵岳. 企业规模与融资来源的实证研究——基于小企业银行融资抑制的视角 [J]. 金融研究，2012（3）：166－179.

[169] 谭之博，赵岳. 银行集中度、企业规模与信贷紧缩 [J]. 金融研究，2013（10）：28－41.

[170] 唐建新，陈冬. 金融发展与融资约束——来自中小企业板的证据 [J]. 财贸经济，2009（5）：5－11.

[171] 唐清泉，韩宏稳. 关联并购与公司价值：会计稳健性的治理作用 [J]. 南开管理评论，2018，21（3）：23－34.

[172] 唐松莲，林圣越，高亮亮. 机构投资者持股情景、自由现金与投资效率 [J]. 管理评论，2015，27（1）：24－35.

[173] 唐跃军，宋渊洋，金立印，等. 控股股东卷入、两权偏离与营销战略风格——基于第二类代理问题和终极控制权理论的视角 [J]. 管理世界，2012（2）：82－95.

[174] 滕飞，辛宇，顾小龙. 产品市场竞争与上市公司违规 [J]. 会计研究，2016（9）：32－40.

[175] 田利辉，叶瑶. 政治关联与企业绩效：促进还是抑制？——来自中国上市公司资本结构视角的分析 [J]. 经济科学，2013（6）：89－100.

[176] 童盼，陆正飞. 负债融资、负债来源与企业投资行为——来自中国上市公司的经验证据 [J]. 经济研究，2005（5）：75－84.

[177] 王栋，吴德胜. 股权激励与风险承担——来自中国上市公司的证据 [J]. 南开管理评论，2016，19（3）：157－167.

[178] 王峰娟，粟立钟. 中国上市公司内部资本市场有效吗？——来自 H

股多分部上市公司的证据 [J]. 会计研究, 2013 (1)：70 - 75.

[179] 王红建, 李青原, 刘放. 政府补贴：救急还是救穷——来自亏损类公司样本的经验证据 [J]. 南开管理评论, 2015, 18 (5)：42 - 53.

[180] 王红建, 李青原, 邢斐. 经济政策不确定性、现金持有水平及其市场价值 [J]. 金融研究, 2014 (9)：53 - 68.

[181] 王化成, 胡国柳. 股权结构与企业投资多元化关系：理论与实证分析 [J]. 会计研究, 2005 (8)：56 - 62.

[182] 王化成, 张修平, 高升好. 企业战略影响过度投资吗 [J]. 南开管理评论, 2016, 19 (4)：87 - 97.

[183] 王谨乐, 史永东. 机构投资者、代理成本与公司价值——基于随机前沿模型及门槛回归的实证分析 [J]. 中国管理科学, 2016, 24 (7)：155 - 162.

[184] 王菁, 程博. 外部盈利压力会导致企业投资不足吗？——基于中国制造业上市公司的数据分析 [J]. 会计研究, 2014 (3)：33 - 40.

[185] 王克敏, 姬美光, 李薇. 公司信息透明度与大股东资金占用研究 [J]. 南开管理评论, 2009, 12 (4)：83 - 91.

[186] 王琨, 徐艳萍, 庞家任. 偿债风险、会计信息质量与企业融资约束 [J]. 投资研究, 2016 (1)：61 - 80.

[187] 王兰芳, 胡悦. 创业投资促进了创新绩效吗？——基于中国企业面板数据的实证检验 [J]. 金融研究, 2017 (1)：177 - 190.

[188] 王茂林, 何玉润, 林慧婷. 管理层权力、现金股利与企业投资效率 [J]. 南开管理评论, 2014, 17 (2)：13 - 22.

[189] 王明琳, 周生春. 控制性家族类型、双重三层委托代理问题与企业价值 [J]. 管理世界, 2006 (8)：83 - 93.

[190] 王文甫, 明娟, 岳超云. 企业规模、地方政府干预与产能过剩 [J]. 管理世界, 2014 (10)：17 - 36.

[191] 王霞, 张敏, 于富生. 管理者过度自信与企业投资行为异化——来自我国证券市场的经验证据 [J]. 南开管理评论, 2008 (2)：77 - 83.

[192] 王星懿, 方霞. 财务风险与现金持有：基于制造业上市公司的实证分析 [J]. 上海经济研究, 2010 (4)：23 - 30.

[193] 王雄元, 张春强. 声誉机制、信用评级与中期票据融资成本 [J]. 金融研究, 2013 (8)：150 - 164.

[194] 王彦超, 姜国华, 辛清泉. 诉讼风险、法制环境与债务成本 [J]. 会计研究, 2016 (6)：30 - 37.

[195] 王彦超. 融资约束、现金持有与过度投资 [J]. 金融研究, 2009

（7）：121 – 133.

[196] 王烨. 股权控制链、代理冲突与审计师选择 [J]. 会计研究，2009
（6）：65 – 72.

[197] 王义中，宋敏. 宏观经济不确定性、资金需求与公司投资 [J]. 经
济研究，2014，49（2）：4 – 17.

[198] 王义中，袁珺. 宏观经济风险影响公司现金持有量的机制与效果
[J]. 财经论丛，2017（9）：56 – 64.

[199] 王玉，王建忠. 分析师关注度，会计稳健性与过度投资 [J]. 投资
研究，2016，35（12）：79 – 91.

[200] 王甄，胡军. 控制权转让、产权性质与公司绩效 [J]. 经济研究，
2016，51（4）：146 – 160.

[201] 王竹泉，王贞洁，李静. 经营风险与营运资金融资决策 [J]. 会计
研究，2017（5）：62 – 69.

[202] 魏明海，黄琼宇，程敏英. 家族企业关联大股东的治理角色——
基于关联交易的视角 [J]. 管理世界，2013（3）：133 – 147.

[203] 文春晖，任国良. 虚拟经济与实体经济分离发展研究——来自中国
上市公司 2006～2013 年的证据 [J]. 中国工业经济，2015（12）：115 – 129.

[204] 文芳. 股权集中度、股权制衡与公司 R&D 投资——来自中国上市
公司的经验证据 [J]. 南方经济，2008（4）：41 – 52.

[205] 文忠桥. 上市公司资本结构影响因素研究 [J]. 财贸研究，2006
（3）：136 – 142.

[206] 吴超鹏，吴世农，程静雅，等. 风险投资对上市公司投融资行为
影响的实证研究 [J]. 经济研究，2012，47（1）：105 – 119.

[207] 吴超鹏，吴世农，郑方镳. 管理者行为与连续并购绩效的理论与
实证研究 [J]. 管理世界，2008（7）：126 – 133.

[208] 吴昊旻，杨兴全. 融资环境、行业产品市场竞争与公司现金持有
量研究述评 [J]. 外国经济与管理，2009，31（3）：60 – 65.

[209] 吴华强，才国伟，徐信忠. 宏观经济周期对企业外部融资的影响
研究 [J]. 金融研究，2015（8）：109 – 123.

[210] 吴剑峰，杨震宁. 政府补贴、两权分离与企业技术创新 [J]. 科研
管理，2014，35（12）：54 – 61.

[211] 吴清华，田高良. 终极产权、控制方式与审计委员会治理需求——
一项基于中国上市公司的实证研究 [J]. 管理世界，2008（9）：124 – 138.

[212] 吴云. 西方激励理论的历史演进及其启示 [J]. 学习与探索，1996

（6）：88－93.

[213] 伍利娜，陆正飞. 企业投资行为与融资结构的关系——基于一项实验研究的发现 [J]. 管理世界，2005（4）：99－105.

[214] 夏子航，马忠，陈登彪. 债务分布与企业风险承担——基于投资效率的中介效应检验 [J]. 南开管理评论，2015，18（6）：90－100.

[215] 肖成民，吕长江. 市场监管、盈余分布变化与盈余管理——退市监管与再融资监管的比较分析 [J]. 南开管理评论，2011，14（1）：138－147.

[216] 肖金利，潘越，戴亦一. "保守"的婚姻：夫妻共同持股与公司风险承担 [J]. 经济研究，2018，53（5）：190－204.

[217] 肖泽忠，邹宏. 中国上市公司资本结构的影响因素和股权融资偏好 [J]. 经济研究，2008（6）：119－134.

[218] 肖作平，吴世农. 我国上市公司资本结构影响因素实证研究 [J]. 证券市场导报，2002（8）：39－44.

[219] 谢军，黄志忠. 区域金融发展、内部资本市场与企业融资约束 [J]. 会计研究，2014（7）：75－81.

[220] 谢柳芳，朱荣，何苦. 退市制度对创业板上市公司盈余管理行为的影响——基于应计与真实盈余管理的分析 [J]. 审计研究，2013（1）：95－102.

[221] 谢佩洪，汪春霞. 管理层权力、企业生命周期与投资效率——基于中国制造业上市公司的经验研究 [J]. 南开管理评论，2017，20（1）：57－66.

[222] 谢盛纹. 最终控制人性质、审计行业专业性与控股股东代理成本——来自我国上市公司的经验证据 [J]. 审计研究，2011（3）：64－73.

[223] 辛宇，徐莉萍. 公司治理机制与超额现金持有水平 [J]. 管理世界，2006（5）：136－141.

[224] 邢立全，陈汉文. 产品市场竞争、竞争地位与审计收费——基于代理成本与经营风险的双重考量 [J]. 审计研究，2013（3）：50－58.

[225] 徐虹，林钟高，芮晨. 产品市场竞争、资产专用性与上市公司横向并购 [J]. 南开管理评论，2015，18（3）：48－59.

[226] 徐倩. 不确定性、股权激励与非效率投资 [J]. 会计研究，2014（3）：41－48.

[227] 徐向艺，宋理升. 上市公司实际控制人与信息披露透明度研究 [J]. 经济管理，2009，31（10）：59－66.

[228] 徐业坤，钱先航，李维安. 政治不确定性、政治关联与民营企业投资——来自市委书记更替的证据 [J]. 管理世界，2013（5）：116－130.

[229] 许文静，苏立，吕鹏，等. 退市制度变革对上市公司盈余管理行

为影响 [J]. 会计研究，2018 (6)：32-38.

[230] 严楷，杨筝，赵向芳，等. 银行管制放松、地区结构性竞争与企业风险承担 [J]. 南开管理评论，2019，22 (1)：124-138.

[231] 杨道广，陈汉文，刘启亮. 媒体压力与企业创新 [J]. 经济研究，2017，52 (8)：125-139.

[232] 杨海燕，韦德洪，孙健. 机构投资者持股能提高上市公司会计信息质量吗？——兼论不同类型机构投资者的差异 [J]. 会计研究，2012 (9)：16-23.

[233] 杨棉之. 内部资本市场公司绩效与控制权私有收益——以华通天香集团为例分析 [J]. 会计研究，2006 (12)：61-67.

[234] 杨瑞龙，章逸然，杨继东. 制度能缓解社会冲突对企业风险承担的冲击吗？[J]. 经济研究，2017，52 (8)：140-154.

[235] 杨兴全，孙杰. 企业现金持有量影响因素的实证研究——来自我国上市公司的经验证据 [J]. 南开管理评论，2007 (6)：47-54.

[236] 姚晶晶，鞠冬，张建君. 企业是否会近墨者黑：企业规模、政府重要性与企业政治行为 [J]. 管理世界，2015 (7)：98-108.

[237] 姚洋，章奇. 中国工业企业技术效率分析 [J]. 经济研究，2001 (10)：13-19.

[238] 叶康涛，陆正飞. 中国上市公司股权融资成本影响因素分析 [J]. 管理世界，2004 (5)：127-131.

[239] 余明桂，李文贵，潘红波. 管理者过度自信与企业风险承担 [J]. 金融研究，2013 (1)：149-163.

[240] 余明桂，李文贵，潘红波. 民营化、产权保护与企业风险承担 [J]. 经济研究，2013，48 (9)：112-124.

[241] 余明桂，夏新平. 控股股东、代理问题与关联交易：对中国上市公司的实证研究 [J]. 南开管理评论，2004 (6)：33-38.

[242] 余明桂，夏新平，潘红波. 控股股东与小股东之间的代理问题：来自中国上市公司的经验证据 [J]. 管理评论，2007 (4)：3-12.

[243] 余明桂，夏新平，邹振松. 管理者过度自信与企业激进负债行为 [J]. 管理世界，2006 (8)：104-112.

[244] 余玉苗，王宇生. 银行治理、股权结构与审计收费——基于A股上市公司的经验证据 [J]. 审计研究，2011 (4)：79-86.

[245] 喻坤，李治国，张晓蓉，等. 企业投资效率之谜：融资约束假说与货币政策冲击 [J]. 经济研究，2014，49 (5)：106-120.

[246] 岳衡. 大股东资金占用与审计师的监督 [J]. 中国会计评论，2006 (1)：59-68.

[247] 曾伟强，李延喜，张婷婷，等. 行业竞争是外部治理机制还是外部诱导因素——基于中国上市公司盈余管理的经验证据 [J]. 南开管理评论，2016，19 (4)：75-86.

[248] 詹雷，王瑶瑶. 管理层激励、过度投资与企业价值 [J]. 南开管理评论，2013，16 (3)：36-46.

[249] 张传财，陈汉文. 产品市场竞争、产权性质与内部控制质量 [J]. 会计研究，2017 (5)：77-84.

[250] 张纯，吕伟. 机构投资者、终极产权与融资约束 [J]. 管理世界，2007 (11)：119-126.

[251] 张纯，吕伟. 信息披露、市场关注与融资约束 [J]. 会计研究，2007 (11)：32-38.

[252] 张敦力，江新峰. 管理者能力与企业投资羊群行为：基于薪酬公平的调节作用 [J]. 会计研究，2015 (8)：41-48.

[253] 张光利，钱先航，许进. 经济政策不确定性能够影响企业现金持有行为吗? [J]. 管理评论，2017，29 (9)：15-27.

[254] 张光荣，曾勇. 大股东的支撑行为与隧道行为——基于托普软件的案例研究 [J]. 管理世界，2006 (8)：126-135.

[255] 张建君，李宏伟. 私营企业的企业家背景、多元化战略与企业业绩 [J]. 南开管理评论，2007 (5)：12-25.

[256] 张金鑫，王逸. 会计稳健性与公司融资约束——基于两类稳健性视角的研究 [J]. 会计研究，2013 (9)：44-50.

[257] 张经远. 管理激励理论述评及应用 [J]. 科学与管理，2006 (4)：73-75.

[258] 张路，李金彩，张瀚文，等. 管理者能力影响企业成本粘性吗? [J]. 会计研究，2019 (3)：71-77.

[259] 张敏，童丽静，许浩然. 社会网络与企业风险承担——基于我国上市公司的经验证据 [J]. 管理世界，2015 (11)：161-175.

[260] 张庆，朱迪星. 投资者情绪、管理层持股与企业实际投资——来自中国上市公司的经验证据 [J]. 南开管理评论，2014，17 (4)：120-127.

[261] 张人骥，刘春江. 股权结构、股东保护与上市公司现金持有量 [J]. 财贸经济，2005 (2)：3-9.

[262] 张三保，张志学. 区域制度差异、CEO 管理自主权与企业风险承

担——中国30省高技术产业的证据 [J]. 管理世界, 2012 (4): 101 –114.

[263] 张胜, 魏汉泽, 李常安. 实际控制人居留权特征与企业税收规避——基于我国民营上市公司的经验证据 [J]. 会计研究, 2016 (4): 77 –84.

[264] 张学勇, 廖理. 股权分置改革、自愿性信息披露与公司治理 [J]. 经济研究, 2010, 45 (4): 28 –39.

[265] 张亚维. 观念、学历、环境和博彩行为 [J]. 世界经济, 2007 (6): 48 –55.

[266] 张一林, 龚强, 荣昭. 技术创新、股权融资与金融结构转型 [J]. 管理世界, 2016 (11): 65 –80.

[267] 张永冀, 炎晓阳, 张瑞君. 产品市场竞争与关联方交易——基于战略转移定价理论的实证分析 [J]. 会计研究, 2014 (12): 79 –85.

[268] 张兆国, 刘亚伟, 亓小林. 管理者背景特征、晋升激励与过度投资研究 [J]. 南开管理评论, 2013, 16 (4): 32 –42.

[269] 张兆国, 刘永丽, 谈多娇. 管理者背景特征与会计稳健性——来自中国上市公司的经验证据 [J]. 会计研究, 2011 (7): 11 –18.

[270] 张兆国, 宋丽梦, 张庆. 我国上市公司资本结构影响股权代理成本的实证分析 [J]. 会计研究, 2005 (8): 44 –49.

[271] 张兆国, 郑宝红, 李明. 公司治理、税收规避和现金持有价值——来自我国上市公司的经验证据 [J]. 南开管理评论, 2015, 18 (1): 15 –24.

[272] 张志宏, 陈峻. 客户集中度对企业现金持有水平的影响——基于A股制造业上市公司的实证分析 [J]. 财贸研究, 2015, 26 (5): 148 –156.

[273] 张志强, 肖淑芳. 节税收益、破产成本与最优资本结构 [J]. 会计研究, 2009 (4): 47 –54.

[274] 赵建春, 许家云. 人民币汇率、政府补贴与企业风险承担 [J]. 国际贸易问题, 2015 (8): 135 –144.

[275] 赵民伟, 晏艳阳. 管理者早年大饥荒经历与公司财务政策 [J]. 南方经济, 2015 (10): 49 –63.

[276] 赵秀云, 鲍群. 制度环境、关系交易与现金持有决策 [J]. 审计与经济研究, 2015, 30 (3): 21 –29.

[277] 郑杲娉, 薛健, 陈晓. 兼任高管与公司价值: 来自中国的经验证据 [J]. 会计研究, 2014 (11): 24 –29.

[278] 郑培培, 陈少华. 管理者过度自信、内部控制与企业现金持有 [J]. 管理科学, 2018, 31 (4): 3 –16.

[279] 郑志刚, 孙娟娟. 我国上市公司治理发展历史与现状评估 [J]. 金

融研究，2009（10）：118 – 132.

[280] 郑志刚，孙艳梅，谭松涛，等. 股权分置改革对价确定与我国上市公司治理机制有效性的检验 [J]. 经济研究，2007（7）：96 – 109.

[281] 郑志刚. 投资者之间的利益冲突和公司治理机制的整合 [J]. 经济研究，2004（2）：115 – 125.

[282] 钟海燕，冉茂盛，文守逊. 国有控股、治理特征与公司投资 [J]. 山西财经大学学报，2010，32（8）：87 – 94.

[283] 钟凯，程小可，肖翔，等. 宏观经济政策影响企业创新投资吗——基于融资约束与融资来源视角的分析 [J]. 南开管理评论，2017，20（6）：4 – 14.

[284] 周杰，薛有志. 治理主体干预对公司多元化战略的影响路径——基于管理者过度自信的间接效应检验 [J]. 南开管理评论，2011，14（1）：65 – 74.

[285] 周楷唐，麻志明，吴联生. 高管学术经历与公司债务融资成本 [J]. 经济研究，2017，52（7）：169 – 183.

[286] 周婷婷，韩忠雪. 产品市场竞争与现金持有——基于高管变更的调节效应 [J]. 管理科学，2010，23（3）：2 – 13.

[287] 周夏飞，周强龙. 产品市场势力、行业竞争与公司盈余管理——基于中国上市公司的经验证据 [J]. 会计研究，2014（8）：60 – 66.

[288] 周业安，左聪颖，袁晓燕. 偏好的性别差异研究：基于实验经济学的视角 [J]. 世界经济，2013（7）：3 – 27.

[289] 周泽将，修宗峰. 女性高管、宏观经济环境与现金持有 [J]. 经济经纬，2015，32（4）：121 – 125.

[290] 朱红军，何贤杰，陈信元. 金融发展、预算软约束与企业投资 [J]. 会计研究，2006（10）：64 – 71.

[291] 朱红军，王彬，田子莘. 民营化为何不能改善公司经营绩效——国光瓷业民营化的案例研究 [J]. 中国工业经济，2007（1）：121 – 128.

[292] 朱凯，陈信元. 金融发展、审计意见与上市公司融资约束 [J]. 金融研究，2009（7）：66 – 80.

[293] 朱卫东，许赛. 融资约束视角下终极控股股东对企业风险承担的影响 [J]. 工业技术经济，2016，35（3）：78 – 87.

[294] 左和平，龚志文. 内部资本市场：治理结构、机制与有效性 [J]. 会计研究，2011（3）：62 – 67.

[295] Acemoglu D., Zilibotti F. Was prometheus unbound by chance? Risk,

diversification, and growth [J]. Journal of Political Economy, 1997, 105 (4):
709 – 751.

[296] Acharya V. V. , Almeida H. , Campello M. Is cash negative debt? A
hedging perspective on corporate financial policies [J]. Journal of Financial Interme-
diation, 2007, 16 (4): 515 – 554.

[297] Acharya V. V. , Amihud Y. , Litov L. Creditor rights and corporate
risk-taking [J]. Journal of Financial Economics, 2011, 102 (1): 150 – 166.

[298] Admati A. R. , Pfleiderer P. The "Wall Street Walk" and shareholder
activism: Exit as a form of voice [J]. The Review of Financial Studies, 2009, 22
(7): 2645 – 2685.

[299] Aggarwal R. K. , Samwick A. A. Empire-builders and shirkers: Invest-
ment, firm performance, and managerial incentives [J]. Journal of Corporate Fi-
nance, 2006, 12 (3): 489 – 515.

[300] Aggarwal R. K. , Samwick A. A. Why do managers diversify their firms?
Agency reconsidered [J]. The Journal of Finance, 2003, 58 (1): 71 – 118.

[301] Aghion P. , Bolton P. An incomplete contracts approach to financial
contracting [J]. The Review of Economic Studies, 1992, 59 (3): 473 – 494.

[302] Akerlof G. A. The market for "lemons": Quality uncertainty and the
market mechanism [J]. The Quarterly Journal of Economics, 1970, 84 (3):
488 – 500.

[303] Alicke M. D. Global self-evaluation as determined by the desirability and
controllability of trait adjectives [J]. Journal of Personality & Social Psychology,
1985, 49 (6): 1621 – 1630.

[304] Almeida H. , Campello M. , Weisbach M. S. The cash flow sensitivity
of cash [J]. The Journal of Finance, 2004, 59 (4): 1777 – 1804.

[305] Almeida H. , Wolfenzon D. Should business groups be dismantled? The
equilibrium costs of efficient internal capital markets [J]. Journal of Financial Eco-
nomics, 2006, 79 (1): 99 – 144.

[306] Altman E. I. A further empirical investigation of the bankruptcy cost
question [J]. The Journal of Finance, 1984, 39 (4): 1067 – 1089.

[307] Andrade G. , Kaplan S. N. How costly is financial (not economic) dis-
tress? Evidence from highly leveraged transactions that became distressed [J]. The
Journal of Finance, 1998, 53 (5): 1443 – 1493.

[308] Ang J. S. , Cole R. A. , Lin J. W. Agency costs and ownership structure

［J］. The Journal of Finance, 2000, 55 (1): 81 – 106.

［309］ Atanasov V. , Black B. , Ciccotello C. S. , et al. The anatomy of finan-cial tunneling in an emerging market ［R］. ECGI Financial Series Working Paper, College of William and Mary, 2006.

［310］ Baker M. , Stein J. C. , Wurgler J. When does the market matter? Stock prices and the investment of equity-dependent firms ［J］. The Quarterly Journal of Economics, 2003, 118 (3): 969 – 1005.

［311］ Bamber L. S. , Jiang J. , Wang I. Y. What's my style? The influence of top managers on voluntary corporate financial disclosure ［J］. The Accounting Re-view, 2010, 85 (4): 1131 – 1162.

［312］ Barber B. M. , Odean T. Boys will be boys: Gender, overconfidence, and common stock investment ［J］. The Quarterly Journal of Economics, 2001, 116 (1): 261 – 292.

［313］ Baskin J. An empirical investigation of the pecking order hypothesis ［J］. Financial Management, 1989, 18 (1): 26 – 35.

［314］ Baumol W. J. The transactions demand for cash: An inventory theoretic approach ［J］. The Quarterly Journal of Economics, 1952, 66 (4): 545 – 556.

［315］ Benmelech E. , Frydman C. Military ceos ［J］. Journal of Financial Economics, 2015, 117 (1): 43 – 59.

［316］ Bentley K. A. , Omer T. C. , Sharp N. Y. Business strategy, financial reporting irregularities, and audit effort ［J］. Contemporary Accounting Research, 2013, 30 (2): 780 – 817.

［317］ Berger P. G. , Ofek E. Diversification's effect on firm value ［J］. Journal of Financial Economics, 1995, 37 (1): 39 – 65.

［318］ Berle A. A. , Means G. C. The modern corporation and private property ［M］. NJ: Transaction Publishers, 1932.

［319］ Bernanke B. , Gertler M. , Gilchrist S. The financial accelerator and the flight to quality ［J］. The Review of Economics and Statistics, 1996, 78 (1): 1 – 15.

［320］ Bernanke B. S. Irreversibility, uncertainty, and cyclical investment ［J］. The Quarterly Journal of Economics, 1983, 98 (1): 85 – 106.

［321］ Boeker W. Power and managerial dismissal: Scapegoating at the top ［J］. Administrative Science Quarterly, 1992, 37 (3): 400 – 421.

［322］ Boubakri N. , Cosset J. C. , Saffar W. The role of state and foreign owners in corporate risk-taking: Evidence from privatization [J]. Journal of Financial Economics, 2013, 108 (3): 641 – 658.

[323] Boyle G. W. , Guthrie G. A. Investment, uncertainty, and liquidity [J]. The Journal of Finance, 2003, 58 (5): 2143 – 2166.

[324] Bradley M. , Jarrell G. A. , Kim E. H. On the existence of an optimal capital structure: Theory and evidence [J]. The Journal of Finance, 1984, 39 (3): 857 – 878.

[325] Brickley J. A. , Lease R. C. , Smith Jr C. W. Ownership structure and voting on antitakeover amendments [J]. Journal of Financial Economics, 1988, 70 (20): 267 – 292.

[326] Brito J. A. , John K. Leverage and growth opportunities: Risk-avoidance induced by risky debt [R]. Working Paper, University of New York, 2002.

[327] Bulan L. T. Real options, irreversible investment and firm uncertainty: new evidence from US firms [J]. Review of Financial Economics, 2005, 14 (3 – 4): 255 – 279.

[328] Burns A. F, Mitchell W. C. Measuring Business Cycles [J]. NBER Books, 1946, 78 (1): 67 – 77.

[329] Bushee B. J. The influence of institutional investors on myopic R&D investment behavior [J]. Accounting Review, 1998, 73 (3): 305 – 333.

[330] Caves R. E. Mergers, takeovers, and economic efficiency: foresight vs. hindsight [J]. International Journal of Industrial Organization, 1989, 7 (1): 151 – 174.

[331] Chang S. J. , Hong J. How much does the business group matter in Korea? [J]. Strategic Management Journal, 2002, 23 (3): 265 – 274.

[332] Chang X. , Faff R. , Kwok W. C. , et al. Financial constraints, mispricing and corporate investment [R]. Working Paper, The Hong Kong Polytechnic University, 2005.

[333] Chen N. F. Financial investment opportunities and the macroeconomy [J]. The Journal of Finance, 1991, 46 (2): 529 – 554.

[334] Chen Q. , Chen X. , Schipper K. , et al. The sensitivity of corporate cash holdings to corporate governance [J]. The Review of Financial Studies, 2012, 25 (12): 3610 – 3644.

[335] Chidambaran N. K. , John K. Institutional shareholders and corporate governance by Geof P. Stapledon [J]. The Journal of Finance, 1998, 53 (2): 806 – 808.

[336] Chidambaran N. K. , John K. Relationship investing: large shareholder monitoring with managerial cooperation [R]. Working paper, New York University, 1998.

[337] Claessens S. , Djankov S. , Fan J. P. H. , et al. Disentangling the incentive and entrenchment effects of large shareholdings [J]. The Journal of Finance, 2002, 57 (6): 2741 –2771.

[338] Claessens S. , Djankov S. , Lang L. H. P. The separation of ownership and control in East Asian corporations [J]. Journal of Financial Economics, 2000, 58 (1 –2): 81 –112.

[339] Coles J. L. , Daniel N. D. , Naveen L. Managerial incentives and risk-taking [J]. Journal of Financial Economics, 2006, 79 (2): 431 –468.

[340] Cui C. , John K. , Pang J. , et al. Employment protection and corporate cash holdings: Evidence from China's labor contract law [J]. Journal of Banking & Finance, 2018, 92: 182 –194.

[341] Danthine J. P. , Donaldson J. B. Efficiency wages and the business cycle puzzle [J]. European Economic Review, 1990, 34 (7): 1275 –1301.

[342] Davidson W. N. , Bouresli A. K. , Singh M. Agency costs, ownership structure, and corporate governance in pre-and post – IPO firms [J]. Corporate Ownership & Control, 2006, 3 (3): 88 –95.

[343] Dehejia R. H. , Wahba S. Propensity score-matching methods for nonexperimental causal studies [J]. Review of Economics and Statistics, 2002, 84 (1): 151 –161.

[344] Demsetz H. , Lehn K. The structure of corporate ownership: Causes and consequences [J]. Journal of Political Economy, 1985, 93 (6): 1155 –1177.

[345] Dhillon A. , Rossetto S. Ownership structure, voting, and risk [J]. The Review of Financial Studies, 2014, 28 (2): 521 –560.

[346] Dollinger M. J. Environmental boundary spanning and information processing effects on organizational performance [J]. Academy of Management Journal, 1984, 27 (2): 351 –368.

[347] Doyle J. T. , Ge W. , McVay S. Accruals quality and internal control over financial reporting [J]. The Accounting Review, 2007, 82 (5): 1141 –1170.

[348] Durand D. Costs of debt and equity funds for business: trends and problems of measurement [A]. Universities – Notional Bureau. Conference on research in business finance [C]. New York: NBER, 1952: 215 –262.

[349] Edmans A. Blockholder trading, market efficiency, and managerial myopia [J]. The Journal of Finance, 2009, 64 (6): 2481 - 2513.

[350] Edmans A. , Manso G. Governance through trading and intervention: A theory of multiple blockholders [J]. The Review of Financial Studies, 2010, 24 (7): 2395 - 2428.

[351] Faccio M. , Lang L. H. P. The ultimate ownership of Western European corporations [J]. Journal of Financial Economics, 2002, 65 (3): 365 - 395.

[352] Faccio M. , Marchica M. T. , Mura R. CEO gender, corporate risk-taking, and the efficiency of capital allocation [J]. Journal of Corporate Finance, 2016, 39: 193 - 209.

[353] Faccio M. , Marchica M. T. , Mura R. Large shareholder diversification and corporate risk-taking [J]. The Review of Financial Studies, 2011, 24 (11): 3601 - 3641.

[354] Fama E. F. Agency problems and the theory of the firm [J]. Journal of Political Economy, 1980, 88 (2): 288 - 307.

[355] Farrell K. A. , Whidbee D. A. Impact of firm performance expectations on CEO turnover and replacement decisions [J]. Journal of Accounting and Economics, 2003, 36 (1 - 3): 165 - 196.

[356] Fazzari S. M. , Hubbard R. G. , Petersen B. C. Financing Constraints and Corporate Investment [J]. Brookings Papers on Economic Activity, 1988, 19 (1): 141 - 195.

[357] Ferreira M. A. , Vilela A. S. Why do firms hold cash? Evidence from EMU countries [J]. European Financial Management, 2004, 10 (2): 295 - 319.

[358] Fiegenbaum A. , Thomas H. Attitudes toward risk and the risk - return paradox: prospect theory explanations [J]. Academy of Management Journal, 1988, 31 (1): 85 - 106.

[359] Gillan S. L. , Starks L. T. Corporate governance proposals and shareholder activism: The role of institutional investors [J]. Journal of Financial Economics, 2000, 57 (2): 275 - 305.

[360] Graham J. R. , Harvey C. R. The theory and practice of corporate finance: Evidence from the field [J]. Journal of Financial Economics, 2001, 60 (2 - 3): 187 - 243.

[361] Grossman S. J. , Hart O. D. One share-one vote and the market for corporate control [J]. Journal of Financial Economics, 1988, 20 (1 - 2): 175 - 202.

[362] Grossman S. J., Stiglitz J. E. Information and competitive price systems [J]. The American Economic Review, 1976, 66 (2): 246 – 253.

[363] Hambrick D. C., Mason P. A. Upper echelons: The organization as a reflection of its top managers [J]. Academy of Management Review, 1984, 9 (2): 193 – 206.

[364] Hamdani A., Yafeh Y. Institutional investors as minority shareholders [J]. Review of Finance, 2012, 17 (2): 691 – 725.

[365] Han S. H., Moore W. T., Shin Y. S., et al. Unsolicited versus solicited: Credit ratings and bond yields [J]. Journal of Financial Services Research, 2013, 43 (3): 293 – 319.

[366] Han S., Qiu J. Corporate precautionary cash holdings [J]. Journal of Corporate Finance, 2007, 13 (1): 43 – 57.

[367] Harford J. Corporate cash reserves and acquisitions [J]. The Journal of Finance, 1999, 54 (6): 1969 – 1997.

[368] Harris M., Kriebel C. H., Raviv A. Asymmetric information, incentives and intrafirm resource allocation [J]. Management Science, 1982, 28 (6): 604 – 620.

[369] Harris M., Raviv A. The theory of capital structure [J]. The Journal of Finance, 1991, 46 (1): 297 – 355.

[370] Hartley R. V. L. Transmission of information [J]. Bell System Technical Journal, 1928, 7 (3): 535 – 563.

[371] Haugen R. A., Senbet L. W. Bankruptcy and agency costs: Their significance to the theory of optimal capital structure [J]. Journal of Financial and Quantitative Analysis, 1988, 23 (1): 27 – 38.

[372] Haushalter D., Klasa S., Maxwell W. F. The influence of product market dynamics on a firm's cash holdings and hedging behavior [J]. Journal of Financial Economics, 2007, 84 (3): 797 – 825.

[373] Hayward M. L. A., Hambrick D. C. Explaining the premiums paid for large acquisitions: Evidence of CEO hubris [J]. Administrative Science Quarterly, 1997, 42 (1): 103 – 127.

[374] He J., Mao X., Rui O. M., et al. Business groups in China [J]. Journal of Corporate Finance, 2013, 22 (5): 166 – 192.

[375] Holderness C. G., Kroszner R. S., Sheehan D. P. Were the good old days that good? Changes in managerial stock ownership since the great depression

[J]. The Journal of Finance, 1999, 54 (2): 435 – 469.

[376] Hou K. , Robinson D. T. Industry concentration and average stock returns [J]. The Journal of Finance, 2006, 61 (4): 1927 – 1956.

[377] Hovakimian G. , Titman S. Corporate investment with financial constraints: Sensitivity of investment to funds from voluntary asset sales [J]. Journal of Money Credit & Banking, 2006, 38 (2): 357 – 374.

[378] Irvine P. J. , Pontiff J. Idiosyncratic return volatility, cash flows, and product market competition [J]. The Review of Financial Studies, 2008, 22 (3): 1149 – 1177.

[379] Itzkowitz J. Customers and cash: How relationships affect suppliers' cash holdings [J]. Journal of Corporate Finance, 2013, 19 (1): 159 – 180.

[380] Jensen M. C. Agency costs of free cash flow, corporate finance, and takeovers [J]. The American Economic Review, 1986, 76 (2): 323 – 329.

[381] Jensen M. C. , Meckling W. H. . Theory of the firm: Managerial behavior, agency costs and ownership structure [J]. Journal of Financial Economics, 1976, 3 (4): 305 – 360.

[382] Jensen M. C. , Ruback R. S. The market for corporate control: The scientific evidence [J]. Journal of Financial Economics, 1983, 11 (1 – 4): 5 – 50.

[383] John K. , Litov L. , Yeung B. Corporate governance and risk-taking [J]. The Journal of Finance, 2008, 63 (4): 1679 – 1728.

[384] Johnson S. , La Porta R. , Lopez-de – Silanes F. , et al. Tunneling [J]. American Economic Review, 2000, 90 (2): 22 – 27.

[385] Keynes J. M. The general theory of employment [J]. The Quarterly Journal of Economics, 1937, 51 (2): 209 – 223.

[386] Khanna T. , Yafeh Y. Business groups and risk sharing around the world [J]. The Journal of Business, 2005, 78 (1): 301 – 340.

[387] Khorana A. , Servaes H. , Tufano P. Explaining the size of the mutual fund industry around the world [J]. Journal of Financial Economics, 2005, 78 (1): 145 – 185.

[388] Kimberly J. R. , Evanisko M. J. Organizational innovation: The influence of individual, organizational, and contextual factors on hospital adoption of technological and administrative innovations [J]. Academy of Management Journal, 1981, 24 (4): 689 – 713.

[389] Kleer R. Government R&D subsidies as a signal for private investors

［J］. Research Policy，2010，39（10）：1361 – 1374.

［390］ Kraus A. ，Litzenberger R. H. A state-preference model of optimal financial leverage ［J］. The Journal of Finance，1973，28（4）：911 – 922.

［391］ La Porta R. ，Lopez-de – Silanes F. ，Shleifer A. Corporate ownership around the world ［J］. The Journal of Finance，1999，54（2）：471 – 517.

［392］ La Porta R. ，Lopez-de – Silanes F. ，Shleifer A. ，et al. Investor protection and corporate governance ［J］. Journal of Financial Economics，2000，58（1 – 2）：3 – 27.

［393］ Larcker D. F. ，Rusticus T. O. On the use of instrumental variables in accounting research ［J］. Journal of Accounting and Economics，2010，49（3）：186 – 205.

［394］ Leland H. E. Agency costs，risk management，and capital structure ［J］. The Journal of Finance，1998，53（4）：1213 – 1243.

［395］ Lerner J. The government as venture capitalist：the long-run impact of the SBIR program ［J］. The Journal of Private Equity，2000，3（2）：55 – 78.

［396］ Li K. ，Griffin D. ，Yue H. ，et al. How does culture influence corporate risk-taking? ［J］. Journal of Corporate Finance，2013，23（4）：1 – 22.

［397］ Liu Y. ，Mauer D. C. Corporate cash holdings and CEO compensation incentives ［J］. Journal of Financial Economics，2011，102（1）：183 – 198.

［398］ Low A. Managerial risk-taking behavior and equity-based compensation ［J］. Journal of Financial Economics，2009，92（3）：470 – 490.

［399］ Maksimovic V. ，Titman S. Financial policy and reputation for product quality ［J］. The Review of Financial Studies，1991，4（1）：175 – 200.

［400］ Malmendier U. ，Tate G. CEO overconfidence and corporate investment ［J］. The Journal of Finance，2005，60（6）：2661 – 2700.

［401］ Malmendier U. ，Tate G. Who makes acquisitions? CEO overconfidence and the market's reaction ［J］. Journal of Financial Economics，2008，89（1）：20 – 43.

［402］ Malmendier U. ，Tate G. ，Yan J. Overconfidence and early-life experiences：The effect of managerial traits on corporate financial policies ［J］. The Journal of Finance，2011，66（5）：1687 – 1733.

［403］ Markovitz H. Portfolio selection：Efficient diversification of investments ［M］. New York：Yale University Press，1959.

［404］ Masulis R. W. ，Pham P. K. ，Zein J. Family business groups around the world: Financing advantages, control motivations, and organizational choices [J]. The Review of Financial Studies, 2011, 24 (11): 3556 – 3600.

[405] McCahery J. A., Sautner Z., Starks L. T. Behind the scenes: The corporate governance preferences of institutional investors [J]. The Journal of Finance, 2016, 71 (6): 2905 – 2932.

[406] Meltzer A. H. The demand for money: The evidence from the time series [J]. Journal of Political Economy, 1963, 71 (3): 219 – 246.

[407] Mezias J. M., Starbuck W. H. Studying the accuracy of managers' perceptions: A research odyssey [J]. British Journal of Management, 2003, 14 (1): 3 – 17.

[408] Michael S. Market Signaling: The information structure of job markets and related phenomena [M]. Harvard: Harvard University Press, 1972.

[409] Miles R. E., Snow C. C., Meyer A. D., et al. Organizational strategy, structure, and process [J]. Academy of Management Review, 1978, 3 (3): 546 – 562.

[410] Miller D. T., Ross M. Self-serving biases in the attribution of causality: Fact or fiction? [J]. Psychological Bulletin, 1975, 82 (2): 213.

[411] Miller M. H. Fama E. F. The theory of finance [M]. New York: Holt Rinehart and Winston, 1972.

[412] Miller M. H., Orr D. A model of the demand for money by firms [J]. The Quarterly Journal of Economics, 1966, 80 (3): 413 – 435.

[413] Mishina Y., Dykes B. J., Block E. S., et al. Why "good" firms do bad things: The effects of high aspirations, high expectations, and prominence on the incidence of corporate illegality [J]. Academy of Management Journal, 2010, 53 (4): 701 – 722.

[414] Mitchell W. C. Business cycles: the problems and its setting Business cycles: The problem and its setting [M]. New York: National Bureau of Economic Research, 1930.

[415] Mizruchi M. S. Who controls whom? An examination of the relation between management and boards of directors in large American corporations [J]. Academy of Management Review, 1983, 8 (3): 426 – 435.

[416] Modigliani F., Miller M. H. The cost of capital, corporation finance, and the theory of investment: Reply [J]. The American Economic Review, 1959, 49 (4): 655 – 669.

［417］ Morse A. , Nanda V. , Seru A. Are incentive contracts rigged by power-ful CEOs? ［J］. The Journal of Finance, 2011, 66 (5): 1779 – 1821.

［418］ Mulligan C. B. Scale economies, the value of time, and the demand for money: Longitudinal evidence from firms ［J］. Journal of Political Economy, 1997, 105 (5): 1061 – 1079.

［419］ Myers S. C. Determinants of corporate borrowing ［J］. Journal of Financial Economics, 1977, 5 (2): 147 – 175.

［420］ Myers S. C. , Majluf N. S. Corporate financing and investment decisions when firms have information that investors do not have ［J］. Journal of Financial Economics, 1984, 13 (2): 187 – 221.

［421］ Myers S. C. , Rajan R. G. The paradox of liquidity ［J］. The Quarterly Journal of Economics, 1998, 113 (3): 733 – 771.

［422］ Opler T. , Pinkowitz L. , Stulz R. , et al. The determinants and impli-cations of corporate cash holdings ［J］. Journal of Financial Economics, 1999, 52 (1): 3 – 46.

［423］ Ozkan A. , Ozkan N. Corporate cash holdings: An empirical investigation of UK companies ［J］. Journal of Banking & Finance, 2004, 28 (9): 2103 – 2134.

［424］ Petersen M. A. Estimating standard errors in finance panel data sets: Comparing approaches ［J］. The Review of Financial Studies, 2009, 22 (1): 435 – 480.

［425］ Polk C. , Sapienza P. The stock market and corporate investment: A test of catering theory ［J］. The Review of Financial Studies, 2008, 22 (1): 187 – 217.

［426］ Rajan R. G. , Zingales L. What do we know about capital structure? Some evidence from international data ［J］. The Journal of Finance, 1995, 50 (5): 1421 – 1460.

［427］ Richardson S. Over-investment of free cash flow ［J］. Review of Ac-counting Studies, 2006, 11 (2 – 3): 159 – 189.

［428］ Robichek A. A. , Myers S. C. Problems in the theory of optimal capital structure ［J］. Journal of Financial and Quantitative Analysis, 1966, 1 (2): 1 – 35.

［429］ Ross S. A. The determination of financial structure: the incentive-signal-ling approach ［J］. The Bell Journal of Economics, 1977, 8 (1): 23 – 40.

［430］ Ross S. A. The economic theory of agency: The principal's problem ［J］. The American Economic Review, 1973, 63 (2): 134 – 139.

［431］Samuelson P. A. Interactions between the multiplier analysis and the principle of acceleration ［J］. The Review of Economics and Statistics, 1939, 21 (2): 75 – 78.

［432］Schiffer M. , Weder B. Firm size and the business environment: Worldwide survey results ［M］. Washiongton, D. C: The World Bank, 2001.

［433］Schoar A. , Zuo L. Shaped by booms and busts: How the economy impacts CEO careers and management styles ［J］. The Review of Financial Studies, 2017, 30 (5): 1425 – 1456.

［434］Shannon C. E. A mathematical theory of communication ［J］. Bell System Technical Journal, 1948, 27 (3): 379 – 423.

［435］Sharpe W. F. Capital asset prices: A theory of market equilibrium under conditions of risk ［J］. The Journal of Finance, 1964, 19 (3): 425 – 442.

［436］Shleifer A. Understanding regulation ［J］. European Financial Management, 2005, 11 (4): 439 – 451.

［437］Shleifer A. , Vishny R. Equilibrium short horizons of investors and firms ［J］. The American Economic Review, 1990, 80 (2): 148 – 153.

［438］Shleifer A. , Vishny R. W. Large shareholders and corporate control ［J］. Journal of Political Economy, 1986, 94 (3): 461 – 488.

［439］Singh M. , Davidson Ⅲ. W. N. Agency costs, ownership structure and corporate governance mechanisms ［J］. Journal of Banking & Finance, 2003, 27 (5): 793 – 816.

［440］Strickland D. , Wiles K. W. , Zenner M. A requiem for the USA Is small shareholder monitoring effective? ［J］. Journal of Financial Economics, 1996, 40 (2): 319 – 338.

［441］Stulz R. M. Managerial discretion and optimal financing policies ［J］. Journal of Financial Economics, 1990, 26 (1): 3 – 27.

［442］Taylor R. N. Age and experience as determinants of managerial information processing and decision making performance ［J］. Academy of Management Journal, 1975, 18 (1): 74 – 81.

［443］Tether B. S. Who co-operates for innovation, and why: an empirical analysis ［J］. Research Policy, 2002, 31 (6): 947 – 967.

［444］Tobin J. A general equilibrium approach to monetary theory ［J］. Journal of Money, Credit and Banking, 1969, 1 (1): 15 – 29.

［445］Tobin J. Liquidity preference as behavior towards risk ［J］. The Review of Economic Studies, 1958, 25 (2): 65－86.

［446］Vogt S. C. The cash flow/investment relationship: evidence from US manufacturing firms ［J］. Financial Management, 1994, 23 (2): 3－20.

［447］Wahal S., McConnell J. J. Do institutional investors exacerbate managerial myopia? ［J］. Journal of Corporate Finance, 2000, 6 (3): 307－329.

［448］Weinstein N. D. Unrealistic optimism about future life events ［J］. Journal of Personality and Social Psychology, 1980, 39 (5): 806－820.

［449］Wiener N. Cybernetics or Control and Communication in the Animal and the Machine ［M］. New York: John Wiley & Sons, Inc., 1948.

［450］Wiersema M. F., Bantel K. A. Top management team demography and corporate strategic change ［J］. Academy of Management Journal, 1992, 35 (1): 91－121.

［451］Wolosin R. J., Sherman S. J., Till A. Effects of cooperation and competition on responsibility attribution after success and failure ［J］. Journal of Experimental Social Psychology, 1973, 9 (3): 220－235.

［452］Wright P., Ferris S. P., Sarin A., et al. Impact of corporate insider, blockholder, and institutional equity ownership on firm risk taking ［J］. Academy of Management Journal, 1996, 39 (2): 441－458.

［453］Wright P., Kroll M., Pray B., et al. Strategic orientations, competitive advantage, and business performance ［J］. Journal of Business Research, 1995, 33 (2): 143－151.

［454］Wulf J. Internal capital markets and firm-level compensation incentives for division managers ［J］. Journal of Labor Economics, 2002, 20 (S2): S219－S262.

［455］Yang Z. Do political connections add value to audit firms? Evidence from IPO audits in China ［J］. Contemporary Accounting Research, 2013, 30 (3): 891－921.

［456］Yim S. The acquisitiveness of youth: CEO age and acquisition behavior ［J］. Journal of Financial Economics, 2013, 108 (1): 250－273.

［457］Zingales L. Survival of the fittest or the fattest? Exit and financing in the trucking industry ［J］. The Journal of Finance, 1998, 53 (3): 905－938.